Pädagogische Professionalität in Mathematik und Naturwissenschaften

Timo Leuders · Matthias Nückles
Silke Mikelskis-Seifert · Kathleen Philipp
(Hrsg.)

Pädagogische Professionalität in Mathematik und Naturwissenschaften

Hrsg.
Timo Leuders
Institut für Mathematische Bildung
Pädagogische Hochschule Freiburg
Freiburg, Deutschland

Matthias Nückles
Institut für Erziehungswissenschaft
Albert-Ludwigs-Universität Freiburg
Freiburg, Deutschland

Silke Mikelskis-Seifert
Institut für Chemie, Physik, Technik und ihre
Didaktiken
Pädagogische Hochschule Freiburg
Freiburg, Deutschland

Kathleen Philipp
Institut Primarstufe
Pädagogische Hochschule FHNW Basel
Muttenz, Schweiz

ISBN 978-3-658-08643-5   ISBN 978-3-658-08644-2   (eBook)
https://doi.org/10.1007/978-3-658-08644-2

Die Deutsche Nationalbibliothek verzeichnet diese Publikation in der Deutschen Nationalbibliografie; detaillierte bibliografische Daten sind im Internet über http://dnb.d-nb.de abrufbar.

Springer Spektrum
© Springer Fachmedien Wiesbaden GmbH, ein Teil von Springer Nature 2019

Springer Spektrum ist ein Imprint der eingetragenen Gesellschaft Springer Fachmedien Wiesbaden GmbH und ist
ein Teil von Springer Nature
Die Anschrift der Gesellschaft ist: Abraham-Lincoln-Str. 46, 65189 Wiesbaden, Germany

Vorwort

Dieser Band leistet einen wichtigen Beitrag zur Diskussion um die Professionalisierung des Personals in Bildungsinstitutionen und deren empirischen Fundierung. Die einzelnen Kapitel beleuchten Kompetenzbereiche pädagogischer Professionalität in ihren verschiedenen Facetten (Fachbezogene diagnostische Kompetenzen und Lehrkompetenzen, berufsfeldspezifisches Fachwissen, Wissenschaftsverständnis etc.) und zeigen Wege zur deren Optimierung auf. Wissenschaftlerinnen und Wissenschaftler aus der Erziehungswissenschaft, aus den Fachdidaktiken sowie der Psychologie des Freiburger Kompetenzverbundes Empirische Bildungs- und Unterrichtsforschung (KEBU) untersuchen in interdisziplinären Teams die fachbezogenen Kompetenzen von Lehrerinnen und Lehrern sowie von Erzieherinnen und Erziehern in den mathematisch-naturwissenschaftlichen Domänen hinsichtlich ihrer Struktur, ihren Entstehensbedingungen und ihren Wirkungen. Hierauf aufbauend ergeben sich konkrete Empfehlungen für die Lehreraus- und Fortbildung.

Die Herausgeber(innen)

Prof. Dr. Timo Leuders, Pädagogische Hochschule Freiburg
Prof. Dr. Matthias Nückles, Albert-Ludwigs-Universität Freiburg
Prof. Dr. Silke Mikelskis-Seifert, Pädagogische Hochschule Freiburg
Prof. Dr. Kathleen Philipp, Pädagogische Hochschule FHNW Basel

Inhaltsverzeichnis

Teil 1

Konzepte und Theorien

Fachbezogene Pädagogische Kompetenzen und Wissenschaftsverständnis – Pädagogische Professionalität in Mathematik und Naturwissenschaften

Timo Leuders, Pädagogische Hochschule Freiburg
Matthias Nückles, Albert-Ludwigs-Universität Freiburg
Silke Mikelskis-Seifert, Pädagogische Hochschule Freiburg
Kathleen Philipp, Pädagogische Hochschule FHNW Basel

Zusammenfassung

Die Professionalität des pädagogischen Personals in Schulen und Kindertageseinrichtungen ist eine zentrale Determinante für die Qualität von Bildungsprozessen und Bildungsergebnissen. Professionelles pädagogisches Handeln ist bestimmt von einem komplexen Zusammenspiel unterschiedlicher Kompetenzfacetten: Neben allgemeinen pädagogischen sowie fachwissenschaftlichen Kompetenzen treten spezifische Kompetenzfacetten zur Gestaltung fachlicher Lernprozesse in den Vordergrund. Diese wurden erstmals von Shulman (1986, 1987) als *pedagogical content knowledge* (fachbezogenes pädagogisches Wissen) beschrieben und seitdem vielfach weiter ausdifferenziert und untersucht. In Hinblick auf das Professionswissen wurde ferner die Bedeutung eines reflektierten Verständnisses des zu lehrenden Fachs als Wissenschaft (*nature of science*) hervorgehoben. Die Vermittlung eines Verständnisses der Genese, Veränderbarkeit und Begründung fachwissenschaftlichen Wissens und dessen Bedeutung für die verschiedenen gesellschaftlichen Lebensbereiche wird zunehmend als ein wichtiges Ziel schulischer Bildung erachtet. Die Entwicklung empirischer Zugangsweisen für die genannten Kompetenzfacetten ist zurzeit noch ein Forschungsdesiderat, was unter anderem den konzeptuellen Unschärfen der beiden Konstrukte „*pedagogical content knowledge*" sowie „*nature of science*" geschuldet ist.

Der vorliegende Beitrag analysiert die genannten Kompetenzbereiche pädagogischer Professionalität in ihren verschiedenen Facetten (Fachbezogene diagnostische Kompetenzen und Lehrkompetenzen, berufsfeldspezifisches Fachwissen, Wissen-

© Springer Fachmedien Wiesbaden GmbH, ein Teil von Springer Nature 2019
T. Leuders et al. (Hrsg.), *Pädagogische Professionalität in Mathematik und Naturwissenschaften*, https://doi.org/10.1007/978-3-658-08644-2_1

schaftsverständnis etc.). Er bildet den theoretischen Rahmen für die nachfolgenden Einzelbeiträge, welche fachbezogene Kompetenzen von Lehrerinnen und Lehrern sowie von Erzieherinnen und Erziehern in den mathematisch-naturwissenschaftlichen Domänen hinsichtlich ihrer Struktur, ihren Entstehensbedingungen und ihren Wirkungen untersuchen. Damit wird ein wichtiger Beitrag zur empirischen Fundierung der Diskussion um die Qualität der Bildung des Personals in Bildungsinstitutionen geleistet.

1.1   Fachbezogenes pädagogisches Wissen als Kern von Lehrerprofessionalität

Die Frage nach den für Lehrpersonen relevanten Wissensbestandteilen wurde durch Shulman (1986, 1987) um die Kategorie des *pedagogical content knowledge* (*pck*) bereichert. *Pedagogical content knowledge* wird im Deutschen meist als fachdidaktisches oder fachbezogenes pädagogisches Wissen übersetzt (Bromme, 1992, 1997; Baumert & Kunter, 2006; Gramzow, Riese & Reinhold, 2013). Es ist festzuhalten, dass keine einheitliche Definition in Bezug auf die innere Struktur bzw. die konkreten Teilfacetten dieses Konstrukts existiert, da den Konstrukten in der Regel unterschiedliche Rahmenmodelle professioneller Handlungskompetenz zugrunde liegen.

In theoretischer Hinsicht wird fachdidaktisches Wissen oft als Synthese des allgemeinen pädagogischen Wissens (d. h. Wissen über Klassenführung und fachübergreifende Lehr-Lern-Prozesse) einerseits und dem Fachwissen (d. h. Wissen über Physik, Mathematik, Biologie, etc.) andererseits verstanden (Borko & Putnam, 1996, vgl. Abb. 1, vgl. auch die Amalgam-Metapher von Shulman, 1987, S. 8). Demnach kann dieses Konstrukt als Schnittmenge zwischen Fachwissen, pädagogischem Wissen und Wissen über Unterrichtssituationen und -bedingungen aufgefasst werden. Auf der Achse zwischen dem allgemeinen pädagogischen Wissen und dem Fachwissen von Lehrpersonen lassen sich vielfältige Wissens- und Fähigkeitselemente beschreiben, die kennzeichnend für die Tätigkeit als *Fach*lehrperson sind. Ferner lässt sich das fachbezogene pädagogische Wissen vom allgemeinen pädagogischen Wissen dadurch abgrenzen, dass es pädagogisches Wissen und Können bezeichnet, welches spezifisch für das jeweilige *Fach* ist. Vom rein fachlichen Wissen kann es dadurch unterschieden werden, dass es spezifisch für die Tätigkeit als *Lehrperson* ist. In diesem Sinne wird das fachdidaktische Wissen als ein eigenständiges Konstrukt innerhalb des Professionswissens verstanden (vgl. auch Ball et al. 2008; Baumert & Kunter, 2006; Borko & Putnam, 1996; Bromme & Rheinberg, 2006; DePaepe, Verschaffel & Kelchtermans, 2013; Riese & Reinhold, 2012).

General Pedagogical Knowledge (PK)	Pedagogical Content Knowledge (PCK)	Subject Matter Knowledge (Content Knowledge) (CK)

Abb. 1 Professionalitätskomponenten nach Shulman (1986) sowie Borko und Putnam (1996)

Aufgrund der vielfältigen Operationalisierungen des fachbezogenen pädagogischen Wissen trafen sich 2012 Experten zu einem „PCK Summit" mit dem Ziel einer Konsensfindung (Berry et al., 2015). Das Modell „teacher professional knowledge and skill" (TPK&S) war ein Ergebnis des Summits, in dem zwischen allgemeinen und themenspezifischen Professionswissen unterschieden wird (Gess-Newsome, 2015). Das allgemeine Lehrerprofessionswissen, das auf empirischen Forschungsbefunden aber auch Praxiserfahrungen beruht, bildet die Basis, in der u. a. das pädagogische sowie das fachwissenschaftliche Wissen der Lehrkraft verortet sind. Neben diesem allgemeinen Lehrerprofessionswissen existiert das themenspezifische Professionswissen. Kennzeichen dieses Wissens ist der spezifische Kontext, in dem u. a. Wissen über Instruktionsstrategien oder Wissen über Schülervorstellungen in dem jeweiligen Inhaltsbereich von Bedeutung sind. Durch die Unterscheidung der beiden Arten von Professionswissen wird der Domänenspezifität Rechnung getragen, da z. B. die Natur von Schülervorstellungen vom jeweiligen Inhaltsbereich abhängig sind (z. B. Optik, Wärmelehre oder Elektrizitätslehre). Damit schafft das themenspezifische Professionswissen Vernetzungen zwischen dem Wissen über Fachinhalte, Pädagogik und Kontexte.

1.1.1 Merkmale professionellen Wissens

Wissen und Können: Bevor wir die verschiedenen in Abb. 1 genannten Kategorien des professionellen Wissens von Lehrenden im Einzelnen betrachten, sind einige Differenzierungen zum Begriff des Wissens erforderlich. In Anschluss an die kognitionswissenschaftliche Forschung zum professionellen Wissen von Experten (Bromme, 1992, 1997, 2001; 2004; Ericsson & Smith, 1991; Ericsson, 1996; Ericsson, Charness, Feltovich & Hoffman, 2006; Gruber & Ziegler, 1996; Gruber & Renkl, 1997; Hoffman, 1992) verwenden wir eine breite Definition von Wissen, die Wissen und Können einschließt, also deklaratives, prozedurales und strategisches Wissen. Unter *deklarativem Wissen* ist das Wissen über Sachverhalte zu verstehen, das Personen im Gedächtnis gespeichert haben, das sie sich bewusst machen können und das sie in der Regel auch zu verbalisieren vermögen. *Prozedurales Wissen* bezieht sich demgegenüber auf die kognitiven Mechanismen, die Personen in die Lage versetzen, komplexe motorische und intellektuelle Handlungen durchzuführen. Dabei müssen die einzelnen Bestandteile dieser Handlungen nicht unbedingt bewusst kontrolliert werden (Oswald & Gadenne, 1984, Anderson, 2007). Erfahrene Lehrkräfte zeichnen sich beispielsweise dadurch aus, dass sie in problematischen Unterrichtssituationen rasch und intuitiv situationsangemessen zu reagieren vermögen (Bromme, 1997). *Strategisches Wissen* bezeichnet schließlich die Fähigkeit, Handlungen bewusst selegieren und zielgerichtet einsetzen zu können. Dieses Wissen ist seiner Natur nach metakognitiv, da strategisches Handeln Wissen *über* Typen von Situationen und Handlungen bzw. Strategien impliziert, so dass man z. B. abschätzen kann, welche Strategie in welcher Situation voraussichtlich Ziel führend sein wird (Flavell, 1978; Schraw, 1998). Diese Definition von strategischem Wissen beinhaltet auch die Möglichkeit, dass Wissen und Handeln je nach Situation auseinander fallen, beispielsweise wenn Lehrkräfte zwar deklaratives Wissen über ein wünschenswertes Unterrichtsziel haben, allerdings nicht über das erforderliche prozedurale Wissen verfügen, um definierte Ziele zu erreichen (Bromme & Rheinberg, 2006; Dann & Humpert, 1987). Wir gehen mit Weinert (2001) sowie Baumert und Kunter (2006) davon aus, dass Wissen und Können, wie wir diese Kategorien in Anschluss an die kognitionswissenschaftliche Expertenforschung definiert haben, zentrale Komponenten der professionellen Handlungskompetenz von Lehrkräften darstellen.

Ergänzend zu den bisher dargelegten Konzeptualisierungen kann auch eine Kategorisierung in deklaratives, prozedurales sowie konditionales Wissen erfolgen (siehe Tepner et al., 2012). Mit dem *konditionalen Wissen* wird das Wissen über Bedingungen beschrieben, unter denen eine Entscheidung bzw. eine Handlung angemessen ist. Nach Paris, Lipson und Wixson (1983) umfasst das konditionale Wissen zudem das in die Planung und die Begründung von Prozessen und Handlungen einfließende Wissen. Es bildet demnach die Grundlage, wann und warum ein Prozess oder eine Handlung angewandt werden kann oder sollte (ebd., S. 303).

Überzeugungen: Unsere breite, kognitionswissenschaftlich begründete Definition von Wissen schließt eine weitere wichtige Differenzierung, nämlich die Ergänzung des Begriffs von Wissen um den Begriff der Überzeugung mit ein. Ähnlich wie das fachbezogene pädagogische Wissen wird auch der Begriff der Überzeugungen, manchmal mit Vorstellungen oder beliefs bezeichnet, nicht einheitlich verwendet (Markic & Eilks, 2007). Im Allgemeinen meint der Begriff der Überzeugungen (engl. *belief*, vgl. Borko & Putnam, 1996), dass Lehrende im Laufe ihrer akademischen und beruflichen Sozialisation Vorstellungen über Lehren und Lernen (z. B. Pajares, 1992; Staub & Stern, 2002; Woolfolk Hoy, Davis & Pape, 2006), über ihr Fach (z. B. Prosser et al., 2005) und über sich selbst als Lehrende entwickeln, die den Charakter „subjektiver Theorien" annehmen (Groeben, Wahl, Schlee & Scheele, 1988). Subjektive Theorien können mehr oder weniger in Einklang mit wissenschaftlichen Lehrmeinungen stehen. Sie sind oft implizit, d. h. nicht bewusst, und müssen deshalb dem Bewusstsein erst durch Reflexion zugänglich gemacht werden. Gleichwohl können sie handlungssteuernd wirken (Staub & Stern, 2002; Wahl et al., 1995). Eine in diesem Buch besonders interessierende Klasse subjektiver Theorien bilden die epistemologischen Überzeugungen (Hofer & Pintrich, 1997, Bromme & Kienhues, 2008). Darunter werden jene Vorstellungen subsumiert, die Personen über die Natur von Wissen und dessen Genese, also die Erkenntnisprozesse, entwickeln (Hofer, 2000). Epistemologische Überzeugungen sind somit ebenfalls Metakognitionen, also Kognitionen *über* Wissen (vgl. Schraw, 1998; Kitchener, 1983; Kuhn, 1991; 2001). Epistemologische Überzeugungen können sich auf die Natur und Genese von Wissen im Allgemeinen (vgl. Duell & Schommer-Aikins, 2001; Hofer, 2000) oder von Wissen in bestimmten Domänen (z. B. Physik, Mathematik, Psychologie, etc.) beziehen. Im Kontext der Beiträge in diesem Buch werden wir uns verstärkt auf letztere, nämlich die *fachbezogenen epistemologischen Überzeugungen* des pädagogischen Personals konzentrieren, weil diese in Hinblick auf die Vermittlung fachlicher Inhalte (z. B. in Mathematik, Physik, Biologie) die größte Bedeutung haben dürften (Blömeke, Müller, Felbrich & Kaiser, 2008; Schoenfeld, 1992; Stipek, Givvin, Salmon, & MacGyvers, 2001).

Fallspezifische Organisation des Expertenwissens: Neben der Unterscheidung zwischen Wissen, Können und Überzeugungen muss ein weiteres, gewissermaßen quer liegendes Strukturprinzip professioneller Kompetenz berücksichtigt werden. Die Expertenforschung hat nämlich gezeigt, dass das Wissen von erfahrenen Experten typischerweise weniger im Sinne eines „Detail-Hierarchie-Modells" systematisch organisiert ist (vgl. Bromme, 1992), sondern vielmehr eine fallspezifische Organisation aufweist entsprechend der Anforderungen und Problemstellungen, mit denen die Experten im beruflichen Alltag konfrontiert sind (Bromme, 1992; Rikers, Schmidt & Boshuizen, 2002; Schmidt & Boshuizen, 1990). Berufserfahrene Lehrkräfte verfügen über Unterrichtsskripts (Putnam, 1987; Seidel & Prenzel, 2006) oder Vorstellungen über das didaktische Potenzial von Aufgabenstellungen (vgl. Bromme, 1997; Krauss et al., 2008), um so konkrete Unterrichtssituationen und -abläufe gestalten zu können. In dieser fallspezifischen Wissensorganisation kommt die Integration bzw. Synthese unterschiedlicher Wissensbestände wie dem allgemeinen pädagogischen Wissen und dem Fachwissen zum Ausdruck, welche im Kern die Fähigkeit von Lehrkräften zum unterrichtlichen Handeln („knowledge in action") im Kontext der Schulklasse, Fenstermacher, 1994; Baumert & Kunter, 2006) ausmacht. Nach Bromme (1997) ist diese Verschmelzung von Wissensbeständen unterschiedlicher Herkunft das Besondere des professionellen Wissens von Lehrenden.

Die hier dargestellten Überlegungen zum Wesen professionellen Wissens deuten einen offenen Diskurs an, der zu keinen konsensuellen Auffassungen der relevanten Konstrukte und noch weniger zu einer konsistenten Terminologie geführt hat. Befruchtet wurde dieser Diskurs in den letzten Jahren durch die systematische Auseinandersetzung mit dem Kompetenzbegriff, wie sie von Blömeke, Gustafson und Shavelson (2015) allgemein für die Kompetenzforschung im tertiären Bereich beschrieben wird. Dabei hat der vor allem im deutschen Forschungsraum verwendete Kompetenzbegriff den Vorzug, dass er einerseits unterschiedliche Facetten zusammenfasst (Wissen, Können, Überzeugungen, Motivation, Volition) und andererseits den Kontext- und Domänenbezug betont (pädagogische Situationen, Fachunterricht) (vgl. Klieme & Leutner, 2006; Blömeke, Zlatkin-Troitschanskaja, Kuhn & Fege, 2013). Aus diesem Grunde verwenden wir im

Folgenden zur Beschreibung übergreifender Bereiche ebenfalls vereinfachend die Bezeichnung „Kompetenz" anstelle von „Wissen" (knowledge).

1.1.2   Topologie der professionellen Kompetenzen von Lehrenden

Im vorherigen Abschnitt wurden allgemein die Wissensarten charakterisiert, hinsichtlich derer sowohl aus kognitions- als auch erziehungswissenschaftlicher und fachdidaktischer Perspektive Übereinstimmung besteht, dass sie den Kern von Professionalität ausmachen. In diesem Abschnitt werden nun einschlägige Systematisierungsversuche des Lehrerwissens (oft metaphorisch als „Topologien" bezeichnet) herangezogen, um die für den Bereich der Lehrkompetenz relevanten Wissensbereiche und Wissensfacetten näher zu charakterisieren. Entsprechend unseres Leitthemas richten wir hierbei unsere Aufmerksamkeit auf die Konzeptualisierung des fachbezogenen pädagogischen Wissens und dessen Abgrenzung von dem fachbezogenen Wissen einerseits und dem allgemeinen, generischen pädagogischen Wissen andererseits. Diese Dreiteilung (vgl. Abb. 1) ist seit der klassischen Arbeit von Shulman (1986) in praktisch allen Übersichtsarbeiten zu Lehrerprofessionalität zu finden. Unter den bekanntesten Topologien des Lehrerwissens sind insbesondere die Arbeiten von Borko & Putnam (1996), Bromme (1992, 1997), Baumert und Kunter (2006), Ball et al. (2008), Riese und Reinhold (2012), die Projekte ProWin (Borowski et al., 2010 oder Tepner et al., 2012) und KIL (Kröger et al., 2012) sowie der Überblicksbeitrag von Depaepe et al. (2013) zu nennen, die wir nachfolgend als Grundlage für unser Arbeitsmodell von Lehrkompetenz heranziehen.

Allgemeines pädagogisches Wissen *(general pedagogical knowledge)*. Nach Borko und Putnam (1996) beinhaltet das allgemeine bzw. generische pädagogische Wissen und Können (1) Wissen über effektive Klassenführung, (2) allgemeindidaktisches Wissen über Lehrmethoden und Unterrichtsgestaltung, sowie (3) Wissen über fachübergreifende Lern- und Denkprozesse von Schülerinnen und Schülern und wie diese durch Lehren beeinflusst werden kann. Baumert und Kunter (2006) ergänzen diese Facetten noch durch (4) konzeptuelles bildungswissenschaftliches Grundlagenwissen (u. a. erziehungsphilosophisches und bildungstheoretisches Wissen) sowie (5) Wissen über fachübergreifende Prinzipien des Diagnostizierens, Prüfens und Bewertens.

Fachbezogenes Wissen *(subject matter knowledge)*. Bei der Kartographierung des fachbezogenen Wissens greifen Borko und Putnam (1996) die Argumente Shulmans (1986) sowie Grossmans (1989, 1990) auf, wonach es in Hinblick auf ein tiefes und flexibles Verständnis des eigenen Faches neben einem reichhaltigen Inhaltswissen (Wissen über Fakten, Begriffe, Verfahrensweisen) insbesondere auf das Verständnis der strukturierenden Prinzipien dieses Wissens ankomme. Fachbezogenes Wissen schließt daher neben Inhaltswissen auch Wissen über substanzielle materiale Strukturen sowie über syntaktische Strukturen mit ein. Substanzielle materiale Strukturen sind die Kernideen eines

Faches, die seine semantische Struktur ausmachen (in der Physik etwa Vorstellungen über Elementarteilchen etc., in der Psychologie der Begriff der Repräsentation oder des Gedächtnisses). Wissen über syntaktische Strukturen beinhaltet methodisches Wissen, also Wissen über die domänenspezifischen Verfahren und Regeln zur Produktion und Rechtfertigung von wissenschaftlichen Erkenntnissen (in den Naturwissenschaften z. B. Wissen über die Durchführung von Experimenten, in den Geisteswissenschaften Regelwissen in Hinblick auf die Interpretation von Texten). Borko und Putnam führen neben dem Wissen über substanziell materiale und syntaktische Strukturen noch eine weitere Kategorie, nämlich die fachspezifischen epistemologischen Überzeugungen („beliefs about the discipline", vgl. Borko & Putnam, 1996) an, d. h. metakognitive Annahmen über die Natur und Genese fachwissenschaftlicher Erkenntnisse. Borko und Putnam gehen davon aus, dass subjektive Überzeugungen über die *„nature of science"* einen starken Einfluss darauf haben, wie Lehrende ein Fach unterrichten, z. B. welche Aufgaben sie didaktisch für sinnvoll erachten, welche Lehrmethoden sie präferieren und welches Wissenschaftsverständnis sie den Lernenden vermitteln. Die Unterscheidung zwischen „knowledge of" und „knowledge about the discipline findet sich entsprechend auch in einschlägigen mathematik- und physikdidaktischen Arbeiten (z. B. Ball, 1990, 1991: „knowledge of" versus „knowledge about mathematics"; Hodson, 1993, 1996, 1998: „learning science" versus „learning about science"). Es besteht somit offenbar sowohl aus erziehungswissenschaftlicher bzw. pädagogisch-psychologischer als auch fachdidaktischer Perspektive Einigkeit darüber, dass das persönliche Wissenschaftsverständnis von Lehrenden die Art und Weise, wie sie ihr Fach vermitteln, beeinflusst. Umso bemerkenswerter erscheint es vor diesem Hintergrund, dass es bislang kaum systematische empirische Studien gibt, die den Zusammenhang von Wissenschaftsverständnis und dem fachbezogenen pädagogischen Wissen von Lehrenden untersucht haben.

Fachbezogenes pädagogisches Wissen *(pedagogical content knowledge).* Hierbei handelt es sich um integriertes Wissen, insofern allgemeines pädagogisches Wissen und fachbezogenes Wissen quasi mit einander „verschmelzen" müssen, wenn es beispielsweise darum geht, zu entscheiden, welche Aufgaben für bestimmte unterrichtliche Ziele geeignet sind, oder welche Analogien und Beispiele sich zur Veranschaulichung abstrakter fachlicher Zusammenhänge eignen. Diese Verschmelzung von Kenntnissen unterschiedlicher Herkunft ist das Besondere des professionellen Wissens von Lehrkräften (Bromme, 1997). Sie macht zugleich deutlich, weshalb die Erforschung der Professionalität von Lehrenden einer interdisziplinären Anstrengung bedarf, bei der die Fachdidaktiken und die allgemeine, fachübergreifende Lehr-Lern-Forschung aufeinander angewiesen sind. Hierbei sei ferner anzumerken, dass eine einheitliche und vollständige Konzeptualisierung des fachdidaktischen Wissens schwierig ist, da es, wie bereits erwähnt, vielfältige Definitionen mit verschiedenen Facetten gibt. Ausführlichere Diskussionen zur Konzeptualisierung des fachdidaktischen Wissens im Bereich der Naturwissenschaften ist in Gramzow, Riese und Reinhold (2013), im Bereich Mathematik bei Depaepe et al. (2013) zu finden.

In den Beiträgen dieses Buches nehmen wir vor allem Bezug auf Grossman (1990) und unterscheiden wie Borko und Putnam (1996) vier voneinander abgrenzbare Facetten des fachbezogenen pädagogischen Wissens: (1) Wissen über die Struktur und die Bedeutung der Fachinhalte, (2) Curriculares Wissen, (3) Wissen über inhaltsspezifische Lernprozesse und Schülervorstellungen (also fachspezifisches diagnostisches Wissen bzw. „knowledge of content and students", vgl. Ball et al., 2008), (4) Wissen über Instruktionsmethoden und Repräsentationen für bestimmte Inhalte („knowledge of content and teaching", vgl. Ball et al., 2008). Ball et al. (2008) fügen eine weitere Facette hinzu, die sie (5) als „specialized content knowledge" bezeichnen, also vertieftes fachliches Wissen, das Lehrkräfte speziell zum Zwecke des Lehrens benötigen.

Übergreifende Vorstellungen (1) zur **Bedeutung der Fachinhalte** werden von Bromme (1997; Bromme & Rheinberg, 2006) auch als „Philosophie des Schulfachs" bezeichnet, um deutlich zu machen, dass diese Facette des Lehrerwissens bzw. der fachbezogenen Lehrerüberzeugungen eine bewertende Perspektive auf den Unterrichtsinhalt impliziert. Die persönlichen Überzeugungen von Lehrenden, wie z. B. zu welchen Zwecken die Vermittlung bestimmter Fachinhalte dient und welche Bedeutung der Vermittlung naturwissenschaftlich-mathematischem Wissen in Schule in Hinblick auf außerschulische Lebensbereiche zukommt, werden nicht nur von bildungswissenschaftlichen Fachdiskussionen, sondern auch von der öffentlichen Debatte über die Rolle der (Natur-)Wissenschaften in der Gesellschaft geprägt (vgl. hierzu das DFG-Schwerpunktprogramm „Wissenschaft und Öffentlichkeit", Bromme et al., 2008). Lehrende sollten über eine reflektierte und informierte Philosophie des Schulfachs verfügen. Dazu gehört insbesondere auch, dass Lehrerinnen und Lehrer darüber Bescheid wissen, in welcher Beziehung das Fach zu anderen Bereichen des menschlichen Lebens und Wissens steht, mit welchen Anforderungen ihre Schülerinnen und Schüler auf einer weiterführenden Schule, im Studium oder Beruf konfrontiert werden und wie der schulische Fachunterricht dazu beitragen kann, dass sie diesen Anforderungen gewachsen sind.

Neben einer reflektierten Vorstellung über den Sinn und Zweck des Schulfachs benötigen Lehrende außerdem **(2) curriculares Wissen** über den horizontalen und vertikalen Aufbau der Curricula, also Wissen darüber, wie die Inhalte innerhalb einer Jahrgangsstufe (horizontal) und über die verschiedenen Jahrgangsstufen hinweg (vertikal) strukturiert sind, sowie Wissen über geeignete Lehrmaterialen (Schulbücher, Arbeitsblätter etc.). Als zentrale Dimensionen fachbezogenen pädagogischen Wissens gelten seit Shulman (1986) die nachfolgenden Facetten (3) und (4).

Die Facette **(3), das Wissen über fachspezifische Schülervorstellungen** ist trotz der Vielfalt in der Begriffsklärung zum fachdidaktischen Denken in allen Operationalisierungsansätzen zu finden (vgl. Depaepe et al., 2013). Schülervorstellungen, also Präkonzepte, Fehlkonzepte, typische Fehler und Strategien von Schülerinnen und Schülern werden seit den 1980erJahren in den naturwissenschaftlichen Fachdidaktiken, der Mathematikdidaktik sowie der Kognitions- und Entwicklungspsychologie ausführlich empirisch untersucht (Duit & Pfundt, 1985, 1988; Vosniadou & Brewer, 1992; Chi, 2005; Chi, Siler, & Jeong 2004; Krist, 1999). Erst in jüngster Zeit hingegen ist das Forschungsinteresse daran erwacht, welches Wissen Lehrende über solche domänenspezifischen Schülervorstellungen besitzen (Krauss et al., 2008; Chi et al., 2004; Herppich, Wittwer, Nückles & Renkl, 2010; Ostermann, Leuders & Nückles, 2015). Die Fähigkeit von Lehrenden, die Fachinhalte quasi „aus der Schülerperspektive" wahrzunehmen, ist ein zentrales Moment der fachbezogenen diagnostischen Kompetenz von Lehrkräften. Dazu gehört insbesondere auch, abschätzen zu können, welche Inhalte und Aufgaben Lernenden voraussichtlich schwerfallen, welche typischen Fehler und Fehlkonzepte wahrscheinlich zu beobachten sein werden, oder welche Inhalte Schülerinnen und Schüler voraussichtlich interessant bzw. langweilig finden (Ball et al., 2008). Die Fähigkeit zur Perspektivenübernahme wird in der Expertenforschung als eine wichtige Voraussetzung für erfolgreiche instruktionale Kommunikation mit Anfängern bzw. Laien angesehen (Bromme, Rambow & Nückles, 2001; Nückles, Wittwer & Renkl, 2005; Wittwer, Nückles & Renkl, 2010). Empirische Untersuchungen zeigen jedoch, dass Lehrkräfte keineswegs vor einem „Expert Blind Spot" gefeit sind und zu erheblichen Fehleinschätzungen neigen, weil sie sich tendenziell nicht aus ihrer fachlogischen Perspektive lösen können, wenn es beispielsweise darum geht, die Schwierigkeit von Aufgaben aus Schülersicht zu beurteilen (Nathan & Koedinger, 2000; Nathan & Petrosino, 2003). Die Erforschung und gezielte Förderung dieser Facette des fachbezogenen pädagogischen Wissens bildet daher ein wichtiges Forschungsdesiderat.

Facette **(4) das Wissen über Instruktionsmethoden und Repräsentationen für bestimmte fachbezogene Inhalte** – hat seit den Arbeiten Shulmans die bislang größte wissenschaftliche Beachtung erfahren (Borko & Putnam, 1996). In der COACTIV-Studie wurde diese Facette im Fach Mathematik anhand des Wissens von Lehrkräften über das didaktische Potenzial von Aufgaben (Büchter & Leuders 2005a,b) sowie der Fähigkeit, zu bestimmten mathematischen Sachverhalten multiple Repräsentationen und Erklärungsmöglichkeiten zu generieren, erforscht (Krauss et al., 2008). Empirische Untersuchungen aus der Arbeitsgruppe um Ball (vgl. Hill, Rowan & Ball, 2005) weisen darauf hin, dass dieses fachbezogene pädagogische Wissen ein wichtiger Faktor für die Leistungsentwicklung von Schülerinnen und Schülern darstellt. Dementsprechend ist diese Facette in den verschiedenen Operationalisierungsansätzen ein wesentlicher Bestandteil fachdidaktischen Denkens.

Zusätzlich zu den vier soweit charakterisierten Facetten des fachbezogenen pädagogischen Wissens haben Ball et al. (2008) eine weitere Facette, **(5) specialized content knowledge,** hinzugefügt, die in enger Wechselbeziehung zu den Facetten 3 (Wissen über Schülervorstellungen) und 4 (Wissen über Instruktionsmethoden und Repräsentationen) verortet werden muss. Mit ihrem Konzept des „specialized content knowledge" gehen Ball et al. (2008) in der Charakterisierung der für die Lehrerbildung relevanten Wissensbestandteile einen Schritt weiter. Untermauert von vielfältigen Fallstudien konkreter fachlicher Lehr-Lernprozesse identifizieren sie fachbezogene Wissensaspekte, welche genuin für das didaktische Handeln relevant sind. Diese umfassen vertieftes Wissen zu fachlichen Begriffen, zu alternativen Definitionen und deren Zusammenhängen oder zu unterschiedlichen Repräsentationen fachlicher Konzepte. Am Beispiel der Brüche in der Mathematik sind dies alternative Bruchzahldefinitionen, deren logische Beziehung, unterschiedliche begriffliche Aspekte von Brüchen (Brüche als Verhältnisse, als Anteile oder als Operatoren), verschiedene Repräsentationen und ihr Wechselverhältnis, usw. Nach Ball et al. (2008) handelt es sich hier um „unpacked" oder „decompressed" knowledge, also um dekomprimiertes und „wieder ausgepacktes Wissen", welches es der erfahrenen Lehrkraft ermöglicht, bestimmte komplexe Zusammenhänge und Algorithmen für die Lernenden Schritt für Schritt nachvollziehbar zu machen (vgl. Ball et al., 2008). „Specialized content knowledge" bzw. vertieftes fachliches Wissen – wie wir es im Folgenden bezeichnen – kann somit als Gegenstück von enkapsuliertem, verdichtetem Wissen verstanden werden, welches seit den klassischen Arbeiten von Boshuizen und Schmidt als charakteristisch für die fallspezifische Wissensorganisation von Experten angesehen wird (Rikers, Schmidt & Boshuizen, 2002; Boshuizen & Schmidt, 1992). Es handelt sich somit um fachliche Aspekte, die Fachwissenschaftler oft nur marginal interessieren, zu denen eine Lehrperson aber gut vernetztes und konsolidiertes Wissen benötigt. Aus diesem Grund wird der Bereich des vertieften fachlichen Wissens bei den fachbezogenen pädagogischen Kompetenzen verortet.

1.1.3　Ein integrierendes Modell

In den letzten Jahren wurden im Bereich des fachbezogenen pädagogischen Wissens in der Nachfolge von Shulman, sowie im Bereich des Wissenschaftsverständnisses in verschiedenen Forschergruppen der unterschiedlichen Domänen eine Vielfalt von Klassifikationen und Konzeptualisierungen entwickelt und vorgeschlagen. Trotz zum Teil differierender Nuancen im Begriffsverständnis, finden sich wiederkehrende stabile Kernkonzepte, die in den vorangegangenen Abschnitten im Überblick dargestellt wurden. Aus diesen Analysen resultiert ein integrierendes Modell fachbezogener pädagogischer Kompetenzen.

　　Zu diesem Modell sind noch einige Bemerkungen angebracht: Im Sinne der oben dargelegten Sicht, bezeichnen wir die Facetten als Kompetenzen und deuten damit an, dass hier Wissen, Können und Überzeugungen als miteinander verschränkt gedacht sind. Im Bereich des eher fachbezogenen Wissens schließen wir uns Ball et al. (2008) an und sehen eine Trennlinie zwischen universitärem Wissen und solchen berufsfeldbezogen vertieften Wissen, welches man mit dem spezifischen Berufsziel Lehramt erwirbt. Auf Seiten der fachlichen Kompetenzen unterscheiden wir die inhaltlichen und methodischen Kompetenzen im Fach einerseits und das disziplinäre Metawissen sowie die auf die Disziplin bezogenen Überzeugungen andererseits, welche wir als Wissenschaftsverständnis zusammenfassen. Ganz analog lassen sich die auf das Schulfach bezogenen Kompetenzen unterscheiden, nach den berufsspezifisch vertieften fachlichen Kompetenzen, dem auf das Schulfach bezogene Metawissen und die Überzeugungen zum Schulfach. Diese Überlegungen münden in das Modell, das in Abb. 2 dargestellt ist. Die Grafik 1.2 deutet an, dass die Grenzen zwischen den beteiligten Facetten nicht scharf sind. Dieses Modell darf nicht als Abbild einer kognitiven Struktur bei Lehrenden verstanden werden, sondern dient zur Strukturierung der hier in Rede stehenden Forschungen.

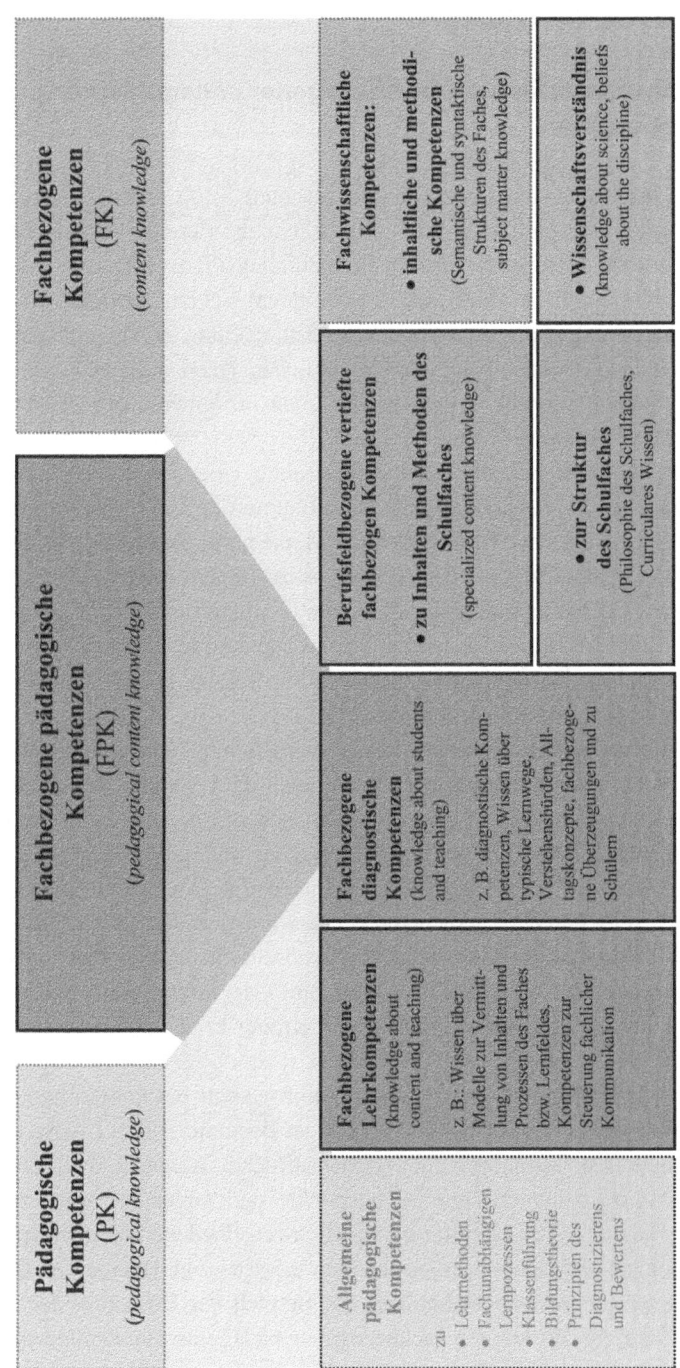

Abb. 2 Vorschlag für ein Arbeitsmodell von Lehrerprofessionalität

1.2   Stand der Forschung

1.2.1   Empirische Erfassung fachbezogener pädagogischer Kompetenzen

In den letzten Jahren hat sich die Unterrichtsforschung im Zusammenhang mit den internationalen Leistungsvergleichen, den Fortschritten im Bereich statistischer Verfahren sowie mit einer methodischen Schärfung auch durch qualitative Ansätze methodisch und in Bezug auf die Erkenntnislage deutlich weiterentwickelt, während im Bereich der Lehrerbildungsforschung nur eine zögerliche Entwicklung zu verzeichnen ist. Gründe hierfür dürften in der deutlich höheren inhaltlichen Herausforderung für Studien auf Lehrer- oder Studierendenebene liegen, aber auch im höheren organisatorischen Aufwand für größere Testpopulationen.

Vor allem aber stellt sich die Kompetenzstruktur einer Lehrperson, die über reines Wissen hinausgeht, als sehr komplex dar (vgl. Baumert & Kunter, 2006; Lüders & Wissinger, 2007; speziell für das Unterrichtsfach Mathematik, Brunner et al., 2006, Blömeke, Kaiser & Lehmann, 2010). Insbesondere ist zu fragen, inwieweit eine Kompetenz, die Lehrkräfte zum Handeln befähigt, überhaupt expliziert und damit gemessen werden kann, da die Rolle des Professionswissens beim Handeln im Unterricht keineswegs geklärt ist (vgl. Fischler, 2008; Neuweg, 2002). Nach Reinhold (2004) hat sich die Operationalisierung bestimmter Konstrukte und damit verbunden die konkrete Entwicklung geeigneter Untersuchungsinstrumente in der empirischen Lehrerbildungsforschung als zentraler Problemkomplex herausgestellt (vgl. auch die Übersicht von Baxter & Lederman, 1999). Zieht man in diesem Bereich ein Zwischenfazit, so ist beim direkten Messen des Professionswissens von Lehrkräften mit reliablen und validen Instrumenten national wie international noch Forschungsbedarf festzustellen (vgl. Cochran-Smith & Zeichner, 2005; Krauss et al., 2008a,b). Dementsprechend wurden in den letzten Jahren die Facetten des fachdidaktischen Wissens, des fachwissenschaftlichen Wissens und des pädagogischen Wissens in verschiedenen Projekten zum Gegenstand von Forschung gemacht (z. B. Schmelzing, 2010; Tepner et al., 2012; Kröger et al., 2012; Cauet et al., 2015; Cauet, 2016).

Obwohl die zentrale Bedeutung des Professionswissens bei Lehrkräften in Bezug auf effektives Unterrichten unbestritten ist (vgl. etwa Bromme, 1992; Lipowsky, 2006; für die internationale Diskussion im naturwissenschaftlichen Bereich, Abell, 2007), herrscht mangels einheitlicher theoretischer Bezugspunkte und fehlender empirischer Evidenz weiterhin ein Dissens in der Literatur hinsichtlich verschiedener Wissenstypen sowie der Struktur, Topologie und Genese professionellen Wissens (vgl. Baumert & Kunter, 2006). Generell kann die empirische Befundlage im Bereich der Erfassung der Struktur, der Bedingungen und der Wirkungen fachbezogener pädagogischer Kompetenzen als sehr heterogen und in den verschiedenen Domänen stark unterschiedlich entwickelt angesehen werden.

Im Folgenden geben wir eine Übersicht über zentrale empirische Befunde, gegliedert danach, ob der Fokus (1) auf der Struktur, (2) auf der Genese und den Bedingungen oder (3) auf den Wirkungen von fachbezogenen pädagogischen Kompetenzen liegt. In den ersten Jahren der Untersuchung fachbezogener pädagogischer Kompetenzen nach Shulmans initialem Beitrag lag der Fokus auf der Konstruktbildung und Messbarmachung, also auf dem Bereich (1). Mit zunehmender Konsolidierung der Konstrukte, traten Fragen nach (2) den Bedingungen des Entstehens fachbezogener pädagogische Kompetenzen in den Blick, sei es in Form unterschiedlicher Studiengangsformate oder in der Lehrerweiterbildung. Erst in den letzten Jahren findet man Studien, (3) die Wirkung differentieller Kompetenzen von Lehrkräften auf die Leistungen ihrer Schülerinnen und Schülern untersuchen und dabei auf eine Operationalisierung im Bereich (1) zurückgreifen müssen. Die im Folgenden beschriebenen empirischen Erkenntnisstände beziehen sich vornehmlich auf das Fach Mathematik und zum Teil auf die Naturwissenschaften. Hier finden sich die bislang umfassendsten empirischen Erhebungsansätze.

(1) Strukturen fachbezogener Kompetenzen

Wesentliche Anregungen zu einer systematischen empirischen Erfassung der Shulman'schen Kategorien sind die Projekte der Michigan Group (Hill, Schilling & Ball, 2004), die COACTIV-Studie (Krauss et al., 2008a,b), ProwiN (Borowoski et al., 2010; Tepner et al., 2012), KIL (Kröger et al., 2012), das Verbundprojekt Profile-P (vgl. Kulgemeyer et al., 2012) und die internationale Vergleichsstudie TEDS-M (Blömeke et al. 2010). Versuche, verschiedene Facetten von fachbezogenen pädagogischen Kompetenzen psychometrisch zu trennen, ergaben bislang allerdings erst wenige Befunde.

Hill et al. (2004, 2008) konnten im Rahmen einer explorativen Faktorenanalyse in ihren Itemsätzen zwei Dimensionen schulfachlichen Wissens von einer Dimension schülerbezogenen Wissens (KCS = knowledge about content and students) unterscheiden. Auch gelang ihnen eine schwache Trennung von fachbezogenem Alltagswissen und berufsfeldbezogen vertieftem schulbezogenen Wissen, also solchem Wissen, das exklusiv in der Mathematiklehrerausbildung erworben wird. Kirschner (2013) konnte im ProwiN Projekt zeigen, dass die Dimensionen CK, PCK und PK voneinander unterscheidbar sind.

Neben der Operationalisierung in Dimensionen können die fachbezogenen Kompetenzen in Niveaustufen beschrieben werden. Für die Physik konnten z. B. Riese und Reinhold (2008) drei Niveaus in einer Studie zur Erfassung des Fachwissens von Lehramtsstudierenden unterscheiden: empirisch abgesichertes Wissen auf Schulniveau, ein vertieftes Wissen und universitäres Wissen (Riese & Reinhold, 2010). Bei Woitkowski (2015) hingegen sind für das fachbezogene Wissen vier Stufen zu finden: Schulwissen, vertieftes Schulwissen, universitäres Wissen und fachliches Alltagswissen. Von den oben genannten Stufen beschränkte sich das ProwiN Projekt bei der Erhebung des fachbezogenen Wissens auf Schulwissen und vertieftes Schulwissen (vgl. Cauet, 2016). In der MT21-Studie (Mathematics Teaching in the 21st Century) sind für die Mathematik vier Niveaustufen, die explizit den Schulbezug betonen, zu finden. Diese Stufen gehen auch über das für die Sekundarstufe I getestete Schulwissen hinaus: Mathematik der Sekundarstufe I, Mathematik der Sekundarstufe II, Schulmathematik vom höheren Standpunkt aus und universitäre Mathematik (Blömeke, Seeber, Lehmann, Kaiser & Schwarz et al., 2008).

Bezüglich des fachbezogenen pädagogischen Wissens konnten Gramzow et al. (2015) zeigen, dass sich die von ihre angenommene, modellkonforme innere Struktur des fachdidaktischen Wissens in der Physik empirisch abbilden lässt. In dieser Studie beschränkte sich Gramzow einerseits auf den physikalischen Inhaltsbereich der Mechanik sowie auf die vier folgenden fachdidaktischen Facetten: „Instruktionsstrategien", „Schülervorstellungen", „Experimente und Vermittlung eines angemessenen Wissenschaftsverständnisses" sowie „Fachdidaktische Konzepte".

Zur Untersuchung des Zusammenhangs zwischen dem *content knowledge* (CK) und dem *pedagogical content knowledge* (PCK) wurden im Rahmen der COACTIV-Studie (Krauss et al., 2008) beide Facetten auf ähnliche Weise wie bei Ball et al. (2008) operationalisiert und empirisch untersucht. Zudem wurde mathematisches Wissen als vertieftes Hintergrundwissen über Inhalte des mathematischen Schulcurriculums in Mathematik definiert, was der Definition von *specialized content knowledge* (SCK) bei Ball et al. (2008) nahekommt und in unserer Definition – konform mit der Michigan Gruppe und anders als bei COACTIV – als Facette von *fachbezogenem pädagogischen Wissen* angesehen wird. Das bei COACTIV verwendete Instrument aus insgesamt 26 Items erfasst dabei ausdrücklich keine handlungsnahen Aspekte des fachdidaktischen Wissens wie etwa die tatsächliche Reaktion auf kritische Unterrichtssituationen.

Die Korrelation zwischen den Scores für das Fachwissen und das fachdidaktische Wissen von r = .60, wird von den Autoren als Indiz für eine Interdependenz bei klarer Unterscheidbarkeit von Fachwissen und fachdidaktischem Wissen gewertet. Ähnliche Korrelationen (Primarstufe r = 0.6, Sekundarstufe 1: r = 0.7) zeigen die anders operationalisierten aber analog konzeptualisierten Erfassungsinstrumente aus TEDS-M (Blömeke et al., 2010) für die deutsche Teilpopulation. Die geringeren Korrelationen in anderen Teilnehmerländern (0.4–0.6) weisen auf eine durchaus vorhandene differentielle Validität der Instrumente hin. Die Autoren konzedieren allerdings eine große Nähe in der Operationalisierung der fachwissenschaftlichen und fachdidaktischen Skalen.

Die Erfassung von fachbezogenen pädagogischen Kompetenzen über geschlossene oder halboffene Items stellt hohe Ansprüche an die Itemkonstruktion, insbesondere hinsichtlich der Validität. Bei jedem einzelnen Item muss sichergestellt werden, dass es nicht durch die Anwendung rein fachlicher oder allgemein pädagogischer Kenntnisse zu lösen ist (vgl. das Rationale von Kromrey und Renfrow (1991), zur Konstruktion so genannter C-P-Items, also Items, die content-spezifisches pädagogisches Wissen operationalisieren). Die relative Handlungsferne solcher Items verlangt allerdings die theoretische Diskussion und empirische Überprüfung ihrer ökologischen Validität (Kagan, 1990): Inwiefern ist anzunehmen, dass die Beantwortung der Items mit dem unterrichtlichen Verhalten der Lehrperson konform geht? Sicherlich ist die Darstellung der Komplexität, Offenheit und Flexibilität erwünschten unterrichtlichen Handelns nicht vollständig in geschlossenen Kurzantworten und Items mit stark vereinfachenden Ausgangssituationen zu leisten.

Eine höhere Validität erreichen qualitative Verfahren wie strukturierte Interviews oder Concept Maps (z. B. Morine-Dershimer, 1989), die jedoch bei der Analyse und Interpretation hohe Anforderungen stellen, vor allem, wenn man sie in quantitativ weiter verwendbare Daten überführen will. Dasselbe gilt für die Auswertung offener Frageitems. Hierzu sind mitunter hochinferente Raterurteile abzusichern, wie etwa bei Krauss et al. (2008) erfolgreich geschehen. Eine weitere Form handlungsnaher Erfassung fachbezogener pädagogischer Kompetenzen sind Aufforderungen zur Handlung im Anschluss an in Videovignetten dargestellten unterrichtlichen Episoden. Schmelzing (2010) entwickelte in jüngster Zeit ein Instrument zur Erfassung deklarativer und reflektiver Komponenten von *pedagogical content knowledge* von Biologielehrerinnen und -lehrern. Hierbei handelt es sich um einen paper-pencil-test, in dem bevorzugt Items mit offenem Antwortformat verwendet werden und fiktive Videoclips zum Einsatz kommen (vgl. auch Beck et al., 2008). In vielen Studien (beginnend bereits mit Hashweh, 1995) findet man daher auch multimethodale Designs (für einen Überblick im Bereich Naturwissenschaften vgl. Baxter & Lederman, 1999).

Insgesamt muss man bei der empirischen Erfassung fachbezogener pädagogischer Kompetenzen also weiteren Forschungsbedarf konstatieren, insbesondere hinsichtlich der folgenden drei, eng miteinander zusammenhängenden Bereiche: (a) der weiteren Diskrimination der Facetten fachbezogener pädagogischer Kompetenzen, (b) der Validierung der Erfassungsinstrumente (jenseits der testtheoretischen Validierung bei Krauss et al. (2008) und (c) der Weiterentwicklung handlungsnaher Operationalisierungen.

(2) Bedingungen für die Genese fachbezogener Kompetenzen

Die Lerngelegenheiten für Lehrkräfte in der ersten, zweiten und dritten Ausbildungsphase unterscheiden sich international, aber auch in den deutschen Bundesländern erheblich (Wang, Coleman, Coley & Phelps, 2003; Döhrmann et al., 2010; König et al., 2010; Blömeke et al., 2010). Das eröffnet die Möglichkeit, Zusammenhänge zwischen den Ausbildungsstrukturen und den Kompetenzen von Lehrkräften zu explorieren.

Generell zeigt sich, dass in Deutschland Gymnasiallehrkräfte in diesen Studien nach der universitären Ausbildungsphase deutlich höhere Kompetenzen im Bereich der fachwissenschaftlichen Kompetenzen besitzen (v. a. Krauss et al., 2008; Blömeke et al., 2010). Bei Grundschullehrkräften zeigt sich ein ausgeprägter positiver Zusammenhang zwischen *fachwissenschaftlichem* Wissen und der verpflichtenden Belegung eines Faches Mathematik in der ersten Ausbildungsphase: National wie international zeigt sich in Ländern mit „fachlosem" Primarstufenlehrstudium (Blömeke et al., 2010) eine merklich geringere Ausprägung fachlicher und fachdidaktischer Kenntnisse. Dieser Befund ist mit Blick auf die unterschiedlichen Umfänge fachlicher Ausbildungsinhalte erwartungskonform.

Für die Physik konnten Riese & Reinhold (2008, 2010) zeigen, dass die Haupt- und Realschulstudierenden gegenüber Studierenden des gymnasialen Lehramts hinsichtlich ihres fachbezogenen Vorwissens und ihrer allgemeinen kognitiven Leistungsfähigkeit benachteiligt sind. Von Anfang an ist ein Rückstand bei der fachbezogenen Kompetenzentwicklung zu beobachten. Hinsichtlich der Kompetenzentwicklung konnten nach Riese und Reinhold die Studierenden des gymnasialen Lehramts aufgrund eines deutlich größeren Umfangs ihrer fachlichen Ausbildung und unter Kontrolle der Abiturnote einen signifikanten Kompetenzvorsprung beim Fachwissen gegenüber den Haupt- und Realschulstudierenden verzeichnen.

Für die Fragestellungen unseres interdisziplinären Projektansatzes sind die Zusammenhänge zwischen den verschiedenen Ausbildungsgängen im Lehramt und den fachbezogenen Facetten *pädagogischen* Wissens, also insbesondere dem *fachdidaktischen* Wissen und den *fachbezogenen* Überzeugungen ebenfalls interessant. In Studien aus der Mathematik zeigt sich, dass Gymnasiallehrkräfte zu Beginn des Berufseinstiegs eine höhere fachdidaktische Kompetenz als Lehrkräfte der nichtgymnasialen Schulformen besitzen. Dies erscheint zunächst kontraintuitiv, da diese Gruppe trotz längerem Studium einen geringeren Umfang von spezifisch fachdidaktischen Lerngelegenheiten haben. Als Erklärungen werden verschiedene weitere Daten herangezogen: Zum einen muss hier die Ausgangsselektivität berücksichtigt werden: Gymnasiallehrkräfte stammen mit höherer Wahrscheinlichkeit aus Leistungskursen (85 % gegenüber 50 % bei Haupt- und Realschullehrkräften, Blömeke et al., 2010). Beim Vergleich von Lehrkräften mit gleichem Fachwissen hingegen löst sich dieses Paradox auf: In der COACTIV-Studie schnitten die Nicht-Gymnasiallehrkräfte bei Kontrolle des Fachwissens besser im fachdidaktischen Wissen ab als die Gymnasiallehrkräfte (Krauss et al., 2008).

Neben diesem Effekt der Eingangsselektivität weist aber auch die hohe Korrelation zwischen den fachwissenschaftlichen und fachdidaktischen Wissensanteilen darauf hin, dass die beiden Facetten eng aufeinander bezogen sind, so dass im Laufe der Lerngeschichte, fachwissenschaftliche Kompetenzen zu einer tieferen Durchdringung auch nur gering thematisierter fachdidaktischer Inhalte führen können (Ball et al., 2008). Andererseits könnten die hohen Werte im Bereich der fachdidaktischen Fähigkeiten auch auf die bereits angedeutete zu geringe Spezifität der Items in der fachdidaktischen Skala zurückzuführen sein.

Die sich hier andeutenden Zusammenhänge zwischen Lerngelegenheiten und resultierenden Kompetenzen müssen aber angesichts der empirischen Probleme (querschnittliche Quasiexperimente, unzureichende Erfassung der Eingangsbedingungen) zurzeit noch als spekulativ angesehen werden. Über die spezifischen Umstände der Genese dieser Unterschiede können die genannten Studien aber keinen Aufschluss geben. Diese Befundlage macht deutlich, dass umfassender Forschungsbedarf zur Genese fachdidaktischer Kompetenzen im Studium besteht.

Hinsichtlich der Einflüsse der Lerngelegenheiten in der – oft als dritte Ausbildungsphase – titulierten berufsbegleitenden Weiterbildung ergibt sich aus verschiedenen Studien ebenfalls ein heterogenes Bild. In der breit gestreuten Population bei COACTIV

(Berufsjahre M=21, SD=10, Fortbildungsstunden in den vorausgehenden drei Jahren M=42, SD=53) ergaben sich nur sehr schwache und durchweg insignifikante Zusammenhänge: Fortbildungen scheinen sich nicht auf die professionellen Kompetenzen auszuwirken. Lediglich bei Lehrkräften aus ehemaligen Diplomlehrstudiengängen der DDR erreichen die Personen mit wenigen Berufsjahren ein höheres Kompetenzniveau, was aber eher durch den zwischenzeitlichen Wechsel des Ausbildungssystems zu erklären ist (Kraus et al. 2008). Diese aktuellen Analysen weisen darauf hin, dass das bestehende Fortbildungssystem und insbesondere seine fachbezogenen Angebote auf den Prüfstand gestellt werden muss, und dass Forschungen zu seiner Struktur und Effektivität von hohem Belang sind.

Aus dieser Befundlage einer einzelnen Querschnittsstudie kann aber nicht auf die generelle Ineffektivität von Fortbildungen geschlossen werden, Lipowsky (2010) gibt in einem breiten Review einen Überblick über die (in den letzten zehn Jahren erheblich gewachsene) empirische Befundlage zur Wirkung von Lehrerfortbildungen. So konnten Carpenter et al. (1989) und Franke et al. (2001) die nachhaltige Veränderung fachdidaktischen Wissens, insbesondere der fachbezogenen diagnostischen Fähigkeiten bei Lehrkräften im Rahmen einer Fortbildung zu problemlösenden Lernen von Grundschülern nachweisen. Auch ließen sich die Veränderung unterrichtsbezogener Überzeugungen bei Mathematiklehrkräften in moderierten videobasierten Qualitätszirkeln zeigen (Gärtner, 2007). Möller et al. (2006) konnten in einer sechzehntägigen Fortbildung zum naturwissenschaftlichen Unterricht die Vorstellung vom naturwissenschaftlichen Lehren und Lernen als „conceptual change" entwickeln. In den genannten Studien der Gruppen um Carpenter und Möller konnten im experimentellen Design sogar Effekte auf die Leistungszuwächse der Schülerinnen und Schüler festgestellt werden. Ehlert, Maag-Märki, Leuders et al. (2009) konnten eine Veränderung der unterrichtsbezogenen Überzeugungen von Lehrkräften im Rahmen einer halbjährigen Intervention aus fachdidaktischen Impulsveranstaltungen und Kooperationsphasen feststellen.

Lipowksy (2010) analysiert die hier genannten und viele weitere Fortbildungskonzepte drauf, welche Bedingungen zum Gelingen beitragen. Er stellt fest, dass sich *„erfolgreiche und wirksame Fortbildungen durch einen eher engen fachdidaktischen Fokus aus[zeichnen], der das Lernen und die Lernprozesse der Schüler/innen, ihre fachbezogenen Konzepte, Vorstellungen, Denkweisen und auch Misskonzepte in den Vordergrund rückt und hierdurch das fachdidaktische und diagnostische Wissen der Lehrpersonen vertieft. [...] Fortbildungen sind offenbar insbesondere dann veränderungswirksam, wenn es zu Dissonanzen zwischen den eigenen Erwartungen und Überzeugungen auf der einen Seite und der eigenen unterrichtlichen Praxis bzw. deren Wirkungen auf die Schüler/innen auf der anderen Seite kommt. [...] Zahlreiche wirksame Fortbildungen zeichnen sich durch eine Kombination aus Reflexions- und handlungspraktischen Erprobungsphasen aus. Eine Reihe wirksamer Fortbildungen nutzt Schülerdaten, um das fachdidaktische und diagnostische Wissen von Lehrpersonen weiterzuentwickeln, wobei die Lehrpersonen bei der Interpretation der Daten jedoch nicht sich selbst überlassen sind, sondern von wissenschaftlicher Seite begleitet werden."* (Lipowsky 2010). Diese

Metaanalyse weist darauf hin, wie bedeutsam fachbezogene Aspekte hinsichtlich des Erfolgs von Lehrerfortbildung sind. Es finden sich Beispiele sowohl für die erfolgreiche Vermittlung fachbezogenen pädagogischen Wissens bezüglich Schülerkognitionen und bezüglich Lehrmodellen als auch für die Veränderung von Überzeugungen. Weitere Forschung zu den spezifischen Wirkungen unterschiedlicher Modelle der Vermittlung dieser Facetten professioneller Kompetenz ist hier von unmittelbarem Belang.

(3) Wirkungen von fachbezogenen Kompetenzen

Zu der größten Herausforderung in der Absicherung des Konzeptes der fachbezogenen pädagogischen Kompetenzen gehört der Nachweis einer prädiktiven Validität dieser Kompetenzen für die Unterrichtsqualität und die Lernergebnisse der Schülerinnen und Schüler.

Hill et al. (2008) konnten hier zeigen, dass sowohl das Fachwissen als auch das fachbezogene pädagogische Wissen von Grundschullehrkräften zur Vorhersage von Leistungsfortschritten von Schülerinnen und Schülern geeignet ist. Baumert et al. (2010) haben im Rahmen der COACTIV-Studie die Zusammenhänge zwischen dem Fachwissen und dem fachdidaktischen Wissen (CK und PCK) von Lehrkräften und den Lernerfolgen ihrer Schüler in einem einjährigen Längsschnitt untersucht. Dabei erfassten sie als Mediatoren verschiedene Variablen der Unterrichtsqualität, unter anderem die kognitive Aktivierung und die individuelle Schülerunterstützung. Dabei konnten sie durch Vergleich konkurrierender hierarchischer Strukturgleichungsmodelle die Hypothese untermauern, dass PCK und nicht CK der entscheidende Prädiktor ist für die Lernfortschritte und zwar vermittelt über die genannten Aspekte von Unterrichtsqualität. 39 % der Leistungsvarianz der Schüler wurden durch die latente Variable der PCK erklärt, die Effektstärke betrug 0,46 Standardabweichungen. Dieser positive Effekt von PCK zeigte sich zudem nachweislich stärker bei der Förderung schwächerer Schülerinnen und Schüler.

Die beschriebenen Studien weisen also insgesamt auf eine Multidimensionalität fachbezogener Kompetenzen hin, machen aber auch deutlich, dass die vielfältige Abhängigkeit der Ergebnisse von Populationen (Schulformen), Operationalisierungen (jeweils gewählte Fragestellungen, die die Facetten repräsentieren sollen) und Testformaten (Multiple-Choice, offene Fragen, Videovignetten) noch kein geschlossenes Bild erlaubt. In der Tendenz kann die besondere Bedeutung der fachbezogen pädagogischen Kompetenzfacette für die Unterrichtsqualität und die Lernerfolge als nachgewiesen angesehen werden.

Die empirische Untersuchung von fachbezogenen pädagogischen Kompetenzen steht vor mehreren großen Herausforderungen:

• Die zugrundeliegenden theoretischen Modelle nähern sich dem Konstrukt aus sehr unterschiedlichen Perspektiven und mit unterschiedlicher Nähe zur Domäne. Dabei gibt es immer wieder Abgrenzungsfragen, wie z. B.: Wie sind die epistemologischen Überzeugungen zur Wissensgenese in der Disziplin zu trennen von solchen zur individuellen Wissensgenese bei Schülerinnen und Schülern? Wo liegt die Trennlinie zwischen für die Verwendung im Lehrberuf spezialisiertem Fachwissen und solchem, das rein universitären Charakter hat?

- Die Vielgestaltigkeit der beschriebenen Kompetenzaspekte (Wissen, Handeln, Überzeugungen) erfordert eine entsprechend weit gefächerte Methodik. Besondere Herausforderungen stellen dabei die handlungsnahen Kompetenzaspekte, die bislang kaum erfasst wurden.
- Die Teilbereiche der fachlichen, fachbezogenen pädagogischen und allgemeinen pädagogischen Kompetenzen sind konstruktbedingt eng vernetzt. Eine einfache Trennung in unabhängige Dimensionen ist daher nicht möglich. Dadurch werden korrelative Zusammenhänge etwa mit Leistungszuwächsen von Lernenden oder Ausbildungsbedingungen nur schwer interpretierbar.

Diese Schwierigkeiten zeigen sich in den aktuellen Studien deutlich: Die Operationalisierung von *pedagogical content knowledge* bei COACTIV ist nahe an fachlichem Wissen: Fachdidaktische Fähigkeiten werden durch Umgang mit Aufgaben repräsentiert und dieser wiederum durch die Angabe multipler Lösungswege operationalisiert. Es ist nicht auszuschließen, dass das gute Abschneiden von Gymnasiallehrkräften bei dieser Skala auf einen kompensatorischen Einfluss ihres Fachwissens zurückzuführen ist. Hingegen zeigten Ball et al. (2008) an einer großen Zahl von Einzelfähigkeiten auf, dass insbesondere fachdidaktisch-diagnostische Kompetenzen von Lehrkräften mit einem fachdidaktisch vertieften Fachwissen (*specialized content knowledge*) einhergehen. Eine weitere Ausdifferenzierung von fachbezogenen pädagogischen Kompetenzen sollte also vor allem folgende Forschungsrichtungen berücksichtigen:

- Differentielle Messbarmachung von Facetten fachbezogener pädagogischer Kompetenzen, insbesondere durch handlungsnahe Operationalisierungen
- Experimentelle Studien zum Erwerb von Facetten fachbezogener pädagogischer Kompetenzen in der Aus- und Weiterbildung
- Experimentelle Studien zur Wirksamkeit fachbezogener pädagogischer Kompetenzen in der Unterrichtspraxis
- Validitätssteigerung empirischer Instrumente zur Erfassung fachbezogener pädagogischer Kompetenzen durch qualitative Analysen
- Fächerübergreifende Konzeptualisierungen und parallele Validierung fachbezogener pädagogischer Kompetenzen

1.2.2   Empirische Befunde zu Wissenschaftsverständnis und fachbezogenen pädagogischen Kompetenzen zur Vermittlung von Wissenschaftsverständnis

Schülerinnen und Schüler sollten in der Schule angemessene Vorstellungen über die Naturwissenschaften vermittelt bekommen, um naturwissenschaftliche Methoden und Informationen, denen sie alltäglich in Schulbüchern und in den Medien begegnen, kritisch bewerten zu können (Eggert & Bögeholz, 2006; McComas, Almazroa & Clough, 1998; Toth, Suthers & Lesgold, 2002). Ein angemessenes Wissenschaftsverständnis gilt als eine wichtige Voraussetzung, um aktiv an der modernen Wissenschafts- und Technikbasierten Gesellschaft teilzunehmen (Bromme, 2005) und um die höhere Schulbildung erfolgreich abzuschließen (Trautwein & Lüdtke, 2004). Allerdings gibt es viele empirische Befunde aus der fachdidaktischen und psychologischen Lehr-Lern-Forschung, die zeigen, dass ein Großteil der Schülerinnen und Schüler aller Altersklassen zu naiv-realistischen und wissenschaftsgläubigen Vorstellungen neigt. Diese Defizite auf Schülerseite legen es nahe, nach dem Wissenschaftsverständnis der Lehrkräfte und deren fachbezogenen pädagogischen Kompetenzen zur Vermittlung angemessener Vorstellungen über die „Natur" der Naturwissenschaften zu fragen. Denn es ist anzunehmen, dass es Wechselwirkungen zwischen dem Wissenschaftsverständnis von Schülerinnen und Schülern und den epistemologischen Einstellungen ihrer Lehrkräfte und dem damit verbundenen Unterrichtsstil gibt (Buelens, Clement, & Clarebout, 2002; Hofer, 2004a, b; Johnston, Woodside-Jiron, & Day, 2001; Smith, Maclin, Houghton, & Hennessey, 2000; Tsai, 1998).

Im folgenden Abschnitt werden kurz die wichtigsten Befunde zu den Defiziten im Wissenschaftsverständnis auf Schülerebene berichtet. Danach folgt eine Übersicht über die empirische Befundlage zum Wissenschaftsverständnis von Lehrkräften und eine Darstellung der Befundlage zu den fachbezogenen pädagogischen Kompetenzen von Lehrkräften in Bezug auf die Vermittlung von Wissenschaftsverständnis.

Befunde zu Defiziten im Wissenschaftsverständnis von Schülern

Vorstellungen über die Naturwissenschaften werden in der fachdidaktischen Forschung unter dem Stichwort „nature of science" untersucht. Nature of science umfasst das Verständnis der prinzipiellen Unsicherheit und Vorläufigkeit naturwissenschaftlicher Erkenntnisse, Wissen über die Funktion von Theorien und empirischen Methoden und Einblicke in die sozialen und persönlichen Aspekte des naturwissenschaftlichen Erkenntnisprozesses (Leach, Driver, Millar & Scott, 1997; Lederman, Wade & Bell, 1998; McComas et al., 1998). Das Wissenschaftsverständnis von Schülerinnen und Schülern wird derzeit insbesondere in der Physik-, Biologie- und Mathematikdidaktik untersucht (Mikelskis-Seifert, 2002; Mikelskis-Seifert & Müller, 2005; Norris, Macnab, Wonham, & de Vries, 2009; Leder, Pehkonen, & Törner, 2002; Blömeke, Müller, Felbrich & Kaiser, 2008). Neben der fachdidaktischen Forschung, welche sich explizit dem Wissenschaftsverständnis in Bezug auf bestimmte Fächer und Domänen widmet, gibt es in der psychologischen Lehr-Lern-Forschung eine wachsende Zahl theoretischer und empirischer Arbeiten zu epistemologischen Überzeugungen (vgl. Hofer & Pintrich, 1997, 2002; Khine, 2008). Als epistemologische Überzeugungen werden dort Vorstellungen über die Struktur, Sicherheit, Quelle und Rechtfertigung von Wissen (Hofer, 2000; Urhahne & Hopf, 2004) bezeichnet. Neuere Studien weisen darauf hin, dass epistemologische Überzeugungen als domänenspezifisch, d. h. als Überzeugungen über die Genese und Struktur von Wissen in bestimmten Fächern zu konzipieren sind (zusammenfassend siehe Muis, Bendixen & Haerle, 2006), was mit der Definition von nature of science als „Epistemologie der Naturwissenschaften" (Lederman et al., 1998) in Einklang steht.

Eine ansteigende Zahl an Studien belegen, dass „sophistiziertere" epistemologische Überzeugungen oftmals mit effektiveren Lernprozessen und besseren Lernergebnissen einhergehen. So finden sich u. a. Zusammenhänge zwischen epistemologischen Überzeugungen und der erzielten Lernleistung (z. B. Schommer, 1993; Schommer, Calvert, Giana, & Bajaj, 1997, Trautwein & Lüdtke, 2007), der Interpretation konfligierender (natur-)wissenschaftlicher Informationen (z. B. Kardash & Scholes, 1996; Mason & Boscolo, 2004; Ryan, 1984; Schommer, 1990) sowie zu Prozessen des „conceptual change" (z. B. Qian & Alvermann, 1995; Qian & Alvermann, 2000; Sinatra & Pintrich, 2003).

Eine Vielzahl von Studien belegt jedoch, dass Lernende oft keine angemessenen epistemologischen Vorstellungen über die Naturwissenschaften besitzen (vgl. Carey, Evans, Honda, Jay & Unger, 1989; Meyling, 1990; Solomon, Scott & Duveen, 1996; Priemer, 2003). Naiv-realistische und „szientistische", d. h. wissenschaftsgläubige Vorstellungen überwiegen. Empirische Hinweise auf einen naiven Realismus fanden sich beispielsweise insofern, als viele Kinder und Jugendliche das Bild, das die Naturwissenschaften zeichnen, offenbar als wahrheitsgetreue Kopie der Welt ansehen (Mikelskis-Seifert & Müller, 2005). Schülerinnen und Schüler neigen außerdem zu der Auffassung, dass bei ausreichender Evidenz Hypothesen den Status von Theorien annehmen und aus diesen wiederum Gesetze werden (Ryan & Aikenhead, 1992) oder dass mittels geeigneter Experimente Theorien bewiesen werden können (Carey et al., 1989; Solomon et al., 1996). In der Untersuchung von Mikelskis-Seifert und Müller (2005), an der Sieben-, Acht-, Neun- und Zehntklässler beteiligt waren, konnten nur geringfügige, nicht signifikante Unterschiede hinsichtlich ihrer epistemologischen Vorstellungen über den Verlauf der Schulzeit beobachtet werden. Offenbar finden bei Schülerinnen und Schülern während ihrer Schullaufbahn kaum Entwicklungen hinsichtlich des Wissenschaftsverständnisses in der Physik statt. In der PISA-Studie 2006 (siehe Prenzel et al., 2007) zeigte sich, dass gerade deutsche Schülerinnen und Schüler Defizite in jenen Kompetenzbereichen aufweisen, welche naturwissenschaftliche Denk- und Arbeitsweisen betreffen und in welchen adäquate epistemologische Überzeugungen eine entscheidende Rolle spielen: Im internationalen Vergleich schnitten deutsche Schülerinnen und Schüler in den Bereichen „Explaining phenomena scientifically" und „Using scientific evidence" unterdurchschnittlich ab.

Für das Fach Mathematik zeigte Schoenfeld (1988), dass in der Schule vielfach Mathematikunterricht praktiziert wird, der dazu führt, dass die Schülerinnen und Schüler unangemessene epistemologische Vorstellungen über Mathematik entwickeln, die sich wiederum negativ auf ihre Mathematikleistungen auswirken. Eine solche eingeschränkte Epistemologie ist beispielsweise die Annahme, die Disziplin bestehe aus einem festen Korpus von Wahrheiten und mathematische Erkenntnis entstehe grundsätzlich durch Deduktion absoluter Wahrheiten (Ernest 1989, Thompson 1992, Leder et al., 2002), wohingegen kommunikative Erkenntnis- und Aushandlungsprozesse sowie Aspekte der Unsicherheit mathematischer Erkenntnis (vgl. Rott, Leuders & Stahl, 2015) ausgeblendet werden. Dieses ahistorische und statische Wissenschaftsbild von Mathematik ist unter Lernenden weit verbreitet und erschwert es, Formen des forschenden und entdeckenden Lernens im Mathematikunterricht zu etablieren (Maaß, 2009).

Zusammenfassend verdeutlichen diese Befunde, dass Schülerinnen und Schüler sowohl in Bezug auf die naturwissenschaftlichen Fächer als auch Mathematik vielfach unangemessene Vorstellungen besitzen. In den folgenden Abschnitten werden nun Befunde zum Wissenschaftsverständnis von Lehrkräften und ihren fachbezogenen pädagogischen Kompetenzen zur Vermittlung von Wissenschaftsverständnis berichtet.

Befunde zum Wissenschaftsverständnis von Lehrkräften

Generell ist bei der Durchsicht der vorliegenden Forschungsliteratur festzustellen, dass die Vorstellungen von Schülerinnen und Schülern in Bezug auf *nature of science* sehr viel besser untersucht sind als die Vorstellungen von angehenden und berufserfahrenen Lehrkräften. Eine Reihe empirischer Studien zur *nature of science* bei Lehrkräften wurde im angloamerikanischen Raum durchgeführt. Die Studien sind allerdings meist älteren Datums, beruhen teils auf kleinen Stichproben und verwendeten sehr unterschiedliche Erhebungsmethoden (Abd-El-Khalick & BouJaoude, 1997; Abell & Smith, 1994; Brickhouse, 1990; Lederman, 1992; Pomeroy, 1993; Ryder, Leach & Driver, 1999). Im deutschsprachigen Raum wurde in den letzten Jahren vor allem das Wissenschaftsverständnis von angehenden und praktizierenden Mathematiklehrkräften untersucht. Zu nennen sind hier insbesondere die Studien von Törner und Grigutsch (1994; Grigutsch, Raatz & Törner, 1998), Baumert et al. (2004) sowie Blömeke, Müller, Felbrich & Kaiser (2008). Im naturwissenschaftlichen Bereich gibt es u. a. empirische Studien von Develaki (1998), Günther, Grygier, Kircher, Sodian, und Thoermer (2004), Priemer (2003) sowie Mikelskis-Seifert & Müller (2005).

Für die Mathematik griffen Törner und Grigutsch (1994) das Konzept der mathematischen Weltbilder von Schoenfeld (1992) als theoretisches Rahmenkonzept zur empirischen Beschreibung des persönlichen Wissenschaftsverständnisses von Schülerinnen und Schülern sowie von Lehrkräften auf. Mathematische Weltbilder werden dabei als Überzeugungen zur Struktur der Mathematik verstanden. Sie bezeichnen, durch welche Merkmale eine Person Mathematik als Wissenschaft gekennzeichnet sieht. Grigutsch et al. (1998) unterscheiden vier epistemologische Merkmale von Mathematik: (1) Mathematik als abstraktes, axiomatisches System (Formalismusaspekt), (2) Mathematik als Sammlung von Regeln, Prozeduren und Fakten (Schemaaspekt), (3) Mathematik als kreativer Problemlöseprozess (Prozessaspekt) und (4) Mathematik als Werkzeug zur Lösung von Alltagsproblemen (Anwendungsaspekt). Grigutsch et al. (1998) sowie Blömeke et al. (2008) konnten in ihren Fragebogenstudien zeigen, dass bei Schülerinnen und Schülern eine Betonung statischer Aspekte in Bezug auf Mathematik vorherrschte (Betonung des Schema- und Formalismusaspekts), während angehende Primarstufenlehrkräfte Mathematik stärker als prozess- und anwendungsbezogen sahen. Die von Blömeke et al. (2008) befragten (angehenden) Primarstufenlehrkräfte wiesen schemabezogenen Aspekten der Mathematik eine untergeordnete Rolle zu, formalen Aspekten eine mittlere Bedeutung und sie betrachteten prozess- sowie anwendungsbezogene Aspekte als besonders charakteristisch für Mathematik als Wissenschaft. Blömeke et al. (2008) sehen diese ermutigenden Ergebnisse im Zusammenhang mit einer verbesserten Ausbildungssituation, da die prozessorientierten Überzeugungen in Einklang mit den aktuellen mathematikdidaktischen Diskussionen stehen. Allerdings können aufgrund der zitierten querschnittlichen Befunde letztlich keine Schlussfolgerungen getroffen werden, wie sich das Wissenschaftsverständnis von angehenden Lehrkräften im Laufe der Aus- und Weiterbildung verändert und durch welche Faktoren solche Veränderungen in Gang gesetzt werden. Zur Klärung dieser Fragen bedarf es weiterer empirischer Forschung. Ebenso ungeklärt ist die Frage, welches Wissenschaftsverständnis bei Lehrkräften der Sekundstufe anzutreffen ist und inwiefern der Ausbildungsgang eine Rolle spielt (vgl. Blömeke et al., 2008).

Im Unterschied zu den oben berichteten Befunden im Fach Mathematik zeichnen die empirischen Studien zum Wissenschaftsverständnis von Lehrkräften in den Naturwissenschaften ein weniger positives Bild. Obgleich angesichts der relativ dürftigen Befundlage zweifellos Vorsicht geboten ist, lassen sich analog zu dem vorherrschenden naiv-realistischen Wissenschaftsbild bei Schülerinnen und Schülern in ähnlicher Weise auch partiell naive epistemologische Vorstellungen bei Lehramtsstudierenden und berufserfahrenen Lehrkräften finden. Lederman kam in seinem umfassenden Literaturreviews Anfang der 90er Jahre des vorigen Jahrhunderts zur der Schlussfolgerung, dass Lehrkräfte in den naturwissenschaftlichen Fächern typischerweise ein traditionell-empiristisches Verständnis von Naturwissenschaft aufwiesen, d. h. naturwissenschaftliche Erkenntnisse als einen festen Korpus unveränderlicher Wahrheiten betrachteten und die prinzipielle Vorläufigkeit naturwissenschaftlicher Erkenntnisse bezweifelten (Lederman, 1992). In ihrer Untersuchung zu den wissenschaftstheoretischen Ansichten deutscher Physiklehrkräfte und Physikstudierenden beschreibt Develaki (1998) eine ähnliche Problematik: „Zustimmung fand der naive Realismus zu 0 % bei den Philosophiestudenten und den diplomorientierten Physikstudenten, zu 7 % bei den Lehramtsorientierten und zu 11 % bei den Forschern, die Physiklehrer jedoch stimmten dem naiven Realismus mit einem relativ großen Prozentsatz zu (32 %)" (Develaki, 1998, S. 139). Die Untersuchungen von Mikelskis-Seifert und Müller (2005), an der Studierenden des Lehramts Physik an der Universität Kiel teilnahmen, zeichnen ein ähnliches Bild ebenso wie die Studie von Günther et al. (2004). Günther et al. untersuchten das Wissenschaftsverständnis von angehenden Grundschullehrkräften im Referendariat sowie berufserfahrenen Grundschullehrkräften mittels des Nature of Science Interviews nach Carey et al. (1989). Je nach persönlichen Interessen und Biografie erwies sich das Wissenschaftsverständnis der Lehrkräfte als recht heterogen. Eine ausgeprägt naiv-realistische Position zeigte sich jedoch immerhin bei 20 % der Befragten.

Diese beschriebenen Tendenzen zu einem empiristisch bzw. naiv-realistischen Wissenschaftsbild zeigten sich den erwähnten Studien unabhängig von den verwendeten Erhebungsmethoden und auch von der akademischen Vorbildung bzw. Qualifikation der Lehrkräfte. Letzteres könnte ein Hinweis darauf sein, dass wissenschaftstheoretische Bildung und Reflexion in vielen Lehramtsstudiengängen und auch im rein fachwissenschaftlichen Studium eine zu geringe Rolle spielen. Neuere Untersuchungen bestätigen diese Einschätzung (Abd-El-Khalick & BouJaoude, 1997; Abd-El-Khalick & Lederman, 2000; Pomeroy, 1993). So fanden beispielsweise Abd-El-Khalick und BouJaoude (1997) in einer Interviewstudie die Auffassung bei Lehrkräften für Naturwissenschaften, dass wissenschaftliche Methoden quasi schematisch wie „Rezepte" anzuwenden seien, um erfolgreich Erkenntnisse zu gewinnen. Durch die Art und Weise, wie naturwissenschaftliche Methoden im Studium angehenden Lehrkräften vermittelt werden, werden offenbar simplifizierende und teilweise falsche Vorstellungen von der Wissenschaft genährt, bei denen der soziale, kreative und konstruktive Charakter wissenschaftlichen Handelns übersehen wird. Abd-El-Khalick und Lederman (2000) kommen in einer neueren Übersichtsarbeit jedoch zu der Schlussfolgerung, dass das Wissenschaftsverständnis von Lehrkräften durch explizite Vermittlung wissenschafts-historischen bzw. wissenschaftstheoretischen Wissens durchaus positiv verändert werden kann. Damit würde eine wichtige Voraussetzung im Bereich des fachbezogenen Wissens von Lehrkräften geschaffen, um Schülerinnen und Schülern ein angemessenes Bild von naturwissenschaftlichen Erkenntnisprozessen zu vermitteln. Allerdings bedarf es dazu außerdem fachbezogener pädagogischer Kompetenzen, also Wissen darüber, auf welche Weise Schülerinnen und Schülern ein angemessenes Wissenschaftsverständnis vermittelt werden kann. Die wenigen Studien zum fachbezogenen pädagogischen Wissen von Lehrkräften hinsichtlich Nature of Science werden im folgenden Absatz berichtet.

Fachbezogenes pädagogisches Wissen von Lehrkräften hinsichtlich Nature of Science

Einige Studien weisen darauf hin, dass das persönliche Wissenschaftsverständnis von Mathematiklehrkräften sich auf die Art der realisierten Unterrichtsgestaltung auswirkt. So konnten beispielsweise Stipek et al. (2001) zeigen, dass Lehrpersonen mit einer Schemaorientierung ihren Mathematikunterricht stärker ergebnis- und weniger verständnisorientiert gestalteten, weniger Freiraum für eigenständiges mathematisches Denken der Schülerinnen und Schüler ließen und schneller im Lehrplan voranschritten (vgl. auch Diedrich, Thußbas und Klieme, 2002; Staub & Stern, 2002). Obgleich das persönliche Wissenschaftsverständnis offenbar Konsequenzen für die Unterrichtsgestaltung hat, gibt es jedoch in der Forschungsliteratur bislang kaum Studien, welche direkt das fachbezogene pädagogische Wissen von Lehrkräften in Hinblick auf die Vermittlung von Wissenschaftsverständnis untersucht haben. Eine Ausnahme bildet in dieser Hinsicht die Untersuchung von Abd-El-Khalick, Bell & Lederman (1998), im Rahmen derer angehende Lehrkräfte unter anderem zur Bedeutung der Thematisierung von Nature of

Science im naturwissenschaftlichen Unterricht, ihrer Auswahl von Lehrmethoden und deren vermuteten Auswirkungen auf das Wissenschaftsverständnis der Schülerinnen und Schüler befragt wurden. Die von Abd-El-Khalick et al. (1998) berichteten Untersuchungsergebnisse müssen jedoch (nicht nur aufgrund der kleinen Untersuchungsstichprobe) als kaum generalisierbar angenommen werden, da den Teilnehmern im Rahmen einer universitären Lehrveranstaltung explizit Lehrmethoden und Unterrichtspraktiken, welche sich für die Vermittlung eines angemessenen Wissenschaftsverständnisses eignen, vermittelt worden waren.

Hinweise auf die Ausprägung des fachbezogenen pädagogischen Wissens von Lehrkräften hinsichtlich Nature of Science finden sich in empirischen Studien, welche den Zusammenhang zwischen dem Wissenschaftsverständnis der Lehrkräfte und deren Unterrichtsplanung und Unterrichtshandeln beleuchteten. Während Brickhouse (1990) einen Zusammenhang aufzeigen konnte, stellten Lederman (1999), Tobin und McRobbie (1997) sowie Brickhouse und Bodner (1992) fest, dass Lehrkräfte ihre Überzeugungen, beispielsweise hinsichtlich der Fragilität von Erkenntnissen und der kreativen Aspekte naturwissenschaftlicher Erkenntnisgewinnung, nicht auf ihr didaktisches Handeln übertragen konnten. In Anbetracht der sehr kleinen Untersuchungsstichproben und überwiegend fallbeschreibenden, qualitativen Methodik besteht hier jedoch weiterer Forschungsbedarf. Überdies bleibt, wie im vorherigen Abschnitt angedeutet, zu untersuchen, ob Lehrkräfte das Wissenschaftsverständnis der Schülerinnen und Schüler und das implizit durch bestimmte Unterrichtspraktiken vermittelte Bild naturwissenschaftlicher Erkenntnisprozesse zur Begründung ihres didaktischen Handelns heranziehen.

Einen vielversprechenden methodischen Zugang zum fachbezogenen pädagogischen Wissen von Lehrern hinsichtlich Nature of Science bietet der von Nott und Wellington (1998) für Forschungs- und Ausbildungszwecke entwickelte Ansatz. Sie konstruierten Beschreibungen authentischer Unterrichtsereignisse (beispielsweise das „Misslingen" eines Demonstrationsexperiments oder der kritischen Nachfrage eines Schülers im Rahmen der Erläuterung eines theoretischen Konzepts), in Reaktion auf die die handelnde Lehrkraft implizit oder explizit den Schülerinnen und Schülern ein bestimmtes Wissenschaftsverständnis vermittelt, beispielweise indem er unerwartete Ergebnisse eines Schülerexperiments mit Fehlern in der Arbeitsweise der Lernenden begründet oder indem er die Fragilität naturwissenschaftlicher Erkenntnisse thematisiert. Situationsbeschreibungen wie die von Nott und Wellington (1998) entwickelten können unter anderem in Interviews eingesetzt werden, um die dem didaktischen Handeln von Lehrkräften zugrundeliegenden kognitiven Strukturen und Prozesse zu erfragen.

Insgesamt finden sich in der fachdidaktischen und psychologischen Lehr-Lern-Forschung zahlreiche Hinweise auf ein defizitäres Wissenschaftsverständnis bei Schülerinnen und Schülern. Dieser Befund ist insofern problematisch, als generell von verschiedenen Autorinnen und Autoren ein reflektiertes Verständnis hinsichtlich der Natur der Naturwissenschaften als wichtige Voraussetzung für gesellschaftliche Teilhabe an der Wissensgesellschaft betrachtet wird. Die vergleichsweise weniger zahlreichen empirischen Untersuchungen zum Wissenschaftsverständnis von Lehrkräften und ihren fachbezogenen pädagogischen Kompetenzen in diesem Bereich ergeben ein gemischtes Bild: Ähnlich wie viele Lernende tendieren offenbar auch Lehrkräfte in den Naturwissenschaften zu einem naiv-realistischen und empiristischen Bild von Naturwissenschaft, das die prinzipielle Vorläufigkeit naturwissenschaftlicher Erkenntnisse ignoriert und die sozialen, kreativen und konstruktiven Aspekte wissenschaftlichen Handelns übersieht. Die empirischen Studien zu Primarstufenlehrkräften der Mathematik kommen demgegenüber zu positiveren Ergebnissen. Allerdings muss die empirische Befundlage in diesem Bereich als noch unbefriedigend bewertet werden. So fehlen u. a. längsschnittliche Untersuchungen sowie Interventionsstudien, die Aussagen über die Veränderung bzw. Veränderbarkeit des Wissenschaftsverständnisses von Lehrkräften ermöglichten.

1.3   Überblick über die Beiträge in diesem Band

Der hier bezüglich fachbezogener pädagogischer Kompetenzen zusammengefasste Forschungsstand zeigt die Breite dieses Forschungsfelds auf. Kernfragen stellen sich etwa hinsichtlich der Struktur des Professionswissens, der Genese und Entstehensbedingungen aber auch hinsichtlich der Wirkungen verschiedener Facetten fachbezogener pädagogischer Kompetenzen. Die Beiträge in diesem Buch als Teilprojekte des strukturierten Promotionskollegs ProMatNat verfolgen das Ziel, zur Aufklärung einer Reihe solcher, sich teilweise überlappender Fragestellungen beizutragen und für die Domänen der Mathematik und der Naturwissenschaften zu konkretisieren. Alle Beiträge konzentrieren sich auf einen Kern von Aspekten der Professionalität, der im Schnittpunkt allgemeinpädagogischer und fachspezifischer Kompetenzpole liegt.

Im ersten Teil des Buches, der sich schwerpunktmäßig mit Konzepten und Theorien fachbezogener pädagogischer Kompetenzen beschäftigt, wurden in diesem einführenden Kapitel 1 (Leuders, Nückles, Mikelskis-Seifert & Philipp) wichtige Befunde zu Facetten fachdidaktischer Kompetenzen in Mathematik und Naturwissenschaften als Forschungsrahmen dargelegt. In Kapitel 2 (Altmann & Kändler) wird der Einsatz von Videos einerseits als Teil von Instrumenten zur Kompetenzerfassung und andererseits als Bestandteil von Lehrerfortbildungen dargestellt und kritisch diskutiert. Kapitel 3 (Nürnberger & Nerb) beschäftigt sich mit zentralen Befunden zu genderbezogenen Unterschieden zwischen Schülerinnen und Schülern im Fach Mathematik sowie mit genderstereotypen Erwartungen und Verhaltensweisen von Lehrkräften.

   Im zweiten Teil des Buches werden verschiedene spezifische Kompetenzfacetten untersucht und empirisch modelliert. Kapitel 4 (Ostermann, Leuders & Philipp) befasst sich mit Facetten diagnostischer Kompetenzen von Mathematiklehrkräften und ihre theoretische Verortung. In Kapitel 5 (Wiedmann & Leuders) wird Beobachtungskompetenz von Lehrkräften hinsichtlich kooperativen Schülerinteraktionen und deren Erfassung in den Blick genommen. Kapitel 6 (Maack, Mischo & Wittmann) beschäftigt sich mit epistemologischen Überzeugungen von Erzieherinnen und Erziehern und ihren Einfluss auf die Gestaltung naturwissenschaftsbezogener Lehrprozesse. Kapitel 7 (Schulze-Heuling, Mikelskis-Seifert & Nückles) widmet sich den Wechselbeziehungen zwischen dem Wissenschaftsverständnis von Lehrkräften und deren Einsatz von Unterrichtsmethoden. In Kapitel 8 (Schüssele, Stahl & Mikelskis-Seifert) wird die Entwicklung, der Einsatz und die Evaluation eines Fragebogens zur Erfassung des Wissenschaftsverständnisses von Lehrkräften im Fach Physik thematisiert.

Der dritte Teil des Buches fokussiert auf die Förderung professioneller Kompetenzen in unterschiedlichen Disziplinen. Kapitel 9 (Harr, Eichler & Renkl) bezieht sich dabei auf die Vernetzung verschiedener Wissensfacetten, insbesondere von pädagogischem und psychologischem Wissen. In Kapitel 10 (Ohst, Fondu, Nückles & Renkl) wird der Nutzen einer Prozeduralisierungshilfe zur besseren Anwendbarkeit von Wissenselementen diskutiert. Kapitel 11 (Streiling, Hörsch & Rieß) beschäftigt sich mit der Förderung systemischen Denkens im Rahmen einer Lehrerfortbildung im Fach Biologie.

Die Publikation schließt in Kapitel 12 (Strohmer & Wirtz) mit einem Blick über alle Beiträge des Kollegs ProMatNat hinweg und beschreibt die Förderung forschungsmethodischer Kompetenzen von Nachwuchswissenschaftlerinnen und Nachwuchswissenschaftlern im Rahmen eines solchen strukturierten Promotionskollegs.

Die hier berichteten Beiträge geben einen Einblick in die Ergebnisse des Promotionskollegs ProMatNat. Einen umfassenderen Eindruck vermitteln die im Verlaufe des Kollegs publizierten Dissertationen und Zeitschriftenbeiträge, die sich in den Literaturangaben der Einzelbeiträge befinden.

1.4   Literatur

Abd-El-Khalick, F. & Lederman, N. (2000). Improving science teachers' conceptions of nature of science: a critical review of the literature. *International Journal of Science Education*, 22, 665-701.

Abd-El-Khalick, F., & BouJaoude, S. (1997). An exploratory study of the knowledge base for science teaching. *Journal of Research in Science Teaching*, 34(7), 673-699.

Abd-El-Khalick, F., Bell, R. L., & Lederman, N. G. (1998). The nature of science and instructional practice: Making the unnatural natural. *Science Education*, 82(4), 417-36.

Abell, S. K. (2007). Research on science teacher knowledge. *Handbook of research on science education*, 1, 1105-1149.

Abell, S. K., & Smith, D. C. (1994). What is science?: Preservice elementary teachers' conceptions of the nature of science . *International Journal of Science Education*, 16(4), 475-487.

Anderson, J. R. (2007). *Kognitive Psychologie. Deutsche Ausgabe herausgegeben von Joachim Funke.* Heidelberg: Springer.

Ball, D. (1990). Prospective elementary teachers understanding of division. *Journal of Research in Mathematics Education*, 21, 132-144.

Ball, D. (1991). Research on teaching mathematics: Making subject-matter knowledge part of education. In J. Brophy (Ed.), *Advances in research on teaching: Vol. 2. Teachers' knowledge of subject matter as it relates to their teaching practice* (pp. 1-48). Greenwich, CT: JAI Press.

Ball, D. L., Thames, M. H., & Phelps, G. (2008). Content knowledge for teaching: What makes it special? *Journal of Teacher Education*, 59, 389-407.

Baumert, J. & Kunter, M. (2006). Stichwort: Professionelle Kompetenz von Lehrkräften. *Zeitschrift für Erziehungswissenschaft*, 9(4), 469-520.

Baumert, J., Kunter, M., Brunner, M., Krauss, S., Blum, W. & Neubrand, M. (2004). Mathematikunterricht aus Sicht der PISA-Schülerinnen und – Schüler und ihrer Lehrkräfte. In M. Prenzel et al. (Hrsg.), *PISA 2003. Der Bildungsstand der Jugendlichen in Deutschland – Ergebnisse des zweiten internationalen Vergleichs* (S. 314-354). Münster: Waxmann.

Baxter, J. A., & Lederman, N. G. (1999). *Assessment and measurement of pedagogical content knowledge Examining pedagogical content knowledge* (pp. 147-161). New York: Springer.

Berry, A., Friedrichsen, P. J. & Loughran, J. (Hrsg.). (2015). *Re-examining pedagogical content knowledge in science education*. New York, NY: Routledge.

Blömeke, S., Gustafsson, J.-E. & Shavelson, R. (2015). Beyond dichotomies: Competence viewed as a continuum. *Zeitschrift für Psychologie*, 223, 3–13.

Blömeke, S., Kaiser, G. & Lehmann, R. (Hrsg.) (2010). *TEDS-M 2008 – Professionelle Kompetenz und Lerngelegenheiten angehender Mathematiklehrkräfte für die Sekundarstufe I im internationalen Vergleich*. Münster: Waxmann.

Blömeke, S., Müller, C., Felbrich, A. & Kaiser, G. (2008). Epistemologische Überzeugungen zur Mathematik. In Blömeke, S., Kaiser, G. & Lehmann, R. (Hrsg.), *Professionelle Kompetenz angehender Lehrerinnen und Lehrer. Wissen, Überzeugungen und Lerngelegenheiten deutscher Mathematikstudierender und -referendare. Erste Ergebnisse zur Wirksamkeit der Lehrerausbildung* (S. 219-246). Münster: Waxmann.

Blömeke, S., Zlatkin-Troitschanskaia, O., Kuhn, C. & Fege, J. (2013). Modeling and Measuring Competencies in Higher Education: Tasks and Challenges. In S. Blömeke, O. Zlatkin-Troitschanskaia, C. Kuhn & J. Fege (Hrsg.), *Modeling and Measuring Competencies in Higher Education* (S. 1-12). Rotterdam: Sense Publishers.

Borko, H., & Putnam, R. T. (1996). Learning to Teach. In D. C. Berliner & R. C. Calfee (Eds.), *Handbook of Educational Psychology* (pp. 673-708). New York: Macmillan.

Borowski, A., Neuhaus, B. J., Tepner, O., Wirth, J., Fischer, H. E., Leutner, D., ... Sumfleth, E. (2010). Professionswissen von Lehrkräften in den Naturwissenschaften (ProwiN) – Kurzdarstellung des BMBF-Projektes. *Zeitschrift für Didaktik der Naturwissenschaften*, 16, 341–349.

Brickhouse, N. W. (1990). Teachers' Beliefs About the Nature of Science and Their Relationship to Classroom Practice, *Journal of Teacher Education*, 41(3), S. 53-62.

Brickhouse, N., & Bodner, G. M. (1992). The beginning science teacher: Classroom narratives of convictions and constraints. *Journal of Research in Science Teaching*, 29(5), 471-485.

Bromme, R. & Kienhues, D. (2008). Allgemeinbildung. In W. Schneider & M. Hasselhorn (Hrsg.) *Handbuch der Pädagogischen Psychologie* (S. 619-628). Göttingen: Hogrefe.

Bromme, R. & Rheinberg, F. (2006). Lehrende in Schulen. In A. Krapp & B. Weidenmann (Hrsg.), *Pädagogische Psychologie*. S. 296-334 (5. Auflage). Weinheim: Beltz.

Bromme, R. (1992). *Der Lehrer als Experte. Zur Psychologie des professionellen Wissen*. Bern: Huber.

Bromme, R. (1997). Kompetenzen, Funktionen und unterrichtliches Handeln des Lehrers. In F. E. Weinert (Hrsg.), *Psychologie des Unterrichts und der Schule. Enzyklopaedie der Psychologie, Serie I, Bd. 3* (S. 177-212). Goettingen: Hogrefe.

Bromme, R. (2001). Teacher Expertise. In N. J. Smelser, P. B. Baltes & F. E. Weinert (Eds.), *International Encyclopedia of the Behavioral Sciences: Education* (pp. 15459-15465). London: Pergamon.

Bromme, R. (2004). Das implizite Wissen des Experten. In B. Koch-Priewe, F.U. Kolbe & J. Wildt (Hrsg.). *Grundlagenforschung und mikrodidaktische Reformansätze zur Lehrerbildung* (S. 22-48). Klinkhardt: Bad Heilbrunn.

Bromme, R. (2005). Thinking and knowing about knowledge: A plea for and critical remarks on psychological research programs on epistemological beliefs. In J. Lenhard, M. Hoffmann & F. Seeger (Eds.), *Activity and sign – Grounding mathematics education* (pp. 191-201). Dordrecht: Kluwer Academic Press.

Bromme, R. (2008a). Lehrerexpertise. In W. Schneider & M. Hasselhorn (Hrsg.). *Handbuch der Pädagogischen Psychologie* (S. 159-167). Göttingen: Hogrefe.

Bromme, R. (2008b). Wissenschaft und Öffentlichkeit: Das Verständnis fragiler und konfligierender wissenschaftlicher Evidenz. Antrag an die DFG auf Einrichtung eines Schwerpunktprogramms.

Bromme, R., Rambow, R., & Nückles, M. (2001). Expertise and estimating what other people know: The influence of professional experience and type of knowledge. *Journal of Experimental Psychology: Applied, 7*, 317-330.

Broström, S. (2006). Care and education. Towards a new paradigm in early childhood education, *Child Youth Care Forum*, 35, 391-405.

Brownlee, J. & Berthelsen, D. (2008). Developing relational epistemology through relational pedagogy: New ways of thinking about personal epistemology in teacher education. In M. S. Khine (Ed.), *Knowing, knowledge and beliefs. epistemological studies across diverse cultures* (pp. 405-422). New York: Springer.

Brownly, J., Bouton-Lewis, G. & Berthelsen, D. (2008). Epistemological beliefs in child care: Implications for vocational education, *British Journal of Educational Psychology*, 78, 457-471.

Brunner, M., Kunter, M., Krauss, S., Klusmann, U., Baumert, J., Blum, W., ..., Löwen, K. (2006). *Die professionelle Kompetenz von Mathematiklehrkräften. Konzeptualisierung, Erfassung und Bedeutung für den Unterricht. Untersuchungen zur Bildungsqualität von Schule. Abschlussbericht des DFG-Schwerpunktprogramms*, 54-82.

Büchter, A. & Leuders, T. (2005a). Appropriate Problems for Learning and for Performing – an Issue for Teacher Training. *Zentralblatt für Didaktik der Mathematik (ZDM)*, Jg. 37, H. 5, S. 343-350.

Büchter, A. & Leuders, T. (2005b), Mathematikaufgaben selbst entwickeln. *Lernen fördern – Leistung überprüfen*. Berlin: Cornelsen Scriptor.

Buelens, H., Clement, M., & Clarebout, G. (2002). University assistants' conceptions of knowledge, learning and instruction. *Research in Education, 67*, 44-57.

Carey, S., Evans, R., Honda, M., Jay, E. & Unger, C. (1989). 'An experiment is when you try it and see if it works': a study of grade 7 students' understanding of the construction of scientific knowledge. *International Journal of Science Education*, 11, special issue, 514-529.

Carpenter, T. P., Fennema, E., Peterson, P. L., Chiang, C.-P, & Loef, M. (1989). Using knowledge of children's mathematics thinking in classroom teaching: An experimental study. *American Educational Research Journal*, 26(4), 499–531.

Cauet, E., Liepertz, S., Kirschner, S., Borowski, A. & Fischer, H. E. (2015). Does ist Matter What We Measure? Domain-specific Professional Knowledge of Physics Teachers. *Schweizerische Zeitschrift für Bildungswissenschaften*, 37(3), 463–480.

Cauet, E. (2016). *Testen wir relevantes Wissen? Zusammenhang zwischen dem Professionswissen von Physiklehrkräften und gutem und erfolgreichem Unterrichten*. Dissertationsschrift, Universität Duisburg-Essen).

Chi, M. T. H. (2005). Common sense conceptions of emergent processes: Why some misconceptions are robust. *Journal of the Learning Sciences, 14*, 161-199.

Chi, M. T. H., Siler, S., & Jeong, H. (2004). Can tutors monitor students' understanding accurately? *Cognition and Instruction, 22*, 363-387.

Dann, H.D., Humpert, W. (1987). Eine empirische Analyse der Handlungswirksamkeit subjektiver Theorien von Lehrern in aggressionshaltigen Unterrichtssituationen. *Zeitschrift für Sozialpsychologie, 18*, 40-49.

Depaepe, F., Verschaffel, L., & Kelchtermans, G. (2013). Pedagogical content knowledge: A systematic review of the way in which the concept has pervaded mathematics educational research. *Teaching and Teacher Education* 34, 12-25.

Develaki, M. (1998): *Die Relevanz der Wissenschaftstheorie für das Physikverstehen und Physiklernen. Ein Beitrag zur Untersuchung von Physiklehrern und Physikstudenten.* Unveröffentlichte Dissertation, Kiel: IPN.

Diedrich, M., Thusbas, C. & Klieme, E. (2002). Professionelles Lehrerwissen und selbstberichtete Unterrichtspraxis im Fach Mathematik. In M. Prenzel & J. Doll (Hrsg.), *Bildungsqualität von Schule: Schulische und außerschulische Bedingungen mathematischer, naturwissenschaftlicher und überfachlicher Kompetenzen (Beiheft der Zeitschrift für Pädagogik Nr. 45)* (S. 107-123). Weinheim: Beltz.

Duell, O. K. & Schommer-Aikins, M. (2001). Measures of people's beliefs about Knowledge and learning. *Educational Psychology Review,* 13, 419-449.

Duit, R. & Pfundt, H. (1985-1994). *Bibliography „Students' alternative frameworks and science education"* – Bibliographie „Alltagsvorstellungen und naturwissenschaftlicher Unterricht". Kiel: IPN

Eggert, S. & Bögeholz, S. (2006). Göttinger Modell der Bewertungskompetenz – Teilkompetenz „Bewerten, Entscheiden und Reflektieren" für Gestaltungsaufgaben Nachhaltiger Entwicklung. *ZfDN – Zeitschrift für Didaktik der Naturwissenschaften, 12,* 199-217.

Ericsson, K. A. (Ed.). (1996). *The road to excellence. The acquisition of expert performance in the arts and sciences, sports and games.* Mahwah, NJ: Erlbaum.

Ericsson, K. A. and Smith, J. (1991), *Toward a general theory of expertise: Prospects and limits.* Cambridge: Cambridge University Press.

Ericsson, K. A., Charness, N., Feltovich, P., Hoffman, R. (2006). *Cambridge handbook of expertise and Expert Performance.* New York, NY: Cambridge University Press.

Ernest, P. (1989). The impact of beliefs on the teaching of mathematics. In P. Ernest (Ed.), *Mathematics teaching: The state of the art* (pp. 249-253). New York: Falmer.

Fenstermacher, G. D., (1994). The Knower and the Known: The Nature of Knowledge in Research on Teaching. In Darling Hammond, L. (Ed.), *Review of Research in Education Vol. 20* (pp. 3-56). Washington, DC: American Educational Research Association.

Fischler, H. (2008). Physikdidaktisches Wissen und Handlungskompetenz. *Zeitschrift für Didaktik der Naturwissenschaften,* 14, 27-49.

Franke, M. L., Carpenter, T. P., Levi, L., & Fennema, E. (2001). Capturing teachers' generative change: A follow-up study of professional development in mathematics. *American Educational Research Journal,* 38(3), 653–689.

Gess-Newsome, J. (2015). A model of teacher professional knowledge and skill including PCK: Results of the thinking from the PCK Summit. In A. Berry, P. J. Friedrichsen & J. Loughran (Hrsg*.), Re-examining pedagogical content knowledge in science education* (1. publ, S. 28–42). *Teaching and Learning in Science Series.* New York, NY: Routledge.

Gramzow,Y., Riese, J. & Reinhold, P. (2013). Modellierung fachdidaktischen Wissens angehender Physiklehrkräfte. *Zeitschrift für die Didaktik der Naturwissenschaften,* 2013 (19), 7-29.

Gramzow, Y., Riese, J. & Reinhold, P. (2015). Fachdidaktisches Wissen Physik – Validierungsstudien. In Bernholt, S. (Hrsg.), *Heterogenität und Diversität – Vielfalt der Voraussetzungen im naturwissenschaftlichen Unterricht.* Kiel: IPN

Grigutsch, S., Raatz, U., & Törner, G. (1998). Einstellungen gegenüber Mathematik bei Mathematiklehrern. *Journal für Mathematik-Didaktik, 19,* 3-45.

Groeben, N., Wahl, D., Schlee, J. & Scheele, B. (1988). *Das Forschungsprogramm Subjektive Theorien. Eine Einführung in die Psychologie des reflexiven Subjekts.* Tübingen: Francke.

Grossman, P. L. (1989). A study in contrast: Sources of pedagogical content knowledge for secondary English. *Journal of Teacher Education,* 40, 24-31.

Grossman, P. L. (1990). *The making of a teacher: Teacher knowledge and teacher education.* New York: Teachers College Press.

Gruber, H. & Renkl, A. (1997). *Wege zum Können.* Verlag Hans Huber.

Gruber, H. & Ziegler, A. (Hrsg.). (1996). *Expertiseforschung: Theoretische und methodische Grundlagen.* Opladen: Westdeutscher Verlag.

Günther, J., Grygier, P., Kircher, E., Sodian, B. & Thörmer, C. (2004). Studien zum Wissenschaftsverständnis von Grundschullehrkräften. In Döll, J., Prenzel, M. (Hrsg.), *Bildungsqualität von Schule*. Münster, S. 93-113.

Herppich, S., Wittwer, J., Nückles, M., & Renkl, A.(2010). Do tutors' content knowledge and beliefs about learning influence their assessment of tutees' understanding? In S. Ohlsson & R. Catrambone (Eds.), *Proceedings of the 32th Annual Conference of the Cognitive Science Society* (pp. 314-319). New York, NY: Erlbaum.

Hill, H. C., Rowan, B., & Ball, D. L. (2005). Effects of teachers' mathematical knowledge for teaching on student achievement. *American Educational Research Journal*, 42, 371-406.

Hill, H. C., Schilling, S. G., & Ball, D. L. (2004). Developing measures of teachers' mathematics knowledge for teaching. *The Elementary School Journal*, 105(1), 11-30.

Hill, H., Ball, D. L., & Schilling, S. (2008). Unpacking „pedagogical content knowledge": Conceptualizing and measuring teachers' topic-specific knowledge of students. *Journal for Research in Mathematics Education*, 39 (4), 372-400.

Hodson, D. (1993). Re-thinking Old Ways: Towards A More Critical Approach To Practical Work In School Science. *Studies in Science Education, 22*, 85-142.

Hodson, D. (1996). Laboratory work as scientific method: Three decades of confusion and distortion. *Journal of Curriculum Studies, 28*, 115-135.

Hodson, D. (1998). *Teaching and Learning Science – a personalized approach*. Buckingham: Open University Press.

Hofer, B. K. (2000). Dimensionality and disciplinary differences in personal epistemology. *Contemporary Educational Psychology, 25*, 378-405.

Hofer, B. K. (2001): Personal epistemology research: Implications for learning and transfer. *Educational Psychology Review*, 13, 353-383.

Hofer, B. K. (2004a). Exploring the dimensions of personal epistemology in differing classroom contexts: Students interpretations during the first year of college. *Contemporary Educational Psychology, 29*, 129-163.

Hofer, B. K. (2004b). Epistemological understanding as a metacognitive process: Thinking aloud during online searching. *Educational Psychologist*, 39(1), 43-55.

Hofer, B. K., & Pintrich, P. R. (1997). The development of epistemological theories: Beliefs about knowledge and knowing and their relation to learning. *Review of Educational Research*, 67(1), 88-140.

Hofer, B. K., & Pintrich, P. R. (Eds.) (2002). *Personal epistemology: The psychology of beliefs about knowledge and knowing*. Mahwah: Lawrence Erlbaum.

Hoffman, R. R.: 1992, *The psychology of expertise. Cognitive research and empirical artificial intelligence*. New York: Springer.

Hußmann, S., Leuders, T. & Prediger, S (2007) (Hrsg.): Diagnose – Schülerleistungen verstehen, *Praxis Mathematik in der Schule* 49(15).

Johnston, P., Woodside-Jiron, H., & Day, J. (2001). Teaching and learning literate epistemologies. *Journal of Educational Psychology*, 93, 223-233.

Kardash, C. M., & Scholes, R. J. (1996). Effects of preexisting beliefs, epistemological beleifs, and need for cognition on interpretation of controversial issues. *Journal of Educational Psychology, 88*(2), 260-271.

Khine, M. S. (Ed.) (2008). *Knowing, knowldge and beliefs. Epistemological studies across diverse cultures*. Perth: Springer.

Kircher E., Dittmer, A. (2004). Lehren und lernen über die Natur der Naturwissenschaften – ein Überblick. In Hössle, C., Höttecke, D., Kircher, E. (Hrsg.), *Lehren und lernen über die Natur der Naturwissenschaften*. Schneider Verlag Hohengehren, Baltmannsweiler, 2004, 2-22.

Kirschner, S. (2013). *Modellierung und Analyse des Professionswissens von Physiklehrkräften. Studien zum Physik- und Chemielernen*. Berlin: Logos-Verlag.

Kitchener, K. S. (1983). Cognition, metacognition, and epistemic cognition. A three-level model of cognitive processing. *Human Development*, 26, 222–232.

Klieme, E. & Leutner, D. (2006). Kompetenzmodelle zur Erfassung individueller Lernergebnisse und zur Bilanzierung von Bildungsprozessen. Beschreibung eines neu eingerichteten Schwerpunktprogramms der DFG. *Zeitschrift für Pädagogik*, 52(6), 876-903.

Krauss, S., Baumert, J. & Blum, W. (2008). Secondary mathematics teachers' pedagogical content knowledge and content knowledge: Validation of the COACTIV constructs. *The International Journal on Mathematics Education*, 40 (5).

Krauss, S., Brunner, M., Kunter, M., Baumert, J., Blum, W., Neubrand, M. & Jordan, A. (2008). Pedagogical content knowledge and content knowledge of secondary mathematics teachers. *Journal of Educational Psychology*, 100, 716-725.

Krauss, S., Kunter, M., Brunner, M., Baumert, J., Blum, W., Neubrand, M., et al. (2004). COACTIV: Professionswissen von Lehrkräften, kognitiv aktivierender Mathematikunterricht und die Entwicklung von mathematischer Kompetenz. In J. Doll & M. Prenzel (Eds.), *Bildungsqualität von Schule: Lehrerprofessionalisierung, Unterrichtsentwicklung und Schülerförderung als Strategien der Qualitätsentwicklung* (pp. 31-53). Münster: Waxmann.

Krist, H. (1999). Die Integration intuitiven Wissens beim schulischen Lernen. *Zeitschrift für Pädagogische Psychologie, 13,* 191-206.

Kröger, J., Euler, M., Neumann, K., Härtig, H., & Petersen, S. (2012). Messung Professioneller Kompetenz im Fach Physik. In Bernholt, S. (Hg.), *Konzepte fachdidaktischer Strukturierung für den Unterricht. Gesellschaft für Didaktik der Chemie und Physik*. Jahrestagung in Oldenburg 2011. (616–618). Berlin: LIT Verlag.

Kulgemeyer, C., Borowski, A., Fischer, H.; Gramzow, Y.; Reinhold, P., Riese, J., Schecker, H., Tomcyszyn, E. & Walzer, M. (2012). ProfiLe-P – Professionswissen in der Lehramtsausbildung Physik. Vorstellung des Forschungsprojekts. *PhyDid B – Beiträge zur DPG-Frühjahrstagung.*

Kuhn, D. (1991).*The skills of argument.* Cambridge: Cambridge University Press.

Kuhn, D. (2001). How do people know? *Psychological Science,* 12, 1-8.

Kunter, M., Baumert, J., Blum, W.; Klusmann, U., Krauss, S., &Neubrand, M. (Hg.) (2011). Professionelle Kompetenz von Lehrkräften. Ergebnisse des Forschungsprogramms COACTIV. Münster u.a: Waxmann.

Leach, J., Driver, R., Millar, R., & Scott, P. (1997). A study of progression in learning about the 'nature of science': Issues of conceptualisation and methodology. *International Journal of Science Education, 19,* 147-166.

Leder, G., Pehkonen, E., & Törner, G. (Eds.). (2002). *Beliefs – a hidden variable in mathematics education?* Dordrecht: Kluwer Publications 2002.

Lederman, N. G. (1992). Students' and teachers' conceptions of the nature of science: A review of the research, *Journal of Research in Science Teaching*, 29, S. 331-359.

Lederman, N. G. (1999). Teachers' understanding of the nature of science and classroom practice: Factors that facilitate or impede the relationship. *Journal of Research in Science Teaching,* 36(8), 916-929.

Lederman, N. G., Wade, P. D., & Bell, R. L. (1998). Assessing the nature of science: What is the nature of our assessments. *Science and Education, 7,* 595-615.

Lederman, N.G. (1992). Students' and teachers' conceptions of the nature of science: A review of the research. *Journal of Research in Science Teaching, 29,* 331–359.

Lipowsky, F. (2006), Auf den Lehrer kommt es an. Empirische Evidenzen für Zusammenhänge zwischen Lehrerkompetenzen, Lehrerhandeln und dem Lernen der Schüler. *Beiheft der Zeitschrift für Pädagogik* 51, S. 47-70.

Lipowsky, F. (2010). Lernen im Beruf – Empirische Befunde zur Wirksamkeit von Lehrerfortbildung. In Müller, F., Eichenberger, A., Lüders, M. & Mayr, J. (Hrsg.), *Lehrerinnen und Lehrer lernen – Konzepte und Befunde zur Lehrerfortbildung* (S. 51-72). Münster: Waxmann.

Lüders, M., & Wissinger, J. (2007). *Forschung zur Lehrerbildung: Kompetenzentwicklung und Programmevaluation*. Münster: Waxmann.

Maaß, K. (2009). What are German Teachers' beliefs about effective mathematics teaching? In J. Cai, G. Kaiser, B. Perry & N. Y. Wong (Eds.), *Effective Mathematics Teaching from Teachers' Perspectives: National and Cross-National Studies.* New York: Sense Publisher.

Markic, S., & Eilks, I. (2007). Vorstellungen von Lehramtsstudierenden der Physik über Physikunterricht zu Beginn ihres Studiums und ihre Einordnung. *Physik und Didaktik in Schule und Hochschule,* 2(6), 31-42.

Mason, L., & Boscolo, P. (2004). Role of epistemological understanding and interest in interpreting a controversy and in topic-specific belief change. *Contemporary Educational Psychology, 29,* 103-128.

McComas, W. F., Almazroa, H., & Clough, M. P. (1998). The nature of science in science education: An introduction. *Science and Education,* 7, 511-532.

McComas, W. F., Clough, M. P., & Almazroa, H. (1998). The Role and Character of the Nature of Science in Science Education. In: W. F. Mc-Comas (Ed.), *The Nature of Science in Science Education.* Dordrecht, Boston, London: Kluwer Academic Publishers. 3-39.

Meyling, H. (1990): *Wissenschaftstheorie im Physikunterricht der gymnasialen Oberstufe. Das wissenschaftstheoretische Schülervorverständnis und der Versuch seiner Veränderung durch explizit wissenschaftstheoretischen Unterricht.* Bremen, Diss.

Mikelskis-Seifert, S., & Müller, C. T. (2005): Schülervorstellungen von der Physik als Wissenschaft – Eine Bestandsaufnahme. In *Proceedings der DPG-Tagung 2005,* Berlin.

Mikelskis-Seifert, S. (2002). *Die Entwicklung von Metakonzepten zur Teilchenvorstellung bei Schülern. Untersuchung eines Unterrichts über Modelle mithilfe eines Systems multipler Repräsentationsebenen.* Berlin: Logos Verlag.

Möller, K., Hardy, I., Jonen, A., Kleickmann, T., & Blumberg, E. (2006). Naturwissenschaften in der Primarstufe: zur Förderung konzeptuellen Verständnisses durch Unterricht und zur Wirksamkeit von Lehrerfortbildungen. In: *Untersuchungen zur Bildungsqualität von Schule: Abschlußbericht des DFG-Schwerpunktprogramms* (pp. 161-193). Waxmann.

Muis, K. R., Bendixen, L. D., & Haerle, F. C. (2006). Domain-generality and domain-specificity in personal epistemology research: Philosophical and empirical reflections in the development of a theoretical framework. *Educational Psychology Review,* 18, 3-54.

Nathan, M. & Koedinger, K. (2000). An investigation of teachers' beliefs of students' algebra development. *Cognition and Instruction,* 18, 209-237.

Nathan, M. & Petrosino, A. (2003). Expert blind spot among preservice teachers. *American Educational Research Journal,* 40, 905-928.

Neuweg, G. H. (2002). Lehrerhandeln und Lehrerbildung im Lichte des Konzepts des impliziten Wissens. *Zeitschrift für Pädagogik,* 48(1), 10-29.

Norris, S. P., Macnab, J. S., Wonham, M., & de Vries, G. (2009). West Nile Virus: Using adapted primary literature in mathematical biology to teach scientific and mathematical reasoning in high school. *Research in Science Education,* 39, 321-329.

Nott, M., & Wellington, J. (1996). When the black box springs open: practical work in schools and the nature of science. *International Journal of Science Education,* 18, 807-818.

Nott, M., & Wellington, J. (1998). Eliciting, interpreting and developing teachers' understandings of the nature of science. *Science & Education,* 7(6), 579-594.

Nückles, M., Wittwer, J., & Renkl, A. (2005). Information about a layperson's knowledge supports experts in giving effective and efficient online advice to laypersons. *Journal of Experimental Psychology: Applied,* 11, 219-236.

Oswald, M. & Gadenne, V. (1984). Wissen, Können und künstliche Intelligenz. *Sprache und Kognition, 3,* 173-184.

Ostermann, A., Leuders, T., & Nückles, M. (2015). Wissen, was Schülerinnen und Schülern schwer fällt. Welche Faktoren beeinflussen die Schwierigkeitseinschätzung von Mathematikaufgaben? Journal für Mathematik-Didaktik, 36(1), 45-76.

Pajares, M. F. (1992). Teachers' beliefs and educational research: Cleaning up a messy construct. *Review of Educational Research*, 62(3), 307-332.

Paris, S. G., Lipson, M. Y., & Wixson, K. K. (1983). Becoming a strategic reader. Contemporary Educational Psychology, 8, 293–316.

Pomeroy, D. (1993). Implications of teachers' beliefs about the nature of science: Comparison of the beliefs of scientists, secondary science teachers, and elementary teachers. *Science Education*, *77*, 261-278.

Prenzel, M., Artelt, C., Baumert, J., Blum, W., Hammann, M., Klieme, E. & Pekrun, R. (Hrsg.) (2007). *PISA 2006. Die Ergebnisse der dritten internationalen Vergleichsstudie*. Münster: Waxmann.

Priemer, B. (2003). Ein diagnostischer Test zu Schüleransichten über Physik und Lernen von Physik – eine deutsche Version des Tests „Views About Science Survey". *Zeitschrift für Didaktik der Naturwissenschaften, 9*, 160-178.

Prosser, M., Martin, E., Trigwell, K., Ramsden, P., Lueckenhausen, G. (2005). Academics experiences of understanding of their subject matter and the Relationship of this to their experiences of teaching and learning. *Instructional Science*, 33, 137-157.

Putnam, R. T. (1987). Structuring and adjusting content for students: A study of live and simulated students tutoring of addition. *American Educational Research Journal, 24*, 13-48.

Qian, G., & Alvermann, D. (1995). Role of epistemological beliefs and learned helplessness in secondary school students' learning science concepts from text. *Journal of Educational Psychology, 87*(2), 282–292.

Qian, G., & Alvermann, D. E. (2000). Relationship between epistemological beliefs and conceptual change learning. Reading & Writing Quarterly, 16, 59-74.

Reinhold, P. (2004). Naturwissenschaftsdidaktische Forschung in der Lehrerausbildung. *Zeitschrift für Didaktik der Naturwissenschaften*, 10, 117-145.

Riese, J. & Reinhold, P. (2008). Entwicklung und Validierung eines Instruments zur Messung professioneller Handlungskompetenz bei (angehenden) Physiklehrkräften. *Lehrerbildung auf dem Prüfstand*, 1 (2), 625–640.

Riese, J. & Reinhold, P. (2009). Fachbezogene Kompetenzmessung und Kompetenzentwicklung bei Lehramtsstudierenden der Physik im Vergleich verschiedener Studiengänge. *Lehrerbildung auf dem Prüfstand*, 2 (1), 104–125.

Riese, J. & Reinhold, P. (2010). Empirische Erkenntnisse zur Struktur professioneller Handlungskompetenz von angehenden Physiklehrkräften. *Zeitschrift für Didaktik der Naturwissenschaften*, 16, 167–187.

Riese, J. & Reinhold, P. (2012). Die professionelle Kompetenz angehender Physiklehrkräfte in verschiedenen Ausbildungsformen. Zeitschrift für Erziehungswissenschaft, 15 (1), 111–143.

Rikers, R. M. J. P., Schmidt, H. G. & Boshuizen, H. P. A. (2002), On the constraints of encapsulated knowledge: Clinical case representations by medical experts and subexperts. *Cognition and Instruction, 20*, 27-45.

Rott, B., Leuders, T., & Stahl, E. (2015). Assessment of Mathematical Competencies and Epistemic Cognition of Pre-Service Teachers. Zeitschrift für Psychologie, 223(1), 39-46

Ryan, A. G., & Aikenhead, G. S. (1992). Students' preconceptions about the epistemology of science. *Science Education, 76*(6), 559-580.

Ryan, M. P. (1984). Conceptions of prose coherence: Individual differences in epistemological standards. *Journal of Educational Psychology, 76*, 1226-1238.

Ryder, J., Leach, J., & Driver, R. (1999). Undergraduate science students' images of science. *Journal of Research in Science Teaching*, 36(2), 201-219.

Schmelzing, S. (2010). Das fachdidaktische Wissen von Biologielehrkräften. Berlin: Logos.

Schmidt, H. G. & Boshuizen, H. P. A. (1990). On acquiring expertise in medicine. *Educational Psychology Review*, 5, 205-221.

Schoenfeld, A. H. (1992). Learning to think mathematically: Problem-solving, meta-cognition, and sense making in mathematics. In A. D. Grouws (Ed.), *Handbook of research on mathematics teaching and learning* (pp. 334-370). New York: Macmillan.

Schoenfeld, A. H. (1988). When good teaching leads to bad results: The disasters of „well-taught" mathematics courses. *Educational Psychologist, 23*, 145-166.

Schommer, M. (1990). Effects of beliefs about the nature of knowledge on comprehension. *Journal of Educational Psychology, 82*, 498-504

Schommer, M. (1993). Epistemological development and academic performance among secondary students. *Journal of Educational Psychology, 85*(3), 406-411.

Schommer, M., Calvert, C., Giana, G., & Bajaj, A. (1997). The development of epistemological beliefs among secondary students: A longitudinal study. *Journal of Educational Psychology, 89*(1), 37-40.

Schraw, G. (1998). Promoting general metacognitive awareness. *Instructional Science, 26*, 113e125.

Seidel, T. & Prenzel, M. (2006). Stability of teaching patterns in physics instruction: Findings from a video study. *Learning and Instruction, 16*, 228-240.

Shulman, L. (1986). Those who understand: Knowledge growth in teaching. *Educational Researcher*, 15(2), 4-14.

Shulman, L. (1987). Knowledge and teaching: Foundations of the new reform. Harvard Educational Review, 57(1), 1-22.

Sinatra, G. M. & Pintrich, P. R. (2003). *Intentional conceptual change.* Mahwah, NJ: Lawrence Erlbaum Associates.

Smith, C. L., Maclin, D., Houghton, C., & Hennessey, G. (2000). Sixth-grade students' epistemologies of science: The impact of school science experiences on epistemological development. *Cognition and Instruction, 18*(3), 349-422.

Solomon, J., Scott, L., & Duveen, J. (1996). Large-scale exploration of pupils' understanding of the nature of science. *Science Education, 80*(5), 493-508.

Staub, F. C., & Stern, E. (2002). The nature of teachers' pedagogical content beliefs matters for students' achievement gains: Quasi-experimental evidence from elementary mathematics. *Journal of Educational Psychology, 94*(2), 344-355.

Stipek, D. J., Givvin, K. B., Salmon, J. M., & MacGyvers, V. L. (2001). Teachers' beliefs and practices related to mathematics instruction. *Teaching and Teacher Education, 17*, 213-226.

Tepner, O., Borowski, A., Dollny, S., Fischer, H.E., Jüttner, M., Kirschner, S., Leutner, D., Neuhaus, B.J., Sandmann, A., Sumfleth, E., Thillmann, H., & Wirth, J. (2012). Modell zur Entwicklung von Testitems zur Erfassung des Professionswissens von Lehrkräften in den Naturwissenschaften. *Zeitschrift für die Didaktik der Naturwissenschaften* (18) (2012), 7-28.

Tesch, M. & Duit, R. (2004). Experimentieren im Physikunterricht – Ergebnisse einer Videostudie, *ZfDN* 10, 71-87.

Thoermer, C., Sodian, B. (2002). Science undergrates' and graduates' epistemologies of science: The notion of interpretative frameworks. In: *New Ideas in Psychology* 20, S. 263-283.

Thompson, A. (1992). Teachers' beliefs and conceptions: A synthesis of the research. In D. Grouws (Ed.), *Handbook of research on mathematics teaching and learning* (pp. 127-146). New York: Macmillan.

Tobin, K., & McRobbie, C. J. (1997). Beliefs about the nature of science and the enacted science curriculum. *Science & Education, 6*(4), 355-371.

Törner, G., & Grigutsch, S. (1994). „Mathematische Weltbilder" bei Studienanfängern – eine Erhebung. *Journal für Mathematik-Didaktik, 15*, 211-251.

Toth, E.E., Suthers, D.D. & Lesgold, A.M. (2002). „Mapping to know": The effects of representational guidance and reflective assessment on scientific inquiry. *Science Education, 86*, 264-286.

Trautwein, U., & Lüdtke, O. (2004). Aspekte von Wissenschaftspropädeutik und Studierfähigkeit. In O. Köller, R. Watermann, U. Trautwein & O. Lüdtke (Hrsg.), *Wege zur Hochschulreife in Baden-Württemberg: TOSCA – eine Untersuchung an allgemeinbildenden und beruflichen Gymnasien* (S. 327-366). Opladen: Leske + Budrich.

Trautwein, U. & Lüdtke, O. (2007). Epistemological beliefs, school achievement, and college major: A large-scale, longitudinal study on the impact of certainty beliefs. *Contemporary Educational Psychology*, 32, 348-366.

Tsai, C. (1998). An analysis of scientific epistemological beliefs and learning orientations of Taiwanese eighth graders. *Science Education*, 82(4), 473-489.

Urhahne, D., & Hopf, M. (2004). Epistemologische Überzeugungen in den Naturwissenschaften und ihre Zusammenhänge mit Motivation, Selbstkonzept und Lernstrategien. *Zeitschrift für Didaktik der Naturwissenschaften,* 10, 70-86.

Vosniadou, S., & Brewer, W. F. (1992). Mental models of the earth: A study of conceptual change in childhood. *Cognitive Psychology, 24*, 535-585.

Wahl, D., Wölfling, W. Rapp, G. & Heger, D. (1995). *Erwachsenenbildung konkret* (5. Aufl.). Weinheim: Deutscher Studien Verlag.

Weinert, F. E. (2001): Vergleichende Leistungsmessung in Schulen – eine umstrittene Selbstverständlichkeit. In: Weinert, Franz E. (Hg.), *Leistungsmessungen in Schulen*. Weinheim, Basel: Beltz, S. 17-31.

Wittwer, J., Nückles, M., & Renkl, A. (2010). Using a diagnosis-based approach to individualize instructional explanations in computer-mediated communication. *Educational Psychology Review 22,* 9-23.

Woitkowski, D. (2015). *Fachliches Wissen Physik in der Hochschulausbildung: Konzeptualisierung, Messung, Niveaubildung. Studien zum Physik- und Chemielernen*. Berlin: Logos-Verlag.

Woolfolk Hoy, A., Davis, H., & Pape, S. J. (2006). Teacher knowledge and beliefs. In P. A. Alexander & P. H. Winne (Eds.), *Handbook of Educational Psychology* (2nd ed., pp. 715-737). Mahwah, NJ: Lawrence Erlbaum

Videobasierte Instrumente zur Testung und videobasierte Trainings zur Förderung von Kompetenzen bei Lehrkräften

Anna F. Altmann, Albert-Ludwigs-Universität Freiburg
Celia Kändler, Albert-Ludwigs-Universität Freiburg
(jetzt Staatliches Schulamt Offenburg)

Zusammenfassung

In diesem Kapitel soll die Verwendung von Videomethoden in der empirischen Bildungsforschung zusammengetragen werden. Dabei lässt sich die Verwendung von Videos in zwei Bereiche einteilen: Videos und Videovignetten als Testinstrument und Videos zum Zwecke der Aus- und Fortbildung von Lehrkräften.

Im ersten Teilkapitel werden Studien vorgestellt, die sich mit unterschiedlichen Herangehensweisen der videobasierten Testung von Kompetenzen beschäftigen. Diese Studien haben z. B. einen Fokus auf die reine Entwicklung von videobasierten Testinstrumenten oder auf das Erfassen von spezifischen Kompetenzen und deren Veränderungsprozesse oder auf die Gütekriterien der Testinstrumente.

Im zweiten Teilkapitel zum Thema Videos als Trainingsmethode werden zunächst Forschungsbefunde zu unterschiedlichen Arten von Videomaterial, welche verschiedenen Lernzielen dienlich sind, vorgestellt. Anschließend werden Studien zusammenfassend dargestellt, um den aktuellen Forschungsstand zu videobasierten Trainingskonzepten zu skizzieren. Es wird dabei der Frage nachgegangen, wie sich Videos gezielt in der Lehrerbildung einsetzen lassen.

2.1 Einführung

Im Unterricht ist der Dialog zwischen Schülerinnen und Schülern und der Lehrkraft eine wichtige Komponente, um das Verständnis der Schülerinnen und Schüler zu überprüfen, zu fördern und zu vertiefen. In fachbezogenen Gesprächen kommt es immer wieder vor,

© Springer Fachmedien Wiesbaden GmbH, ein Teil von Springer Nature 2019
T. Leuders et al. (Hrsg.), *Pädagogische Professionalität in Mathematik und Naturwissenschaften*, https://doi.org/10.1007/978-3-658-08644-2_2

dass ein 1 zu 1-Dialog zwischen Lehrkraft und Schülerin oder Schüler entsteht. Dies ist ein Beispiel aus einer Studie von Altmann, Herppich, Wittwer und Nückles (2016), bei der sich in einer Videovignette ein Schüler und eine Lehrkraft über das Blutkreislaufsystem unterhalten:

> *Lehrkraft: Ein Nährstoff ist z. B. Zucker. Und man sagt ja immer, dass man Zucker braucht, um das Gehirn zu versorgen. Solche Energie brauchen wir auch jetzt zum Denken. Hast du das verstanden mit den Nährstoffen?*
> *Schüler: Ja.*
> *Lehrkraft: Magst du bitte noch einmal die wichtigsten Punkte aus dem Text nennen? Das war ja schon einiges jetzt.*
> *Schüler: Okay, also ....*

Es stellt sich die Frage, inwieweit die Lehrkraft durch die Verwendung ihrer Interaktionsstrategien beurteilen kann, was der Schüler weiß bzw. inwieweit Wissenslücken oder Fehlkonzepte beim Schüler bestehen.

Dieses Beispiel stellt eine Facette der diagnostischen Kompetenz dar, die täglich beim Unterrichten vorkommt, aber wenig formalisiert ist. Es geht um die informelle Diagnose im Gespräch und in der Interaktion mit Schülerinnen und Schülern. In diesem Bespiel erklärt die Lehrkraft zunächst einen Aspekt und stellt im Anschluss eine Frage, die den Schüler zur eigenen Verständnisüberprüfung anregen soll. Diese Art von Frage, die Chi (1996) *comprehension-gauging question* nennt, kann zwar auf einer bestimmten Ebene den Schüler anregen, sein eigenes Verständnis zu prüfen, gibt aber der Lehrkraft keinen sicheren Hinweis darauf, ob und vor allem was der/die Lernende verstanden hat und was nicht. Zudem erhält die Lehrkraft keine Informationen über den Denkprozess beim Lernen, das Wissen oder Fehlkonzepte des/der Lernenden. Interaktionsstrategien hingegen, die den Schüler dazu auffordern, eigene Gedanken und eigenes Wissen zu äußern, können der Lehrkraft eher Aufschluss darüber geben, ob etwas verstanden wurde oder nicht. Die Aufforderung an den Schüler, wichtige Aspekte zu benennen, ist in diesem Beispiel also förderlicher für die Diagnose des Schülerwissens. In der Forschung zur Schülerin/Schüler-Lehrkraft-Interaktion konnte immer wieder gezeigt werden, dass Lehrkräfte statt Interaktionsstrategien zu verwenden, die die Lernenden zur Verbalisierung eigenen Wissens anregen, dazu tendieren, den Dialog mit ihren Lernenden zu dominieren (Chi, Siler, Jeong, Yamauchi, & Hausmann, 2001; Roscoe & Chi, 2007). Helmke et al. (2008) baten Lehrkräfte ihren eigenen Sprechanteil im Unterricht einzuschätzen und fanden, dass sie ihre eigene Sprechzeit unterschätzten. Dieser Befund spricht für eine unbewusste oder unbeabsichtigte dominierende Position im Unterricht. Andere Befunde weisen darauf hin, dass Lehrkräfte es angenehm finden den Prozess stark zu leiten oder, dass äußere Umstände die Lehrenden dazu bringen. Zum Beispiel haben Lehrkräfte ein stärkeres Gefühl der Kontrolle, wenn sie einen größeren Anteil der Interaktion übernehmen (Reeve, 2009) oder sie sind durch Unterrichtspläne dazu gezwungen, den Unterricht und die Inhalte stark zu strukturieren (Putnam, 1987). Die formative Diagnose, die im Dialog stattfinden kann, ist jedoch ein wichtiger Aspekt für das Lehren und Lernen, weil es das Denken der Schülerinnen und Schüler sichtbar macht (Ruiz-Primo, 2011). Dieses Sichtbarmachen der Gedanken von Lernenden ist wiederum eine Prämisse für das Aufdecken von Fehlkonzepten sowie für *Adaptives Unterrichten* (Beck et al., 2008). Es liegt dementsprechend nahe, diese Kompetenz der formativen Diagnose bei angehenden und berufserfahrenen Lehrkräften zu messen und zu trainieren. Hierzu eignet sich besonders der Einsatz von Videos, da Lehrkräfte mit einem direkten Kontextbezug die kommunikativen Handlungen einer anderen Lehrkraft beobachten sowie bewerten und optimaler Weise Rückschlüsse auf ihr eigenes Verhalten ziehen können. In dem anfangs beschriebenen Beispiel ginge es also darum, die Interaktion der Lehrkraft kritisch zu bewerten, die Strategien einordnen sowie entscheiden zu können, in welcher Situation und für welches Ziel welche Strategie förderlich ist und welche nicht.

Nicht nur Schülerin/Schüler-Lehrkraft-Interaktionen treten im alltäglichen Unterrichtsgeschehen auf, sondern auch Schüler/in-Schüler/in-Interaktionen. Stellen Sie sich vor, eine Lehrkraft setzt Kooperatives Lernen in ihrem Unterricht ein, damit die Schülerinnen und Schüler gemeinsam Wissen erarbeiten, z. B. zum Thema Brüche im Mathematikunterricht. In einer der 3-er-Gruppen könnte folgende Schüler/in-Schüler/in-Interaktion stattfinden.

Zwei von drei Schülerinnen arbeiten zusammen, um die Bruchaufgabe „Sortieren der Brüche nach Größe" zu lösen. Sie tauschen ihre Ideen aus, wie sie die Aufgabe lösen könnten. Das dritte Gruppenmitglied beteiligt sich jedoch nicht am gemeinsamen Lösungsprozess, sondern macht Hausaufgaben für die nächste Stunde. Plötzlich bemerken die anderen beiden, dass die dritte Schülerin sich nicht beteiligt und fordern sie auf, doch auch etwas zur Lösung der Aufgabe beizutragen. Die bis dahin unbeteiligte Schülerin reagiert und schaut sich das Zwischenergebnis an. Sie kommentiert: „Das stimmt doch nicht. Wenn ihr die Brüche miteinander vergleichen wollt, braucht ihr einen gemeinsamen Nenner!" Die beiden anderen Schülerinnen wirken verwirrt und eine Schülerin sagt etwas zögerlich: „Das verstehe ich nicht." „Also, das mit dem gemeinsamen Nenner ist doch so …", die dritte Schülerin beginnt das Konzept des gemeinsamen Nenners zu erklären. Zwischendurch fragt eine der anderen beiden Schülerinnen nach, weil sie den Unterschied zwischen Nenner und Zähler nicht versteht. Daraufhin beginnt die Schülerin, die erklärt, ein Kuchendiagramm zu zeichnen, so ähnlich wie die Lehrkraft das Thema „Brüche" in den letzten Unterrichtsstunden eingeführt hatte.

Welche kooperativen, kognitiven und metakognitiven Aktivitäten dieser drei Schülerinnen kann die Lehrkraft hier beobachten? Welchen Rückschluss aus ihrer Beobachtung kann die Lehrkraft auf den Wissensstand der Schülerinnen ziehen?

In diesem Beispiel einer prototypischen Schüler/in-Schüler/in-Interaktion werden verschiedene Verhaltensweisen von Schülerinnen und Schülern in einem kooperativen Lernarrangement beschrieben. Diese Verhaltensweisen geben einen Aufschluss darüber, wie kooperativ, kognitiv und metakognitiv aktiv die hier beobachteten Schülerinnen sind. Die Lehrkraft kann in dieser Schüler/in-Schüler/in-Interaktion kooperative Verhaltensweisen wie Ideenaustausch, zunächst Beteiligung nicht aller drei Gruppenmitglieder an der Gruppenlösung und schließlich Aufforderung zur Mitarbeit beobachten. Das gegenseitige Nachfragen bei inhaltlichen Verständnisfragen und das Erklären mathematischer Konzepte wie das des gemeinsamen Nenners sowie der Rückbezug auf bereits bekannte Inhalte wie das Kuchendiagramm deuten auf die kognitive Aktivität der Schülerinnen hin. Die metakognitive Aktivität der Gruppenmitglieder zeigt sich im Erkennen eines Fehlers im Lösungsprozess durch eine Schülerin und in der Äußerung von Verständnislücken durch die anderen beiden Schülerinnen. Insbesondere die Beobachtung der kognitiven und metakognitiven Aktivitäten geben der Lehrkraft Hinweise auf den Wissensstand der einzelnen Schülerinnen. In diesem Beispiel gibt es eine Schülerin, welche in der Lage ist, den beiden anderen Gruppenmitgliedern das Konzept von Zähler und gemeinsamen Nenner zu erklären. Die Lehrkraft, welche diese Schüler/in-Schüler/in-Interaktion beobachtet, kann sich Notizen machen, falls nötig die kooperative, kognitive oder metakognitive Aktivität der Schülerinnen mündlich anregen und ggf. später in der Nachbesprechung der Gruppenarbeitsergebnisse Verständnisfragen nochmals aufgreifen und für die gesamte Klasse thematisieren.

Diese Lehrkompetenzen, gezielte Beobachtung von Schüler/in-Schüler/in-Interaktionen, diagnostische Kompetenz von Interaktionsprozessen und Schülerwissen sowie adaptives Unterstützen durch die Lehrkraft, können wie im ersten Beispiel anhand von Videos zu solchen prototypischen Schüler/in-Schüler/in-Interaktionen getestet und trainiert werden (siehe bspw. Kaendler, Wiedmann, Leuders, Rummel, & Spada, 2016). Im Folgenden sollen die in den beiden Beispielen dargestellten Lehrkompetenzen definiert und erläutert werden.

Eine erfolgreiche Lehrkraft weist umfangreiches *professionelles Wissen* (Shulman, 1986), eine *professionelle Wahrnehmung* (Sherin, 2001) des Unterrichtsgeschehens sowie *handlungsbezogene Kompetenzen* (bspw. Klieme & Hartig, 2008) auf. Shulman (1986) unterteilte das professionelle Wissen in Fachwissen, fachdidaktisches und pädagogisches Wissen. Dieses professionelle Wissen ist sowohl Voraussetzung für die professionelle Wahrnehmung als auch für die kompetente Entscheidung über und Ausführung von Handlungen der Lehrkraft im Unterricht (vgl. Klieme & Hartig, 2008; van Es & Sherin, 2002).

Eine professionelle Wahrnehmung von Situationen in unterschiedlichen Domänen wie beispielsweise Medizin und Unterricht zeichnet Experten in diesen Domänen aus (vgl. Goodwin, 1994). Die professionelle Wahrnehmung von Unterrichtssituationen wurde erstmals von Sherin (2001) definiert als die Fähigkeit, relevante Ereignisse in einer Unterrichtssituation zu erkennen und diese zu begründen. Das *learning to notice framework* von van Es und Sherin (2002) unterteilt diese Fähigkeit in drei Schritte:

1. Unterscheiden zwischen relevanten und irrelevanten Ereignissen in einer Situation
2. Hinzuziehen des professionellen Wissens, um diese Ereignisse zu begründen
3. Beziehen dieser spezifischen Ereignisse auf allgemeine Prinzipien des Lehrens und Lernens (auf Grundlage des professionellen Wissens)

Basierend auf ihrem professionellen Wissen und ihrer professionellen Wahrnehmung der Unterrichtssituation ist die Lehrkraft in der Lage, zu entscheiden, welche eigenen Handlungen in einer gegebenen Situation angemessen sind, und diese in Anpassung auf die Situation auszuführen (bspw. Berliner, 1991). Wir definieren handlungsbezogene Kompetenzen daher als ein flexibles Verhalten, das an die Anforderungen der spezifischen Situation angepasst ist (vgl. Klieme & Leutner, 2006).

Diese handlungsbezogenen Kompetenzen lassen sich noch weiter ausdifferenzieren, beispielsweise in diagnostische und didaktische Kompetenzen sowie Klassenführungs- und Sachkompetenz, welche nach Weinert (1996, 2001) vier Schlüsselkompetenzen für erfolgreichen Unterricht darstellen. Im Folgenden werden wir die diagnostische Kompetenz genauer darstellen.

Diagnostische Kompetenz ist laut Kunter et al. (2013) aus zweierlei Hinsicht hochrelevant. Zum einen spielt sie eine Rolle bei der Vergabe von Noten und zum anderen ist sie relevant für den Lernfortschritt der Schülerinnen und Schüler. Andere Autoren beschrieben, dass diagnostische Kompetenz eine Voraussetzung für effektiven Unterricht und Individualisierung (Helmke, Hosenfeld, & Schrader, 2004) sowie eine Notwendigkeit für adaptive Instruktion ist (Beck et al., 2008). Es wird deutlich, dass diagnostische Kompetenz viele Facetten hat. Bei der Frage „Wie?" diagnostiziert werden kann, wird allgemein zwischen formativer, also prozessbegleitender, und summativer, also abschließender Diagnose, unterschieden (vgl. Langfeldt, 2006). Auch der Gegenstand, also das „Was?", kann differenziert werden. Es können überfachliche Merkmale der Lernenden wie z. B. Intelligenz, Schulängstlichkeit oder Motivation (Spinath, 2005) sowie fachbezogene Merkmale der Lernenden wie beispielsweise das Verständnis der Schülerinnen und Schüler (z. B. Herppich, Wittwer, Nückles, & Renkl, 2014) zum Gegenstand der Diagnose werden. Zudem kann das Unterrichtsmaterial Gegenstand der Diagnose sein, wie die Einschätzung der Schwierigkeit von Mathematikaufgaben für Schülerinnen und Schüler (Hellmann & Nückles, 2013). Laut Kunter et al. (2013) können diagnostische Fähigkeiten als Teil des Professionswissens von Lehrkräften definiert werden und den Bereichen fachdidaktisches und pädagogisch-psychologisches Wissen zugeordnet werden. Diagnostische Fähigkeiten mit Bezug auf fachdidaktisches Wissen betreffen die Analyse des Denkens von Schülerinnen und Schülern sowie die Analyse von Schüleraufgaben. Diagnostische Fähigkeit mit Bezug auf pädagogisch-psychologisches Wissen betreffen die Leistungsbeurteilung von Schülerinnen und Schüler.

Was muss bei der Erfassung und Förderung der professionellen Wahrnehmung und der handlungsbezogenen Lehrkompetenzen beachtet werden? Sowohl die professionelle Wahrnehmung als auch die handlungsbezogenen Lehrerkompetenzen wie die diagnostische Kompetenz sind stets auf konkrete Unterrichtssituationen bezogen. Aus diesem Grund sollte das Erfassen und Fördern der professionellen Wahrnehmung und der handlungsbezogenen Lehrerkompetenzen an einem konkreten Fall stattfinden, welcher typische Anforderungen an eine Lehrkraft im Unterricht beinhaltet. Nicht nur aufgrund der Definition von Kompetenzen als situationsbezogene Konstrukte ist ein situativer Ansatz zur Testung und Förderung von Kompetenzen erforderlich, sondern auch, um Wissen und Handeln besser miteinander zu verknüpfen (Tribelhorn, 2007; siehe auch Darling-Hammond, 2006).

Ein/e Lehrexperte/in hat umfangreiches, vernetztes Wissen und ein Verständnis wichtiger Konzepte sowie die Fähigkeit, dieses Wissen flexibel und effektiv in vielen verschiedenen Situationen anzuwenden (bspw. Bereiter & Scardamalia, 1985). Aus diesem Grund brauchen angehende Lehrkräfte ein Repertoire an Unterrichtskonzepten und Schemata verschiedener klassischer Unterrichtssituationen, um diese dann bei der Interpretation von Interaktionen im Klassenzimmer (Sabers, Cushing, & Berliner, 1991) zu nutzen.

Kompetentes Verhalten setzt daher voraus, dass das professionelle Wissen auf den konkreten Fall angewendet wird, um die Situation zu analysieren und um Entscheidungen über Handlungsalternativen zu treffen. Kann das professionelle Wissen nicht auf einen konkreten Fall angewendet werden, wird es als *träges Wissen* (bspw. Renkl, Mandl, & Gruber, 1996) bezeichnet. *Situiertes Lernen* (bspw. Lave & Wenger, 1991) soll trägem Wissen entgegen wirken (bspw. Tribelhorn, 2007). Nach dem Ansatz des Situierten Lernens können Kompetenzen anhand konkreter Fälle aus der jeweiligen Domäne gefördert werden (Shulman, 1992; Tribelhorn, 2007). Solche konkreten Fälle, z. B. eine Schüler/in-Lehrkraft-Interaktion oder Schüler/in-Schüler/in-Interaktion, können gemeinsam in einer Gruppe und unter Anleitung bearbeitet werden (Tribelhorn, 2007). Tribelhorn betonte hierfür vier wesentliche Schritte:

1. Beobachten der konkreten Situation
2. Analyse dieser Situation
3. Lösungen sammeln
4. Sich für eine Vorgehensweise entscheiden

Dieses fallbasierte Lernen wird eingesetzt, um professionelles Wissen zu entwickeln (Mayo, 2002) sowie kritisches Denken (Mayo, 2004), Begründen (Lundeberg, 1999) und Entscheidungsfertigkeiten zu fördern (Jay, 2004). Konkrete Fälle aus dem Unterricht schließen die Kluft zwischen Theorie und Praxis (Masingila & Doerr, 2002), da sie eine echte Unterrichtssituation widerspiegeln und somit angehende Lehrkräfte auf die Unterrichtsrealität vorbereiten (Butler, Lee, & Tippins, 2006).

Nicht nur die Förderung von Kompetenzen sollte nach diesem situierten Ansatz erfolgen, sondern auch die Erfassung von Kompetenzen. Dabei wird ein konkreter Fall vorgegeben, der bearbeitet werden soll. Je nach Bearbeitungsergebnis wird ein Rückschluss auf die jeweilige Kompetenz der getesteten Person gezogen (bspw. Oser, Heinzer, & Salzmann, 2010).

Es kann sowohl schriftliches als auch videobasiertes Fallmaterial eingesetzt werden (Koehler, Yadav, Phillips, & Cavazos-Kottke, 2005). Videos stellen jedoch im Vergleich zu schriftlichen Fallvignetten eine Unterrichtssituation in ihrer Komplexität und Reichhaltigkeit besser dar, indem Stimmmaterial, Körpersprache, Interaktionen und realistische Bilder beinhaltet sind (Koc, Peker, & Osmanoglu, 2009). Aus diesem Grund entstehen bei Videos auch vielfältigere Diskussionen und sie helfen Theorie und Praxis besser miteinander zu verknüpfen (Brophy, 2004). In den letzten 15 Jahren haben sich daher Videos als Test- und Trainingsinstrumente in der Lehrerbildung stark etabliert (vgl. Helmke, 2009).

Im Folgenden werden wir genauer auf die Forschung zu Videos als Test- und Trainingsinstrumente im Bereich der professionellen Wahrnehmung und handlungsbezogenen Lehrerkompetenzen eingehen. Im ersten Teil werden Studien zur videobasierten Erfassung und Analyse von professioneller Wahrnehmung und Lehrerkompetenzen vorgestellt (Altmann). Der zweite Teil befasst sich mit Studien zur Förderung von professioneller Wahrnehmung und handlungsbezogenen Lehrerkompetenzen durch den Einsatz von Videos als Trainingsinstrumente (Kändler).

Die Auswahl von Studien, die sich mit Videos im Bereich Lehrerexpertise und Lehreraus- und -fortbildung beschäftigen, wurde nach weichen Kriterien vorgenommen. Als Ausgangspunkt wurde dabei die internationale Fachzeitschrift „Teaching and Teacher Education" verwendet. Dieses renommierte Journal veröffentlichte in den letzten Jahren eine Vielzahl an Studien zu Videomethoden. Ausgehend von dieser Recherche wurden einige Studien von Forschergruppen hinzugezogen, die sich über die letzten Jahre mit dem Instrument Video beschäftigt haben. Die Auswahl der Literatur erhebt keinen Anspruch auf Vollständigkeit. Vielmehr soll mit diesem Kapitel der Leserschaft ein systematischer Überblick des derzeitigen Einsatzes von Videos, sowohl zur Testung als auch zur Förderung von Lehrerkompetenzen, gegeben werden. Des Weiteren nehmen wir eine kritische Bewertung dieses Videoeinsatzes vor.

2.2   Videos als Testinstrumente

Die Entwicklung von Testinstrumenten zur Erfassung von Kompetenzen bei angehenden und berufserfahrenen Lehrkräften ist aus mehreren Gründen unabdinglich: Zum einen ist es durch Testinstrumente möglich, Kompetenzausprägungen und Defizite bei Personen zu erfassen und zum anderen, Unterschiede zwischen Stichproben zu ermitteln (Kersting, 2008; Seidel et al., 2009). Der Bereich des Modellierens und Erfassens von Lehrerkompetenzen, der das Feld der pädagogischen Psychologie und empirischen Bildungsforschung immer mehr herausfordert, wird als zunehmend wichtiger angesehen, um die Lehrerausbildung und -weiterbildung zu verbessern (Koeppen, Hartig, Klieme, & Leutner, 2008). Zum anderen können erst durch den Einsatz und die Entwicklung von Testinstrumenten Trainingsmaßnahmen evaluiert und Veränderungen bei Personen erfasst werden. Auch für diesen Zweck, nämlich der Evaluation von Trainings- und Fördermaßnahmen, ist es möglich, Videos oder Videovignetten als Items einzusetzen, um zu überprüfen, ob sich Kompetenzen verändern (Kaendler et al., 2016). Es gibt im Zusammenhang mit der Benutzung von Videomaterial als Testinstrument unterschiedliche Aspekte, wie z. B. die reine Entwicklung von Instrumenten, das Erfassen von Kompetenzen oder deren Veränderungsprozesse oder methodische Aspekte. Diese Studien, die

Videos einsetzen, können in verschiedene Bereiche eingeteilt werden, die im Folgenden kurz dargestellt werden.

Ein Forschungsstrang beschäftigt sich mit Videoportfolios (Admiraal, Hoeksma, van de Kamp, & van Duin, 2011; Bakker et al., 2011; Bannink, 2009), mit welchen vornehmlich Entwicklungsprozesse abgebildet und analysiert werden können. Dabei geht es nicht primär darum, ein effizientes Testinstrument zu etablieren, sondern um eine Erhebung des Verlaufs. Ein weiterer Bereich beschäftigt sich vor allem mit methodischen Fragen, nämlich den Gütekriterien. Hierbei werden videobasierte Instrumente entwickelt und deren Reliabilität überprüft (Admiraal et al., 2011; Wiens, Hessberg, LoCasale-Crouch, & DeCoster, 2013). Darüber hinaus befassen sich andere Studien mit der Konstruktvalidität und erforschen, inwieweit die Performanz beim Beobachten von Videos mit anderen Kompetenzen zusammenhängt. Es stellt sich in diesem Bereich die Frage, inwieweit andere Wissensbereiche (z. B. fachdidaktisches Wissen) den Entwicklungsstand der professionelle Wahrnehmung beim Beobachten von Videos voraussagen (König et al., 2014). Von praktischer Relevanz ist dabei aber vor allem auch die ökologische Validität, nämlich inwieweit die Beobachtungskompetenz wiederum die Lehrqualität vorhersagt (Kersting, Givvin, Thompson, Santagata, & Stigler, 2012). Zuletzt beschäftigen sich einige Autoren mit der Kompetenzausprägung unterschiedlicher Stichproben. Bei diesen Studien geht es darum, durch die Methode der Videobeobachtung Rückschlüsse auf die Ausprägung von Kompetenz, Konzepten und Schemata von Lehrkräften zu ziehen. Besonders konkret hierbei ist die Testung der adaptiven Lehrkompetenz, die ein Bereich der diagnostischen Kompetenz ist (Beck et al., 2008). Aber auch Unterschiede in der professionellen Unterrichtswahrnehmung je nach Studienfach und Expertise (Blomberg, Stürmer, & Seidel, 2011a) und Messinstrumente wie „the Video Viewing Task" (Kucan, Palincsar, Khasnabis, & Chang, 2009) tragen zu diesem Forschungsstrang bei. Die Forschung zur Testung mit Videos wurde in diesem Kapitel also in vier Bereichen zusammengefasst, nämlich vom Fokus auf das Instrument an sich über methodische Aspekte, Prädiktoren und Korrelate bis hin zu Unterschieden in den untersuchten Stichproben.

Videoportfolios

Videoportfolios wurden zunächst in den späten 80er Jahren in den USA eingeführt. Es hieß, dass durch diese Methode Aussagen über die Kompetenzen und Fähigkeiten von Lehrkräften getroffen werden können, basierend auf multiplen Quellen über eine längere Zeitspanne und in einem authentischen Setting. Zusätzlich zur Funktion des Videoportfolios als Assessmenttool, besitzt dieses auch die Funktion, Lernen und Veränderungen in den Versuchsteilnehmenden hervorzurufen (Bannink, 2009). Videoportfolios wird nachgesagt, dass sie angehende Lehrkräfte zu einer vertieften Reflexion über ihre Praxis anregen (Tillema & Smith, 2007) und sowohl das Lernen der Lehrkräfte als auch der Schülerinnen/Schüler fördern. Bei der Erstellung von Videoportfolios werden die Versuchspersonen gebeten, ihren Unterricht auf Video aufzuzeichnen und anschließend diese Videosequenzen zu analysieren und Fragen dazu zu beantworten. In der Studie von Bannink (2009) wurde ein Portfolio im Detail vorgestellt, welches, laut Autorin, ein erfolgreiches Beispiel für Wachstum und weiteres Wachstumspotential ist. Dieses Portfolio wurde im Rahmen eines Lehrpraktikums erstellt, bei welchem das erste Portfolio nach der Hälfte des Praktikums als Entscheidungsgrundlage dafür diente, ob die Person das Praktikum weiter fortführen durfte. Für die Erstellung der Portfolios wurden Kriterien festgelegt, wie z. B. die Erkennbarkeit einer Entwicklung über mehrere Unterrichtsszenarien oder die Konsistenz der schriftlichen Reflexion mit den ausgewählten Videos. In der Einzelfallstudie wurde erläutert, wie die Versuchsperson ihr Verhalten interpretiert und bewertet und sich dadurch weiterentwickelt und dazulernt. Es ist jedoch kritisch anzumerken, dass nur ein Portfolio vorgestellt und untersucht wurde, welches den vorher gesetzten Kriterien entsprach. Die Autorin erwähnte, dass nur drei der sechs Teilnehmenden die Kriterien erfüllen konnten, während die anderen drei Studierenden ungenügendes Material einreichten. Sie schloss daraus, dass Lehramtsstudierende bestimmte Unterstützungen brauchen, um ein Videoportfolio erfolgreich erstellen zu können (z. B. eine Vorlage und Möglichkeiten zur Supervision und Feedback durch Peers und Dozenten). Insgesamt geht die Studie von Bannink auf die Funktion der Kompetenzentwicklung ein und weniger auf die Funktion als Assessmenttool. Bakker et al. (2011) analysierten im Gegensatz dazu nicht die Erstellung von Videoportfolios von Lehrkräften, sondern untersuchten die Bewertung dieser durch sechs in der Lehrerbildung erfahrene Personen und griffen somit ganz konkret die Diagnosefunktion von Videoportfolios auf. Zu diesem Zweck wurden Videoportfolios konstruiert und ein Bewertungsschema entwickelt. Die Autoren interessierten sich insbesondere für die Reliabilität der Bewertung (Interrater-Reliabilität) sowie für die Meinung der Bewertenden bezüglich der Nützlichkeit der Bewertungsmethode, ermittelt durch ein Interview. Sie fanden hohe Übereinstimmungen in der Beurteilung der Portfolios. Außerdem konnten sie durch die Interviews zum einen Hilfestellungen für eine leichtere Bewertung herausfinden, nämlich zusätzliche Beschreibungen, Beispiele und Zusammenfassungen, und zum anderen ungünstige Faktoren, wie einzelne, unzusammenhängende Videoepisoden und Hintergrundinformationen über die Lehrer. Kritisch zu bewerten ist vor allem das komplexe Kodiersystem, welches, auch laut Autoren, effizienter gestaltet werden sollte. Einen noch stärkeren Fokus auf methodische Aspekte bei der Nutzung von Videoportfolios als Diagnoseinstrument legten Admiraal et al. (2011) in ihrer Studie. Sie untersuchten die Reliabilität und Validität bei Videoportfolios von Referendaren und fanden mehrere Probleme bezüglich der Reliabilität, Konstruktvalidität und Konsequenzvalidität (bestehend aus den Aspekten Fairness, Bedeutsamkeit und Transparenz). Gleichzeitig konnten sie zeigen, dass bestimmte Strategien von Lehrerausbildenden die Reliabilität erhöhten (z. B. Diskussionen mit Kollegen und wiederholtes Auseinandersetzen mit den Daten vor der finalen Bewertung). Problematisch war die Bewertung aufgrund der Vielzahl von Quellen, in denen die Lehrerausbildenden Kongruenzen finden wollten. Dieser Versuch, Kongruenzen zu finden, gefährdete, laut Autoren, die Konstruktvalidität von Videoportfolios als Assessmenttool. Auch in dieser Studie wurde der Zeitaufwand kritisch angemerkt. In der Studie von Bakker et al. (2011) wurde der Versuch unternommen, die Reliabilität der Beurteilung von Videoportfolios zu untersuchen. Allerdings wurde festgestellt, dass die Kodierung sehr aufwendig war. Zudem wurden in dieser Studie von Forschern konstruierte Videoportfolios als Bewertungsgrundlage verwendet. Es ist demnach fraglich, ob das Material von realen Teilnehmenden (im Vergleich zu fiktiv erstelltem Material) ebenso gut bewertet werden würde.

Standardisierte Testinstrumente

Im Gegensatz zu den zeitaufwändigen Videoportfolios entwickelten Wiens et al. (2013) ein effizienteres Testinstrument. Sie entwickelten das „Video Assessment of Interactions and Learning" (VAIL), ein video-basiertes Assessmenttool zur Erfassung des Verständnisses von Lehrkräften bezüglich effektiver Lehrstrategien und -verhalten. Die VAIL-Erhebung wurde so geplant, dass die Lehramtsstudierenden die Testung innerhalb von einer Stunde online durchführen konnten. Es wurden drei kurze Videos (2-3 Minuten) gezeigt, wobei jedes Video auf eine Dimension des CLASS-Modells (Classroom Assessment Scoring System; Pianta & Hambre, 2009) fokussierte: Qualität des Feedbacks, Format des instruktionalen Lernens und Berücksichtigung der Schülerperspektive. Die Versuchsteilnehmenden sollten nach Betrachtung der Videos fünf effektive Strategien benennen, die sie beobachtet hatten. Die Autoren stellten fest, dass das VAIL aufgrund seiner Standardisierung und Reliabilität als nützliches Assessmenttool für das Lernen von Lehramtsstudierenden eingesetzt werden konnte. Unter anderem fanden sie, dass die teilnehmenden Lehramtsstudierenden eine gute Vorstellung von gutem Unterrichten hatten und das relevante Verhalten identifizieren konnten. Jedoch konnten sie die effektiven Strategien, die diesem Verhalten zugrunde lagen, weniger gut identifizieren. Als Nachteil ist zu bewerten, dass als Videomaterial Vor-Kindergarten-Unterrichtsstunden verwendet wurden. Es ist daher fraglich, wie authentisch das Videomaterial für die Versuchsteilnehmenden war.

Ein weiteres Testinstrument entwickelte sich aus dem OBSERVE-Projekt (Blomberg et al., 2011a; Blomberg, Stürmer, & Seidel, 2011b; Seidel, Stürmer, Blomberg, Kobarg, & Schwindt, 2011). Der Observer, ein videobasiertes Diagnoseinstrument, erfasst mittels videographierter Unterrichtssequenzen und Items im Ratingformat die professionelle Wahrnehmung von Unterricht in standardisierter Form. Als Bezugsnorm werden Experteneinschätzungen der Unterrichtsausschnitte verwendet und daraus ein Maß für den Unterschied zwischen Studierenden- und Expertenmeinung gebildet.

Auch Knievel, Lindmeier und Heinze (2014) verwendeten einen standardisierten computerbasierten Test mit videovignetten-basierten Items zur Messung aktionsbezogener Kompetenzen von Mathematiklehrkräften. In ihrem Test wurden 26 Items unterschiedlichen Typs verwendet, um drei Strukturkomponenten zu erfassen: Die Wissenskomponente, die aktionsbezogene Kompetenz und die reflexive Kompetenz (siehe auch Lindmeier, 2011). Mündliche und schriftliche Antworten wurden durch zwei geschulte Rater bewertet.

Die vorgestellten standardisierten Testverfahren, haben den Vorteil, dass sie bei den Versuchspersonen gut akzeptiert werden und effizient umzusetzen sind. Allerdings ist zum Teil die Auswertung nach wie vor von Kodiersystemen abhängig, was mit einem ineffizienten Auswertungsprozedere einhergeht. Die Idee der Forschungsgruppe rund um den Observer, die Antworten mit Expertenratings zu vergleichen und Differenzmaße zu bilden, weist allerdings in eine Richtung wie standardisierte und effiziente Durchführung einer Testung mit einer ebenso standardisierten und effizienten Auswertung einhergehen kann. Zudem ist kritisch zu beurteilen, dass diese Studien nicht den Zusammenhang zu anderen Kompetenzebenen herstellen. So bleibt weitgehend unklar, ob eine Versuchsperson, die in einem der aufgeführten Tests gut abschneidet, tatsächlich auch auf prozeduraler Ebene (also beim tatsächlichen Ausführen des Unterrichts) gut ist. Dieser Frage gehen die im Folgenden dargestellten Studien nach.

Testinstrumente zur Messung von Zusammenhängen

Ein weiterer Bereich, bei der sich der Methode der Videotestung bedient wird, ist die Analyse von Zusammenhängen zwischen Video-Beobachtungskompetenz und anderen Kompetenzen. König et al. (2014) untersuchten z. B. in der Domäne der Mathematik inwieweit allgemeines pädagogisches Wissen als Prädiktor für *Noticing* und *Interpreting* angesehen werden kann. Die Versuchspersonen schauten sich drei drei- bis vierminütige Videovignetten an. Die Facette *Noticing* wurde mit multiple-choice Items auf einer vierstufigen Likert-Skala erhoben. Die Facette „Interpretieren" wurde mit offenen Antwortformaten erfasst. Das allgemeine pädagogische Wissen wurde mit der Papier-Bleistift-Methode aus den Items der TEDS-M Studie (siehe König, Blomeke, Paine, Schmidt, & Hsieh, 2011) gemessen. Die Autoren fanden, dass die *Noticing*-Subskala nicht mit dem allgemeinen pädagogischen Wissen korrelierte, während die *Interpreting*-Subskala stark mit diesem Wissen zusammenhing. Sie schließen daraus, dass Lehrkräfte auf ihr deklaratives allgemeines pädagogisches Wissen zurückgreifen müssen, um beobachtete Szenarios tiefgreifend verstehen und analysieren zu können. Im Sinne der prognostischen Validität wurde in der Studie von Kersting, Givvin, Sotelo, und Stigler (2009) der Zusammenhang Lehrerwissen (gemessen mit den *Classroom Video Analysis Assessment; CVA*), Unterrichtspraxis und Schülerlernen untersucht. Dabei wurde die Leistung im CVA in Zusammenhang mit der tatsächlichen Lehrqualität der Lehrkraft und dem Lernen seiner/ihrer Schülerinnen/Schüler gesetzt. Sie fanden, dass die Leistung im Videotest das Schülerlernen vorhersagte und dass die Qualität des instruktionalen Verhaltens der Lehrkraft mit der Leistung im CVA und dem Schülerlernen einherging. Zudem konnten sie zeigen, dass die Instruktionsqualität den Zusammenhang zwischen CVA-Leistung und Schülerlernen mediierte. Diese Ergebnisse führen zu dem Schluss, dass durch das Messen des Lehrerwissens durch Videoclips tatsächlich Rückschlüsse auf die praktische Lehrerleistung gezogen werden können.

Testungen verschiedener Stichproben

Zuletzt ist es nicht nur von Interesse die Kompetenzen einzelner Stichproben zu erfassen, sondern auch Unterschiede zwischen verschiedenen Stichproben zu analysieren. In dieser Hinsicht untersuchen Blomberg et al. (2011a) Unterschiede in der professionellen Unterrichtswahrnehmung bei Lehramtsstudierenden verschiedener Fachrichtungen. Sie untersuchten zum einen Lehramtsstudierende mathematisch-naturwissenschaftlicher Fächer und zum anderen Lehramtsstudierende sozial- und geisteswissenschaftlicher Fächer. Tatsächlich fanden sie Unterschiede in der Unterrichtswahrnehmung je nach Fachrichtung. Lehramtsstudierende der sozial- und geisteswissenschaftlichen Fächer schnitten besser ab als mathematisch-naturwissenschaftliche Fächer, auch wenn sie fachfremde Videos (also Mathematikvideos) bewerten mussten. Sie schlossen daraus, dass aus fachspezifischen Sozialisationsprozessen bestimmte geteilte Überzeugungen und Werte hervorgehen, die in der professionellen Unterrichtswahrnehmung sichtbar werden.

Abschließend lässt sich sagen, dass zu unterschiedlichen Aspekten der Testung von Lehrerkompetenzen videobasierte Untersuchungen entwickelt wurden. Der Vorteil dieser Art von Testung liegt vor allem in der Situiertheit des Verfahrens, die es von der Papier-Bleistift-Methode abhebt. Trotzdem zeigen sich auch noch Bereiche, die weiter untersucht werden sollten. Hierzu gehören unter anderem die Auswertungsmethoden, die zum Teil aufwändig und/oder subjektiv sind, und der Bezug zum tatsächlichen Verhalten im Unterricht. Die Testung von Kompetenzen mit Videos und Videovignetten ist allerdings nur ein Aspekt in der Lehrerforschung. Ein großes Interesse liegt auch in der Frage, wie man Lehrkräfte mithilfe von Videomethoden aus- und fortbilden kann, um wichtige Kompetenzen zu fördern.

2.3   Videos als Trainingsmethode

Im folgenden Abschnitt zu Videos als Trainingsmethode werden zunächst unterschiedliche Arten von Videomaterial vorgestellt, welche verschiedenen Lernzielen dienlich sind. Anschließend wird thematisiert, wie sich die Lernziele, die mit videobasierten Trainings in der Lehrerbildung verfolgt werden, verändert haben. Das derzeitige primäre Lernziel solcher Lehrertrainings ist nämlich die professionelle Wahrnehmung von Interaktionen im Klassenzimmer und das Reflektieren darüber. Trainingsstudien aus den letzten 10 Jahren werden zusammenfassend dargestellt, um den aktuellen Forschungsstand zu Videos als Trainingsmethode zu skizzieren. Die wichtigsten Erkenntnisse und kritischen Aspekte der Studien werden in der Diskussion des vorliegenden Kapitels aufgegriffen.

Unterschiedliche Arten von Videomaterial

Beim Einsatz von Videos im Rahmen von Trainings kommt es entscheidend darauf an, dass das eingesetzte Videomaterial zu den Lernzielen, die durch das Training erreicht werden sollen, passt (siehe Blomberg, Renkl, Sherin, Borko, & Seidel, 2013). Lernziele können sein: Wissensaktivierung, Aufbau von konzeptuellem Wissen (fachdidaktisch, fachlich oder pädagogisch), professionelle Wahrnehmung von Unterrichtsgeschehen oder kritisches Reflektieren darüber (vgl. Blomberg et al., 2013). In einigen Studien wurde untersucht, mit welcher Art von Videomaterial diese Lernziele erreicht werden können. Es können beispielsweise Videos mit Szenen aus dem eigenen oder einem fremden Unterricht (bspw. Kleinknecht & Schneider, 2013; Seidel, Stürmer, Blomberg, Kobarg, & Schwindt, 2011) sowie typische (bspw. Clarke et al., 2008) oder modellhafte videobasierte Unterrichtssituationen (bspw. Zhang, Lundeberg, Koehler, & Eberhardt, 2011) verwendet werden. Das Unterrichtsfach, welches im Video gezeigt wird, könnte auch einen Einfluss haben auf die Förderung der professionellen Unterrichtswahrnehmung von Lehrkräften, welche ein aktuelles und wichtiges Trainingsziel in der derzeitigen Lehrerbildung ist. Blomberg, Stürmer, & Seidel (2011), überprüften, inwiefern das Unterrichtsfach im Video, je nachdem, ob es das eigene Unterrichtsfach oder ein fremdes Fach war, die professionelle Wahrnehmung der Lehrkräfte beeinflusste. Ursprünglich wurde die professionelle Wahrnehmung als eine fächerübergreifende Fähigkeit angesehen (Sherin, 2002). Bei der professionellen Wahrnehmung wird jedoch auf professionelles Wissen zurückgegriffen, das sowohl allgemein-pädagogische als auch fachdidaktische Komponenten beinhaltet. Daraus kann abgeleitet werden, dass die professionelle Wahrnehmung sowohl eine allgemein-pädagogische als auch eine fachspezifische Facette hat. Blomberg und Kollegen konnten jedoch zeigen, dass es keinen Einfluss auf die Güte der professionellen Wahrnehmung hatte, ob das eigene oder ein fremdes Unterrichtsfach im Video gezeigt wurde.

Jedoch fördern die verschiedenen Arten von Videomaterial die genannten Lernziele unterschiedlich gut. Seidel und Kollegen (2011) untersuchten beispielsweise im Rahmen eines achtstündigen Workshops die spezifischen Lerneffekte hinsichtlich der Wissensaktivierung und der professionelle Wahrnehmung von Lehrkräften durch die Analyse eigener gegenüber fremder Videos. Es wurden Videos zunächst alleine ohne Leitfragen angeschaut und aufgeschrieben, was beobachtet wurde. Anschließend wurden die aus den Videos gezogenen Erkenntnisse in Gruppen diskutiert. Die Hypothese, dass in eigenen Videos mehr relevante Ereignisse beobachtet wurden, konnte nicht bestätigt werden. Es zeigte sich jedoch, dass Lehrkräfte, die ihre eigenen Videos anschauten, sich besser einfühlen konnten und die eigene Instruktion besser erinnerten. Sie fanden das Lernarrangement mit eigenen Videos auch motivierender im Vergleich zu einer Lernumgebung mit fremden Videos. Es wurde daraus geschlossen, dass eigene Videos zu einer höheren Wissensaktivierung führten. Hingegen konnte auch gezeigt werden, dass bei fremden Videos kritischer argumentiert wurde und mehr Konsequenzen, die sich aus den Unterrichtsereignissen ergaben, sowie alternatives Lehrerhandeln diskutiert wurden. Kleinknecht und Schneider (2013) konnten die Ergebnisse von Seidel und Kollegen (2011) teilweise bestätigen. Sie konnten auch nachweisen, dass bei fremden Videos mehr über Konsequenzen negativer Ereignisse reflektiert wurde. Dagegen wurden bei eigenen Videos die Situationen nur beobachtet, beschrieben und bewertet. Kleinknecht und Schneider konnten jedoch nicht zeigen, dass bei der Arbeit mit eigenen Videos weder mehr positive noch mehr negative Emotionen vorhanden waren. Bei eigenen Videos waren die Lehrkräfte auch nicht involvierter. Lehrkräfte, die fremde Videos anschauten, berichteten dagegen etwas mehr negative Emotionen wie Enttäuschung und zeigten auch etwas mehr positive Emotionen. Die Autoren argumentierten, dass dieser Befund auf die Lernumgebung zurückzuführen sei. In dieser Lernumgebung wurden vorgegebene Lernziele und nicht etwa adaptive eigene Lernziele der Lehrkräfte selbst verfolgt. Die Arbeit mit den Videos fand in einer individuellen computerbasierten Lernumgebung von kurzer Dauer statt. Die Forscher schlossen daraus, dass sich in einer solchen Lernumgebung mit vorgegebenen Lernzielen eher fremde Videos eignen. Kritisiert werden kann an dieser Studie, dass insgesamt nur zehn Lehrkräfte, also nur fünf Lehrkräfte pro Bedingung (fremdes versus eigenes Video), untersucht wurden.

Bezogen auf den Transfererfolg konnten Tripp und Rich (2012) zeigen, dass das Reflektieren über das Unterrichtsgeschehen anhand eigener Videos zu Veränderungen im eigenen Unterrichten führte. Tripp und Rich (2012) begründeten die Veränderungen im Unterrichten zum einen durch die Videoanalyse, da sich die Lehrkräfte auf Schlüsselaspekte ihres Unterrichtens konzentrieren konnten. Sie konnten neue Perspektiven einnehmen und vertrauten auch dem Feedback der anderen Gruppenmitglieder eher, da sie eine gemeinsame Basis, nämlich den Videoausschnitt hatten. Die Lehrkräfte gaben an, sich verantwortlich zu fühlen, ihr Verhalten in der Unterrichtspraxis auch tatsächlich zu ändern. Die analysierten Videoszenen dienten als Erinnerungsstütze, um in der konkreten Unterrichtssituation das eigene Unterrichten konkret zu verändern. Schließlich konnten die Lehrkräfte ihre individuellen Fortschritte durch dieses formative videobasierte Feedback selbst beobachten.

Fremde Videos eines modellhaften Unterrichts eignen sich hingegen vor allem am Anfang in der Ausbildung, um zunächst kritische Diskussionen anzuregen (Krammer et al., 2008) und um beispielhaftes Lehrerverhalten, welches Lehramtsstudierenden noch schwer fällt, zu demonstrieren (Biaggi, Krammer, & Hugener, 2013). Hierzu zeigten Biaggi und Kollegen (2013) eine Vorgehensweise für den Einsatz fremder Videos eines modellhaften Unterrichts in der Lehrerausbildung in Luzern, Schweiz. Bei der gemeinsamen Analyse dieser fremden Videos modellhaften Unterrichts wurde ein Vierschritt durchgeführt, welcher sich an das *Lesson Analysis Framework* von Santagata und Guarino (2011) anlehnte. Im ersten Schritt sollten zunächst die Unterrichtssituation und die Erwartungen an die Schülerinnen und Schüler analysiert werden. Diese Analyse umfasste das Unterrichtsthema, das Alter der Schülerinnen und Schüler sowie deren Wissensstand und die Lernziele. Im zweiten Schritt wurde der Beobachtungs- und Analysefokus auf das Verhalten und die Lern- sowie Denkprozesse der Schülerinnen und Schüler gerichtet. Den Lehramtsstudierenden wurden hierbei zur Unterstützung Leitfragen gestellt, damit das Schülerverhalten gezielt beobachtet, beschrieben, begründet und interpretiert wurde. Im Schritt 3 wurde die Lehrkraft in den Fokus genommen und die Wirkungen des Lehrerhandelns auf das Lernen der Schülerinnen und Schüler analysiert. Im vierten und damit letzten Schritt wurden Handlungsalternativen für die Lehrperson überlegt, die einen positiven Effekt auf das Schülerverhalten und -lernen haben könnten. Zur Konsolidierung der aus dieser gemeinsamen Analyse gezogenen Erkenntnisse schrieb jede/r Lehramtsstudierende ein Lernjournal. Die hier beschriebene Vorgehensweise für die Analyse fremder Videos modellhaften Unterrichts kann basierend auf subjektiven Eindrücken und Aussagen der beteiligten Dozenten und Lehramtsstudierenden als positiv bewertet werden. Videos einer modellhaften Unterrichtsstunde können daher eingesetzt werden, um eine Unterrichtsstunde gemeinsam in der Gruppe zu analysieren hinsichtlich der Lernprozesse der Schülerinnen und Schüler, des Lehrerhandelns sowie alternativer Handlungen der Lehrkraft (Santagata & Guarino, 2011).

Zhang und Kollegen (2011) zeigten darüber hinaus, dass bei solchen fremden Videos modellhaften Unterrichts, Kontextinformationen zum besseren Verständnis benötigt werden. Solche Informationen sollten Folgendes beinhalten: Lehrziele der Lehrkraft, Merkmale der Schülerinnen und Schüler, Planung der Stunde, was die Schülerinnen und Schüler vor und nach der Stunde machten, Ideen der Lehrkraft, die hinter bedeutsamen Unterrichtsereignissen stehen. Außerdem sollte der Inhalt des Videos eine Relevanz für das Publikum haben, indem z. B. bekannte Unterrichtsthemen und Klassenstufen gezeigt werden, die zu den Lehrkräften passen, welche sich das Video anschauen (Brophy, 2004; Zhang et al., 2011). Des Weiteren sollte der spezifische Inhalt des Videos zu dem passen, was in den Blick genommen wird. Santagata und Guarino (2011) setzten je nach Beobachtungsziel Videos mit unterschiedlichen Inhalten ein. Beispielsweise sahen Lehramtsstudierende ein videobasiertes Interview mit einem Schüler, der eine Mathematikaufgabe löste, um ein besseres Verständnis für die Denkprozesse von Schülerinnen und Schülern zu bekommen.

In den hier berichteten Studien wurden primär die professionelle Wahrnehmung von Interaktionen im Unterricht sowie das Reflektieren darüber gefördert. Videos wurden in den letzten 10 Jahren vermehrt für diese Ziele eingesetzt (vgl. Tripp & Rich, 2012). Eigene Videos können auch für ein sogenanntes *micro-teaching* eingesetzt werden (Brouwer, 2011; siehe auch Reusser, 2005). Die Lehrkraft unterrichtet eine bestimmte Stunde, welche aufgezeichnet wird, und anschließend werden die Stärken und Schwächen herausgearbeitet. Danach führt die Lehrkraft die Stunde nochmals durch, um sich zu verbessern (Tripp & Rich, 2012). Fremde Videos können auch eingesetzt werden, um Verhalten zu modellieren und es dann von den Lehrkräften imitieren zu lassen (Reusser, 2005).

Anstelle des Trainierens solch isolierter Verhaltensweisen durch den Einsatz von Videos wurde in den letzten 10 Jahren in videobasierten Trainings vermehrt analysiert, wie bestimmtes Lehrerhandeln das Lernen der Schülerinnen und Schüler beeinflusst (Tripp & Rich, 2012). Diese professionelle Wahrnehmung von Interaktionen im Unterricht und das Reflektieren darüber kann durch eigene und fremde Videos unterstützt werden. Dies hat nach Tripp und Rich (2012) folgende Vorteile: Diskrepanzen zwischen Vorstellungen guten Unterrichtens und tatsächlichem Unterrichten werden identifiziert und zu-grundeliegende Überzeugungen und Ziele des Lehrens und Lernens werden bewusst gemacht. Verschiedene Aspekte von Unterricht wie beispielsweise Facetten von Klassenführung (Gold, Förster, & Holodynski, 2013) oder Qualitätsdimensionen von Schülerinteraktionen (Kaendler et al., 2016), die bislang nicht bewusst waren, können gezielt beobachtet werden und eigene Stärken und Schwächen beim Unterrichten können geprüft werden.

Videobasierte Lerngemeinschaften

Wie lassen sich Videos nun gezielt in der Lehrerbildung einsetzen, um die professionelle Wahrnehmung von Interaktionen im Klassenzimmer und die Reflexion darüber zu fördern?

Professionelles Wahrnehmen von Unterrichtsgeschehen und das Reflektieren darüber können beispielsweise in sogenannten Lerngemeinschaften trainiert werden (van Es & Sherin, 2008). Lerngemeinschaften verwirklichen den situierten Ansatz, nach welchem Denken und Lernen durch die Teilnahme am Diskurs und an Praktiken in einer bestimmten Gemeinschaft stattfindet. Denken und Lernen ist somit an einen bestimmten physischen und sozialen Kontext gebunden (Greeno, 2003). Außerdem findet das Lernen in Lerngemeinschaften sowohl beim Individuum statt, welches sich dem Diskurs und den Praktiken der Gemeinschaft anpassen muss, aber auch in der Gemeinschaft selbst, die die Normen und Praktiken verändert aufgrund der Ideen und Gedanken, welche individuelle Mitglieder einbringen (Lave & Wenger, 1991).

Van Es (2012) definierte Lerngemeinschaft als eine Gruppe von z. B. Lehrkräften, welche sich über eine gewisse Zeit regelmäßig trifft, um gemeinsam lehr- und lernbezogene Inhalte aus der Unterrichtspraxis zu planen und darüber zu reflektieren (siehe Nelson, 2009). Das Ziel dabei ist es, die eigene Lehre zu verbessern und damit einhergehend auch das Lernen der Schülerinnen und Schüler im Klassenzimmer zu fördern (Borko, 2004). Nach Van Es zeichnen sich solche Lerngemeinschaften aus durch kollegiale und kooperative Interaktionen, Teilnahme- und Diskursnormen für eine erfolgreiche Zusammenarbeit sowie einen Beobachtungsfokus auf das Verhalten der Lehrkraft und dem Lernen der Schülerinnen und Schüler. Van Es konnte zeigen, dass es einige Zeit dauert, bis sich eine effektive Lerngemeinschaft entwickelt hatte. Der Vorteil solcher Gemeinschaften ist, dass die beteiligten Lehrkräfte nicht alleine mit lehr- und unterrichtsspezifischen Schwierigkeiten zurechtkommen müssen, sondern ihnen diese Art der kollegialen Beratung (siehe Wahl, 1995) eine soziale und lehrreiche Unterstützung bietet (vgl. van Es, 2012).

Solche Lerngemeinschaften können unterschiedlich gestaltet sein. Videoclubs stellen eine Form von Lerngemeinschaften dar. Van Es (2012) etablierte einen solchen Videoclub mit sieben Lehrkräften. Das Ziel war, relevante Interaktionen und Schülerdenken im Mathematikunterricht zu erkennen und darüber zu reflektieren anhand von Videoaufnahmen eigener Unterrichtssituationen und durch den Austausch unter den Mitgliedern.

Der Videoclub tagte ein Schuljahr mit insgesamt 10 regelmäßigen Treffen, welche ein bis zweimal im Monat stattfanden. Jedes Mitglied arbeitete sowohl mit Videos eigenen Unterrichts als auch mit Videos von anderen Gruppenmitgliedern. Das Ziel war das Erkennen von relevanten Unterrichtssituationen, was die erste Stufe der professionellen Wahrnehmung darstellt (siehe van Es & Sherin, 2002). Interessante Stellen aus Video-aufnahmen wurden gemeinsam in einer Sitzung angeschaut und unter der Leitung von zwei Gruppenbegleitern diskutiert.

Auch hier war das verwendete Videomaterial entscheidend, damit der Videoclub lehr-reich war. Am lehrreichsten waren Videoausschnitte zu interessanten Momenten, die mathematisches Denken der Schülerinnen und Schüler zeigten. Des Weiteren hatte auch der Gruppenbegleiter eine entscheidende Rolle, da er die Inhalte der Videos genau ken-nen musste (Elliott & Kazemi, 2007), um wertvolle Lernmomente hervorzuheben (Mumme & Seago, 2003). Damit fungierte er gleichzeitig als Modell für die gezielte Beobachtung und Begründung von Aktivitäten der Schülerinnen und Schüler auf der Grundlage professionellen Wissens (van Es 2010). Der Gruppenbegleiter hatte auch die Aufgabe, die Diskussion zu strukturieren, so dass viele Perspektiven angehört, aber auch lohnenswerte Ideen weiter verfolgt wurden. Van Es (2010) berichtete, dass Lehrkräfte zunächst Unterstützung im Identifizieren interessanter Interaktionen im Unterricht benö-tigten und bei der Diskussion angeleitet werden sollten. Van Es und Sherin (2008) unter-suchten die Effektivität dieses Videoclubs hinsichtlich der Verbesserung der professio-nellen Wahrnehmung von videobasierten Unterrichtssituationen und das Reflektieren darüber im Vergleich zu einer Kontrollgruppe. Es zeigte sich, dass mit der Zeit der Fo-kus bei der Analyse und der Reflexion vermehrt auf das mathematische Denken der Schülerinnen und Schüler gelegt wurde. Außerdem beschrieben die Lehrkräfte weniger, sondern interpretierten am Ende stärker das, was sie beobachtet hatten. Auch die Kom-mentare hinsichtlich der beobachteten Interaktionen in den videobasierten Unterrichts-szenen waren am Ende viel spezifischer als am Anfang. Dies wurde verglichen mit einer Kontrollgruppe, welche auch zwei Interviews im gleichen zeitlichen Abstand wie die Videoclub-Gruppe hatte. Es gab einen signifikanten Unterschied zwischen den beiden Gruppen hinsichtlich der Entwicklung des Analysierens der videobasierten Unterrichtssi-tuationen und des Reflektierens darüber. Van Es und Sherin stellten fest, dass diese Ent-wicklung nicht bei allen Lehrkräften gleich verlief. Sie unterteilten die unterschiedlichen Entwicklungen in direkt, zyklisch und inkrementell. Bei der direkten Entwicklung wer-den die spezifische Perspektive und die Fokussierung auf die Schülerinnen und Schüler beibehalten, sobald sie sich einmal entwickelt haben. Die zyklische Entwicklung ist gekennzeichnet durch einen Wechsel zwischen einer breiten und einer spezifischen Per-spektive. Bei der inkrementellen Entwicklung zeigt sich eine schrittweise Veränderung. Diese unterschiedlichen Entwicklungswege können von mehreren Faktoren beeinfluss werden, nämlich durch die Art des Videomaterials, die Rolle des Lernbegleiters und die der Gruppenmitglieder sowie durch deren Wissen, Überzeugungen und Erfahrungen. Dieser Befund hinsichtlich des Entwicklungsverlaufs der professionellen Unterrichts-wahrnehmung von Lehrkräften verdeutlicht zum einen die Komplexität der Förderbedingungen der professionellen Unterrichtswahrnehmung und zum anderen, dass eine gewisse Zeitdauer für die Entwicklung der professionellen Unterrichtswahrnehmung notwendig ist.

Borko, Jacobs, Eiteljorg und Pittman (2008) beschrieben einen zweijährigen Videoclub mit acht Lehrkräften, der in Workshops nach dem Problemlösezirkel organisiert war. Im ersten Workshop wurden gemeinsam didaktische Pläne zur Vermittlung mathematischer Aufgaben im Klassenzimmer entwickelt. Nach diesem Workshop wurden diese Aufgaben im eigenen Unterricht eingesetzt und die entsprechende Stunde per Videokamera aufgenommen. Im zweiten und dritten Workshop wurden die praktischen Erfahrungen näher betrachtet, indem Ausschnitte der Videoaufnahmen in Kleingruppen und in der Großgruppe angeschaut und diskutiert wurden. Dabei war im zweiten Workshop der Fokus auf die Lehrerrolle gerichtet und im dritten Workshop auf das mathematische Denken der Schülerinnen und Schüler. Es zeigte sich, wie auch bei van Es und Sherin (2008), dass im Laufe der Zeit die Diskussionen immer fokussierter, tiefgehender und analytischer wurden. Es wurden beispielsweise spezifische Schwierigkeiten und Situationen des Lehrens und Lernens betrachtet. Diese Effekte waren bedingt durch die Entwicklung einer starken Lerngemeinschaft, die Etablierung von Diskursnormen, die Fähigkeit und die Motivation zu lernen, zu analysieren und Ideen auszutauschen sowie durch die Lernbegleitung, die geboten wurde (Borko et al., 2008).

Zhang und Kollegen (2011) betonten auch, dass die Diskursstrategie wichtig sei. Nach der Methode des problembasierten Lernens sollten in einem Diskurs Ursachen erklärt und Wissenslücken identifiziert werden. Dieses Begründen und Identifizieren von Schwierigkeiten kann die Diskussion konstruktiv voranbringen. Der problembasierte Lernansatz wurde bei Zhang und Kollegen umgesetzt durch einen siebentägigen Workshop mit vier bis sechs Lehrkräften. Die dreistündigen Sitzungen liefen folgendermaßen ab: Zunächst wurden Lehrdilemmata dargeboten und anschließend Modellvideos angeschaut. Das Problem wurde neu definiert, relevante Fakten oder Beobachtungen in den Videos wurden identifiziert und schließlich wurden Fragestellungen und Hypothesen generiert. Eine im Workshop entwickelte Unterrichtseinheit wurde im folgenden Schuljahr durchgeführt und per Videokamera aufgenommen, um die Aufzeichnung in den monatlichen Sitzungen gemeinsam anzuschauen und darüber zu diskutieren. Es zeigte sich, dass sowohl individuelles als auch gemeinsames Reflektieren über das eigene Video wichtig war. Beim individuellen Reflektieren konnte die Lehrkraft ihr eigenes Video mehrmals anschauen und relevante sowie informative Stellen aussuchen.

Koc, Peker und Osmanoglu (2009) beschrieben eine Art Lerngemeinschaft mit insgesamt 26 Lehramtsstudierenden und Lehrkräften im Beruf, die ein Lehrvideo drei Wochen lang in einem Onlineforum diskutierten. Der hier gezeigte videobasierte Unterrichtsfall demonstrierte, wie pädagogische Standards von einer erfahrenen Lehrkraft in der Praxis verwirklicht wurden. Die Onlinediskussion wurde moderiert vom Kursleiter und zusätzlich beantwortete die erfahrene Lehrkraft, die im Video gezeigt wurde, Fragen und gab Ratschläge. Das Ziel dieser Onlinediskussion bestand darin, Theorie und Praxis miteinander zu verknüpfen. Das Besondere an dieser Studie war, dass sich die Lehrkraft aus dem Video an der Diskussion beteiligte und für Fragen zur Verfügung stand. Dadurch konnten die Teilnehmenden ihre Interpretationen überprüfen, denn die Modelllehrkraft beantwortete Fragen und ging auf Kritik und Kommentare ein. Dieses videobasierte Unterrichtsfallbeispiel war integriert in ein asynchrones Onlineforum. Der Kursleiter moderierte die Onlinediskussion, indem er Denkanstöße gab und Fragen für die Diskussion aufwarf. Es wurde untersucht, wie Lehrkräfte Theorie mit Praxis verknüpfen. Außerdem wurde die Effektivität und Qualität solcher Onlinediskussionen als Lernsetting untersucht. Es zeigte sich, dass (angehende) Lehrkräfte durchaus in der Lage waren, das, was sie in ihren Methodenkursen gelesen und gelernt hatten, mit dem zu verbinden, was sie in dem videobasierten Fallbeispiel beobachteten. Die Teilnehmenden führten fortbestehende Diskussionen über verschiedene Aspekte der Unterrichtspraxis und schweiften nicht vom Thema ab, da das Video und die Anleitung durch den Kursleiter als gute Anker dienten, welche dafür sorgten, dass die Diskussion sich auf das bezog, was beobachtet werden sollte. Die erfahrene Lehrkraft als Modell gab den (angehenden) Lehrkräften vor allem viel Bestätigung zu ihren Anmerkungen und Hypothesen, lieferte aber auch Erklärungen und zusätzliche Informationen, die nochmals die Komplexität des Unterrichtens verdeutlichten. Diese Hintergrundinformationen und somit der Blick hinter die Kulissen, zeigte den (angehenden) Lehrkräften, dass weitaus mehr Aspekte zu beachten waren als offensichtlich beobachtet werden konnten.

Solche internetgestützten Videoeinheiten wurden auch von Krammer, Hugener, und Biaggi (2012) eingesetzt. Krammer und Kollegen (2012) berichteten von einer Lehreinheit für Lehramtsstudierende, in welcher die Studierenden ein Videoforum in einer internetgestützten Lernplattform selbst erstellten. Jede/r Studierende stellte ein Video einer eigenen Unterrichtsstunde mit erforderlichen Hintergrundinformationen sowie Beobachtungsfragen für die gemeinsame Gruppenanalyse in diesem Forum zur Verfügung. Es fand ein schriftlicher Austausch statt zu Beobachtungen im Videoausschnitt und entsprechenden Interpretationen. Die Beiträge konnten direkt mit der spezifischen Stelle im Video verlinkt werden. Es zeigte sich, dass solche Internetforen eine gute inhaltliche, technische und organisatorische Unterstützung benötigten (Krammer et al., 2012). Die Autoren betonten, dass es entscheidend darauf ankam, dass Fragestellungen vorgegeben wurden, die den Aufmerksamkeits- und Analysefokus auf die Denkprozesse der Schülerinnen und Schüler lenkten. Aus ihren Erfahrungen mit dem Einsatz von Unterrichtsvideos in der Lehrerausbildung schließen die Autoren, dass Theorie und Praxis durch Unterrichtsvideos gut verbunden werden können und die eigene Unterrichtspraxis aus einer anderen Perspektive betrachtet werden kann. Auch die Auswirkung des eigenen Unterrichtens auf das Lernen der Schülerinnen und Schüler wird kritisch hinterfragt durch die Arbeit mit Unterrichtsvideos. Solche kritischen, aber konstruktiven Diskussionen brauchen unbedingt Anleitung und Unterstützung durch erfahrene Lehrpersonen aus der Praxis.

Videobasierte Seminareinheiten

Neben diesen Lerngemeinschaften können Videos auch in Seminareinheiten mit theoretischem Input und Übungsphasen eingesetzt werden. Seidel, Blomberg und Renkl (2013) zeigten, wie Videos effektiv mit zwei unterschiedlichen Strategien in solchen Seminareinheiten eingesetzt werden können. Sie beschrieben die *rule-example-* und *example-rule*-Strategie (siehe auch Santagata, Zannoni, & Stigler, 2007), welche unterschiedliche Lernziele verfolgen, was hier experimentell untersucht wurde. In einem gesamten Semester mit insgesamt acht Sitzungen je 90 Minuten wurden fremde Videos guten Unterrichts von Lehramtsstudierenden analysiert und bewertet. Unter *rule* werden Prinzipien des Lehrens und Lernens verstanden. Example kann ein Videobeispiel einer typischen Unterrichtssituation sein, auf das sich diese Prinzipien anwenden lassen. Entsprechend der rule-example-Strategie werden die Prinzipien des Lehrens und Lernens zuerst eingeführt und anschließend durch das Videobeispiel veranschaulicht und somit in den konkreten Praxisalltag verankert. Das Ziel bei der example-rule-Strategie hingegen ist es, die Komplexität von Aktivitäten im Klassenzimmer darzustellen und Prinzipen des Lehrens und Lernens aus solchen konkreten Unterrichtssituationen abzuleiten (Korthagen & Kessels, 1999). Die rule-example-Strategie erfordert im Vergleich dazu eine direkte Anleitung und die Prinzipien müssen zuvor eingeführt werden, wohingegen bei der example-rule-Strategie nur indirekte Hinweise zur Anregung der Denkprozesse in der Gruppe gegeben werden. Seidel und Kollegen (2013) untersuchten, ob durch die rule-example-Strategie Faktenwissen und konzeptuelles Wissen besser gefördert werden konnte und durch die example-rule-Strategie heuristisches bzw. prozedurales Wissen und motivationale Aspekte gefördert wurden. Die 54 Lehramtsstudierenden wurden zufällig auf die beiden Bedingungen verteilt. Die Bedingung rule-example-Strategie sollte besser abschneiden beim Erwerb von Faktenwissen und bei der Anwendung dieses Wissens zur Beobachtung und Bewertung von videobasierten Unterrichtssituationen. Die Bedingung example-rule sollte hingegen besser im Planen einer zukünftigen Unterrichtsstunde abschneiden. In der rule-example Bedingung wurden zunächst theoretische Grundlagen eingeführt und Konzepte erklärt, welche auch mit Empirie untermauert wurden. In einem ersten Videobeispiel demonstrierte der Kursleiter, wie hier beobachtete zentrale Unterrichtsereignisse beschrieben, erklärt und vorhergesagt werden konnten. In der example-rule Bedingung wurden zunächst Hinweise gegeben, für den Umgang mit Videos. Nach dem Anschauen eines Videos gab es eine Diskussion im Plenum, bei welcher der Kursleiter zunächst wenig intervenierte. Nachdem mehrere Videos angeschaut worden waren, sollten allgemeine Prinzipien des Lehrens und Lernens gemeinsam im Plenum abgeleitet werden. Schließlich wurde das zentrale Konzept, welches gelernt werden sollte, vom Kursleiter für alle festgehalten. Es bestätigte sich, dass die Bedingung mit der rule-example-Strategie besser abschnitt bezüglich des Faktenwissens und der Anwendung des Wissens bei der Bewertung videobasierter Unterrichtssituationen als die Bedingung mit der example-rule-Strategie. Bei der Planung einer Unterrichtsstunde schnitt die Bedingung example-rule jedoch besser ab, da die Lernenden in dieser Bedingung mehr Herausforderungen bei der Planung einer spezifischen Unterrichtseinheit nannten. Solche Ansätze wie die rule-example-Strategie, welche eine direktere Anleitung beinhalten, sollten eher am Anfang eines Lehramtsstudiums eingesetzt werden. Erst im späteren Stadium braucht es weniger Anleitung wie z. B. bei der example-rule-Strategie (Korthagen & Kessels, 1999).

Als ein Beispiel für ein Training gemäß der rule-example-Strategie dient das Training von Gold et al. (2013) zur Förderung der professionellen Wahrnehmung von Klassenführung im Unterricht. Das Training erstreckte sich über ein Semester mit insgesamt 60 Stunden. Es wurde in ein zweistündiges Seminar von 13 Wochen integriert. Hinzu kamen 34 Stunden Selbststudium für die Erstellung von Hausarbeiten. Das Training beinhaltete folgende drei Einheiten:

1. Theoretische Einführung in die Videoanalyse hinsichtlich des Themas Klassenführung; Beispielhafte und suboptimale videobasierte Unterrichtsszenen, um die drei Facetten von Klassenführung (Allgegenwärtigkeit, Strukturierung des Unterrichtsverlaufs, Gruppenfokus) zu demonstrieren
2. Angeleitete videogestützte Analyse von zwei gegensätzlichen Unterrichtsstunden in Bezug auf die drei Facetten, gefolgt von einer Hausarbeit zur theoriegeleiteten Interpretation der Klassenführung in den videobasierten Unterrichtsstunden und einer individuellen Rückmeldung durch ein Masterrating sowie einer Diskussion im Plenum
3. Übergreifende Interpretation der zwei Unterrichtsstunden zu allen drei Facetten von Klassenführung in einer Hausarbeit mit anschließender Rückmeldung und Diskussion

Durch das Training konnte die professionelle Wahrnehmung von zwei Facetten der Klassenführung, nämlich Strukturierung des Unterrichtsverlaufs und Gruppenfokus, verbessert werden. Zusätzliche Kovariaten wie das Vorwissen zu Klassenführung und Vorerfahrungen mit Videoanalyse sowie das Fachsemester hatten keinen signifikanten Einfluss auf die professionelle Wahrnehmung (Gold et al., 2013).

Fazit

Zusammenfassend lässt sich anmerken, dass die hier angeführten Studien Videos als Trainingsmethode zu unterschiedlichen Zwecken einsetzten: Zur Veranschaulichung von Unterrichtspraxis, zur Förderung des Lehrerdenkens, zur Anleitung bzw. zum Coaching für das Unterrichten (siehe Janík et al., 2009).

Die beiden erläuterten Lernsettings, nämlich Lerngemeinschaften im face-to-face setting oder in internetgestützten Onlineforen und Seminareinheiten integriert in ein Semester, lassen sich diesen unterschiedlichen Verwendungszwecken von Videos gut zuordnen. Videos, die nach der rule-example-Strategie in Seminareinheiten eingesetzt wurden (siehe Gold et al., 2013), dienten vornehmlich der Veranschaulichung von Unterrichtspraxis und der Anleitung für das Unterrichten. Bei der Etablierung von Lerngemeinschaften (siehe van Es, 2012), in welchen gemeinsame Videoanalysen und Diskussionen darüber im Vordergrund standen, wurden Videos eher als Medium zur Förderung des Lehrerdenkens (vgl. Grossman, Wineburg, & Woolworth, 2001) und zum Coaching für das Unterrichten genutzt. Solche Lerngemeinschaften gewährleisteten unter anderem vor allem eine vertiefte Analyse, da mehrere Personen beteiligt waren (Ball & Cohen, 1999).

Situiertes Lernen, welches gerade beim Erwerb von Kompetenzen besonders wichtig ist, wird durch den Einsatz von Videos ermöglicht, welche die Unterrichtspraxis abbilden (vgl. Reusser, 2005). Auch Lerngemeinschaften entsprechen dem situierten Lernansatz, da hier beispielsweise eine gemeinsame Sprache zur Beurteilung von Unterrichtsgeschehen entwickelt wird (vgl. Lave & Wenger, 1991). Scaffolding, welches vor allem bei der rule-example-Strategie gewährleistet ist, spielt auch bei solchen Lerngemeinschaften eine wichtige Rolle (Van Es, 2010). Scaffolding durch die Lernbegleiter ist vor allem am Anfang in einer Lerngemeinschaft wichtig (Van Es, 2010), aber auch gerade bei unerfahrenen Lehrkräften wie Lehramtsstudierenden wird eine direktere Anleitung am Anfang empfohlen (Korthagen & Kessels, 1999).

2.4   Diskussion

Im Folgenden werden die beiden Teilkapitel jeweils kritisch zusammengefasst, bevor ein allgemeines Fazit gezogen wird.

Die Studien, die sich mit videobasierten Verfahren zur Testung von Lehrerkompetenzen beschäftigen, wurden in diesem Kapitel in verschiedene Bereiche mit unterschiedlichem Fokus eingeteilt. Es wurden Studien vorgestellt, die sich mit der Nutzung von Videoportfolios beschäftigen, die sich mit der Entwicklung standardisierter Testinstrumente befassen, die Zusammenhänge von verschiedenen Kompetenzen/Kompetenzebenen messen, und zuletzt Studien, die sich mit der Testung verschiedener Stichproben beschäftigen.

Die Nutzung von Videoportfolios ist vor allem als kritisch zu bewerten, weil Videoportfolios sehr zeitaufwändig sind und von den Teilnehmenden nur mit Unterstützung (z. B. in Form von Supervisionen durch Dozenten oder Mitstudierenden) erstellt werden können (Bannink, 2009). Dadurch liegt der Fokus stark auf dem individuellen Lernen einzelner Teilnehmenden. Eine weitere Schwäche ist, dass die Testung von Kompetenzen entweder ineffizient oder wenig standardisiert ist. Es sollte in diesem Zusammenhang weitere Studien zu Auswertungsverfahren und Kodiersystemen durchgeführt werden (wie z. B. Bakker et al., 2011). Einen vielversprechenden Ansatz für ein standardisiertes Assessmenttool liefern Wiens et al (2013) mit dem Video Assessment of Interactions and Learning (VAIL) und Blomberg et al. (2011b) mit dem Observer-Tool. Bei diesen Tools sollte die Auswertung hinterfragt werden. Es ist z. B. unklar, inwieweit Experten (aus dem Forschungskontext) tatsächlich valide Aussagen über gute und schlechte Lösungen geben können.

Generell ist anzumerken, dass der Bezug zum tatsächlichen Handeln im Klassenzimmer häufig nicht thematisiert wird. So werden zwar Kompetenzen mit videobasierten Verfahren erhoben, es bleibt jedoch weitgehend unklar, ob diese Messung prädiktiv valide ist, also tatsächliches Verhalten vorhergesagt werden kann (für eine Ausnahme siehe Kersting et al., 2009). Es sollten demnach standardisierte Messungen von Wissen oder Kompetenzen auf verschiedenen Ebenen miteinander in Zusammenhang gebracht werden, statt einzeln betrachtet werden. So wäre es interessant, konkrete Aussagen darüber treffen zu können, inwiefern deklaratives Wissen (z. B. an der Universität gelerntes theoretisches Wissen) in Zusammenhang mit konditionalem Wissen (mithilfe situierter videobasierter Testungen) und im Endeffekt auch mit tatsächlichem Verhalten beim Unterrichten steht.

Ebenso sind auch einige kritische Aspekte bei den Studien zu Videos als Trainingsinstrumente anzumerken.

Die hier berichteten Lerngemeinschaften und Trainingseinheiten stellten sich als sehr effektiv heraus hinsichtlich der Förderung der professionellen Wahrnehmung von Unterrichtsgeschehen. Anzumerken ist jedoch, dass die Studien zu Lerngemeinschaften eine recht kleine Teilnehmerzahl aufwiesen und auch teils nur qualitative Auswertungen stattfanden wie subjektive Einschätzungen des Lernsettings durch die Teilnehmenden (bspw. Biaggi et al., 2013). Die Videostudien zu Trainings als Seminareinheiten hingegen gewährleisteten ein experimentelles Design und größere Stichproben. In vielen Studien kann jedoch nichts über das tatsächliche Verhalten der (angehenden) Lehrkräfte im Klassenzimmer ausgesagt werden. Transfereffekte solcher Lernsettings sollten daher in zukünftigen videobasierten Studien vermehrt untersucht werden (vgl. van Es & Sherin, 2008).

Zu beachten ist jedoch auch, dass die hier vorgestellten Lernsettings über recht lange Zeiträume etabliert wurden. Die herkömmlichen Lerngemeinschaften tagten mindestens ein Schuljahr (siehe van Es, 2012; Zhang et al., 2011), internetbasierte Lerngemeinschaften fanden über drei Wochen statt (siehe Koc et al., 2009) und die Trainings in Seminareinheiten liefen über ein Semester (siehe Gold et al., 2013; Seidel et al., 2013). Ökonomischere Trainings von nur einem Tag oder Online-Lernumgebungen von ein paar Stunden gerade in der universitären Lehrerausbildung wären zusätzlich wünschenswert, da somit eine breitere Masse angehender Lehrkräften erfasst werden könnte.

Bei den Lerngemeinschaften stellt sich die Frage, wie realistisch die Etablierung solcher Lerngemeinschaften im Schulalltag ist. Es gibt durchaus kritische Stimmen, die die Entwicklung solcher Lerngemeinschaften als schwierig und zeitaufwändig ansehen (Grossman et al., 2001). Außerdem ist zu beachten, dass Lehrkräfte sich möglicherweise ungern auf Diskussionen einlassen möchten, die auch ihre Lehre kritisch hinterfragen könnten (Grossman et al., 2001).

Nach getrennter Beurteilung von Videos als Test- versus Trainingsinstrumente zeigt sich der Bedarf an integrativen Studien, die eine systematische video-basierte Testung mit einem systematischen video-basierten Training kombinieren und zudem den Transfer auf das Verhalten von Lehrkräften untersuchen. Um Transfereffekte zu gewährleisten, sollte an der Effizienz und Standardisierung von videobasierten Testinstrumenten gearbeitet werden. Des Weiteren sind Rahmenbedingungen notwendig, um die fortlaufende Etablierung von Trainings und Lerngemeinschaften in der Praxis zu ermöglichen

(z. B. zeitliche, materielle, finanzielle und motivationale Unterstützung; vgl. Fishman, Marx, Best, & Tal, 2003). Weiterer Forschungsbedarf wird in der inhaltlichen Ausweitung gesehen. Die meisten Studien befassen sich mit der professionellen Unterrichtswahrnehmung in Bezug auf classroom management (bspw. Gold et al., 2013), Diagnose von Schülerfehlern und Schülerdenken sowie kognitiv-aktivierende Unterrichtsmethoden (bspw. Carpenter, Fennema, Peterson, Chiang, & Loef, 1989). Aber auch um die diagnostischen Kompetenz von Lehrkräften zu erfassen und zu fördern, kann man sich des Konzepts der professionellen Unterrichtswahrnehmung von van Es und Sherin (2002) bedienen. Es wird davon ausgegangen, dass eine Vorstufe von gutem Unterrichten das Erkennen effektiver Unterrichtsstrategien und lernförderlichen Schülerverhaltens ist (van Es & Sherin, 2002, 2006; Pianta & Hambre, 2009). Eine Möglichkeit ist es also, die professionelle Unterrichtswahrnehmung auf den spezifischen Bereich der diagnostischen Kompetenz zu beschränken. Durch das Erfassen der professionellen Wahrnehmung bezogen auf diagnostische Kompetenz ist es dann zum einen möglich, die aktuelle Kompetenzausprägung zu erfassen und ggf. Probleme, Wissenslücken und Fehlkonzepte zu analysieren (bspw. Altmann et al., 2016). Zum anderen können Veränderungen der Kompetenz, die z. B. durch ein Training erwartet werden, sichtbar gemacht werden (bspw. Kändler et al., 2016).

2.5   Literatur

Admiraal, W., Hoeksma, M., van de Kamp, M.-T., & van Duin, G. (2011). Assessment of teacher competence using video portfolios: Reliability, construct validity, and consequential validity. *Teaching and Teacher Education, 27*(6), 1019–1028. doi:10.1016/j.tate.2011.04.002

Altmann, A. F., Herppich, S., Wittwer, W., & Nückles, M. (2016). Rose-colored glasses or red pen? Preservice and inservice teachers' interpretation of formative assessment strategies in a teacher-student-dialogue. *Manuscript submitted for publication.*

Bakker, M. E. J., Roelofs, E. C., Beijaard, D., Sanders, P. F., Tigelaar, D. E. H., & Verloop, N. (2011). Video portfolios. *Studies in Educational Evaluation, 37*(2-3), 123–133. doi:10.1016/j.stueduc.2011.04.007

Ball, D. L. & Cohen, D. K. (1999). Developing practice, developing practitioners: Toward a practice-based theory of professional education. In G. Sykes, & L. Darling-Hammond (Eds.), *Teaching as the learning profession: Handbook of policy and practice* (pp. 3-32). San Francisco: Jossey Bass.

Bannink, A. (2009). How to capture growth? – Video narratives as an instrument for assessment in teacher education. *Teaching and Teacher Education, 25*(2), 244–250. doi:10.1016/j.tate.2008.11.009

Beck, E., Baer, M., Guldimann, T., Bischoff, S., Brühwiler, C., Müller, P., & Vogt, F. (2008). *Adaptive Lehrkompetenz. Analyse und Struktur, Veränderung und Wirkung handlungssteuernden Lehrerwissens.* (D. H. Rost, Ed.). Münster: Waxmann. Retrieved from http://books.google.com/books?hl=en&lr=&id=VVKKAwAAQBAJ&oi=fnd&pg=PP1&dq=Adaptive+Lehrkompetenz&ots=cHqSXMGdAm&sig=Z4Nu5IQtIl-8YRMT0I7Osr5JrDQ

Bereiter, C., & Scardamalia, M. (1985). Cognitive coping strategies and the problem of „inert knowledge". In S. F. Chipman, J. W. Segal, & R. Glaser (Eds.), *Thinking and learning skills: Research and open questions* (*Vol. 2*, pp. 65-80). Hillsdale, NJ: Lawrence Erlbaum Associates.

Berliner, D. C. (1991). Perceptions of student behavior as a function of expertise. *Journal of Classroom Interaction, 26*(1), 1-8.

Biaggi, S., Krammer, K. & Hugener, I. (2013). Vorgehen zur Förderung der Analysekompetenz in der Lehrerbildung mit Hilfe von Unterrichtsvideos – Erfahrungen aus dem ersten Studienjahr. *SEMINAR, 19* (2), 26-34.

Blomberg, G., Stürmer, K., & Seidel, T. (2011a). How pre-service teachers observe teaching on video: Effects of viewers' teaching subjects and the subject of the video. *Teaching and Teacher Education, 27*(7), 1131–1140. doi:10.1016/j.tate.2011.04.008

Blomberg, G., Stürmer, K., & Seidel, T. (2011b). How pre-service teachers observe teaching on video: Effects of viewers' teaching subjects and the subject of the video. *Teaching and Teacher Education, 27*(7), 1131–1140. doi:10.1016/j.tate.2011.04.008

Blomberg, G., Renkl, A., Sherin, M. G., Borko, H., & Seidel, T. (2013). Five research-based heuristics for using video in pre-service teacher education. *Journal for Educational Research Online, 5*(1), 90–114.

Blomberg, G., Stürmer, K., & Seidel, T. (2011). How pre-service teachers observe teaching on video: Effects of viewers' teaching subjects and the subject of the video. *Teaching and Teacher Education, 27*(7), 1131-1140.

Borko, H. (2004). Professional Development and Teacher Learning: Mapping the Terrain. *Educational Researcher, 33*(8), 3-15.

Borko, H., Jacobs, J., Eiteljorg, E., & Pittman, M. E. (2008). Video as a tool for fostering productive discussions in mathematics professional development. *Teaching and Teacher Education, 24*(2), 417-436.

Brouwer, N. (April 2011). *Imaging teacher learning: A literature review on the use of digital video for preservice teacher education and professional development.* Paper presented at the annual meeting of the American educational research association, New Orleans.

Brophy, J. (Ed.) (2004). *Advances in research on teaching: Using video in teacher education* (Vol. 10). Oxford, UK: Elsevier.

Butler, M., Lee, S., & Tippins, D. (2006). Case-based methodology as an instructional strategy for understanding diversity: Preservice teachers' perceptions. *Multicultural Education, 13*(3), 20-6.

Carpenter, T. P., Fennema, E., Peterson, P. L., Chiang, C. P., & Loef, M. (1989). Using knowledge of children's mathematics thinking in classroom teaching. An experimental study. *American Educational Research Journal, 4*, 499-531.

Chi, M. T. H. (1996). Constructing self-explanations and scaffolded explanations in tutoring. *Applied Cognitive Psychology, 10*(7), 33–49. Retrieved from http://doi.wiley.com/10.1002/(SICI)1099-0720(199611)10:7<33::AID-ACP436>3.0.CO;2-E

Chi, M. T. H., Siler, S. A., Jeong, H., Yamauchi, T., & Hausmann, R. (2001). Learning from human tutoring. *Cognitive Science, 25*(4), 471–533. Retrieved from http://www.sciencedirect.com/science/article/pii/S0364021301000441

Clarke, D. J., Mesiti, C., O'Keefe, C., Xu, L. H., Jablonka, E., & Mok, I. A. C. (2008). Addressing the challenge of legitimate international comparisons of classroom practice. *International Journal of Educational Research, 46*(5), 280-293.doi:10.1016/j.ijer.2007.10.009

Darling-Hammond, L. (2006). Assessing teacher education: The usefulness of multiple measures for assessing program outcomes. *Journal of Teacher Education, 57*(2), 120-138.

Elliott, R., & Kazemi, E. (2007, October). Researching mathematics leader learning: Investigating the mediation of math knowledge for teaching on leaders' collective work in mathematics. In T. de Silva Lamberg, & L. R. Wiest (Eds.), *Proceedings of the twenty ninth annual meeting North American chapter of the International Group of the Psychology of Mathematics Education.* Lake Tahoe, NV: University of Nevada, Reno.

Fishman, B. J., Marx, R. W., Best, S., & Tal, R. T. (2003). Linking teacher and student learning to improve professional development in systemic reform. *Teaching and Teacher Education, 19*, 643-658.

Gold, B., Förster, S., & Holodynski, M. (2013). Evaluation eines videobasierten Trainingsseminars zur Förderung der professionellen Wahrnehmung von Klassenführung im Grundschulunterricht. *Zeitschrift für Pädagogische Psychologie, 27*(3), 141-155.

Goodwin, C. (1994). Professional vision. *American Anthropologist, 96*(3), 606-633.

Greeno, J. G. (2003). Situative research relevant to standards for school mathematics. In J. Kilpatrick, W. G. Martin, & D. Schifter (Eds.), *A research companion to Principles and Standards for School mathematics* (pp. 304-332). Reston, VA: National Council of Teachers of Mathematics.

Grossman, P., Wineburg, S., & Woolworth, S. (2001). Toward a theory of teacher community. *Teachers College Record, 103*(6), 942-1012.

Hellmann, K., & Nückles, M. (2013). Expert blind spot in pre-service and in-service mathematics teachers: Task design moderates overestimation of novices' performance. In M. Knauff, M. Pauen, N.Sebanz, & I. Wachsmuth (Eds.), *Proceedings of the 35th Annual Conference of the Cognitive Science Society* (pp. 2518-2523). Austin, TX: Cognitive Science Society.

Helmke, A. (2009). *Unterrichtsqualität und Lehrerprofessionalität: Diagnose, Evaluation und Verbesserung des Unterrichts.* Seelze-Velber: Kallmeyer.

Helmke, A., Hosenfeld, I., & Schrader, F.-W. (2004). Vergleichsarbeiten als Instrument zur Verbesserung der Diagnosekompetenz von Lehrkräften. In R. Arnold & C. Griese (Eds.), *Schulleitung und Schulentwicklung* (pp. 119-144). Hohengehren: Schneider.

Helmke, T., Helmke, A., Schrader, F.-W., Wagner, W., Nold, G., & Schröder, K. (2008). Die Videostudie des Englischunterrichts. In DESI-Konsortium (Ed.), *Unterricht und Kompetenzerwerb in Deutsch und Englisch. Ergebnisse der DESI-Studie.* (pp. 345–363). Weinheim: Beltz.

Herppich, S., Wittwer, J., Nückles, M., & Renkl, A. (2014). Addressing Knowledge Deficits in Tutoring and the Role of Teaching Experience: Benefits for Learning and Summative Assessment. *Journal of Educational Psychology, 106*(2), 1–12. doi:10.1037/a0036076

Janík, T., Janikova, M., Knecht, P., Kubiatko, M., Najvar, P., Najvarová, V., & Sebestová, S. (2009). Exploring different ways of using video in teaching education: Examples from CPV video web. In T., Janik, & T., Seidel (Hrsg.), *The power of video studies in investigating teaching and learning in the classroom* (S. 207-224). Münster, Westf: Waxmann.

Jay, J. (2004). Variations on the use of cases in social work and teacher education. *Journal of Curriculum Studies, 36*(1), 35-52.

Kaendler, C., Wiedmann, M., Leuders, T., Rummel, N., & Spada, H. (2016). Monitoring student interaction during collaborative learning: Design and evaluation of a training program for per-service teachers. *Manuscript accepted for publication.*

Kersting, N. (2008). Using Video Clips of Mathematics Classroom Instruction as Item Prompts to Measure Teachers' Knowledge of Teaching Mathematics. *Educational and Psychological Measurement, 68*(5), 845–861. doi:10.1177/0013164407313369

Kersting, N. B., Givvin, K. B., Sotelo, F. L., & Stigler, J. W. (2009). Teachers' analyses of classroom video predict student learning of mathematics: Further explorations of a novel measure of teacher knowledge. *Journal of Teacher Education, 61*(1-2), 172–181. doi:10.1177/0022487109347875

Kersting, N. B., Givvin, K. B., Thompson, B. J., Santagata, R., & Stigler, J. W. (2012). Measuring Usable Knowledge: Teachers' Analyses of Mathematics Classroom Videos Predict Teaching Quality and Student Learning. *American Educational Research Journal, 49*(3), 568–589. doi:10.3102/0002831212437853

Kleinknecht, M., & Schneider, J. (2013). What do teachers think and how do they feel when they analyze videos of themselves teaching and of other teachers teaching? *Teaching and Teacher Education, 33*, 13-23. http://dx.doi.org/10.1016/j.tate.2013.02.002

Klieme, E., & Hartig, J. (2008). Kompetenzkonzepte in den Sozialwissenschaften und im erziehungswissenschaftlichen Diskurs. In M. Prenzel, I. Gogolin, & H.-H. Krüger (Hrsg.), *Kompetenzdiagnostik, Zeitschrift für Erziehungswissenschaft – Sonderheft, Band 8/2007* (S. 11-29). Wiesbaden: VS Verlag für Sozialwissenschaften.

Klieme, E., & Leutner, D. (2006). Kompetenzmodelle zur Erfassung individueller Lernergebnisse und zur Bilanzierung von Bildungsprozessen: Beschreibung eines neu eingerichteten Schwerpunktprogramms der DFG [Competency models for measuring individual learning and for evaluating education processes: description of a newly-established Priority Program of the DFG]. *Zeitschrift für Pädagogik, 52*(6), 876-903.

Knievel, I., Lindmeier, A., & Heinze, A. (2014). Erfassung aktionsbezogener Kompetenzen von Mathematiklehrkräften in der Grundschule mit videobasierten Items. In J. Roth & J. Ames (Eds.), *Beiträge zum Mathematikunterricht 2014* (Vol. 2014, pp. 623–626). Münster: WTM-Vertag.

Koc, Y., Peker, D., & Osmanoglu, A. (2009). Supporting teacher professional development through online video case study discussions: An assemblage of preservice and inservice teachers and the case teacher. *Teaching and Teacher Education, 25*(8), 1158-1168.

Koehler, M. J., Yadav, A., Phillips, M. M., & Cavazos-Kottke, S. C. (2005). What is video good for? Examining how media and story genre interact. *Journal of Educational Multimedia and Hypermedia, 14*(3), 249e272.

Koeppen, K., Hartig, J., Klieme, E., & Leutner, D. (2008). Current issues in competence modeling and assessment. *Zeitschrift Für Psychologie/Journal of Psychology, 216*(2), 61–73. doi:10.1027/0044-3409.216.2.61

Korthagen, F. A. J., & Kessels, J. P. A. M. (1999). Linking theory and practice: Changing the pedagogy of teacher education. *Educational Researcher, 28*(4), 4-17.

König, J., Blömeke, S., Klein, P., Suhl, U., Busse, A., & Kaiser, G. (2014). Is teachers' general pedagogical knowledge a premise for noticing and interpreting classroom situations? A video-based assessment approach. *Teaching and Teacher Education, 38*, 76–88. doi:10.1016/j.tate.2013.11.004

König, J., Blomeke, S., Paine, L., Schmidt, W. H., & Hsieh, F.-J. (2011). General Pedagogical Knowledge of Future Middle School Teachers: On the Complex Ecology of Teacher Education in the United States, Germany, and Taiwan. *Journal of Teacher Education, 62*(2), 188–201. doi:10.1177/0022487110388664

Krammer, K., Hugener, I. & Biaggi, S. (2012). Unterrichtsvideos als Medium des beruflichen Lernens in der Lehrerinnen- und Lehrerbildung – Formen und Erfahrungen. *Beiträge zur Lehrerbildung*, 261-272.

Krammer, K., Schnetzler, C.L., Ratzka, N., Reusser, K., Pauli, C., Lipowsky, F., & Klieme, E. (2008). Lernen mit Unterrichtsvideos: Konzeption und Ergebnisse eines netzgestützten Weiterbildungsprojekts mit Mathematiklehrpersonen aus Deutschland und der Schweiz. *Beiträge zur Lehrerbildung, 26*(2), 178-197.

Kucan, L., Palincsar, A. S., Khasnabis, D., & Chang, C.-I. (2009). The Video Viewing Task: A source of information for assessing and addressing teacher understanding of text-based discussion. *Teaching and Teacher Education, 25*(3), 415–423. doi:10.1016/j.tate.2008.09.003

Kunter, M., Baumert, J., Blum, W., Klusmann, U., Krauss, S., Neubrand, M., & SpringerLink. (2013). *Cognitive Activation in the Mathematics Classroom and Professional Competence of Teachers Results from the COACTIV Project. Mathematics Teacher Education ;8* (p. VI, 378 p. 31 illus.). Springer US : Imprint: Springer. Langfeldt, H. P. (2006). *Psychologie für die Schule*. Beltz.

Lave, J., & Wenger, E. (1991). Situated learning: Legitimate peripheral participation. Cambridge, UK: Cambridge University Press.

Lindmeier, A. (2011). *Modeling and measuring knowledge and competencies of teachers. A threefold domain-specific structure model for Mathematics*. Münster: Waxmann.

Lundeberg, M. A. (1999). Discovering teaching and learning through cases. In M. A. Lundeberg, B. B. Levin, & H. L. Harrington (Eds.), *Who learns what from cases and how? The research base for teaching and learning with cases* (pp. 3-24). Mahwah, NJ: Lawrence Erlbaum Associates.

Masingila, J. O., & Doerr, H. M. (2002). Understanding pre-service teachers' emerging practices through their analyses of a multimedia case study of practice. *Journal of Mathematics Teacher Education, 5*, 235-263.

Mayo, J. A. (2002). Case-based instruction: A technique for increasing conceptual application in introductory psychology. *Journal of Constructivist Psychology, 15*(1), 65-74.

Mayo, J. A. (2004). Using case-based instruction to bridge the gap between theory and practice in psychology of adjustment. *Journal of Constructivist Psychology, 17*(2), 137-146.

Mumme, J., & Seago, N. (2003, April). *Examining teachers' development in representing and conceptualizing linear relationships within teaching practice.* Paper presented at the American Educational Research Association, Chicago.

Nelson, T. H. (2009). Teachers' collaborative inquiry and professional growth: Should we be optimistic? *Science Education, 93*, 548-580.

Oser, F., Heinzer, S. & Salzmann, P. (2010). Die Messung der Qualität von professionellen Kompetenzprofilen von Lehrpersonen mit Hilfe der Einschätzung von Filmvignetten. Chancen und Grenzen des advokatorischen Ansatzes. *Unterrichtswissenschaft, 38*(1), 5-28.

Pianta, R. C., & Hambre, B. K. (2009). Conceptualization, measurement, and improvement of classroom processes: standardized observation can leverage capacity. *Educational Researcher, 38*(2), 109–119. doi:10.3102/0013189X09332374

Putnam, R. (1987). Structuring and adjusting content for students: A study of live and simulated tutoring of addition. *American Educational Research Journal, 24*(1), 13–48. Retrieved from http://aer.sagepub.com/content/24/1/13.short

Reeve, J. (2009). Why Teachers Adopt a Controlling Motivating Style Toward Students and How They Can Become More Autonomy Supportive. *Educational Psychologist, 44*(3), 159–175. doi:10.1080/00461520903028990

Renkl, A., Mandl, H., & Gruber, H. (1996). Inert knowledge: Analyses and remedies. *Educational Psychologist, 31*, 115-121.

Reusser, K. (2005). Situiertes Lernen mit Unterrichtsvideos. *Journal für Lehrerinnen- und Lehrerbildung, 2*, 8-18.

Roscoe, R. D., & Chi, M. T. H. (2007). Understanding Tutor Learning: Knowledge-Building and Knowledge-Telling in Peer Tutors' Explanations and Questions. *Review of Educational Research, 77*(4), 534–574. doi:10.3102/0034654307309920

Ruiz-Primo, M. A. (2011). Informal formative assessment: The role of instructional dialogues in assessing students' learning. *Studies in Educational Evaluation, 37*(1), 15–24. doi:10.1016/j.stueduc.2011.04.003

Sabers, D. S., Cushing, K. S., & Berliner, D. C. (1991). Difference among teachers in a task characterized by simultaneity, multidimensionality, and immediacy. *American Educational Research Journal, 28*(1), 63-88.

Santagata, R., & Guarino, J. (2011). Using video to teach future teachers to learn from teaching. *ZDM Mathematics Education, 43*(1), 133-145.

Santagata, R., Zannoni, C., & Stigler, J. (2007). The role of lesson analysis in preservice teacher education: An empirical investigation of teacher learning from a virtual video-based field experience. *Journal of Mathematics Teacher Education, 10*(2), 123-140. Retrieved from http://dx.doi.org/10.1007/s10857-007-9029-9

Seidel, T., Blomberg, G., & Renkl, A. (2013). Instructional strategies for using video in teacher education. *Teaching and Teacher Education, 34*, 56-65.

Seidel, T., Prenzel, M., Schwindt, K., Stürmer, K., Blomberg, G., & Kobarg, M. (2009). LUV and observe: Two projects using video to diagnose teachers' competence. In T. Janík & T. Seidel (Eds.), *The power of video studies in investigating teaching and learning in the classroom* (pp. 243–258). Münster: Waxman. Retrieved from http://books.google.de/books?hl=de&lr=&id=pbUTAQAAQBAJ&oi=fnd&pg=PA8&dq=the+power+of+video+studies&ots=fYIqjQ7NXR&sig=Mjzq0OPbJ6fwe7u3TH1IrUcUJho

Seidel, T., Stürmer, K., Blomberg, G., Kobarg, M., & Schwindt, K. (2011). Teacher learning from analysis of videotaped classroom situations. Does it make a difference whether teachers observe their own teaching or that of others? *Teaching and Teacher Education, 27*(2), 259-267.

Sherin, M. G. (2001). Developing a professional vision of classroom events. In T. Wood, B. S. Nelson, & J. Warfield (Eds.), *Beyond classical pedagogy: Teaching elementary school mathematics* (pp. 75-93). Hillsdale, NJ: Erlbaum.

Sherin, M. G. (2002). When teaching becomes learning. *Cognition and Instruction, 20*(2), 119-150. doi:10.1207/S1532690XCI2002_1.

Shulman, L. S. (1986). Those who understand: Knowledge growth in teaching. *Educational Researcher 15*(2), 4-14.

Shulman, L. S. (1992). Toward a pedagogy of cases. In J. H. Shulman (Ed.), *Case methods in teacher education* (pp. 1-30). New York & London: Teachers College Press.

Spinath, B. (2005). Akkuratheit der Einschätzung von Schülermerkmalen durch Lehrer und das Konstrukt der diagnostischen Kompetenz. *Zeitschrift Für Pädagogische Psychologie, 19*(1-2), 85–95. doi:10.1024/1010-0652.19.1.85

Tillema, H., & Smith, K. (2007). Portfolio appraisal: In search of criteria. *Teaching and Teacher Education, 23*(4), 442-456. doi: 10.1016/j.tate.2006.12.005

Tribelhorn, T. (2007). Situiertes Lernen in der Weiterbildung. Konzeption praxis- und problemorientierter Kurse für Hochschullehrende. In S. Wehr, & H. Ertel (Hrsg.), *Aufbruch in der Hochschullehre. Kompetenzen und Lernende im Zentrum. Beiträge aus der hochschuldidaktischen Praxis* (S. 31-75). Bern: Haupt Verlag.

Tripp, T. R., & Rich, P. J. (2012). The influence of video analysis on the process of teacher change. *Teaching and Teacher Education, 28*(5), 728-739.

Van Es, E. A. (2010). A framework for facilitating productive discussions in video clubs. *Educational Technology Magazine, L*(1), 8-12.

Van Es, E. A. (2012). Examining the development of a teacher learning community: The case of a video club. *Teaching and Teacher Education, 28*(2), 182-192.

Van Es, E. A., & Sherin, M. G. (2002). Learning to notice: Scaffolding new teachers' interpretations of classroom interactions. *Journal of Technology and Teacher Education, 10*(4), 571–596.

Van Es, E. A., & Sherin, M. G. (2008). Mathematics teachers „learning to notice" in the context of a video club. *Teaching and Teacher Education, 24*(2), 244-276.

Wahl, D. (1995). Grundkonzeption. In D. Wahl, W. Wölfing, G. Rapp & D. Heger (Hrsg.), *Erwachsenenbildung konkretes mehrphasiges Dozententraining. Eine neue Form erwachsendidaktischer Ausbildung von Referenten und Dozenten* (4. Aufl., S. 58-103). Weinheim: Dt. Studien-Verlag.

Weinert, F. E. (1996). Lerntheorien und Instruktionsmodelle. In F. E. Weinert (Hrsg.), *Enzyklopädie der Psychologie, Bd. 2. Psychologie des Lernens und der Instruktion* (S. 1–48). Göttingen: Hogrefe.

Weinert, F. E. (2001). Concept of competence: A conceptual clarification. In D. S. Rychen & L. H. Salga, (Eds.), *Defining and selecting key competencies* (pp. 45–65). Seattle: Hogrefe & Huber Publishing.

Wiens, P. D., Hessberg, K., LoCasale-Crouch, J., & DeCoster, J. (2013). Using a standardized video-based assessment in a university teacher education program to examine preservice teachers knowledge related to effective teaching. *Teaching and Teacher Education, 33*, 24–33. doi:10.1016/j.tate.2013.01.010

Zhang, M., Lundeberg, M. A., Koehler, M. J., & Eberhardt, J. (2011). Understanding affordances and challenges of three types of video for teacher professional development. *Teaching and Teacher Education, 27*(2), 454-462.

Gendersterotype bei Lehrkräften: Ein Review

3

Miriam Nürnberger, Pädagogische Hochschule Freiburg
Josef Nerb, Pädagogische Hochschule Freiburg

Zusammenfassung

Trotz des in den letzten Jahrzehnten zunehmenden Engagements von Frauen im Bereich der Mathematik, Informatik, Naturwissenschaften und Technik bleiben Geschlechtsunterschiede beim Interesse und der Berufs- und Studienwahlen bestehen. Die zahlreichen Theorien über die Ursachen dieser Geschlechtsunterschiede lassen sich in den meisten Fällen entweder in einer biologischen oder in einer soziokulturellen Position verorten. Insbesondere wurde auch der Einfluss von sogenannten Sozialisationsinstanzen, wie der Lehrkräfte, vielfach diskutiert. Im vorliegenden Literaturüberblick werden zunächst Leistungs-, Interessens- und Motivationsdisparitäten zwischen Schülerinnen und Schülern in der Mathematik skizziert und Befunde zu vorhandenen Gendersterotypen, stereotypen Erwartungen und stereotypem Verhalten der Lehrkräfte erörtert. Des Weiteren wird die Rolle von impliziten Gendersterotypen erörtert und mögliche Mechanismen der Übertragung von Stereotypen dargestellt.

Die Leistungsentwicklung von Mädchen im Fach Mathematik zeichnet sich durch einen langsamen, aber kontinuierlichen Leistungsabfall aus (Tiedemann, 1995). So kommt es bereits am Ende der Grundschule zu Leistungsvorsprüngen der Jungen, die sich im Laufe der Schulzeit ausbauen (Budde, 2009). Die Ansätze zur Erklärung der Geschlechtsunterschiede in der Mathematik und den Naturwissenschaften reichen von biologisch begründete Theorien (z. B. Gur et al., 1999) bis zur Annahme, dass fehlende Rollenmodelle ursächlich seien (McIntyre et al., 2005). Insbesondere steht auch der Einfluss von sogenannten Sozialisationsinstanzen, wie den Lehrkräften, im Fokus der Forschung. So wurden seit der oft diskutierten Studie von Rosenthal & Jacobson (1968) zum Pygmalion-Effekt stereotype Erwartungen von Lehrkräften und deren Einfluss auf Schülerleis-

© Springer Fachmedien Wiesbaden GmbH, ein Teil von Springer Nature 2019
T. Leuders et al. (Hrsg.), *Pädagogische Professionalität in Mathematik und Naturwissenschaften*, https://doi.org/10.1007/978-3-658-08644-2_3

tungen vielfach untersucht. Im Folgenden werden Leistungs-, Interessens- und Motivationsdisparitäten zwischen Schülerinnen und Schülern in der Mathematik skizziert und Befunde zu vorhandenen Genderstereotypen, stereotypen Erwartungen und stereotypem Verhalten der Lehrkräfte diskutiert. Des Weiteren werden die Rolle von impliziten Genderstereotypen erörtert und mögliche Mechanismen der Übertragung von Stereotypen dargestellt.

3.1   Leistungs, Interessens- und Motivationsdisparitäten zwischen Schülerinnen und Schülern

In den letzten Jahrzehnten haben sich das Interesse und das Engagement von Mädchen und Frauen im Bereich der Mathematik, Informatik, Naturwissenschaften und Technik (MINT) rasant verändert. Vor 40 Jahren erwarben Frauen in Deutschland nur 4,5 % der Abschlüsse in den Ingenieurwissenschaften, 0,9 % der Abschlüsse in Elektrotechnik und 3,8 % der Abschlüsse in Maschinenbau. 2012 hingegen gingen rund 20 % der Abschlüsse in den Ingenieurwissenschaften und in Maschinenbau und fast 10 % der Abschlüsse in Elektrotechnik an Frauen. Der Prozentanteil der Abschlüsse in der Mathematik (Master/Diplom), der von Frauen erworben wird, liegt relativ stabil zwischen 35 % und 40 % (Kompetenzzentrum Technik-Diversity-Chancengleichheit e. V., 2014). Auch die Situation in anderen Ländern ist sehr ähnlich: 2006 erhielten Frauen in den USA 20 % der Bachelorabschlüsse in Maschinenbau und fast 50 % der Bachelorabschlüsse in der Mathematik (Hill, Corbett, & St. Rose, 2010).

Trotz dieser erhöhten Beteiligung von Frauen im MINT-Bereich bleiben Geschlechtsunterschiede in den Berufs- und Studienwahlen bestehen. So wählen nach wie vor weniger Frauen (ungefähr ein Sechstel in Deutschland; Ramm & Bargel, 2005) mathematikintensive Fächer, wie Ingenieurwissenschaften oder Informatik, und werden zudem auch weniger häufig als Männer in dem entsprechenden Bereich eingestellt (Moss-Racusin, Dovidio, Brescoll, Graham, & Handelsman, 2012). Gemessen an der Anzahl der Promotionen, sind Frauen sowohl in den USA als auch in Deutschland besonders unterrepräsentiert, was die Ernennung von MINT-Professuren angeht (Ceci, Williams, & Barnett, 2009; Schraudner & Best, 2014).

Leistungs-, Interessens- und Motivationsdisparitäten in der Mathematik und den Naturwissenschaften sind in Deutschland bereits zwischen Schülerinnen und Schülern gut dokumentiert (z. B. Budde, 2008). Leistungsdisparitäten gibt es im Fach Deutsch (und in den meisten anderen Fächern) zu Gunsten der Mädchen, ab der Sekundarstufe I jedoch – und dann sogar zunehmend – im Bereich Mathematik und Naturwissenschaften zu Gunsten von Jungen. Innerhalb der Naturwissenschaften sind zudem fachspezifische Unterschiede belegt: In Physik und Chemie, nicht aber in der Biologie, finden sich Leistungsvorteile für Jungen.

Wenn man den Entwicklungsverlauf der Geschlechtsunterschiede in der Mathematikleistung betrachtet, kann man bei Mädchen im Vergleich zu Jungen einen langsamen, aber kontinuierlichen Leistungsabfall beobachten (Tiedemann, 1995). Im Großteil der Studien finden sich beim Eintritt in die Grundschule keine Unterschiede zwischen Mädchen und Jungen oder es wird sogar von Leistungsvorsprüngen der Mädchen berichtet (Tiedemann, 1995; Tiedemann & Faber, 1994). Eine Ausnahme bildet beim Eintritt in die Grundschule das räumlich Vorstellungsvermögen: Stumpf und Klieme (1989) berichten von einem Vorsprung der Jungen zu Beginn der Grundschulzeit. Gegen Ende der Grundschulzeit zeigen Jungen dann deutlich bessere Leistungen in Mathematik (Walther, Schwippert, Lankes, & Stubbe, 2008). Das gilt auch für die weitere Schullaufbahn, was sich in der Oberstufe, insbesondere in den Mathematikleistungskursen, noch verstärkt. Einschränkend ist hier zu beachten, dass in den neuen Bundesländern keine Leistungsdifferenzen in der Oberstufe zu beobachten sind (Budde, 2009).

Länderübergreifend werden die Leistungsunterschiede zwischen Schülerinnen und Schülern allerdings als klein und von eigentlich geringer praktischer Relevanz beschrieben. In einer großangelegten Metaanalyse von Else-Quest, Hyde und Linn (2010) mit 493.495 Schülerinnen und Schülern aus 69 Ländern war entsprechend die mittlere Effektstärke der Leistungsdifferenzen sehr klein ($d < 0.15$), wohingegen die nationalen Effektstärken erheblich in ihrer Größe variierten ($ds = -0.42$ bis 0.40). Diese Variabilität der Effektstärken zwischen verschiedenen Ländern, sowie die allmähliche Zunahme von Engagements der Frauen im MINT-Bereich deuten auf die Bedeutsamkeit soziokultureller Faktoren für die geschlechterspezifischen Leistungsunterschiede hin.

Die Leistungsdisparitäten haben ihre Entsprechungen in fachlichen Interessen, Einstellungen, in Selbsterwartungen von Schülerinnen und Schülern, also den fachspezifischen Fähigkeitsselbstkonzepten (Hannover & Bettge, 1993), in der Attribution der eigenen Leistung und in wahrgenommenen Fremderwartungen (Dickhäuser & Stiensmeier-Pelster, 2003). So zeigten sich in der Metaanalyse von Else-Quest und Kollegen (2010), trotz der länderspezifischen Unterschiede bezüglich der Leistungsdifferenzen, sowohl in der TIMSS (Trends in International Mathematics and Science Study, 2003) als auch in der PISA Studie (2003), dass Jungen in nahezu allen Ländern eine positivere Einstellung zur Mathematik haben. Auch in einer früheren Metaanalyse von Hyde, Fennema, Ryan und Frost (1990) hatten Mädchen stärker negative Einstellungen gegenüber der Mathematik und mit zunehmendem Alter weniger Selbstvertrauen in ihr Leistungsvermögen.

Darüber hinaus zeigen Mädchen und Frauen ein ungünstiges Attributionsmuster bezüglich ihrer eigenen Leistung: Sie rechnen mathematische Erfolge seltener ihrer Begabung bzw. Misserfolge seltener fehlender Anstrengung zu, sondern führen Erfolge eher auf Anstrengung und Misserfolge tendenziell auf fehlende Begabung zurück (Burgner & Hewstone, 1993; Tiedemann, 2002). Diese geschlechtsspezifischen Einstellungen und Attributionsmuster treten sehr früh, d. h. schon vor der Grundschulzeit, auf: Jungen haben bereits im Vorschulalter eine positivere Einstellung zur Mathematik (Ambady, Shih, Kim, & Pittinsky, 2001; Cimpian, Arce, Markman, & Dweck, 2007). In der zweiten Klasse haben Jungen und Mädchen dann bereits die Vorstellung, dass Mathematik eher etwas für Jungen sei (Cvencek, Meltzoff, & Greenwald, 2011).

Lange Zeit wurde entsprechend berichtet, dass Jungen „natürlicherweise" besser in den Naturwissenschaften und der Mathematik sind. Die Ergebnisse von standardisierten Tests bei Grund- und Sekundarschülerinnen und -schülern in den USA aus den letzten Jahren zeigen jedoch, dass Mädchen und Jungen nun gleiche Leistungen erbringen (Hyde, Lindberg, Linn, Ellis, & Williams, 2008). Auch die Größe der Geschlechtsunterschiede variiert erheblich: In der Trends in International Mathematics and Science Study (TIMSS) von 2003 zeigten bspw. in sieben verschiedenen Nationen Mädchen bessere Leistungen, in fünf Nationen Jungen. (Gonzales et al., 2004).

Mögliche Ursachen für das unterschiedliche Interesse auf der einen Seite und das relativ ähnliche Leistungsvermögen in der Mathematik und den Naturwissenschaften auf der anderen Seite wurden daher vielfach in der Literatur diskutiert. Die Theorien über die Ursachen der Geschlechtsunterschiede befinden sich traditionellerweise überwiegend im Spannungsfeld zwischen „nature" und „nurture", d. h. entweder werden die Disparitäten primär dem Einfluss der Biologie oder dem Einfluss der Umwelt und der Sozialisation der Geschlechtsrolle zugeschrieben (vgl. Robinson & Lubienski, 2011).

Sie reichen von biologisch begründeten Theorien (z. B. Unterschiede bei der Morphologie des Gehirns (Gur et al., 1999) oder bei pränatalen Hormonen (Finegan, Niccols, & Sitarenios, 1992)) bis zu den Annahmen, dass fehlende Rollenmodelle (McIntyre et al., 2005) oder eine fehlende Passung zum Selbstkonzept (Hannover & Kessels, 2004) ursächlich seien. Auch das Unterschätzen der eigenen Erfolgswahrscheinlichkeit im MINT Bereich (z. B. Correll, 2001; Ehrlinger & Dunning, 2003; Sax, 1994) und der Glaube an die Unvereinbarkeit von einer Karriere im MINT-Bereich und von Kindererziehung (Ceci et al., 2009) wurden diskutiert.

Neben den genannten Faktoren ist v. a. auch der Einfluss von Lehrkräften Gegenstand jahrzehntelanger Forschung. Zahlreiche Befunde zeigen, dass Gendersstereotype von Lehrkräften die Selbstwahrnehmung, die Motivation und die Leistung von Schülerinnen und Schülern in Mathematik beeinflussen (vgl. Literaturüberblick von Gunderson, Ramirez, Levine & Beilock, 2011). Im Folgenden werden Befunde zu vorhandenen Genderstereotypen, stereotypen Erwartungen, Wahrnehmung und stereotypem Verhalten von Lehrkräften dargestellt.

3.2   Befunde zu Genderstereotypen und geschlechtsdifferenten Leistungserwartungen von Lehrkräften

Stereotype werden im Allgemeinen als Wissensstrukturen definiert, die für soziale Gruppen oder individuelle Mitglieder dieser Gruppen als typisch erachtete Merkmale enthalten (Stangor, 2009). Stereotype sind also die Charakteristika, die einem schnell in den Sinn kommen, wenn man an bestimmte Gruppen denkt. In einem Literaturüberblick zu

Erwartungen und Überzeugungen von Lehrkräften bezüglich Geschlecht und Mathematik zieht Li (1999) das Fazit, dass Lehrkräfte dazu neigen, Jungen gegenüber höhere Leistungserwartungen zu haben und Mathematik als männliche Domäne wahrzunehmen. Entsprechend konnte in etlichen Studien belegt werden, dass Lehrkräfte Leistungen von Jungen überschätzen und deren Leistungserfolge eher ihrer Fähigkeit oder ihrem Talent zuschreiben, wohingegen Leistungserfolge von Mädchen tendenziell durch Anstrengung erklärt werden (Fennema, Peterson, Carpenter, & Lubinski, 1990; Keller, 2001; Rustemeyer, 1999; Tiedemann, 2000a, 2000b, 2002).

Ursächlich für die geschlechtsspezifischen Erwartungen und Überzeugungen der Lehrkräfte im Bereich der Mathematik gelten deren fachspezifische Genderstereotypen (Babad, 1993; van den Bergh, Denessen, Hornstra, Voeten, & Holland, 2010). Das Stereotyp, Mathematik sei eher für Jungen als für Mädchen geeignet, ist bei Frauen und Männern gleichermaßen weit verbreitet, wenn diesem auch nicht immer explizit zugestimmt wird (Nosek et al., 2009; Nosek & Smyth, 2011). So finden sich Genderstereotype bezüglich der Mathematik schon bei sechsjährigen Kindern, also schon zu einem Zeitpunkt, zu dem noch keine Leistungsdifferenzen vorliegen (Cvencek et al., 2011). Entsprechend stereotypisieren auch Lehrkräfte Schulfächer. So werden Mathematik und Physik tendenziell als männliche, Biologie und Sprachen als weibliche Domänen betrachtet (Keller, 1997).

Seit der viel diskutierten Studie von Rosenthal und Jacobson (1971) zum sogenannten Pygmalion-Effekt wurden stereotype Erwartungen von Lehrkräften und deren Einfluss auf Schülerleistungen und ihr verstärkender Einfluss auf soziale Ungleichheit vielfach untersucht. Genderstereotype Erwartungen von Lehrkräften können im Sinne selbsterfüllender Prophezeiungen Einfluss auf die Schülerinnen und Schüler nehmen: So geben Lehrkräfte bspw. Schülerinnen und Schülern je nach Erwartung unterschiedliche Rückmeldungen oder Unterstützungsangebote. Wird die stereotype Erwartungshaltung der Lehrperson in das Fähigkeitsselbstkonzept des Schülers oder der Schülerin integriert, kann sich dies auf deren Leistung und Anstrengung auswirken (Brophy, 1983). Selbsterfüllende Prophezeiungen werden entsprechend als falsche Definitionen von Situationen definiert, die das Verhalten der Betroffenen dahingehend beeinflussen, dass sich die ursprüngliche falsche Annahme als richtig erweist (Merton, 1948).

In einer Studie von Madon, Jussim und Eccles (1997) wurde gezeigt, dass negative und positive Erwartungen im Sinne selbsterfüllender Prophezeiungen Einfluss auf die Leistung von v. a. schwachen Schülerinnen und Schülern haben. Einschränkend ist hinzufügen, dass Lehrkräfte die Leistungen ihrer Schülerinnen und Schüler oft korrekt einschätzen und die Wirkung von Erwartungen auf Schülerinnen und Schüler gering ist. Jedoch können sie insbesondere auf die Mitglieder von unterprivilegierten Gruppen eine bedeutsamen Einfluss haben (Jussim, Eccles, & Madon, 1996; van den Bergh et al., 2010). So waren bspw. in einer US-amerikanischen Untersuchung von McKown und Weinstein (2008) trotz gleicher Leistung die Erwartungen an Schülerinnen und Schüler mit europäischem oder asiatischem Hintergrund fast eine Standardabweichung höher als an Schülerinnen und Schüler mit lateinamerikanischem oder afroamerikanischem Hintergrund.

Entsprechend der geschlechtsstereotypen Erwartungen konnte auch gezeigt werden, dass die Wahrnehmung der Lehrkräfte von Mädchen und Jungen durch Stereotype beeinflusst ist. In einer Untersuchung von Tiedemann (2002) beantworteten Grundschullehrkräfte Fragen zu ihren eigenen Schülerinnen und Schülern. Wie erwartet nahmen die Lehrkräfte, die Mathe-Genderstereotypen verinnerlicht hatten, mathematische Leistungen und Entwicklungspotentiale stereotyper wahr. D.h. sie schrieben bei objektiv gleicher Leistung Jungen bessere Leistungen und mehr Entwicklungspotential zu als Mädchen. Dies galt jedoch nur für Schülerinnen und Schüler im mittleren und unteren Leistungsbereich.

Gleichermaßen zeigten Fennema und Kollegen (1990), dass Mathematiklehrkräfte ihre besten Schüler als logischer im Denken, wettbewerbsorientierter und eigenständiger als ihre besten Schülerinnen wahrnehmen. Zudem erschienen ihnen Jungen engagierter und mathematikbegeisterter als Mädchen. Entsprechend wurden Persönlichkeitsmerkmale und Fähigkeiten (Wettbewerbsdenken, Logik, Mut/Abenteuerlust), die sie für das Fach Mathematik als relevant betrachtet, als typischer für Jungen (als für Mädchen) wahrgenommen.

Auch die Befunde von Rustemeyer (1999) gehen in die gleiche Richtung: Jungen werden positivere und selbstständigere Lern- und Arbeitsweisen zugeschrieben und für Mädchen wird eine Ausbildung im MINT-Bereich weniger in Betracht gezogen.

Was geschlechtsdifferierendes Verhalten von Lehrkräften gegenüber ihren Schülerinnen und Schülern angeht, haben Sadker, Sadker und Klein (1991) zum einen in verschiedenen Studien zeigen können, dass Jungen größere Aufmerksamkeit und mehr Gelegenheiten als Mädchen erhielten, sich im Unterricht zu äußern (vgl. auch Duffy, Warren, & Walsh, 2001). Zum anderen zeigte sich, dass Jungen häufiger Lob, kritische Rückmeldungen und Förderung erhielten.

Wie relevant negative Stereotype bezüglich mathematischer Fähigkeiten von Mädchen und Frauen sind, fassen Steffens und Jelenec (2011) eindrücklich zusammen: Stereotype können die Leistung und das Interesse beinträchtigen, Lern- und Leistungsziele unterminieren und das Fähigkeitsselbstkonzept herabsetzen, welches maßgeblich für die Berufswahl ist (Schmader, Johns, & Barquissau, 2004). So haben Frauen, die entsprechende Stereotype verinnerlicht haben, ein negativeres Fähigkeitsselbstkonzept und weniger Interesse einen Beruf im MINT-Bereich zu ergreifen (Lane, Goh, & Driver-Linn, 2012; Schmader et al., 2004).

3.3   Bedeutung impliziter Stereotype

Wie kann es jedoch sein, dass mathematikbezogene Stereotype das Verhalten von Lehrkräften beeinflussen, obwohl die meisten Menschen äußern, dass sie Mädchen für die Mathematik und die Naturwissenschaften genauso geeignet halten wie Jungen (Ambady et al., 2001; Halpern et al., 2007, Hyde et al., 1990, 1990; Steele, 2003)? Egalitäre Überzeugungen sind zu einem wichtigen Wert geworden, offene Diskriminierung und offener Sexismus gesellschaftlich immer weniger akzeptiert und die Unterrepräsentation von Frauen im MINT-Bereich rückt immer stärker in den Fokus der öffentlichen Wahrnehmung. So wird das Thema „Gender" vermehrt auch als Thema in der Lehramtsausbildung aufgegriffen (z. B. Shapiro & Williams, 2012). Man kann daher vermuten, dass die allermeisten Lehrkräfte bemüht sind, stereotypgeleitetes Verhalten zu vermeiden und sich „fair" zu verhalten. Tatsächlich führen das Zusammentreffen von internalisierten egalitären Überzeugungen und vorurteilsähnliche Gedanken dazu, sich schuldig zu fühlen (Devine, Monteith, Zuwerink, & Elliot, 1991). Auf Grund dieser Diskrepanz zwischen bewusst geäußerten egalitären Überzeugungen auf der einen Seite und stereotypgeleiteten Erwartungen oder Verhaltensweisen auf der anderen Seite wird in der Literatur vermehrt die Rolle von impliziter Kognition und insbesondere von impliziten Mathematik-Sprache-Genderstereotypen als eine der Ursachen der Geschlechterdisparitäten im MINT-Bereich diskutiert (Kiefer & Sekaquaptewa, 2007b; Nosek et al., 2009; Nosek, Banaji, & Greenwald, 2002). Der Großteil entsprechender Studien unterscheidet und vergleicht Stereotype bezüglich der beiden Kategorien Sprache (und teils Geisteswissenschaften) und Mathematik und Naturwissenschaften. Die Kontrastierung dieser zwei Kategorien ergibt sich sowohl im Hinblick auf den schulischen Bereich, in dem in Deutschland etwa zwischen Gymnasien mit sprachlichem und mit mathematisch-naturwissenschaftlichem Profil unterschieden wird, als auch im Hinblick auf standardisierte Tests, die oft einen sprachlichen und einen mathematisch-naturwissenschaftlichen Teil enthalten (vgl. auch Nosek et al., 2002). Unter Mathematik-Sprache-Genderstereotypen versteht man entsprechend, dass Mathematik eher mit Jungen assoziiert wird, wohingegen Sprachen häufiger mit Mädchen assoziiert werden.

Definition impliziter Stereotype

Implizite Kognition kann als schnelle Reaktion, die automatisch und unwillkürlich auf einen Umweltreiz erfolgt, definiert werden (Steffens, Jelenec, & Noack, 2010). Dies bedeutet, dass implizite Kognition Verhalten beeinflussen kann, auch wenn die entsprechenden Gedanken explizit abgelehnt werden und nicht notwendigerweise introspektiv zugänglich sind (Bargh, 1994; Gawronski & Bodenhausen, 2006; Strack & Deutsch, 2004; Greenwald & Banaji, 1995). Kognitionspsychologische Zwei-Prozess-Theorien der Urteilsbildung und Informationsverarbeitung differenzieren zwischen einem reflektierenden und einem impulsiven System (Bargh, 1994; Gawronski & Bodenhausen, 2006; Greenwald & Banaji, 1995; Strack & Deutsch, 2004). Man kann entsprechend zwischen expliziten Prozessen, die gekennzeichnet sind durch Intention, Bewusstheit und Kontrolle, und impliziten Prozessen unterscheiden, die sich durch das Fehlen von Intention, Bewusstheit und Kontrolle auszeichnen. So ist etwa die stereotype Vorstellung, Mathematik sei eher etwas für Jungen und Sprachen eher etwas für Mädchen, trotz expliziter Ablehnung auf einer weniger bewussten Ebene, möglicherweise internalisiert. Entsprechend weisen Nosek und Smyth (2011) nach, dass trotz der weitverbreiteten

Ablehnung des Mathematik-Sprache-Stereotyps implizite Mathematik-Genderstereotype bei Frauen und Männern gleichermaßen oft vorhanden sind. Implizite Mathematik-Sprache-Stereotype können zudem schon sehr früh beobachtet werden: Bereits neunjährige Mädchen zeigen entsprechende implizite Kognitionen (Steffens, Jelenec & Noack, 2010).

Messung impliziter Stereotype

Die meisten Verfahren, die zur Erfassung von impliziten Kognitionen entwickelt wurden, basieren auf der Erfassung von Reaktionszeiten oder Fehlerraten. Ein Beispiel für ein indirektes Maß zur Erfassung der Stärke von automatisch aktivierten Assoziationen ist der Implizite Assoziationstest (IAT; Greenwald, McGhee, & Schwartz, 1998). Es wird davon ausgegangen, dass soziales Wissen als Netzwerk von Assoziationen zwischen Konzepten (z. B. „Jungen") und Attributen (z. B. „Mathe"), die in ihrer Stärke variieren, repräsentiert ist (Greenwald et al., 2002). Indirekten Verfahren liegt zudem die Annahme zugrunde, dass die Verarbeitung eines Stimulus die Verfügbarkeit eines assoziierten Konzepts erhöht (Higgins, 1996) und dass eine vorhandene Assoziation zu schnellerer Informationsverarbeitung, d. h. zu geringeren Reaktionszeiten, führt. Schnellere Reaktionen für bestimmte Kategorienpaare (z. B. Junge/Mathe) implizieren daher stärkere Assoziationen im Vergleich zu einem anderen Kategorienpaar (z. B. Mädchen/Mathe). Das Vorhandensein bzw. Nichtvorhandensein einer Assoziation beschleunigt bzw. verlangsamt somit die Reaktionszeit, da auf assoziierte Konzepte schneller reagiert werden kann als auf nicht assoziierte Konzepte.

Gerade auch in Bezug auf die üblicherweise verwendeten Selbstberichtmaße zur Erfassung von Stereotypen, bieten indirekte Verfahren wichtige Vorteile. Insbesondere ist das Antwortverhalten hier weniger kontrollierbar, was v. a. bei Befragungen zu sozial sensitiven Themen relevant ist, da es hier zur (sozial erwünschten) Selbstdarstellung bzw. zu selbstwertdienlichem Antwortverhalten kommen kann (Furnham, 1986; Greenwald & Banaji, 1995; Nisbett & Wilson, 1977; Strack, 1994). Darüber hinaus sind Stereotype, wie schon diskutiert, nicht notwendigerweise bewusst und der Introspektion zugänglich (Greenwald & Banaji, 1995; Nisbett & Wilson, 1977), so dass es u. U. gar nicht möglich ist, diese mittels Selbsteinschätzungen zu erfassen. Jedoch bergen indirekte Verfahren auch Nachteile: So zeigte sich etwa, dass der IAT nicht nur chronische Assoziationen, sondern auch situativ aktivierte Assoziationen misst (Gawronski & Conrey, 2004). Des Weiteren liegen die internen Konsistenzen oftmals unter denen von Fragebogenmaßen, was zur Folge hat, dass indirekte Maße nicht zu individualdiagnostischen Zwecken eingesetzt werden sollten.

Evidenzen für implizite Stereotype bezüglich Geschlecht und Mathematik

Implizite Kognitionen können nach Nosek und Smyth (2011) auf zwei verschiedenen Wegen zur Geschlechterdiskrepanz im MINT-Bereich beitragen: Zum einen können implizite Stereotype dazu führen, dass das Interesse, das Zugehörigkeitsgefühl und der Ehrgeiz von Mädchen und Frauen, sich im MINT-Bereich schulisch oder beruflich zu engagieren, vermindert werden. Zum anderen kann das Vorhandensein impliziter Kognitionen bei einflussreichen Erwachsenen, wie Eltern oder Lehrkräften, mit sich bringen, dass sie sich in relevanten Situationen unbeabsichtigt Mädchen gegenüber anders als Jungen gegenüber verhalten.

Bezüglich der Bedeutung der bei Schülerinnen und Schülern selbst vorhandenen impliziten Stereotype gibt es bereits etliche Studien, die einen Zusammenhang zwischen impliziten Mathematik-Sprache-Stereotypen und verminderter Leistung oder geringerem Fähigkeitsselbstkonzept zeigen. Insbesondere wird hier der Effekt vom sogenannten stereotype threat diskutiert, d. h. der Angst von Mitgliedern einer negativ stereotypisierten Gruppe, durch ihr Verhalten das Stereotyp zu bestätigen (Steele & Aronson, 1995). Stereotype Threat kann die Mathematikleistung von Frauen vermindern, v. a. in Situationen, in denen ein Test als diagnostisch für die Begabung in Mathematik beschrieben wird (z. B. Davies, Spencer, Quinn, & Gerhardstein, 2002; 1999; Spencer, Steele, & Quinn, 1999; Muzatti & Agnoli, 2007; Keller & Molix, 2008).

Auch die unbewusste Verarbeitung von Stereotyp-relevanter Information während einer Testsituation reicht aus, die Leistung zu beeinträchtigen (Kiefer & Sekaquaptewa, 2007a). So kann subliminales Priming eines entsprechenden Stereotyps im Vorfeld der Testsituation zu verminderter Testleistung führen (Shih, Pittinsky, & Ambady).

Kiefer und Sekaquaptewa (2007) untersuchten den Einfluss von impliziten Mathe-Gendersterotypen und impliziter Identifikation mit dem eigenen Geschlecht bzw. mit Mathematik auf die Mathematikleistung während sie bei den Testpersonen Stereotype Threat induzierten. Es zeigte sich, dass allein die impliziten Mathematik-Gendersterotypen den Effekt des Stereotype Threat moderierten. D.h. Frauen, die Männer implizit mehr mit Mathematik assoziieren als Frauen, erbrachten tatsächlich schlechtere Leistungen, wenn ihnen suggeriert wurde, ihr Testergebnis könne das Stereotyp bestätigen.

In einer Längsschnittuntersuchung mit Studentinnen aus den USA sagten stärker internalisierte implizite Mathematik-Stereotype schlechtere Leistungen und geringeres Interesse an einer späteren Karriere im MINT-Bereich voraus (Kiefer & Sekaquaptewa, 2007b). Sogar Frauen, die ein Fach im MINT-Bereich studieren, assoziieren sich selbst weniger stark mit Mathematik, wenn sie implizite Mathe-Sprach-Gendersterotype haben (Nosek, Banaji, & Greenwald, 2002).

Entsprechend können implizite Mathematik-Sprache-Gendersterotype das akademische Selbstkonzept, die Leistung und die Kurswahlpräferenzen von Mädchen voraussagen, wohingegen bei Jungen durch implizite Mathematik-Sprache-Gendersterotype nur die Leistung erklärt wird (Steffens et al., 2010). Auch bei Studierenden konnte der Geschlechterunterschied bei Berufswünschen nahezu vollständig durch implizite Mathematik-Sprache-Gendersterotype erklärt werden (Lane et al., 2012).

In einer großangelegten Studie von Nosek et al. (2009) zeigte sich, dass das Ausmaß der Geschlechterunterschiede in der Leistung in Mathematik und Naturwissenschaften in

34 verschiedenen Ländern durch das länderspezifische Ausmaß der gezeigten impliziten Mathematik-Sprache-Genderstereotype vorhergesagt werden konnte.

Da auch jüngere Kinder schon sehr empfänglich für subtile Hinweise bezüglich der Passung von Mathematik und ihrem Geschlecht sind (Ambady et al., 2001), ist anzunehmen, dass die geschilderten Forschungsergebnisse für die Aufrechterhaltung der geschlechtsspezifischen Beteiligung im MINT-Bereich sehr bedeutsam sind.

Obwohl es zahlreiche Untersuchungen zum Zusammenhang zwischen den bei Schülerinnen und Schülern selbst vorhandenen impliziten Stereotypen und deren Leistung bzw. Interesse gibt, fehlt es an Studien, die implizite Stereotype von Lehrkräften im Zusammenhang mit deren Verhalten im Klassenzimmer untersuchen. Eine Ausnahme bildet die Experimentalstudie von Nürnberger, Nerb, Schmitz, Keller und Sütterlin (2016), in der implizite und explizite Mathe-Sprach-Genderstereotype erhoben wurden. Es konnte gezeigt werden, dass Lehramtsstudierende Mädchen implizit stärker mit Sprachen und Jungen implizit stärker mit Mathematik assoziieren. Zudem wurde erfasst, ob Lehramtsstudierende geschlechtsabhängige Schulempfehlungen geben. Die Tendenz, stereotype Schulempfehlungen zu geben, konnte nur mit impliziten, nicht jedoch mit expliziten Stereotypen vorhergesagt werden. Diese Diskrepanz zwischen impliziten und expliziten Stereotypen zeigt, wie relevant es ist, in der Forschung neben herkömmlicher Verfahren (z. B. Fragebögen) Instrumente einzusetzen, die implizite Kognitionen erfassen können, um die zugrundeliegenden Prozesse der Übertragung von Stereotypen besser zu verstehen. Darüber hinaus unterstreichen die Ergebnisse die Bedeutung impliziter Stereotype für das Verhalten im Klassenzimmer. Denkbar ist, dass Lehramtsstudierende auf Grund fehlender expliziter Stereotype annehmen, ihr Verhalten bezüglich vorhandener Stereotype nicht kritisch hinterfragen zu müssen. Praktische Implikationen könnten sein, Themen wie implizite Stereotype in die Aus- und Weiterbildung aufzunehmen und entsprechende Reflexionsprozesse anzustoßen, um negative Effekte von vorhandenen Stereotypen zu minimieren.

3.4   Mechanismen der Übertragung von Stereotypen

Auch wenn es vielfach Belege gibt, die die Auswirkungen von Mathematik-Sprache-Genderstereotypen auf die Einstellungen und Leistungen der Schülerinnen und Schüler in der Mathematik zeigen, ist unklar, welche Prozesse dieser Übertragung zu Grunde liegen. Lane (2012) postuliert vier (Verhaltens-)Mechanismen, durch welche Stereotype oder Einstellungen von den Lehrkräften auf ihre Schülerinnen und Schüler übertragen werden können: direkte Übertragung durch Sprache, geschlechtsdifferentes Verhalten, nonverbales Verhalten und die Lehrkraft als Rollenmodell.

Sprache

Sprache ist der offensichtlichste und direkteste Übertragungsweg für Stereotype. Gelman, Taylor und Nguyen (2004) beschreiben verschiedene Möglichkeiten, wie Sprache als Quelle für die Verinnerlichung von Stereotypen fungieren kann.

So können Genderstereotype durch Äußerungen bestätigt werden, wie etwa, dass eine bestimmte Tätigkeit passend oder unpassend für ein bestimmtes Geschlecht sei. Auch kann das Kontrastieren der Geschlechtskategorien („Jungs mögen Mathe, Mädchen eher nicht") dazu führen, dass Kinder Kategorien als sich gegenseitig ausschließend und daher stereotyper wahrnehmen.

Des Weiteren spielt Kategorisierung in der Entwicklung von Stereotypen eine zentrale Rolle. Durch den bloßen Akt der Kategorisierung werden die Unterschiede zwischen Gruppen als größer wahrgenommen, Gruppenmitglieder öfter stereotyp beschrieben, fremde Gruppen als homogener empfunden und die eigene Gruppe positiver empfunden (vgl. Bigler, 1995). Es konnte gezeigt werden, dass bereits Kinder sehr sensitiv für den expliziten Gebrauch von Geschlecht als sozialer Kategorie sind (Patterson & Bigler, 2006). So führt allein das vermehrte Verwenden von Geschlechtskategorien (z. B. „Auch alle Jungen setzen sich jetzt hin!") dazu, dass sich bei Kindern Genderstereotype verstärken (Bigler, 1995).

Insbesondere der Gebrauch von generischen Kategorien („Jungen mögen Mathe" (generisch) versus „Diese beiden Jungen mögen Mathe" (nicht generisch)) führt dazu, dass die Eigenschaften der Kategorien als stabil und nicht kontextgebunden wahrgenommen werden. Das Besondere an generischen Kategorien ist, wie Gelman und Kollegen (2004) herausstellen, dass Ausnahmen nicht die Allgemeingültigkeit der stereotypen Annahme einschränken. So kann der Glaube an die Richtigkeit der Äußerung „Jungen mögen Mathe", trotz mehrerer gegenteiliger Erfahrungen, bestehen bleiben, was für die Entwicklung von Stereotypen besonders zuträglich ist.

Geschlechtsdifferentes Verhalten

Genderstereotype können auch durch unterschiedliches Verhalten der Lehrkraft gegenüber Jungen und Mädchen übertragen werden. Es gibt Hinweise darauf, dass Lehrkräfte im Mathematikunterricht mehr mit den Jungen interagieren, während beim Sprachunterricht die Mädchen profitieren (Brophy, 1985). In einer Untersuchung von Leinhardt, Seewald und Engel (1979) zeigte sich ein entsprechendes Muster. Lehrkräfte interagierten im Leseunterricht mehr mit den Mädchen und im Mathematikunterricht mehr mit den Jungen. Obwohl am Anfang des Schuljahres noch keine geschlechtsabhängigen Leistungsunterschiede zu beobachten waren, schnitten die Mädchen am Schuljahresende in einem Leseleistungstest besser ab. Die Autorinnen einer neueren Metaanalyse Jones und Dindia (2004) kommen zu dem Schluss, dass Lehrkräfte insgesamt mehr Interaktionen (und davon mehr negative Interaktionen) mit Jungen initiieren.

Da das Geschlecht bei den beschriebenen Untersuchungen den Studienteilnehmenden nicht randomisiert zugeteilt werden konnte, ist nicht auszuschließen, dass das geschlechtsspezifische Verhalten der Lehrkraft nur eine Folge des unterschiedlichen Verhaltens oder der unterschiedlichen Leistungen der Schülerinnen und Schüler ist.

In der bereits angeführten Studie zu geschlechterdifferenten Lehrkraftverhalten von Nürnberger und Kollegen (2016) wurde versucht, genau dieses Problem zu umgehen. Es wurde untersucht, ob das Geschlecht der Schülerinnen und Schüler Einfluss auf die Empfehlung der Lehrkräfte für ein Gymnasium (naturwissenschaftliches versus sprachliches Profil) hat. Die Art der Empfehlung für ein Gymnasium mit naturwissenschaftlichem oder sprachlichem Profil wurde mit Hilfe von Vignetten, die Schülerinnen oder Schüler beschrieben, erfasst. Die Vignetten beinhalteten eine kurze allgemeine Beschreibung des Verhaltens der zu bewertenden Person („Louis ist ein Schüler mit einer raschen Auffassungsgabe.") und dann jeweils zwei Sätze zur ihrer Leistung in Deutsch bzw. Mathe („Sie beweist sehr oft logisches Denken bei der Lösung mathematischer Aufgaben"). Neben dem Text der Vignette wurde ein Bild des Schülers oder der Schülerin eingefügt, um das Geschlecht salienter zu machen. Je nach Versuchsbedingung war die beschriebene Person entweder weiblich oder männlich. Bis auf das Bild und das Geschlecht der beschriebenen Person erhielten die Teilnehmerinnen und Teilnehmer der Studie also identische Informationen. Es zeigte sich, dass das Geschlecht Auswirkungen auf die Art der Gymnasialempfehlung hat: Bei gleicher Leistung wurde Mädchen eher ein Gymnasium mit sprachlichem Profil und Jungen eher ein Gymnasium mit mathematisch-naturwissenschaftlichem Profil empfohlen. Diese Studie belegt beispielhaft, dass Lehrkräfte also unabhängig von der tatsächlich gezeigten Leistung Jungen und Mädchen gegenüber unterschiedliches Verhalten zeigen.

Nonverbales Verhalten

In der Forschung zur Übertragung von impliziten Stereotypen und Einstellungen wird nonverbales Verhalten als ein weiterer wichtiger Mechanismus diskutiert, der ermöglicht, dass Mathematikstereotype von Lehrkräften auf ihre Schülerinnen und Schüler übertragen werden (Castelli, Zogmaister, & Tomelleri, 2009; Lane, 2012; Weisbuch, Pauker, & Ambady, 2009). Lehrkräfte können etwa explizit Genderstereotype ablehnen und geschlechtsneutrales Unterrichtsverhalten anstreben, jedoch über Gesichtsausdrücke oder die Körpersprache sich Mädchen und Jungen gegenüber unterschiedlich verhalten. Nonverbales Verhalten ist ein sehr effektiver Mechanismus, um Stereotype zu übertragen, da es schnell und ohne Anstrengung verstanden wird und als Quelle valider Information gilt (Dovidio, 2009). Bereits Kleinkinder können sehr kurze Episoden von nonverbalem Verhalten korrekt dekodieren (Dovidio, 2009).

In einer quasi-experimentellen Studie von Hechtman und Rosenthal (1991) wurde untersucht, inwiefern Lehrkräfte, abhängig vom Unterrichtsinhalt und dem Geschlecht des Schülers oder der Schülerin, unterschiedliches nonverbales Verhalten zeigten. Die Lehrkräfte unterrichteten jeweils einen Schüler und eine Schülerin in je einer Einheit zu stereotyp weiblichem Inhalt (Vokabeln) und einer Einheit zu stereotyp männlichem Inhalt (Mechanik). Das ohne Ton aufgezeichnete Unterrichtsverhalten der Lehrkräfte wurde anschließend von Ratern beurteilt. Es zeigte sich, dass die Lehrkräfte positiveres Verhalten gegenüber den Lernenden an den Tag legten, für deren Geschlecht der Unterrichtsinhalt stereotyp passender war: Die Lehrkräfte verhielten sich in den Augen der Rater im Mechanik-Unterricht Mädchen gegenüber ablehnender, während sie sich Jungen gegenüber im Sprachunterricht als weniger unterstützend zeigten.

Diese Befunde lassen die potentielle Wirkung interaktiver Erfahrungen erkennen: Ein entsprechendes Fach wird als passend oder unpassend für das eigene Geschlecht empfunden, auch wenn Genderstereotype nicht explizit geäußert wurden.

Lehrkräfte als Rollenmodelle

Gunderson, Ramirez, Levine und Beilock (2011) diskutieren die Möglichkeit, dass Lehrkräfte eigene Stereotype weitergeben, indem sie als Rollenmodelle fungieren. Gleichgeschlechtliche Erwachsene scheinen hierfür relevanter zu sein und eher nachgeahmt zu werden (Bussey & Bandura, 1984). Auf Grund der Überzahl an weiblichen Lehrkräften im Grundschulbereich betrifft dieser Übertragungsmechanismus daher evtl. insbesondere die Mädchen.

Beilock, Gunderson, Ramirez und Levine (2010) untersuchten den Einfluss der Mathematikängstlichkeit von Grundschullehrerinnen auf ihre Schülerinnen und Schüler. Am Anfang des Schuljahres ließ sich kein Zusammenhang zwischen der Mathematikängstlichkeit der Lehrerin und ihrer Schülerinnen und Schüler erkennen. Zu Schuljahresende hatten die Mädchen (nicht jedoch die Jungen) umso stärker Mathematik-Stereotype verinnerlicht, je ängstlicher ihre Lehrerin war. Zugleich war auch die Leistung der Schülerinnen (nicht jedoch die der Schüler) von mathematikängstlichen Lehrerinnen schlechter. Das lag nicht – wie man vielleicht annehmen könnte – darin begründet, dass diese Lehrerinnen schlechter unterrichteten, denn sonst hätten entsprechend sowohl Jungen als auch Mädchen schlechter abschneiden müssen. In einer Mediationsanalyse zeigte sich hingegen, dass die Matheängstlichkeit der Lehrerinnen die Leistung der Mädchen beeinflusste, indem sie deren Annahmen über die Begabung von Jungen und Mädchen in Mathematik beeinflusste. D.h. die positive Beziehung zwischen der Matheängstlichkeit der Lehrerinnen und der Leistung der Mädchen konnte durch die Überzeugung der Mädchen, dass Jungen besser in Mathematik seien, erklärt werden.

Es bleibt unklar, wie sich der hier zugrundeliegende Prozess der Übertragung der Stereotype gestaltet. Möglich ist, dass die Schülerinnen die Lehrerinnen als Rollenmodelle wahrgenommen haben und daher deren stereotype Vorstellungen verinnerlicht haben. Leider wurden weder explizite noch implizite Stereotype der Lehrerinnen erfasst. Denkbar ist auch, wie Lane (2012) erörtert, dass die Schülerinnen die Mathematikängstlichkeit der Lehrerinnen über nonverbale Verhaltensweisen wahrgenommen haben, da sowohl Kinder als auch Erwachsene Ängstlichkeit sehr effizient über nonverbale Verhaltensweisen identifizieren können (Fluck, Harrigan, & Brindley, 2001).

3.5   Zusammenfassung und Ausblick

Trotz der in den letzten Jahrzehnten zunehmenden Beteiligung von Frauen im Bereich der Mathematik, Informatik, Naturwissenschaften und Technik bleiben Geschlechtsunterschiede beim Interesse und der Berufs- und Studienwahlen bestehen (Eccles, 2007; Jacobs, 2005). In der Schule ist die Leistungsentwicklung der Mädchen im Fach Mathematik durch einen langsamen, aber kontinuierlichen Leistungsabfall gekennzeichnet (Tiedemann, 1995). Die geschlechtsabhängigen Leistungsunterschiede finden sich wieder in fachspezifischen Fähigkeitsselbstkonzepten: Jungen haben in nahezu allen Ländern eine positivere Einstellung zur Mathematik (Else-Quest et al., 2010).

Die zahlreichen Theorien über die Ursachen dieser Geschlechtsunterschiede lassen sich in den meisten Fällen entweder in einer biologischen oder in einer soziokulturellen Position verorten (vgl. Robinson & Lubienski, 2011). Jedoch gibt es auch Ansätze die von einem Zusammenspiel der Biologie, der Sozialisierung und psychologischen Prozessen ausgehen. Halpern, Wai und Saw (2005) postulieren etwa, dass sehr kleine biologische Unterschiede durch den soziokulturellen Kontext vergrößert werden.

Insbesondere wurde auch der Einfluss von sogenannten Sozialisationsinstanzen, wie der Lehrkräfte, vielfach diskutiert. Zahlreiche Untersuchungen belegen, dass Genderstereotype von Lehrkräften die Selbstwahrnehmung, die Motivation und die Leistung von Schülerinnen und Schülern in Mathematik beeinflussen (z. B. Eccles & Jacobs, 1986; Eccles et al., 1990; Jacobs, 1991; Jacobs & Eccles, 1992; Yee & Eccles, 1988). In scheinbarem Kontrast hierzu stehen Befunde, die zeigen, dass die meisten Menschen äußern, dass sie Mädchen für die Mathematik und die Naturwissenschaften genauso geeignet halten wie Jungen (Ambady et al., 2001; Halpern et al., 2007, Hyde et al., 1990, 1990; Steele, 2003).

Auf Grund dieser Diskrepanz zwischen expliziten egalitären Äußerungen auf der einen Seite und stereotypen Erwartungen oder Verhaltensweisen auf der anderen Seite wird die Rolle von impliziter Kognition und insbesondere von impliziten Mathematik-Sprache-Genderstereotypen als eine der Ursachen der Geschlechterdisparitäten im MINT-Bereich betont (Kiefer & Sekaquaptewa, 2007b; Nosek et al., 2009; Nosek, et al., 2002). Die Befunde zu impliziten Stereotypen im MINT-Bereich zeigen deren große Bedeutung: So können implizite Mathe-Sprach-Stereotype die Kurswahlpräferenzen beeinflussen (Steffens et al., 2010) und zu schwächerer Testleistung (Shih et al., 1999) und vermindertem Interesse an einer Karriere im MINT-Bereich (Kiefer & Sekaquaptewa, 2007a) führen.

Obgleich die Bedeutung von impliziten Kognitionen vielfach belegt ist, fehlen Befunde zu den Auswirkungen von impliziten Genderstereotypen bei Lehrkräften. Belege für die Bedeutung von impliziten Kognitionen der Lehrkräfte gibt es bislang in Hinblick auf Schülerinnen und Schüler mit Migrationshintergrund (Glock, Kneer, & Kovacs, 2013; van den Bergh et al., 2010; Vezzali, Giovannini, & Capozza, 2012) und sonderpädagogischen Förderbedarf (Hornstra, Denessen, Bakker, van den Bergh, & Voeten, 2010; Kelly & Barnes-Holmes, 2013; Levins, Bornholt, & Lennon, 2005). Eine erste

Studie zu der Bedeutung von impliziten Mathematik-Sprache-Gendersterotypen von Lehrkräften zeigte, dass Lehramtsstudierende Mädchen implizit stärker mit Sprachen und Jungen implizit stärker mit Mathematik assoziieren. Gendersterotypes Verhalten konnte nur mit impliziten, jedoch nicht mit expliziten Stereotypen vorhergesagt werden (Nürnberger et al., 2016).

Befunde wie diese belegen, wie wichtig es ist, auch in der pädagogisch-psychologischen Forschung Konstrukte und entsprechende Messinstrumente zu berücksichtigen, die bislang zum Großteil nur in der Sozialpsychologie diskutiert wurden. Die aus einem stärker interdisziplinären Vorgehen gewonnenen Erkenntnisse sind nicht nur theoretisch von Bedeutung, da die zugrundeliegenden Prozesse der Interessens- und Leistungsdisparitäten im MINT-Bereich besser verstanden werden können, sondern sie können auch dazu beitragen, die Lehramtsausbildung zu bereichern. So ließen sich etwa Programme für Lehramtsstudierende entwickeln, die ein Bewusstsein für die Bedeutung von impliziten Prozessen schaffen und stereotypgeleitetes Verhalten im Klassenzimmer reduzieren. Dies scheint insbesondere vor dem Hintergrund der oft expliziten egalitären Äußerungen auf der einen Seite und stereotypen Erwartungen oder Verhaltensweisen auf der anderen Seite von großer Bedeutung: „Defeated intellectually, prejudice lingers emotionally" (Allport, 1954).

3.6   Literatur

Allport, G. W. (1954). The nature of prejudice. Oxford England: Addison-Wesley.

Ambady, N., Shih, M., Kim, A., & Pittinsky, T. L. (2001). Stereotype Susceptibility in Children: Effects of Identity Activation on Quantitative Performance. Psychological Science, 12(5), 385–390. doi:10.1111/1467-9280.00371

Babad, E. (1993). Pygmalion-25 years after interpersonal expectations in the classroom. In P. D. Blanck (Ed.), Studies in emotion and social interaction. Interpersonal expectations. Theory, research, and applications (pp. 125–153). Cambridge, UK: Cambridge University Press.

Bargh, J. A. (1994). The four horsemen of automaticity: Awareness, intention, efficiency, and control in social cognition. In R. S. Wyer & T. K. Srull (Eds.), Handbook of social cognition. Vol. 1: Basic processes (pp. 1–40). Hillsdale, NJ England: Lawrence Erlbaum Associates, Inc.

Beilock, S. L., Gunderson, E. A., Ramirez, G., & Levine, S. C. (2010). Female teachers' math anxiety affects girls' math achievement. Proceedings of the National Academy of Sciences, 107(5), 1860–1863. doi:10.1073/pnas.0910967107

Bigler, R. S. (1995). The role of classification skill in moderating environmental influences on children's gender stereotyping: A study of the functional use of gender in the classroom. Child Development, 66(4), 1072–1087. doi:10.2307/1131799

Brophy, J. (1985). Interactions of male and female students with male and female teachers. In L. C. Wilkinson & C. B. Marrett (Eds.), Educational psychology. Gender influences in classroom interaction (pp. 115–166). Orlando: Academic Press

Brophy, J. E. (1983). Research on the self-fulfilling prophecy and teacher expectations. Journal of Educational Psychology, 75(5), 631–661. doi:10.1037/0022-0663.75.5.631

Budde, J. (2008). Bildungs(miss)erfolge von Jungen und Berufswahlverhalten bei Jungen. Berlin.

Budde, J. (2009). Mathematikunterricht und Geschlecht. Bonn, Berlin: Bundesministerium für Bildung und Forschung (BMBF)

Burgner, D., & Hewstone, M. (1993). Young children's causal attributions for success and failure: 'Self-enhancing' boys and 'self-derogating' girls. British Journal of Developmental Psychology, 11(2), 125–129

Bussey, K., & Bandura, A. (1984). Influence of gender constancy and social power on sex-linked modeling. Journal of Personality and Social Psychology, 47(6), 1292–1302.

Castelli, L., Zogmaister, C., & Tomelleri, S. (2009). The transmission of racial attitudes within the family. Developmental Psychology, 45(2), 586–591.

Ceci, S. J., Williams, W. M., & Barnett, S. M. (2009). Women's underrepresentation in science: Sociocultural and biological considerations. Psychological Bulletin, 135(2), 218–261. doi:10.1037/a0014412

Cimpian, A., Arce, H.-M. C., Markman, E. M., & Dweck, C. S. (2007). Subtle Linguistic Cues Affect Children's Motivation. Psychological Science, 18(4), 314–316. doi:10.1111/j.1467-9280.2007.01896.x

Correll, S. J. (2001). Gender and the career choice process: The role of biased self-assessments. American Journal of Sociology, 106(6), 1691–1730. doi: 10.1086/321299

Cvencek, D., Meltzoff, A. N., & Greenwald, A. G. (2011). Math-gender stereotypes in elementary school children. Child Development, 82(3), 766–779. doi:10.1111/j.1467-8624.2010.01529.x

Davies, P. G., Spencer, S. J., Quinn, D. M., & Gerhardstein, R. (2002). Consuming images: How television commercials that elicit stereotype threat can restrain women academically and professionally. Personality and Social Psychology Bulletin, 28(12), 1615–1628. doi:10.1177/014616702237644

Devine, P. G., Monteith, M. J., Zuwerink, J. R., & Elliot, A. J. (1991). Prejudice with and without compunction. Journal of Personality and Social Psychology, 60(6), 817–830. doi: 10.1037/0022-3514.60.6.817

Dickhäuser, O., & Stiensmeier-Pelster, J. (2003). Wahrgenommene Lehrereinschätzungen und das Fähigkeitsselbstkonzept von Jungen und Mädchen in der Grundschule. Psychologie in Erziehung und Unterricht, 50(2), 182–190.

Dovidio, J. F. (2009). Racial bias: Unspoken but heard. Science, 326(5960), 1641–1642. doi:10.1126/science.1184231

Duffy, J., Warren, K., & Walsh, M. (2001). Classroom Interactions: Gender of Teacher, Gender of Student, and Classroom Subject. Sex Roles, 45(9-10), 579-593. doi:10.1023/A:1014892408105

Eccles, J. S. (2007). Where Are All the Women? Gender Differences in Participation in Physical Science and Engineering. In S. J. Ceci & W. M. Williams (Eds.), Why aren't more women in science: Top researchers debate the evidence, pp. 199–210. Washington, DC US: American Psychological Association.

Eccles, J. S., & Jacobs, J. E. (1986). Social forces shape math attitudes and performance. Signs, 11(2), 367–380. doi:10.1086/494229

Eccles, J. S., Jacobs, J. E., & Harold, R. D. (1990). Gender Role Stereotypes, Expectancy Effects, and Parents' Socialization of Gender Differences. Journal of Social Issues, 46(2), 183–201. doi:10.1111/j.1540-4560.1990.tb01929.x

Ehrlinger, J., & Dunning, D. (2003). How chronic self-views influence (and potentially mislead) estimates of performance. Journal of Personality and Social Psychology, 84(1), 5–17. doi: 10.1037/0022-3514.84.1.5

Else-Quest, N. M., Hyde, J. S., & Linn, M. C. (2010). Cross-national patterns of gender differences in mathematics: A meta-analysis. Psychological Bulletin, 136(1), 103–127

Fennema, E., Peterson, P. L., Carpenter, T. P., & Lubinski, C. A. (1990). Teachers' attributions and beliefs about girls, boys, and mathematics. Educational Studies in Mathematics, 21(1), 55–69. doi:10.1007/BF00311015

Finegan, J.-A. K., Niccols, G. A., & Sitarenios, G. (1992). Relations between prenatal testosterone levels and cognitive abilities at 4 years. Developmental Psychology, 28(6), 1075–1089. doi:10.1037/0012-1649.28.6.1075

Fluck, S., Harrigan, J., & Brindley, J. (2001). Children and Young Adults' Recognition of Anxiety. Journal of Nonverbal Behavior, 25(2), 127-146. doi:10.1023/A:1010701828701

Furnham, A. (1986). Response bias, social desirability and dissimulation. Personality and Individual Differences, 7(3), 385–400. doi:10.1016/0191-8869(86)90014-0

Gawronski, B., & Bodenhausen, G. V. (2006). Associative and propositional processes in evaluation: An integrative review of implicit and explicit attitude change. Psychological Bulletin, 132(5), 692–731. doi:10.1037/0033-2909.132.5.692

Gawronski, B., & Conrey, F. R. (2004). Der Implizite Assoziationstest als Maß automatisch aktivierter Assoziationen: Reichweite und Grenzen. Psychologische Rundschau, 55(3), 118–126. doi:10.1037/t03782-000

Gelman, S. A., Taylor, M. G., & Nguyen, S. P. (2004). Mother-child conversations about gender: Understanding the acquisition of essentialist beliefs. Monographs of the Society for Research in Child Development, 69(1). doi:10.1111/j.1540-5834.2004.06901001.x

Glock, S., Kneer, J., & Kovacs, C. (2013). Preservice teachers' implicit attitudes toward students with and without immigration background: A pilot study. Studies in Educational Evaluation. doi:10.1016/j.stueduc.2013.09.003

Gonzales, P., Guzmán, J. C., Partelow, L., Pahlke, E., Jocelyn, L., Kastberg, D., & Williams, T. (2004). Highlights From the Trends in International Mathematics and Science Study (TIMSS) 2003 (NCES 2005–005). Washington, DC: U.S.: Government Printing Office

Greenwald, A. G., & Banaji, M. R. (1995). Implicit social cognition: Attitudes, self-esteem, and stereotypes. Psychological Review, 102(1), 4–27. doi:10.1037/0033-295X.102.1.4

Greenwald, A. G., Banaji, M. R., Rudman, L. A., Farnham, S. D., Nosek, B. A., & Mellott, D. S. (2002). A unified theory of implicit attitudes, stereotypes, self-esteem, and self-concept. Psychological Review, 109(1), 3–25. doi:10.1037/0033-295X.109.1.3

Greenwald, A. G., McGhee, D. E., & Schwartz, J. L. K. (1998). Measuring individual differences in implicit cognition: The implicit association test. Journal of Personality and Social Psychology, 74(6), 1464–1480. doi:10.1037/0022-3514.74.6.1464

Gunderson, E. A., Ramirez, G., Levine, S. C., & Beilock, S. L. (2011). The Role of Parents and Teachers in the Development of Gender-Related Math Attitudes. Sex Roles. doi:10.1007/s11199-011-9996-2

Gur, R. C., Turetsky, B. I., Matsui, M., Yan, M., Bilker, W., Hughett, P., & Gur, R. E. (1999). Sex differences in brain gray and white matter in healthy young adults: Correlations with cognitive performance. The Journal of Neuroscience, 19(10), 4065–4072.

Halpern, D. F., Benbow, C. P., Geary, D. C., Gur, R. C., Hyde, J. S., & Gernsbache, M. A. (2007). The science of sex differences in science and mathematics. Psychological Science in the Public Interest, 8(1), 1–51. doi:10.1111/j.1529-1006.2007.00032.x

Halpern, D. F., Wai, J., & Saw, A. (2005). A Psychobiosocial Model: Why Females Are Sometimes Greater Than and Sometimes Less Than Males in Math Achievement. In A. M. Gallagher & J. C. Kaufman (Eds.), Gender differences in mathematics: An integrative psychological approach (pp. 48–72). New York, NY, US: Cambridge University Press

Hannover, B., & Bettge, S. (1993). Mädchen und Technik. Göttingen: Hogrefe

Hannover, B., & Kessels, U. (2004). Self-to-prototype matching as a strategy for making academic choices. Why high school students do not like math and science. Learning and Instruction, 14(1), 51–67. doi:10.1016/j.learninstruc.2003.10.002

Hechtman, S. B., & Rosenthal, R. (1991). Teacher gender and nonverbal behavior in the teaching of gender-stereotyped materials. Journal of Applied Social Psychology, 21(6), 446–459. doi:10.1111/j.1559-1816.1991.tb00530.x

Higgins, E. T. (1996). Knowledge activation: Accessibility, applicability, and salience. In E. T. Higgins & A. W. Kruglanski (Eds.), Social psychology: Handbook of basic principles (pp. 133–168). New York, NY US: Guilford Press.

Hill, C., Corbett, C., & St. Rose, A. (2010). Why So Few? Women in Science, Technology, Engineering, and Mathematics. Washington, DC: AAUW.

Hornstra, L., Denessen, E., Bakker, J., van den Bergh, L., & Voeten, M. (2010). Teacher attitudes toward dyslexia: Effects on teacher expectations and the academic achievement of students with dyslexia. Journal of Learning Disabilities, 43(6), 515–529. doi:10.1037/t03873-000;

Hyde, J. S., Fennema, E., Ryan, M., & Frost, L. A. (1990). Gender comparisons of mathematics attitudes and affect: A meta-analysis. Psychology of Women Quarterly, 14(3), 299–324. doi:10.1111/j.1471-6402.1990.tb00022.x

Hyde, J. S., Lindberg, S. M., Linn, M. C., Ellis, A. B., & Williams, C. C. (2008). Gender Similarities Characterize Math Performance. Science, 321(5888), 494–495. doi:10.1126/science.1160364

Jacobs, J. E. (1991). Influence of gender stereotypes on parent and child mathematics attitudes. Journal of Educational Psychology, 83(4), 518–527. doi:10.1037/0022-0663.83.4.518

Jacobs, J. E. (2005). Twenty-five years of research on gender and ethnic differences in math and science career choices: What have we learned? New Directions for Child and Adolescent Development, 2005(110), 85–94. doi:10.1002/cd.151

Jacobs, J. E., & Eccles, J. S. (1992). The impact of mothers' gender-role stereotypic beliefs on mothers' and children's ability perceptions. Journal of Personality and Social Psychology, 63(6), 932–944. doi:10.1037/0022-3514.63.6.932

Jones, S. M., & Dindia, K. (2004). A Meta-Analytic Perspective on Sex Equity in the Classroom. Review of Educational Research, 74(4), 443–471. doi:10.3102/00346543074004443

Jussim, L., Eccles, J., & Madon, S. (1996). Social perception, social stereotypes, and teacher expectations: Accuracy and the quest for the powerful self-fulfilling prophecy. In M. P. Zanna (Ed.), Advances in experimental social psychology, Vol. 28 (pp. 281–388). San Diego, CA US: Academic Press.

Keller, C. (1997). Geschlechterdifferenzen: Trägt die Schule dazu bei? In U. Moser, E. Ramseier, C. Keller, & M. Huber (Eds.), Schule auf dem Prüfstand. Eine Evaluation der Sekundarstufe I auf der Grundlage der „Third international mathematics and science study" (1st ed., pp. 137–179). Chur, Zürich: Rüegger.

Keller, C. (2001). Effect of teachers' stereotyping on students' stereotyping of mathematics as a male domain. The Journal of Social Psychology, 141(2), 165–173. doi:10.1080/00224540109600544

Keller, J., & Molix, L. (2008). When women can't do math: The interplay of self-construal, group identification, and stereotypic performance standards. Journal of Experimental Social Psychology, 44(2), 437–444. doi:10.1016/j.jesp.2007.01.007

Kelly, A., & Barnes-Holmes, D. (2013). Implicit attitudes towards children with autism versus normally developing children as predictors of professional burnout and psychopathology. Research in Developmental Disabilities, 34(1), 17–28. doi:10.1037/t05514-000;

Kiefer, A. K., & Sekaquaptewa, D. (2007a). Implicit stereotypes and women's math performance: How implicit gender-math stereotypes influence women's susceptibility to stereotype threat. Journal of Experimental Social Psychology, 43(5), 825–832. doi:10.1016/j.jesp.2006.08.004

Kiefer, A. K., & Sekaquaptewa, D. (2007b). Implicit Stereotypes, Gender Identification, and Math-Related Outcomes: A Prospective Study of Female College Students. Psychological Science, 18(1), 13–18. doi:10.1111/j.1467-9280.2007.01841.x

Kompetenzzentrum Technik-Diversity-Chancengleichheit e. V. (2014). Daten + Fakten. URL: www.kompetenzz.de (Stand 07.11.2014).

Lane, K. A. (2012). Being narrow while being broad: The importance of construct specificity and theoretical generality. Sex Roles, 66(3-4), 167–174. doi:10.1007/s11199-011-0077-3

Lane, K. A., Goh, J. X., & Driver-Linn, E. (2012). Implicit science stereotypes mediate the relationship between gender and academic participation. Sex Roles, 66(3-4), 220–234. doi:10.1037/t03782-000

Leinhardt, G., Seewald, A. M., & Engel, M. (1979). Learning what's taught: Sex differences in instruction. Journal of Educational Psychology, 71(4), 432–439. doi:10.1037/0022-0663.71.4.432

Levins, T., Bornholt, L., & Lennon, B. (2005). Teachers' experience, attitudes, feelings and behavioural intentions towards children with special educational needs. Social Psychology of Education, 8(3), 329–343. doi:10.1007/s11218-005-3020-z

Li, Q. (1999). Teachers' beliefs and gender differences in mathematics: a review. Educational Research, 41(1), 63–76. doi:10.1080/0013188990410106

Ma, X., & Kishor, N. (1997). Attitude toward self, social factors, and achievement in mathematics: A meta-analytic review. Educational Psychology Review, 9(2), 89–120.

Madon, S., Jussim, L., & Eccles, J. (1997). In search of the powerful self-fulfilling prophecy. Journal of Personality and Social Psychology, 72(4), 791–809. doi:10.1037/0022-3514.72.4.791

McIntyre, R. B., Lord, C. G., Gresky, D. M., Eyck, L. L. ten, Jay Frye, G. D., & Bond, C. F. (2005). A Social Impact Trend in the Effects of Role Models on Alleviating Women's Mathematics Stereotype Threat. Current Research in Social Psychology, 10(9).

McKown, C., & Weinstein, R. S. (2008). Teacher expectations, classroom context, and the achievement gap. Journal of School Psychology, 46(3), 235–261. doi:10.1016/j.jsp.2007.05.001

Merton, R. K. (1948). The self-fulfilling prophecy. The Antioch Review, 193–210.

Moss-Racusin, C. A., Dovidio, J. F., Brescoll, V. L., Graham, M. J., & Handelsman, J. (2012). Science faculty's subtle gender biases favor male students. PNAS Proceedings of the National Academy of Sciences of the United States of America, 109(41), 16474–16479. doi:10.1073/pnas.1211286109

Muzzatti, B., & Agnoli, F. (2007). Gender and mathematics: Attitudes and stereotype threat susceptibility in Italian children. Developmental Psychology, 43(3), 747–759. doi:10.1037/0012-1649.43.3.747

Nisbett, R. E., & Wilson, T. D. (1977). Telling more than we can know: Verbal reports on mental processes. Psychological Review, 84(3), 231–259. doi:10.1037/0033-295X.84.3.231

Nosek, B. A., Banaji, M., & Greenwald, A. G. (2002). Harvesting implicit group attitudes and beliefs from a demonstration web site. Group Dynamics: Theory, Research, and Practice, 6(1), 101–115. doi:10.1037/1089-2699.6.1.101

Nosek, B. A., Banaji, M. R., & Greenwald, A. G. (2002). Math = male, me = female, therefore math ≠ me. Journal of Personality and Social Psychology, 83(1), 44–59. doi:10.1037/0022-3514.83.1.44

Nosek, B. A., & Smyth, F. L. (2011). Implicit social cognitions predict sex differences in math engagement and achievement. American Educational Research Journal, 48(5), 1125–1156. doi:10.3102/0002831211410683

Nosek, B. A., Smyth, F. L., Sriram, N., Lindner, N. M., Devos, T., Ayala, A., … Greenwald, A. G. (2009). National differences in gender-science stereotypes predict national sex differences in science and math achievement. PNAS Proceedings of the National Academy of Sciences of the United States of America, 106(26), 10593–10597. doi:10.1073/pnas.0809921106

Nürnberger, M., Nerb, J., Schmitz, F., Keller, J. & Sütterlin, S. (2016). Implicit Gender Stereotypes and Essentialist Beliefs Predict Preservice Teachers' Tracking Recommendations. The Journal of Experimental Education, 84(1), 152-174, doi: 10.1080/00220973.2015.1027807

Patterson, M. M., & Bigler, R. S. (2006). Preschool Children's Attention to Environmental Messages About Groups: Social Categorization and the Origins of Intergroup Bias. Child Development, 77(4), 847–860. doi:10.1111/j.1467-8624.2006.00906.x

Ramm, M., & Bargel, T. (2005). Frauen im Studium. Langzeitstudie 1983-2004. Bonn: Bundesministerium für Bildung und Forschung.

Robinson, J. P., & Lubienski, S. T. (2011). The Development of Gender Achievement Gaps in Mathematics and Reading During Elementary and Middle School: Examining Direct Cognitive Assessments and Teacher Ratings. American Educational Research Journal, 48(2), 268–302. doi:10.3102/0002831210372249

Rosenthal, R., & Jacobson, L. (1968). Pygmalion in the classroom: Teacher expectation and pupils' intellectual development. New York, NY US: Holt, Rinehart & Winston.

Rustemeyer, R. (1999). Geschlechtstypische Erwartungen zukünftiger Lehrkräfte bezügl. des Unterrichtsfaches Mathematik und korrespondierende (Selbst-)Einschätzungen von Schülerinnen und Schülern. Psychologie in Erziehung und Unterricht, 46(3), 187–200.

Sadker, M., Sadker, D., & Klein, S. (1991). The issue of gender in elementary and secondary education. Review of Research in Education, (17), 269–333.

Sax, L. J. (1994). Predicting gender and major-field differences in mathematical self-concept during college. Journal of Women and Minorities in Science and Engineering, 1(4), 291–307. doi:10.1615/JWomenMinorScienEng.v1.i4.30

Schmader, T., Johns, M., & Barquissau, M. (2004). The Costs of Accepting Gender Differences: The Role of Stereotype Endorsement in Women's Experience in the Math Domain. Sex Roles, 50(11/12), 835–850. doi:10.1023/B:SERS.0000029101.74557.a0

Schraudner, M., & Best, K. (2014). Wer macht wirklich MINT? Wissenschaftskarrieren in der retrospektiven Verlaufsanalyse. Forschung & Lehre, 10, 826–827.

Shapiro, J. R., & Williams, A. M. (2012). The role of stereotype threats in undermining girls' and women's performance and interest in STEM fields. Sex Roles, 66(3-4), 175–183. doi:10.1007/s11199-011-0051-0

Shih, M., Pittinsky, T. L., & Ambady, N. (1999). Stereotype susceptibility: Identity salience and shifts in quantitative performance. Psychological Science, 10(1), 80–83. doi:10.1111/1467-9280.00111

Spencer, S. J., Steele, C. M., & Quinn, D. M. (1999). Stereotype Threat and Women's Math Performance. Journal of Experimental Social Psychology, 35(1), 4–28. doi:10.1006/jesp.1998.1373

Stangor, C. (2009). The Study of Stereotyping, Prejudice, and Discrimination Within Social Psychology: A Quick History of Theory and Research. In T. D. Nelson (Ed.), Handbook of prejudice, stereotyping, and discrimination (pp. 1–22). New York, NY US: Psychology Press.

Steele, C. M., & Aronson, J. (1995). Stereotype threat and the intellectual test performance of African Americans. Journal of Personality and Social Psychology, 69(5), 797–811. doi:10.1037/0022-3514.69.5.797

Steele, J. (2003). Children's Gender Stereotypes About Math: The Role of Stereotype Stratification. Journal of Applied Social Psychology, 33(12), 2587–2606. doi:10.1111/j.1559-1816.2003.tb02782.x

Steffens, M. C., & Jelenec, P. (2011). Separating implicit gender stereotypes regarding math and language: Implicit ability stereotypes are self-serving for boys and men, but not for girls and women. Sex Roles, 64(5-6), 324–335. doi:10.1007/s11199-010-9924-x

Steffens, M. C., Jelenec, P., & Noack, P. (2010). On the leaky math pipeline: Comparing implicit math-gender stereotypes and math withdrawal in female and male children and adolescents. Journal of Educational Psychology, 102(4), 947–963. doi:10.1037/a0019920

Strack, F. (1994). Response processes in social judgment. In R. S. Wyer & T. K. Srull (Eds.), Handbook of social cognition. Vol. 1: Basic processes (pp. 287–322). Hillsdale, NJ England: Lawrence Erlbaum Associates, Inc.

Strack, F., & Deutsch, R. (2004). Reflective and Impulsive Determinants of Social Behavior. Personality and Social Psychology Review, 8(3), 220–247. doi:10.1207/s15327957pspr0803_1

Stumpf, H., & Klieme, E. (1989). Sex-related differences in spatial ability: More evidence for convergence. Perceptual and Motor Skills, 69(3, Pt 1), 915–921.

Tiedemann, J. (1995). Geschlechtstypische Erwartungen von Lehrkräften im Mathematikunterricht der Grundschule. Zeitschrift für Pädagogische Psychologie/German Journal of Educational Psychology, 9(3-4), 153–161.

Tiedemann, J. (2000a). Gender-related beliefs of teachers in elementary school mathematics. Educational Studies in Mathematics, 41(2), 191–207. doi:10.1023/A:1003953801526

Tiedemann, J. (2000b). Parents' gender stereotypes and teachers' beliefs as predictors of children's concept of their mathematical ability in elementary school. Journal of Educational Psychology, 92(1), 144–151. doi:10.1037/0022-0663.92.1.144

Tiedemann, J. (2002). Teachers' gender stereotypes as determinants of teacher perceptions in elementary school mathematics. Educational Studies in Mathematics, 50(1), 49–62. doi:10.1023/A:1020518104346

Tiedemann, J., & Faber, G. (1994). Mädchen und Grundschulmathematik: Ergebnisse einer vier-jährigen Längsschnittuntersuchung zu ausgewählten geschlechtsbezogenen Unterschieden in der Leistungsentwicklung. Zeitschrift für Entwicklungspsychologie und Pädagogische Psychologie, 26(2), 101–111.

U.S. Department of Education. (2012). The Condition of Education 2012: National Center for Education Statistics.

van den Bergh, L., Denessen, E., Hornstra, L., Voeten, M., & Holland, R. W. (2010). The implicit prejudiced attitudes of teachers: Relations to teacher expectations and the ethnic achievement gap. American Educational Research Journal, 47(2), 497–527. doi:10.3102/0002831209353594

Vezzali, L., Giovannini, D., & Capozza, D. (2012). Social antecedents of children's implicit prejudice: Direct contact, extended contact, explicit and implicit teachers' prejudice. European Journal of Developmental Psychology, 9(5), 569–581. doi:10.1037/t03782-000;

Walther, G., Schwippert, K., Lankes, E.-M., & Stubbe, T. C. (2008). Können Mädchen doch rechnen? Vertiefende Analysen zu Geschlechtsdifferenzen im Bereich Mathematik auf Basis der Internationalen Grundschul-Lese-Untersuchung IGLU. Zeitschrift für Erziehungswissenschaft, 11(1), 30–46. doi:10.1007/s11618-008-0002-x

Weisbuch, M., Pauker, K., & Ambady, N. (2009). The subtle transmission of race bias via televised nonverbal behavior. Science, 326(5960), 1711–1714. Retrieved from 10.1126/science.1178358

Wenninger, G. (. (2000). Lexikon der Psychologie: In fünf Bänden. Heidelberg: Spektrum.

Yee, D. K., & Eccles, J. S. (1988). Parent perceptions and attributions for children's math achievement. Sex Roles, 19(5-6), 317–333. doi:10.1007/BF00289840

Teil 2

Empirische Modellierung von Kompetenzfacetten

Fachbezogene diagnostische Kompetenzen von Lehrkräften – Von Verfahren der Erfassung zu kognitiven Modellen zur Erklärung

4

Andreas Ostermann, Pädagogische Hochschule Freiburg
Timo Leuders, Pädagogische Hochschule Freiburg
Kathleen Philipp, Pädagogische Hochschule FHNW Basel

Zusammenfassung

Als diagnostische Kompetenzen werden Fähigkeiten von Lehrpersonen verstanden, welche sie in die Lage versetzen, korrekte Urteile über Lernvoraussetzungen, Lernprozesse und Lernergebnisse von Lernenden zu treffen. Ziel ist es, Informationen zu gewinnen, die für verschiedene pädagogische Entscheidungen (Notengebung, Versetzung, Übergangsempfehlungen, Unterrichtsplanung und Unterrichtsgestaltung, Schul- und Unterrichtsentwicklung) genutzt werden können.

Der vorliegende Artikel möchte einen Überblick über bisherige Ansätze zur Erforschung diagnostischer Kompetenzen geben und bezieht sich hierbei auf Hinweise aus der Kompetenzmodellierung mathematischen Professionswissens, Erfassung von Urteilsgenauigkeiten und auf die Prozessmodellierung diagnostischer Urteile. Vor diesem Hintergrund werden neuere Befunde aus qualitativen und quantitativen Ansätzen gedeutet. Insbesondere die Frage, welche Wissensbereiche zur Förderung diagnostischer Kompetenzen von Lehrpersonen herangezogen werden können, wird abschließend diskutiert.

4.1 Einführung

Diagnostische Kompetenzen von Lehrpersonen werden als zentral für die Ausübung ihrer beruflichen Tätigkeit angesehen (Berliner, 1994; Demaray & Elliot, 1998; Helmke, 2009; Hoge & Coladarci, 1989; Schrader, 2011; Weinert, 1998). Sie werden benötigt, um Lernvoraussetzungen zu klären, Lernfortschritte zu überwachen und Lernschwierig-

© Springer Fachmedien Wiesbaden GmbH, ein Teil von Springer Nature 2019
T. Leuders et al. (Hrsg.), *Pädagogische Professionalität in Mathematik und Naturwissenschaften*, https://doi.org/10.1007/978-3-658-08644-2_4

keiten zu identifizieren und schließlich Lernergebnisse auszuwerten. Diagnostische Kompetenzen bilden damit auch die Grundlage für Allokations- und Selektionsentscheidungen (Schrader, 2013, S. 155; Ingenkamp, 2008).

Während die pädagogische Diagnostik die Entwicklung und Nutzung wissenschaftlich fundierter Instrumente anstrebt, basiert in der Praxis das Lehrerhandeln eher auf informellen diagnostischen Urteilen (Schrader, 2013). Daher ist von Interesse, wie und unter welchen Einflüssen solche diagnostischen Urteile gebildet werden, welche Konsequenzen sie haben und wie diagnostische Kompetenzen erworben werden. In dieser Hinsicht sind noch mannigfaltige Desiderate in der Forschung zu diagnostischen Kompetenzen zu erkennen. Auf der Ebene der Ausübung diagnostischer Tätigkeiten in der Unterrichtspraxis oder der Förderung diagnostischer Kompetenzen in der Aus- und Fortbildung sind dies unter anderem folgende:

(1) Wie können Instrumente der formellen Diagnostik produktiv im Alltag genutzt und mit informellen Verfahren verbunden werden (vgl. *embedded assessment*, Wilson & Sloane, 2000)? (1a) Wie lassen sich einerseits informelle diagnostische Verfahren, die oft einer bewährten oder innovativen Praxis entstammen, besser empirisch fundieren (z. B. Portfolios)? (1b) Welche Rolle spielt andererseits Wissen über formelle Diagnostik bei der täglichen Unterrichtspraxis im Sinne diagnostischer Expertise (Schrader, 2011)?

(2) Welche Formen der Förderung diagnostischer Kompetenzen in Ausbildung und Fortbildung sind effektiv? Hier gibt es erste Ansätze aus der Evaluation von spezifischen Interventionen (z. B. Swan, 2007; Busch, Barzel & Leuders, 2015; Ostermann, Leuders & Nückles, in review).

(3) Welche Wirkungen haben diagnostische Kompetenzen und Tätigkeiten auf die Entwicklung der Lernenden? Welche Prozesse sind für diese Entwicklungen verantwortlich? Hier sind Ansätze notwendig, die über die Ermittlung korrelativer Zusammenhänge hinausgehen (vgl. Anders, Kunter, Brunner, Krauss & Baumert, 2010). Die Unterrichtsforschung im Zusammenhang mit formative assessment (Black & Wiliam, 1998) könnte Ideen liefern, wenn sie stärker die Kompetenzen und Handlungen der Lehrkräfte einbezieht.

Verbunden mit der Frage nach wirksamen Förderungsmöglichkeiten diagnostischer Kompetenzen in der Lehrerbildung sind auch folgende Fragen, die eher der Grundlagenforschung zuzurechnen sind:

(4) Wie lässt sich die Qualität diagnostischer Urteile konzeptualisieren und empirisch erfassen – wie kann man hier insbesondere das vorherrschende Paradigma der Messung der Urteilsgenauigkeit erweitern (Schrader, 2011)?

(5) Welche Einflüsse verändern die Genauigkeit (und die Qualität) diagnostischer Urteile? Reviews aus bisher vorliegenden Studien geben eher korrelative Hinweise (Süd-

kamp, Kaiser & Möller, 2012). Von Interesse ist insbesondere auch die Aufklärung kausaler Zusammenhänge (z. B. Ostermann et al., in review).

(6) Inwieweit sind diagnostische Urteile aus der fachspezifischen Perspektive zu verstehen? Welche Rolle spielt fachliches oder fachdidaktisches Wissen? (vgl. Schrader, 2011)

(7) Inwieweit ist es nützlich oder sogar notwendig, diagnostische Kompetenzen systematischer im Zusammenhang mit Kompetenzen der anschließenden Förderung zu sehen (Klug, Bruder, Kelava, Spiel & Schmitz, 2013).

Insbesondere die Untersuchung der Fragen (4) bis (6) hat nur begrenzte Erfolgsaussichten, solange sie auf der deskriptiven Ebene bleibt. Eine Weiterentwicklung des Forschungsstandes macht es notwendig, dass hier substanzielle Theorien entwickelt und geprüft werden, welche die Genese diagnostischer Urteile auch auf der Ebene individueller Kognitionen erklären können.

Der vorliegende Artikel möchte hierzu einen Beitrag leisten, indem er auslotet, welche Ansätze der letzten Jahre Hinweise auf eine solche kognitiv orientierte Theorie zu diagnostischen Urteilen ergeben. Auf dieser Basis wird ein Modell für die Genese diagnostischer Urteile vorgeschlagen und zur Diskussion gestellt, welches Einflüsse aus verschiedenen Forschungszweigen integriert. Abschließend werden neuere Studien vor dem Hintergrund dieses Modells gedeutet.

4.2   Hinweise auf Prozesse bei der Bildung diagnostischer Urteile

In der Forschung zu diagnostischen Kompetenzen kann man unterschiedliche Zugänge finden, welche weitgehend voneinander entkoppelte Traditionen darstellen. Wir unterscheiden an dieser Stelle drei Zugänge und diskutieren jeden daraufhin, welche Hinweise er auf die Prozesse der Informationsgewinnung bzw. Urteilsbildung beim diagnostischen Handeln gibt (vgl. Philipp & Leuders, 2014):

(1) Die Modellierung von Kompetenzen, welche man sowohl als Tätigkeitsanalysen („job analysis" bei Bass & Ball, 2004, Harvey, 1991) als auch in Form von Operationalisierungen bei der Kompetenzmessung findet.

(2) Die Analyse der Urteilsgenauigkeit (Veridikalität) anhand der Beziehungen zwischen Urteilen und tatsächlichen Leistungen, auch unter Einbeziehung möglicher Einflussvariablen (Helmke & Schrader, 1987; Schrader, 2011).

(3) Die Beschreibung kognitiver Prozesse bei der Urteilsbildung und die empirische Prüfung solcher Prozessmodelle in Interviews und Experimenten (Nickerson, 1999; Philipp & Leuders, 2014; Ostermann, Leuders & Nückles, 2015; Ostermann et al., in review).

(1) Hinweise aus der Forschung zur Kompetenzmodellierung

Seitdem Shulman (1986) in seinem wegweisenden Aufsatz das Konzept des pedagogical content knowledge *(PCK) als spezifisches Wissen für den Lehrberuf auf dem Schnittpunkt von allgemeinem pädagogischen Wissen (*pedagogical knowledge*) und Fachwissen (*subject matter knowledge*) identifizierte, gab es eine große Zahl von Anstrengungen, diese Dimension theoretisch und empirisch näher zu beleuchten (für eine aktuelle Übersicht siehe Depaepe, Verschaffel & Kelchtermans, 2013). Die Arbeitsgruppe um Ball hat die theoretische Unterscheidung verschiedener Facetten fachbezogenen pädagogischen Wissens und ihre empirische Fundierung durch eine Reihe qualitativer und quantitativer Arbeiten bereichert und damit Shulmans Konzepte ausdifferenziert. Ihr Modell für das fachliche und fachdidaktische Wissen von Lehrkräften (Bass & Ball, 2004; Ball, Thames & Phelps, 2008; Ball, Hill & Bass, 2005), welches auf umfassenden Analysen der Unterrichtstätigkeit von Grundschullehrkräften beruht (*job analysis*), umfasst Aspekte, die in eine theoretische Beschreibung fachbezogener diagnostischer Kompetenzen von Lehrkräften einbezogen werden können – auch wenn sie diesen Kompetenzbereich nie explizit abgrenzen. Ball et al. (2008) unterteilen das Professionswissen von Mathematiklehrkräften in fachliches und fachdidaktisches Wissen. Von den verschiedenen Facetten fachlichen Wissens (wie* common content knowledge *oder* horizon knowledge*) kann man das* specialized content knowledge *(SCK) als die fachwissenschaftliche Basis diagnostischen Handelns auffassen: („Close examination reveals that SCK is mathematical knowledge not typically needed for purposes other than teaching. In looking for patterns in student errors or in sizing up whether a nonstandard approach would work in general [....] teachers have to do a kind of mathematical work that others do not. This work involves an uncanny kind of unpacking of mathematics that is not needed – or even desirable – in settings other than teaching. Many of the everyday tasks of teaching are distinctive to this special work. "* (Ball et al. 2008, S. 400)

Hiervon grenzen die Autoren das *knowledge of content and students* (KCS) ab – eine Facette, die Wissen über mathematische Schülervorstellungen, -fehler, und typische Lösungswege von Schülern umfasst und somit einen Kernbereich des diagnostischen Handelns beschreibt (Ball, Thames & Phelps 2008, S.395; Ball, Hill & Bass, 2005 S. 17, 21).

Alle drei genannten Facetten des fachdidaktischen Wissens können also bei diagnostischen Tätigkeiten von Lehrkräften eine Rolle spielen: Während die sachliche Richtigkeit einer Schülerlösung oft mit fachlichem Allgemeinwissen (CCK) zu erfassen ist, braucht die Einschätzung ihres mathematischen Gehalts spezielles mathematisches Wissen (SCK), die Identifikation eines Fehlertyps und dessen Prävalenz fachdidaktisches Wissen über eben diese Fehlertypen (KCS).

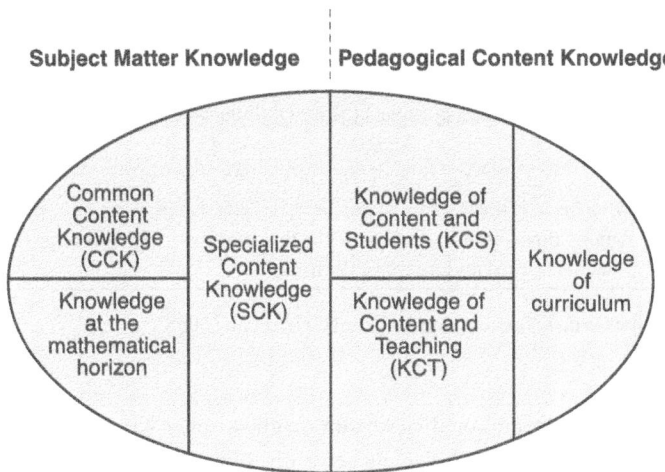

Abb. 1: Topologie des fachbezogenen pädagogischen Wissens von Mathematiklehrkräften nach (Ball et al., 2008)

Während die Konzeptualisierung der beschriebenen Wissensfacetten aus der Analyse einer Vielzahl von Fallstudien entstand, versuchen Hill, Ball und Schilling (2008) diese Arbeit durch die Entwicklung eines empirischen Messinstrumentes zu ergänzen. Von besonderem Interesse ist dabei das KCS als diagnostische Facette fachdidaktischen Wissens. Sie grenzt sich von SCK dadurch ab, dass Personen, die nicht als Lehrende für Mathematik tätig sind, die hier beschriebenen Fähigkeiten wahrscheinlich nicht besitzen. Konkret wurde KCS durch Aufgaben folgenden Typs operationalisiert, die alle den Charakter diagnostischer Tätigkeiten haben:

(1) Kenntnis, Vorhersage und Fähigkeit zur Identifizierung von typischen Fehlern,
(2) Erkennen des Grades von Verständnis in Schülerlösungen,
(3) Identifikation von relativen Schwierigkeiten bzw. geeignete Lernschritten.

Eine Faktorenanalyse zeigt, dass sich KCS auf diese Weise operationalisieren und von rein fachlichem Wissen tatsächlich abgrenzen lässt (Hill, Schilling & Ball, 2004). Durch die Operationalisierung, welche in der beschriebenen Studie vorgenommen wird, werden einige Aspekte diagnostischer Kompetenzen innerhalb des Rahmenmodells noch einmal konkretisiert – alle drei Aufgabenbereiche lassen sich unmittelbar als diagnostische Tätigkeiten verstehen.

Die Fähigkeit zur Identifizierung typischer Fehler operationalisieren die Autoren mit Items, wie in Abb. 2. Hier ist neben der reinen Kenntnis typischer Schülerfehler auch die Fähigkeit der Auswahl geeigneter Diagnoseaufgaben abgebildet, die Fehlvorstellungen von Schülerinnen und Schülern aufdecken können.

Mr. Fitzgerald has been helping his students learn how to compare decimals. He is trying to devise an assignment that shows him whether his students know how to correctly put a series of decimals in order. Which of the following sets of numbers will best suit that purpose? (Mark ONE answer.)

    a.   .5   7   .01   11.4

    b.   .60   2.53   3.14   .45

    c.   .6   4.25   .565   2.5

    d.   Any of these would work well for this purpose. They all require the students to read and interpret decimals.

Abb. 2: Beispielitem zur Erfassung von KCS nach Hill et al. (2008)

Eine andere Form der Operationalisierungen diagnostischer Kompetenz als Teil fachdidaktischen Wissens findet man beispielsweise im Rahmen der Kompetenzmodellierung der TEDS-M-Studie (Blömeke, Kaiser, Döhrmann & Lehmann, 2008). Auch hier äußert sich diagnostische Kompetenz als ein Teil von KCS im Wissen über Fehlvorstellungen von Schülerinnen und Schülern:

Welche Fehlerart (falsches Kürzen, Fehlvorstellung vom Gleichheitszeichen oder Übergeneralisierung) liegt den folgenden, nicht mathematisch korrekt durchgeführten Berechnungen jeweils zugrunde?

Kreuzen Sie ein Kästchen pro Zeile an.

	falsches Kürzen	Fehlvor-stellung vom Gleichheits-zeichen	Über-generali-sierung
A) $a = \dfrac{x}{b+c}\Big\vert \cdot b$ $a \cdot b = \dfrac{x}{c}\Big\vert \cdot c$ $x = a \cdot b \cdot c$	☐	☐	☐
B) Berechne die Fläche des Halbkreises mit dem Radius r = 2: $\pi 2 = 4\pi : 2 = \dfrac{4}{2}\pi = 2\pi$	☐	☐	☐
C) $\log(a \cdot b) = \log a \cdot \log b$	☐	☐	☐

Abb. 3: Beispielaufgabe zur Erfassung von PCK nach Blömeke et al. (2008)

Eine erfolgreiche Bearbeitung dieses Items besteht darin, abstraktes Wissen über Fehlvorstellungen auf konkrete Schülerlösungen von Aufgaben anwenden zu können. In diesem Fall müssen die Fehlvorstellungen den Probanden allerdings nicht bereits bekannt sein. Die aussagekräftigen Bezeichnungen der Fehlvorstellungen lassen sich hier ohne deklaratives diagnostisches Vorwissen auf die jeweiligen Aufgaben inhaltlich beziehen.

Der Ansatz einer solchen Kompetenzmodellierung mündet also in verschiedenartige Operationalisierungen diagnostischer Kompetenzen. Die angeführten Arbeiten beschreiben Wissensbereiche und Ressourcen von Lehrpersonen auch hinsichtlich diagnostischer Kompetenzen näher und insbesondere fachspezifischer. Sie geben aber wenig Auskunft darüber, welche kognitiven Prozesse bei diagnostischen Urteilen ablaufen oder auf welche Weise die notwendigen Ressourcen erworben und aktiviert werden können.

(2) Hinweise aus der Erfassung von Urteilsgenauigkeit

Einen anderen Ansatz der Untersuchung diagnostischer Kompetenzen findet man im Rahmen des Urteilsgenauigkeitsparadigmas (Helmke & Schrader, 1987; Schrader, 2011). Hier müssen Lehrpersonen etwa den Prozentsatz ihrer Schülerinnen und Schüler angeben, welche beispielsweise die folgende Aufgabe korrekt lösen (Abb. 4).

---

b. Aufgabe „Frau Mai"

Die Geschäftsfrau Mai zahlt für ein Kleid bei einem Großlieferanten einen Einkaufspreis von 150 €.

Den Verkaufspreis, der auf dem Preisschild stehen soll, berechnet Frau Mai so: Zunächst erhöht sie den Einkaufspreis um 100 %. Zu diesem neuen Preis kommen noch 16 % Steuer hinzu.

Welchen Preis schreibt dann Frau Mai auf das Preisschild?

Abb. 4: Beispielitem zur Erfassung der Urteilsgenauigkeit nach Brunner, Anders, Hachfeld & Krauss (2011)

Die Bearbeitung dieses Items setzt voraus, dass die Lehrperson über eine Vielzahl diagnoseleitender Informationen verfügt. Das schulbezogene Fachwissen (SCK) über die konzeptuelle Aufgabenkomplexität und über schwierigkeitsgenerierende Merkmale (als Teil von KCS) muss bei einem solchen Urteil auf eine konkrete Schülergruppe bezogen werden.

Die Genauigkeit solcher Urteile (Veridikalität) gilt als Indikator für diagnostische Kompetenzen von Lehrpersonen. Dabei werden zumeist drei quantitativ fassbare Komponenten beschrieben, welche verschiedene Aspekte des Lehrerurteils in Bezug auf eine konkrete Klasse betonen (Helmke & Schrader, 1987; Schrader 2011, 2013):

1. Die *Niveaukomponente* gibt an, wie Lehrpersonen die Fähigkeiten einer Klasse im Mittel beurteilen. Durch den Vergleich von Lehrerurteil und tatsächlicher Performanz der Schüler lässt sich die Einschätzungsgüte als Differenz (z. B. von Lösungshäufigkeiten) errechnen.
2. Die *Rangordnungskomponente* gibt an, wie die durch Lehrpersonen geschätzte Rangfolge von Schülerleistungen mit der tatsächlichen korreliert.
3. Die *Differenzierungskomponente* gibt an, wie Lehrpersonen die Heterogenität eines Merkmals in ihrer Klasse einschätzen und wird durch Streuungsmaße erfasst.

Eine große Zahl von Studien zur Erfassung diagnostischer Kompetenzen bewegt sich im Veridikalitätsparadigma (Schrader, 2011, 2013), wonach über die Güte der genannten Indikatoren Einflussfaktoren identifiziert werden sollen. Verschiedene Arten der Erfassung der Urteilsgenauigkeit weisen nach Hoge und Colardaci (1989) unterschiedliche Spezifitätsgrade auf: („(a) ratings (low specificity), where teachers rated each student's academic ability (e.g., 'lowest fifth of class' to 'highest fifth of class'); (b) rankings, where teachers were asked to rank order their students according to academic ability; (c) grade equivalence, where teachers estimated, in the grade-equivalent metric, each student's likely performance on a concurrently administered achievement test; (d) number correct, where teachers were asked to estimate, for each student, the number of correct responses on an achievement test, administered concurrently; and (e) item responses (high specificity), where teachers indicated, for each item on an achievement test administered concurrently to the students, whether they thought the student would respond correctly to the item or had sufficient instruction to respond correctly." (Hoge & Colardaci, 1989, S. 300f)

Die Metaanalysen von Südkamp et al. (2012) sowie Hoge und Colardaci vergleichen die vorliegenden Daten zur Rangordnungskomponente und zeigen eine mittlere Korrelation von $r = 0{,}66$ bzw. $r = 0{,}63$. Die Befunde von Hoge und Colardaci weisen darauf hin, dass Lehrpersonen bei direkten Urteilen (d. h. Urteilen in Bezug auf ihnen konkret vorliegende Testaufgaben) die Performanz von Schülerinnen und Schülern besser einschätzen als bei indirekten Urteilen (welche sich mehr auf allgemeine Fähigkeiten beziehen).

Um zu differenzierten Aussagen zu möglichen Einflüssen auf die diagnostische Kompetenz zu kommen, analysieren Südkamp et al. (2012) die Bedeutung verschiedener Faktoren, welche die untersuchten Studien kennzeichnen bzw. unterscheiden: Diese Faktoren sind im Einzelnen den Dimensionen Lehrermerkmalen, Schülermerkmalen, Urteilsmerkmalen und Testmerkmalen zuzuordnen. Die Autoren schlagen das in Abb. 5 dargestellte Modell als „Modell für die diagnostische Urteilsbildung" vor. Dieses Modell entält die studienübergreifend erfassbaren Merkmale der Diagnosesituation: Lehrermerkmale, Schülermerkmale, Testmerkmale sowie Merkmale der Urteile (z. B. die Spezifität der Urteile).

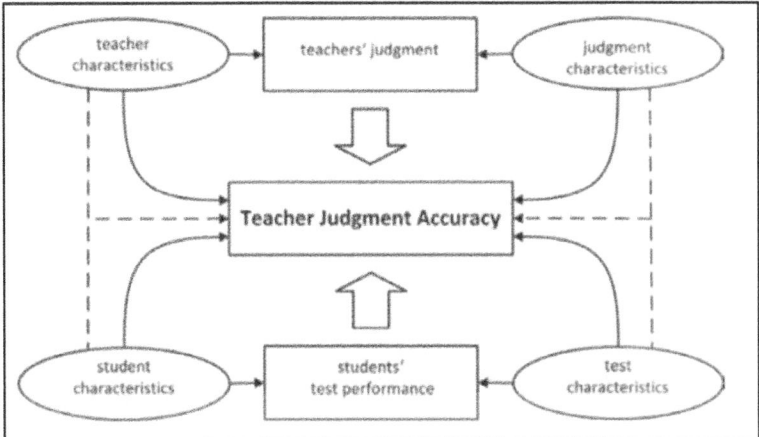

Abb. 5: Modell diagnostischer Urteilsbildung nach Südkamp et al. (2012)

Lediglich im Bereich der Urteilsmerkmale zeigen sich bei Moderatoranalysen signifikante Zusammenhänge zwischen den erfassten Merkmalen und der Urteilsgenauigkeit, was als Replikation der genannten Befunde von Hoge und Colardaci (1989) zur höheren Urteilsgenauigkeit bei direkteren Urteilen zu werten ist. Moderatorbezogene Metaanalysen wie diese können jedoch nur wenig Hinweise auf Merkmale des Urteils*prozesses* und herbei relevante Einflüsse geben, da die über viele Studien erfassten Merkmale nicht systematisch variiert und nur konsistent operationalisiert sind.

Die oben genannten Rangkorrelationen mögen auf den ersten Blick zufriedenstellend hoch erscheinen, jedoch muss darauf hingewiesen werden, dass Korrelationen systematische Über- und Unterschätzungen nicht wiedergeben können. Beispielsweise äußert sich eine Überschätzung von Lösungshäufigkeiten um einen bestimmten Prozentsatz nicht in der Güte der Rangkorrelation. Im Fach Mathematik sind systematische Überschätzungen von Schülerleistungen empirisch gut belegt (vgl. Nathan & Koedinger, 2000; Nathan & Petrosino, 2003; Spinath, 2005) – Unterschätzungen im Primarstufenbereich werden von Selter (1995) berichtet. Systematische Verschätzungstendenzen als Lehrermerkmal können daher durch eine solche Analyse nicht aufgedeckt werden, was für das Einbeziehen der Niveaukomponente bei Analysen zur Identifikation von Einflussfaktoren sprechen würde (vgl. Schrader 2013, Ophuysen 2010). Die von Südkamp et al. (2012) vorgenommene Kategorisierung von Einflussfaktoren ergibt damit nur sehr eingeschränkte Hinweise für eine Theorie diagnostischen Handelns, welche das gegenstandsbezogene Wissen (im Sinne von SCK, KCS) mit einschließt und zum Aufschluss über kognitive Prozesse bei der Urteilsbildung beitragen kann. Die Tatsache, dass direktere Messverfahren zu einer höheren Urteilsgenauigkeit führen, könnte man dahingehend deuten, dass Lehrende tatsächlich auf spezifische Kenntnis der Lösungsprozesse der Schülerinnen zurückgreifen und nicht pauschal und „ganzheitlich" urteilen. Es könnte sich aber auch lediglich um einen Effekt der geringeren Reliabilität von höher inferenten Urteilen handeln.

(3) Hinweise aus (kognitiven) Modellierungen der Urteilsbildung

Die bisher referierte Forschung erweist sich als Grundlage für eine kognitive Theorie zum diagnostischen Urteilen nur als begrenzt ergiebig. Dies liegt natürlich auch daran, dass die beschriebenen Ansätze nicht darauf abzielen, diesen Anspruch zu erfüllen. In diesem dritten Abschnitt sollen daher Ansätze herangezogen werden, denen explizite Überlegungen zu kognitiven Prozessen zugrunde liegen.

Diagnostik als probabilistisches induktives Schließen

Beim diagnostischen Urteilen findet man Schlussweisen, wie sie ganz allgemein typisch sind für Prozesse des menschlichen Erkenntnisgewinns. Der amerikanische Philosoph C.S. Peirce kategorisiert die Schlussweisen nach abduktiven, induktiven und deduktiven Formen, welche sich ebenfalls beim diagnostischen Urteilen wiederfinden (Richter, 1995; Leuders & Philipp, 2012). Beim abduktiven Schließen wird von einem vorliegenden Fall (z. B. einer Schülerlösung) auf einen allgemeinen Zusammenhang (eine Hypothese, eine Theorie) geschlossen, aus welcher sich dieser Fall erklären lässt. Ein solches Schließen ist ein kreativer, erkenntnisgenerierender Akt.

Ein diagnostisches Urteil kann aber auch von bereits vorliegenden Hypothesen ausgehen, was dann dem induktiven Schließen sensu Peirce entspricht: Eine bereits bestehende Annahme über einen Lernenden wird durch die Beobachtung eines konkreten Verhaltens untermauert oder geschwächt. Der Begriff „induktiv" wird bei Peirce für hypothesenprüfendes Vorgehen verwendet.

Eine mathematische Formalisierung solcher Vorgehensweisen findet man beim Modell des Bayes'schen Schließens: Ausgangspunkt ist eine Reihe von möglichen Hypothesen, die mit unterschiedlicher Apriori-Wahrscheinlichkeit als wahr angenommen werden (z. B. das Vorliegen verschiedener Teilfähigkeiten oder Fehlertypen). Aufgrund von Einzelbeobachtungen werden diese neu bewertet, sodass eine Aposteriori-Wahrscheinlichkeit resultiert. Eine solche Sicht auf Urteilsprozesse kann auch als Grundlage für kognitive Prozessmodelle dienen (z. B. bei klinischen Urteilen in der Medizin, s. Gill, Sabin & Schmid, 2005). Im Bereich der Mathematik werden Bayes'sche Modelle bislang als normative Modelle und als Grundlage für teststatistische Diagnoseverfahren eingesetzt (Lee & Corter, 2010).

Diagnostik als Dekomprimierung von Lernzielen

Ein anderer Ansatz, der auf wesentlich spezifischere Weise auf eine „kognitive Argumentation" zurückgreift, liegt der Studie von Morris, Hiebert & Spitzer (2009) zugrunde. Hier werden diagnostische Kompetenzen bezogen auf mathematische Fähigkeiten von Schülerinnen und Schülern in einer spezifischen Weise modelliert und untersucht. Morris et al. identifizieren die „Dekomprimierung von Lernzielen in Teilziele" als zentrale Kompetenz von Lehrpersonen: Die Kenntnis von Teilzielen ist notwendige Bedingung für die Gestaltung und Evaluation von Lernprozessen und stellt so eine zentrale Komponente schulbezogenen Fachwissens (SCK) dar. Die Autoren dekomprimieren das Lernziel der Addition zweier Brüche in eine feingliedrige lineare Folge von Teilschritten, die allesamt notwendig sind, um die Aufgabe vollständig und richtig zu lösen. Diese von den Autoren vorgenommene Analyse ist eine fachliche, die ohne Kenntnis individueller Schülerlösungen möglich ist. Sie lässt sich mit Analysen vergleichen, die in der frühen Zeit der nicht empirisch arbeitenden Fachdidaktik vorgenommen wurden (z. B. Klein, 1911; Freudenthal, 1973). Dennoch kann man annehmen, dass derartige Analysen eine erste Annäherung an eine fachliche Durchdringung mathematischer Konzepte darstellt, wie sie für eine didaktische Aufbereitung nötig ist. Morris et al. nutzen das explizite Benennen solcher (den Studierenden nicht explizit vorgegebenen) Teilziele in den Analysen der Lehramtsstudierenden als Maßstab für deren Dekomprimierungsfähigkeit. Diesem Vorgehen liegt die Annahme zugrunde, dass sich in dieser Tätigkeit eine spezifische Kompetenz konstituiert. Die eingesetzten Aufgabenstellungen für die Lehramtsstudierenden verweisen auf unterschiedliche Kompetenzfacetten, in denen die Dekomprimierung eingesetzt werden kann, z. B. (1) Die Konzepte in Schülerbearbeitungen wiederfinden, (2) Fehlerhafte Schülerbearbeitungen anhand der Konzepte erklären, (3) Verschiedene Zugänge zur Bruchaddition bewerten, (4) Unterrichtssituationen hinsichtlich der Förderung der Subkonzepte bewerten. Während (1) und (2) als eher diagnostische Kompetenzen zu werten sind, bilden (3) und (4) bereits die Basis für Lehrkompetenzen. Die Autoren betonen die zentrale Bedeutung der „Dekomprimierungskompetenz", welche in der universitären Phase im Zusammenhang mit praktischen Studienanteilen erworben werden kann und die Basis für eine Fähigkeit zum lebenslangen Weiterlernen bildet (Hiebert, Morris, Berk & Jansen, 2007; Jansen & Spitzer, 2009).

Bedeutung des Urteilsmodus für diagnostische Urteile

Seit Kahnemann (2003) finden sogenannte *Dual-Process-Modelle* in der kognitionspsychologischen Urteilsforschung Einsatz. Diese beschreiben, wie Urteile von intuitiven (unbewussten) und deliberaten (bewussten/rationalen) Prozessen gesteuert werden können. Dabei können sich verschiedene Urteilsmodi auf die Urteilsqualität und auf die Urteilszufriedenheit auswirken. Wilson und Schooler (1991) zeigen, dass intuitive Entscheidungen zu größerer Entscheidungszufriedenheit führen können, als deliberate. Nach Plessner und Czenna (2008) urteilen Experten in einem intuitiven Modus besser, da rational abgewogene Argumente in nichtoptimaler Gewichtung in das Gesamturteil einfließen können. Beispielsweise konnten Fußballexperten vier Wochen vor dem „FIFA Confed-Cup 2005" die Gewinnermannschaft treffsicherer voraussagen, als eine Woche davor. Als Grund dafür sehen die Autoren das höhere Maß an verfügbaren Informationen durch Spekulationen, welche teilweise überbewertet werden und im Urteilsprozess dominieren.

Bislang sind uns keine Befunde bekannt, worin die Auswirkung des Urteilsmodus explizit in Bezug auf diagnostische Entscheidungen von Lehrpersonen untersucht wurde. Untersuchungen welche Prozessdaten erfassen (z. B. Angabe zu Aufgabenschwierigkeiten, Think-Aloud-Interviews) induzieren einen deliberaten Entscheidungsmodus. So zeigte sich etwa in einer Analyse von Aufgabendekomprimierungen und typischen Schülerschwierigkeiten, dass typische Fehlkonzepte des Aufgabenbereichs den angehenden Lehrpersonen weitestgehend nicht bekannt waren (Ostermann et al., 2015). Ob die in dieser Studie aufgetretenen Verschätzungen bezüglich Aufgabenschwierigkeiten einer nichtoptimalen Gewichtung der gefundenen Schwierigkeiten oder der Unbekanntheit typischer Fehlkonzepte geschuldet sind, lässt sich aufgrund der Datenlange nicht beantworten. Dennoch bildet das Wissen über typische Fehlkonzepte eine notwendige Bedingung zur Berücksichtigung sämtlicher schwierigkeitsgenerierender Merkmale.

Dass sich ein deliberater Entscheidungsmodus positiv auf diagnostische Urteile von Lehrpersonen auswirkt, ist angesichts der Befunde aus der Expertiseforschung eher fragwürdig. Experteninterviews könnten hier möglicherweise Auskunft über nützliche Heuristiken geben, welche sich auf eine Auswahl relevanter Aspekte konzentrieren und damit diagnostische Urteile unterstützen (vgl. Gigerenzer, 2011; Philipp & Leuders, 2014). Eine Heuristik für den allgemeinen Prozess der Perspektivenübernahme wird im nächsten Abschnitt vorgestellt. Abschließend wird diskutiert, inwieweit sich eine solche Heuristik auf den Prozess diagnostischer Urteile anwenden lässt.

Diagnostik als Adaption von Modellen über das Wissen anderer

Eine diagnostische Situation verlangt, dass eine Lehrperson den Wissenstand von Lernenden einschätzt. Sofern dies nicht mit normierten, objektivierenden Instrumenten geschieht, lässt sich diese Situation mit einer in der Expertiseforschung beschriebenen Konstellation vergleichen: Ein Experte muss das Wissen von Laien einschätzen und seine Interaktion auf dieses Urteil abstimmen. Nickerson (1999) stellt ein Modell der „Imputation von Wissen" vor, mit dem sich eine Vielzahl von Studien und Befunden beschreiben lässt: Der Experte konstruiert zunächst ein Ausgangsmodell über das Wissen des anderen, indem er von seinem eigenen Wissen jene ungewöhnlichen Aspekte abzieht, welche seiner Meinung nach nicht allgemein verbreitet sind. Durch Berücksichtigung verschiedener Informationen über die andere Person (Zugehörigkeit zu einer Gruppe, langfristiges Wissen über die Person), kann dieses Modell weiter adaptiert werden. Die Adaption setzt sich durch die fortlaufende Gewinnung von Information über die konkrete Person fort. Dieser Prozess entspricht einer anchor and adjustment heuristic von Tversky und Kahneman (1974) mit dem zusätzlichen Postulat, dass das Ausgangs-

modell in der Regel das eigene Wissen ist. Zur Erklärung der „Trägheit des Ausgangsmodells" kann man nach Kraus und Hassel (1991) die leichtere Verfügbarkeit der eigenen Perspektive heranziehen (vgl. Tversky & Kahneman, 1973).

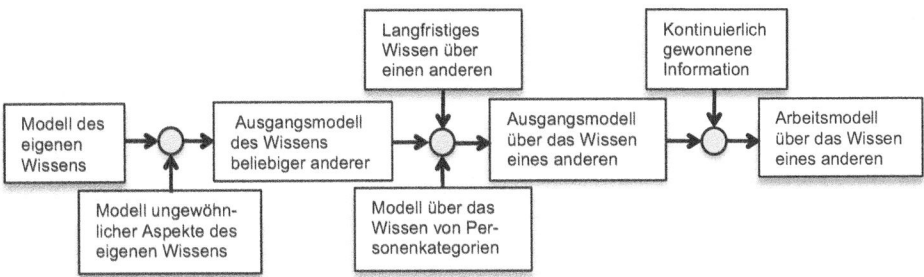

Abb. 6: Modell zur Einschätzung des Wissensstandes einer anderen Person nach Nickerson (2009)

In diesem Modell lassen sich viele bekannte Befunde der Expertiseforschung theoretisch
beschreiben, die auch in pädagogischen Kontexten eine Rolle spielen können: Experten
unterschätzen die Schwierigkeit von Anforderungen an Novizen mit zunehmender Expertise stärker (vgl. *curse of expertise/knowledge*, Hinds, 1999; Camerer, Loewenstein &
Weber, 1989; u. v. a.). Dies lässt sich durch eine ungenügende Adaption des eigenen
Ausgangsmodells erklären: Personen fällt es schwer, zu rekonstruieren, welchen Wissensstand sie hatten, bevor sie etwas Neues gelernt haben („*hindsight bias*"/"*knew-it-all-
along-effect*", Fischhoff, 1975). Hasher, Attig und Alba (1981) haben demonstriert, wie
Wissensstände vor Erhalt einer Information für das Individuum schwieriger zu rekonstruieren sind. Eng verbunden ist damit die „*illusion of simplicity*": Experten missdeuten
die Vertrautheit mit einem Wissensbereich als Einfachheit für denjenigen, der noch nicht
damit vertraut ist (z. B. Kelley, 1999).

Es ist eine besonders interessante Frage, wie sich dies auf pädagogische Situationen
übertragen lässt. Zunächst muss man feststellen, dass die Diskrepanz zwischen den mathematischen Erfahrungen einer Lehrperson nach 13 Jahren Schule, 7 Jahren Ausbildung
und 10 Berufsjahren zum Wissensstand eines Schülers enorm sind. Die beschriebenen
Phänomene aus der Interaktion von Experten mit Laien sind also auch hier zu erwarten.
Andererseits ist ein Lehrender aber auch in ständigem Kontakt mit den Lernenden und
kann Informationen über die verschiedenen Stufen der Besonderheit des Wissens Anderer sammeln und verarbeiten. Möglicherweise ist daher einer der bedeutsamen Einflussfaktoren auf die Ausbildung diagnostischer Kompetenz, dass Lehrpersonen diese Information auch tatsächlich verarbeiten, d. h. auf professionelle Weise wahrnehmen (vgl.
Sherin, Jacobs & Philipp, 2011). Dies wiederum setzt das Vorliegen theoretischer Kategorien voraus, aber auch Offenheit und Interesse für die Kognitionen der Lernenden
(Prediger, 2010).

Piaget (1962, zitiert nach Nickerson, 1999) beschreibt die Situation des Lehrenden als Experte folgendermaßen: *„Every beginning instructor discovers sooner or later that his first lectures were incomprehensible because he was talking to himself, so to say, mindful only of his own point of view. He realizes only gradually and with difficulty that it is not easy to place oneself in the shoes of students who do not know what he knows about the subject matter of his course.*" (S.5) Die bei diagnostischen Situationen häufig beobachteten Überschätzungen der eigenen Schülerinnen und Schüler durch Lehrpersonen (vgl. Brunner et al., 2011; Spinath, 2005) können auch darauf zurückzuführen sein, dass Lehrpersonen in der Regel die Leistungen ihrer Schüler im Rahmen des Unterrichts und unmittelbar im Anschluss beispielsweise in Klassenarbeiten prüfen. Dabei schließen sie möglicherweise von einer nur oberflächlichen Verarbeitung auf vertieftes und nachhaltiges Verständnis und tendieren auf diese Weise zu Überschätzungen.

4.3   Neuere Befunde zu Urteilsprozessen im Rahmen des Modells von Nickerson

Im diesem Abschnitt wird anhand der bisherigen Hinweise auf kognitive Modellierung diagnostischer Kompetenzen diskutiert, inwieweit die oben genannten theoretischen Modelle als Basis für unterschiedliche diagnostische Situationen herangezogen werden können und wie die Einflussfelder des Modells von Nickerson (1999) im diagnostischen Entscheidungsprozess zu verstehen sind. Vorgestellt werden neuere Befunde, die Ergebnisse aus (1) quantitativen kognitiven Analysen und (2) qualitativen kognitiven Analysen von Urteilsprozessen abbilden. Solche Studien können insbesondere Aufschluss über potentielle Möglichkeiten zur Förderung diagnostischer Kompetenzen geben. Bestehende Förderansätze können dabei ebenfalls auf der Basis solcher Modelle interpretiert werden.

Qualitative Befunde: Diagnostische Prozesse und Ressourcen

Die Untersuchung diagnostischer Prozesse von Lehrpersonen sowie der Ressourcen, die sie im Rahmen der Urteilsbildung nutzen, erscheint als ein wichtiger Aspekt im Hinblick auf die Förderung diagnostischer Kompetenzen in der Lehrerausbildung und -weiterbildung. Hierbei wird der Schwerpunkt auf das Verständnis diagnostischer Prozesse von Lehrpersonen und die Identifikation dabei verwendeter Ressourcen gelegt. Betrachtet wurden informelle diagnostische Situationen, wie sie im Mathematikunterricht häufig vorkommen: (1) die Einschätzung von Aufgaben und (2) die Evaluation von Aufgabenbearbeitungen Lernender. In Interviewsituationen wurden Diagnoseprozesse anhand von zwei Aufgaben und je drei Aufgabenbearbeitungen exemplarisch am Inhaltsbereich Bruchrechnen angeregt und in einem zweiten Schritt reflektiert. Die Prozesse und Ressourcen wurden mittels qualitativer Inhaltsanalyse (Mayring, 1983) ausgewertet, wobei die genannten theoretischen Modelle hierzu eine Grundlage bildeten.

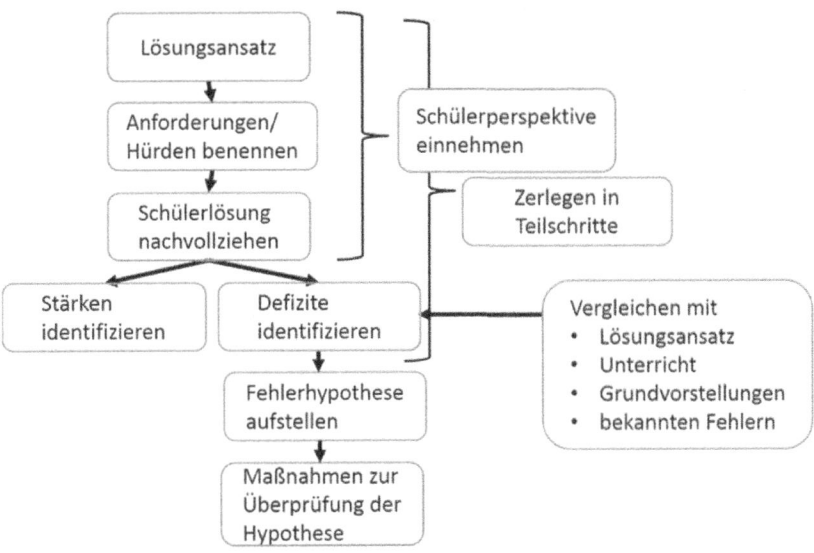

Abb. 7: Diagnostische Prozesse von Mathematiklehrkräften

Bei der Frage nach diagnostischen Prozessen lassen sich zunächst mehrere Schritte identifizieren (vgl. Abb. 7): (1) Ausgangspunkt ist häufig ein eigener Lösungsansatz. (2) Aus
diesem Lösungsansatz werden meist zielgruppenspezifisch Anforderungen bzw. mögliche Hürden bezüglich einer Aufgabe beschrieben. (3) Beim Nachvollziehen der Aufgabenbearbeitung der Schülerinnen und Schüler konnten (4) sowohl Stärken als auch
Schwächen identifiziert werden. (5) Die aufgaben- und themenbezogene Suche nach
Ursachen zeigt sich in der Formulierung von Fehlerhypothesen, die (6) schließlich in der
Nennung konkreter Maßnahmen zur Überprüfung der Hypothese mündet. Es zeigten
sich aber auch Prozesse, die übergreifender Natur waren und sich in mehreren der beschriebenen Diagnoseschritten zeigten. Ist etwa das Einnehmen der Schülerperspektive
bei der Diagnose leitend, so kann ein Lösungsansatz beispielsweise je nach Klassenstufe
variieren. Aufgabenanforderungen oder Schülerbearbeitungen wurden von den befragten
Lehrpersonen oftmals in Teilschritte zerlegt und schrittweise betrachtet. Beim Beschreiben von Stärken und Schwächen in den Schülerbearbeitungen wurden häufig Vergleiche
auf der Basis von typischen Fehlern, Grundvorstellungen zum Thema oder der genannten Lösungsansätze angestellt.

   Ein Lösungsansatz bei der Betrachtung einer Aufgabe dient also als Grundlage bei einer solchen Diagnose und ist vergleichbar mit der Ankerfunktion im Modell von Nickerson (1999). Ebenso lassen sich Prozesse, die stärker auf Lernende oder eine Gruppe von
Lernenden gerichtet sind, als Anpassungsprozesse deuten, die dabei helfen, das Wissen
und Können Anderer einzuschätzen. Das Zerlegen in Teilschritte sowohl von Aufgabenanforderungen als auch von Aufgabenbearbeitungen scheint bei der Diagnose zentral zu

sein und kann in Anlehnung an Morris et al. (2009) als Dekomprimierungsprozess verstanden werden. Allerdings geht es hierbei nicht ausschließlich um eine Zerlegung in Teilziele einer Aufgabe, sondern es werden darüber hinaus Bearbeitungsschritte in den Blick genommen, die der Reihe nach analysiert werden.

Hinsichtlich der Frage nach Ressourcen, zeigt sich, dass Lehrpersonen in solchen diagnostischen Situationen unterschiedliche Wissensfacetten heranziehen:

- Sachliche Richtigkeit: Bearbeitungsschritte werden als fachlich richtig oder falsch bewertet.
- Grundvorstellungen: Es werden themenspezifische Grundvorstellungen genannt, meist mit Bezug zu fachdidaktischer Literatur.
- Unterschiedliche Repräsentationen: Verschiedene Darstellungen einer Aufgabe oder eines Lösungswegs werden angesprochen.
- Multiple Zugangsweisen: Aufgaben werden hinsichtlich verschiedener Lösungswege durchdacht.
- Typische Fehler: Es werden themenspezifische Fehler benannt, die bekannt sind.
- Typische Fehlkonzepte: Es werden Fehlvorstellungen oder Präkonzepte genannt, die bekannt sind.
- Schülerstrategien: Mögliche Denkweisen oder Strategien werden identifiziert.
- Diagnosemethoden: Es werden mögliche Vorgehensweisen zur Überprüfung einer Fehlerhypothese genannt.

Zur Kategorisierung der Ressourcen, auf die Lehrpersonen bei der Diagnose zurückgreifen, ist ein Rückbezug auf das Modell von Ball et al. (2001) sinnvoll. Zunächst ist mathematisches Wissen nötig, um die sachliche Richtigkeit einer Aufgabenbearbeitung einschätzen zu können, um also Fehler erkennen zu können. Dies wird im Modell als common content knowledge verstanden und hat allgemeinen Charakter. Daneben ist auch die Facette des specialized content knowledge erkennbar, also Wissen das ausschließlich im Lehrberuf benötigt wird und daher ein spezielles fachliches Wissen darstellt. Dazu gehört das Wissen über Grundvorstellungen zu einem Thema, verschiedene Repräsentationen und multiple Zugangsweisen zu einer Aufgabe. Eine dritte wesentliche Facette bildet das knowledge of content and students, das die Wechselbeziehung zwischen Lernendem und Inhalt wiederspiegelt. Hierzu können die Ressourcen typische Fehler, typische Fehlvorstellungen und Schülerstrategien gezählt werden. Eine weitere Wissensfacette, die nicht zwingend fachspezifisch gedeutet werden muss, ist das Wissen über Diagnosemethoden. Sie ist insbesondere dann von Bedeutung, wenn Lehrpersonen Maßnahmen zur Überprüfung einer Hypothese über Ursachen für einen auftretenden Fehler ergreifen wollen. Dieses Wissen könnte als pedagogical knowledge (Shulman, 1986) verstanden werden.

Das tiefere Verständnis von diagnostischen Prozessen und benötigten Ressourcen in diagnostischen Situationen wie die Analyse von Aufgaben bei der Planung des Unterrichts bzw. die Analyse von Schülerbearbeitungen zur Evaluation des Unterrichts oder des Lernerfolgs kann dazu dienen, wesentliche Aspekte bei der Diagnose in Lehreraus-

und Lehrerweiterbildungskonzepten zu integrieren und damit diagnostische Kompetenzen von Mathematiklehrpersonen zu fördern.

Einflussfelder im Prozess diagnostischer Urteile

In den vorigen Abschnitten wurden Hinweise auf die kognitive Modellierung diagnostischer Kompetenzen aufgegriffen und eine Reihe potentieller Einflussfaktoren aufgezeigt. Im Folgenden wird diskutiert, wie sich verschiedene Einflussgrößen auf den diagnostischen Prozess auswirken können und inwieweit das Modell von Nickerson (1999) zur Beschreibung solcher Prozesse dienen kann. Hierbei scheinen alle vier Einflussfelder des Modells bedeutsam:

1. Das Modell des eigenen Wissens unterliegt nach Nickerson (1999) zumeist der Verzerrung, dass die Allgemeingültigkeit des eigenen Wissens überschätzt wird, was der Theorie des Expert-Blind-Spot entspricht. Dies wird im pädagogischen Kontext durch zahlreiche Befunde gestützt, welche die Überschätzung von Schülerleistungen durch Lehrpersonen belegen (Nathan & Koedinger, 2000, van Ophuysen, 2010; Ostermann, Leuders & Nückles, 2015; Helmke, 2009, S. 132 f; van Ophuysen, 2010).
2. Unter das Wissen über die ungewöhnlichen Aspekte des eigenen Wissens fällt beispielsweise das schulbezogene Fachwissen (SCK) und die Fähigkeit zur Aufgabendekomprimierung (Ball et al. 2008; Morris et al., 2009). Eine Verbesserung des Modells über ungewöhnliche Aspekte des eigenen Wissens kann durch die Vermittlung von SCK bzw. durch ein Dekomprimierungstraining erfolgen. So kann sich die Lehrperson über eventuelle Abkürzungen im Denken bewusst werden. Zusätzlich kann eine Sensibilisierung für systematische Verschätzungstendenzen stattfinden (Ostermann et al., in review; vgl. Nickerson, 2001, S. 172).
3. Das Wissen über Personenkategorieren umfasst abgesehen von curricularen Wissensständen jeweiliger Klassenstufen insbesondere auch das Wissen über typische Schülervorstellungen, Verstehenshürden, Fehlkonzepte und Lösungswege (vgl. Prediger, 2008; Hadjidemetriou & Williams, 2002; Neubrand, Klieme, Lüdtke & Neubrand, 2002) und ist hier dem knowledge of content and students nach Ball et al. (2008) gleich zu setzen.
4. Kontinuierlich gewonnene Informationen bereichern als fallbasiertes Wissen induktiv sowohl langfristiges Wissen über spezifische Personen als auch das Wissen über Personenkategorien (vgl. Wahl et al., 2001).

Diese Vorschläge sind im Modell in Abb. 8 zusammenfassend dargestellt.

Nach dieser Beschreibung ist das Arbeitsmodell über das Wissen eines anderen die Grundlage für das diagnostische Urteil. Um eine Brücke von diesem Modell zu der Forschung zu schlagen, welche wesentlich mit der Urteilsgenauigkeitsmessung arbeitet, kann man den Zusammenhang der Einflussfelder des Modells mit den drei Indikatorkomponenten diagnostischer Kompetenz diskutieren:

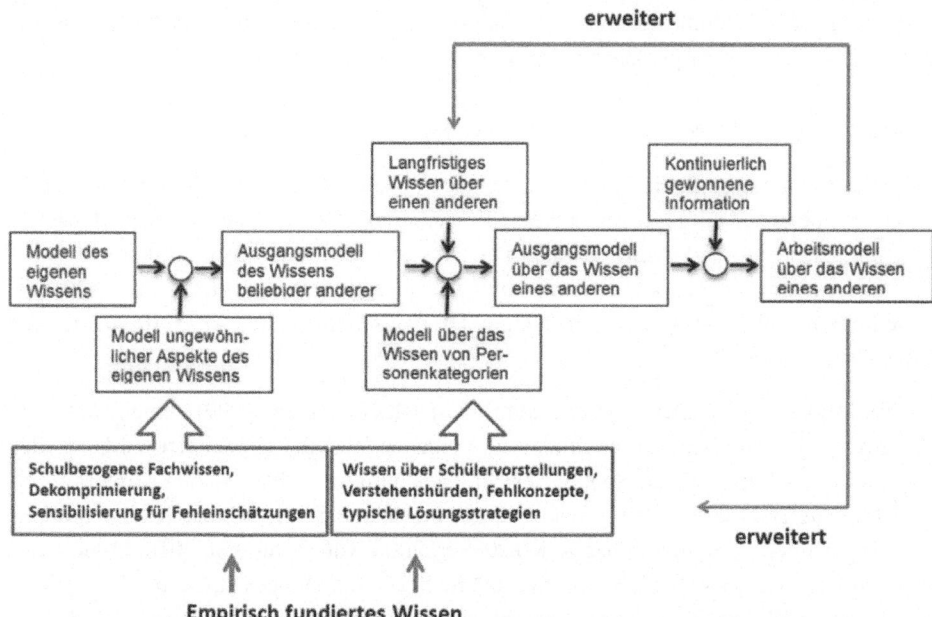

Abb. 8: Integratives Modell zur Beschreibung diagnostischer Perspektivenübernahme

1. Die Niveaukomponente vergleicht die „mittlere Leistung" der Klasse mit der „mittleren erwarteten Leistung". Die Einschätzung der mittleren Leistung einer Klasse in Bezug auf ein gegebenes Kriterium (z. B. konkrete Aufgaben) kann sowohl von schulbezogenem Fachwissen (SCK, Dekomprimierung) als auch von diagnostischem Wissen (KCS) beeinflusst sein. Darüber hinaus können sich Informationen über konkrete besonders leistungsstarke/leistungsschwache Schülerinnen und Schüler in diesem Gesamturteil niederschlagen. Ein selbstkritisches Modell des eigenen Wissens, welches Informationen über den Expert-Blind-Spot enthält, kann sensibilisierend wirken und systematische Überschätzungen der Niveaukomponente verhindern.
2. Die Rangfolgenkomponente gibt an, wie die geschätzte Rangfolge von Schülerleistungen mit der tatsächlichen korreliert. Für diese Einschätzung ist das Wissen über spezifische Schülerinnen und Schüler in Bezug auf die jeweiligen Testmerkmale notwendig, welche als SCK und KCS gedeutet werden können.
3. Die Einschätzung der Differenzierungskomponente ist wesentlich durch die Spannweite (bzw. Streuung) von Schülerleistungen beeinflusst und setzt daher Wissen über konkrete Schülerinnen und Schüler (analog zur Rangfolgenkomponente) in Bezug auf das jeweilige Testmerkmal voraus.

Quantitave Befunde auf Basis des integrativen Modells

In einer Reihe von Teilstudien (Ostermann et al. 2015) wurden Hypothesen untersucht, welche auf Basis des Modells von Nickerson (1999) generiert wurden:

Zu einer Auswahl von repräsentativen Aufgaben im Bereich des funktionalen Denkens (auf Gymnasialniveau des achten Schuljahrs) wurde die Einschätzung erwarteter Lösungshäufigkeit durch (angehende) Lehrpersonen untersucht. Um Referenzgruppeneffekte (vgl. Kaiser, Möller, Helm & Kunter, 2015) und erfahrungsbedingte Störvariablen zu vermeiden, erfolgte die Einschätzung für „repräsentative Schülerinnen und Schüler". Für diese Einschätzungen konnten anhand empirischer Lösungshäufigkeiten (von 230 Schülerinnen und Schülern, Leuders et al. 2016) die Niveaukomponente berechnet werden.

Bei der Schwierigkeitseinschätzung zeigte sich der individuelle Bearbeitungsaufwand der (angehenden) Lehrkräfte für Aufgaben als maßgeblich für die Einschätzung der Aufgabenschwierigkeit. Dieser Befund ist konsistent mit der Dominanz des Ankers des eigenen Wissens, welcher nach Nickerson (1999) den gesamten Adaptionsprozess durchzieht.

Zudem zeigte sich ein positiver Einfluss auf die Schwierigkeitseinschätzung von Aufgaben mit dem Grad der Einbindung in die gymnasiale Lehrpraxis ab. Im Einklang mit dem Modell wirkt sich eine so verstandene Berufserfahrung, welche SCK und KCS mit einschließt, durch sukzessiv erworbenes Praxiswissen positiv auf die Niveaukomponente aus.

Nach der integrativen Sichtweise scheint die Förderung diagnostischer Kompetenz durch die Vermittlung empirisch fundierten Wissens in den Bereichen SCK und KCS plausibel. Bei einer bereichsspezifischen Instruktion (etwa KCS), aber bereichsumfassendem Kriterium (Aufgabenschwierigkeit) stellt sich die Frage, ob Personen in der Lage sind das neu erworbene Wissen in die bereits vorhandenen Wissensstrukturen anderer Bereiche sinnvoll zu integrieren und dann im Entscheidungsprozess angemessen zu gewichten (vgl. Plessner & Czenna, 2008). Wieviel macht ein schwierigkeitsgenerierender Faktor in der Gesamtschwierigkeit aus? Wie lässt sich die Vielzahl von Faktoren in das Gesamturteil integrieren? Lässt es sich vermeiden, dass nichtoptimale Beurteilungskriterien überbewertet werden und das Gesamturteil negativ beeinflussen?

Der Effekt einer solchen Wissensvermittlung wurde in einer Interventionsstudie (Ostermann et al., in review) überprüft, welche im Folgenden erläutert wird: Probanden schätzen in Prä- und Postest sowohl erwartete Lösungshäufigkeit als auch die erwartete Schwierigkeitsrangfolge von repräsentativen Aufgaben im Bereich des funktionalen Denkens (auf Gymnasialniveau des achten Schuljahrs). Auch hier erfolgte die Einschätzung repräsentativer Schülergruppen. Aus empirischen Lösungshäufigkeiten (N = 230, Leuders et al. 2015) konnten sowohl Niveau-, als auch Rangfolgenkomponente berechnet werden.

Dabei wurde der Einfluss einer Instruktion im Bereich PCK (typische Fehlkonzepte von Schülerinnen und Schülern) gegen eine reine Sensibilisierung für Verschätzungstendenzen (mittels Informationstext über Expert-Blind-Spot) abgegrenzt: Es zeigte sich, dass im Vergleich zu einer Kontrollgruppe sowohl die Sensibilisierung als auch die Instruktion über Fehlkonzepte die Niveaukomponente signifikant verbesserte und damit die systematische Überschätzung der Aufgabenschwierigkeit kompensierte. Die Rangfolgenkomponente verbesserte sich jedoch nur durch die Instruktion über Fehlkonzepte signifikant. Dies weist im Einklang mit den Befunden von Spinath (2005) auf die empirische Unabhängigkeit der beiden Konstrukte hin: Die Niveaukomponente zeigt sich sensitiv für systematische Überschätzungen auf der Schülerebene, die Rangfolgenkomponente (welche den paarweisen Vergleich aller Aufgaben erfordert) ist sensitiv für fachdidaktisches Wissen auf der Aufgabenebene. Durch Informationen über typische Fehlkonzepte wurde das Wissen über Personenkategorien erweitert, welches das Gesamturteil positiv beeinflusst.

Sehr wichtig erscheint hier, dass die Probanden das neu erworbene Wissen im Bereich KCS spontan in das bereits vorhandene SCK-Wissen über schwierigkeitsgenerierende Merkmale im Bereich des funktionalen Denkens integrieren und sinnvoll in das Gesamturteil einflechten konnten. Eine Überkompensation im Sinne einer starken Unterschätzung der Lösungshäufigkeiten von Aufgaben, welche potentiell Fehlkonzepten unterliegen, war nicht zu beobachten.

Zusammenfassend spricht diese Befundlage für die Vermittlung fachdidaktischen Wissens über schwierigkeitsgeneriende Merkmale, welches als Ressource für die Schwierigkeitseinschätzung von Aufgaben genutzt werden kann. Durch die Einschätzung abstrakter Schülergruppen untersuchten sämtliche dieser Studien lediglich die Wirkung der Einflussfelder 1), 2) und 3). Wünschenswert wäre hier eine systematische Untersuchung aller vier Einflussfelder des Modells, welche insbesondere das fallbasierte Wissen über spezifische Schülerinnen und Schüler mit einbezieht.

4.4   Ausblick: Förderung Diagnostischer Kompetenz

Bisherige Vorschläge zur Förderung diagnostischer Kompetenzen bewegen sich meist im Rahmen des Urteilsgenauigkeitsparadigmas. Hier findet man seit Wahl, Weinert & Huber (2001) immer wieder Vorschläge, dass Lehrpersonen ihre diagnostischen Kompetenzen verbessern können, indem sie prognostische Urteile über die Leistungen ihrer Schülerinnen und Schüler etwa bei Klassenarbeiten mit den sich ergebenden tatsächlichen Leistungen vergleichen (z. B. Helmke, 2009, S. 142). Dieses Vorgehen, so Schrader (2011), könne Lehrkräften Hinweise auf „blinde Flecken" geben und dabei helfen, „die eigene Wissensbasis zu erweitern, reflexiv zugänglich zu machen und einseitige und stereotypische Erklärungsmuster zu überwinden" (Schrader, 2011, S. 693). Es soll letztlich ein „hypothesengeleitetes und evidenzbasiertes" Verhalten angeregt werden, das auch den professionellen Diagnostiker leitet. Im integrativen Modell entspricht dieses Vorgehen einer Integration mehrerer Elemente: Sowohl langfristiges Wissen über Personen sowie wird durch kontinuierlich gewonnene Information und erweitert letztlich das Wissen über Personenkategorien (siehe Abb. 8).

Was in solchen plausiblen Vorschlägen zur Förderung diagnostischer Kompetenzen jedoch fehlt, sind Hinweise darauf, dass Lehrpersonen bei der hier geforderten Erweiterung ihrer Fertigkeiten auf eine wissenschaftlich bereits fundierte Wissensbasis zurückgreifen können – auf die fachdidaktischen Kenntnisse über typische Schülerschwierigkeiten, Fehlvorstellungen und Lernwege. Hierzu zählen z. B. die lokalen Theorien, die die Fachdidaktik zur Begriffsentwicklung in zentralen Bereichen erarbeitet und empirisch fundiert hat (z. B. Leinhardt, Zaslavsky & Stein, 1990, für den Bereich funktionalen Denkens; oder Verschaffel, Greer & De Corte, 2007, für Operationen mit ganzen Zahlen).

Wie die im letzten Abschnitt diskutierten Befunde nahe legen, müssen Lehrpersonen als Diagnostiker nicht individuell in ihrer Klasse den Wissenstand der fachdidaktischen Forschung wiederentdecken, sondern können gegenstandsbezogenes diagnostisches Wissen rezipieren und direkt nutzen, wie etwa das Wissen über typische Fehlkonzepte von Schülerinnen und Schülern. Weitere Studien auf der Basis der in diesem Artikel vorgeschlagenen kognitiven Modelle, insbesondere in Kombination qualitativer und quantitativer Verfahren, können Aufschluss darüber geben, welche Wirkung die Förderung bestimmter Wissensbereiche in der Praxis erzielen kann. Der vorliegende Artikel möchte hierzu einen Überblick verschaffen und eine theoretische Grundlage anbieten.

4.5   Literatur

Anders, Y., Kunter, M., Brunner, M., Krauss, S., & Baumert, J. (2010). Diagnostische Fähigkeiten von Mathematiklehrkräften und ihre Auswirkungen auf die Leistungen ihrer Schülerinnen und Schüler. *Psychologie in Erziehung und Unterricht*, (3), 175–193.

Ball, D. L., Hill, H.C, & Bass, H. (2005). Knowing mathematics for teaching: Who knows mathematics well enough to teach third grade, and how can we decide? *American Educator, 29(1),* 14-17, 20-22, 43-46.

Ball, D. L., Thames, M. H., & Phelps, G. (2008). Content knowledge for teaching what makes it special? *Journal of teacher education*, 59(5), 389–407.

Bass, H., & Ball, D. (2004). A practice-based theory of mathematical knowledge for teaching: The case of mathematical reasoning. In J. Wang & B. Xu (Eds.), *Trends and Challenges in Mathematics Education* (S. 107–123). East China Normal University Press.

Berliner, D. C. (1994). Expertise: The wonders of exemplary performance. In C. C. Block & J. N. Mangieri (Eds.), *Creating powerful thinking in teachers and students* (pp. 141–186). New York: Holt, Rinehart & Winston.

Black, P., & Wiliam, D. (1998). *Inside the black box: Raising standards through classroom assessment*. London: Granada Learning.

Blömeke, S., Kaiser, G., Döhrmann, M. & Lehmann, R. (2010). Mathematisches und mathematikdidaktisches Wissen angehender Sekundarstufen-I-Lehrkräfte im internationalen Vergleich. In S. Blömeke, G. Kaiser & R. Lehmann (Hrsg.), *TEDS-M 2008 – Professionelle Kompetenz und Lerngelegenheiten angehender Mathematiklehrkräfte für die Sekundarstufe I im internationalen Vergleich*. Münster: Waxmann, S. 197-238.

Brunner, M., Anders, Y., Hachfeld, A. & Krauss, S. (2011). Diagnostische Fahigkeiten von Mathematiklehrkraften. In M. Kunter, J. Baumert, W. Blum, U. Klusmann, S. Krauss & M. Neubrand (Hrsg.). *Professionelle Kompetenz von Lehrkräften – Ergebnisse des Forschungsprogramms COACTIV* (S. 215-234). Münster: Waxmann.

Busch, J., Barzel, B., & Leuders, T. (2015). Promoting secondary teachers' diagnostic competence with respect to functions: development of a scalable unit in Continuous Professional Development. *Zentralblatt für Didaktik der Mathematik, (47),* 53–64.

Camerer, C., Loewenstein, G., & Weber, M. (1989). The curse of knowledge in economic settings: An experimental analysis. *The Journal of Political Economy,* 1232–1254.

Demaray, M. K., & Elliot, S. N. (1998). Teachers' judgments of students' academic functioning: A comparison of actual and predicted performances. *School Psychology Quarterly, 13*(1), 8–24.

Depaepe, F., Verschaffel, L., & Kelchtermans, G. (2013). Pedagogical content knowledge: A systematic review of the way in which the concept has pervaded mathematics educational research. *Teaching and Teacher Education, 34,* 12–25.

Fischhoff, B. (1975). Hindsight is not equal to foresight: The effect of outcome knowledge on judgment under uncertainty. *Journal of Experimental Psychology: Human perception and performance, 1*(3), 288.

Freudenthal, H. (1973). *Mathematik als pädagogische Aufgabe*: Klett Stuttgart.

Gigerenzer, G., Hertwig, R., & Pachur, T. (2011). *Heuristics: The foundations of adaptive behavior*: Oxford University Press.

Gill, C. J., Sabin, L., & Schmid, C. H. (2005). Why clinicians are natural bayesians. *BMJ: British Medical Journal, 330*(7499), 1080–1083.

Hadjidemetriou, C., & Williams, J. (2002). Children's graphical conceptions. *Research in Mathematics Education, 4*(1), 69–87.

Harvey, R. J. (1991). *Job analysis.* In M. D. Dunnette & L. Hough (Eds.), *Handbook of Industrial and Organizational Psychology* (2nd ed.). Palo Alto, CA: Consulting Psychologists Press

Helmke, A. (2009). Unterrichtsqualität und Lehrerprofessionalität. Diagnose. *Evaluation und Verbesserung der Unterrichtsqualität,* Seelze: Kallmeyer.

Helmke, A., & Schrader, F.-W. (1987). Interactional effects of instructional quality and teacher judgement accuracy on achievement. *Teaching and Teacher Education, 3*(2), 91–98.

Hiebert, J., Morris, A. K., Berk, D., & Jansen, A. (2007). Preparing teachers to learn from teaching. *Journal of teacher education, 58*(1), 47–61.

Hill, H. C., Ball, D. L., & Schilling, S. G. (2008). Unpacking pedagogical content knowledge: Conceptualizing and measuring teachers' topic-specific knowledge of students. *Journal for research in mathematics education,* 372-400.

Hill, H. C., Schilling, S. G., & Ball, D. L. (2004). Developing measures of teachers' mathematics knowledge for teaching. *The Elementary School Journal, 105*(1), 11–30.

Hinds, P. J. (1999). The curse of expertise: The effects of expertise and debiasing methods on prediction of novice performance. *Journal of experimental psychology: Applied, 5*(2), 205–221.

Hoge, R. D., & Coladarci, T. (1989). Teacher-based judgments of academic achievement: A review of literature. *Review of Educational Research, 59*(3), 297–313.

Ingenkamp, K. (2008). *Lehrbuch der pädagogischen Diagnostik* (6., neu ausgestattete Aufl.). *Studium Paedagogik.* Weinheim: Beltz. Retrieved from http://www.content-select.com/index.php?id=bib_view&ean=9783407291417.

Jansen, A., & Spitzer, S. M. (2009). Prospective middle school mathematics teachers' reflective thinking skills: Descriptions of their students' thinking and interpretations of their teaching. *Journal of Mathematics Teacher Education, 12*(2), 133–151.

Kahneman, D. (2003). A perspective on judgment and choice: mapping bounded rationality. *American psychologist, 58*(9), 697.

Kaiser, J., Möller, J., Helm, F., & Kunter, M. (2015). Das Schülerinventar: Welche Schülermerkmale die Leistungsurteile von Lehrkräften beeinflussen. *Zeitschrift für Erziehungswissenschaft,* 1-24.

Kelley, C. M. (1999). Subjective experience as basis of „objective" judgments: Effects of past experience on judgments of difficulty. In D. Gopher & A. Koriat (Eds.), *Attention and performance* (<s. 516–536). MIT Press.

Klein, F. (1911). Aktuelle Probleme der Lehrerbildung. In *Aktuelle Probleme der Lehrerbildung* (pp. 1–10). Springer.

Klug, J., Bruder, S., Kelava, A., Spiel, C., & Schmitz, B. (2013). Diagnostic competence of teachers: A process model that accounts for diagnosing learning behavior tested by means of a case scenario. *Teaching and Teacher Education, 30,* 38–46.

Fussell, S. R., & Krauss, R. M. (1991). Accuracy and bias in estimates of others' knowledge. European Journal of Social Psychology, 21, 445–454.

Lee, J., & Corter, J. E. (2010). Diagnosis of subtraction bugs using Bayesian networks. *Applied Psychological Measurement, 35*(1), 27–47.

Leinhardt, G., Zaslavsky, O., & Stein, M. S. (1990). Functions, graphs and graphing: tasks, learning and teaching. *Review of Educational Research, 1,* 1–64.

Leuders, T. & Philipp, K. (2012). Experimentelles Arbeiten in der Mathematik – ein Brückenschlag zur Naturwissenschaft mit Blick auf Peirce, Pólya und Medawar. In: Rieß, W., Wirtz, M., Barzel, B. (Hrsg.) *Experimentieren im mathematisch-naturwissenschaftlichen Unterricht – Theoretische Fundierung und empirische Befunde.* Münster: Waxmann. S.75-88.

Leuders, T., Bruder, R., Kroehne, U., Naccarella, D., Nitsch, R., Henning-Kahmann, J., Kalava, A., Wirtz, M. (2016). Development, Validation, and Application of a Competence Model for Mathematical Problem Solving by Using and Translating Representations of Functions. In D. Leutner, J. Fleischer, J. Grünkorn & E. Klieme (Hrsg.), *Competence Assessment in Education: Research, Models and Instruments.* Springer.

Mayring, P. (1983). *Qualitative Inhaltsanalyse: Grundlagen u. Techniken.* Weinheim; Basel: Beltz.

Morris, A. K., Hiebert, J., & Spitzer, S. M. (2009). Mathematical knowledge for teaching in planning and evaluating instruction: What can preservice teachers learn? *Journal for Research in Mathematics Education,* 491–529.

Nathan, M. J., & Koedinger, K. R. (2000). An investigation of teachers' beliefs of students' algebra development. *Cognition and Instruction, 18*(2), 209–237.

Nathan, M. J., & Petrosino, A. (2003). Expert blind spot among preservice teachers. *American Educational Research Journal, 40*(4), 905–928.

Neubrand, M., Klieme, E., Lüdtke, O., & Neubrand, J. (2002). Kompetenzstufen und Schwierigkeitsmodelle für den PISA-Test zur mathematischen Grundbildung. *Unterrichtswissenschaft, 30*(2), 100–119.

Nickerson, R. S. (1999). How we know—and sometimes misjudge—what others know: Imputing one's own knowledge to others. *Psychological bulletin, 125*(6), 737–795.

Nickerson, R. S. (2001). The projective way of knowing: A useful heuristic that sometimes misleads. *Current Directions in Psychological Science, 10*(5), 168-172.

Ostermann A., Leuders T., Nückles, M. (2015). Wissen, was Schülerinnen und Schülern schwer fällt. Welche Faktoren beeinflussen die Schwierigkeitseinschätzung von Mathematikaufgaben? *Journal für Mathematik-Didaktik.* doi:10.1007/s13138-015-0073-1.

Ostermann, A., Leuders, T. & Nückles, M. (in review). Improving preservice teachers' judgment of task difficulties.

Philipp, K., & Leuders, T. (2014a). Diagnostic competences of mathematics teachers – Processes and resources. In P. Liljedahl, C. Nicol, S. Oesterle, & D. Allan (Eds.), Proceedings of the Joint Meeting of PME 38 and PME-NA 36 (Vol. 1, pp. 425–432). Vancouver, Canada: PME.

Philipp, K., & Leuders, T. (2014b). Diagnostische Prozesse und Ressourcen von Mathematiklehrpersonen. In J. Roth & J. Ames (Eds.), Beiträge zum Mathematikunterricht 2014 (pp. 891–894).

Piaget, J. (1962). Comments: Addendum to Vygotsky, L. S. (1962). In J. Hanfmann & G. Valcar (Ed, and Trans.), *Thought and language.* Cambridge, MA: MIT Press.

Plessner, H., & Czenna, S. (2008). The Benefits of Intuition. In C. Betsch & T. Betsch (Eds.), *Intuition in judgment and decision making* (pp. 251–266). Mahwah, NJ: Lawrence Erlbaum.

Prediger, S. (2008). The relevance of didactic categories for analysing obstacles in conceptual change: Revisiting the case of multiplication of fractions. *Learning and Instruction, 18*(1), 3–17.

Prediger, S. (2010). How to develop mathematics-for-teaching and for understanding: the case of meanings of the equal sign. *Journal of Mathematics Teacher Education, 13*(1), 73-93.

Richter, A. (1995). Der Begriff der Abduktion bei Charles Sanders Peirce (Vol. 453). Frankfurt Main: Lang.

Schrader, F.-W. (2011). Lehrer als Diagnostiker. In E. Terhart, H. Bennewitz, & M. Rothland (Eds.), *Handbuch der Forschung zum Lehrerberuf* (pp. 683–698). Münster: Waxmann.

Schrader, F.-W. (2013). Diagnostische Kompetenz von Lehrpersonen. *Beiträge zur Lehrerinnen- und Lehrerbildung, 31*(2), 154–165.

Selter, C. (1995). Zur Fiktivität der „Stunde Null" im arithmetischen Anfangsunterricht. *Mathematische Unterrichtspraxis, 16*(2), 11–19.

Sherin, M., Jacobs, V., & Philipp, R. (Eds.). (2011). *Mathematics teacher noticing: Seeing through teachers' eyes*. New York: Routledge.

Shulman, L. S. (1986). Those who understand: Knowledge growth in teaching. *Educational researcher*, 4–14.

Spinath, B. (2005). Akkuratheit der Einschätzung von Schülermerkmalen durch Lehrer und das Konstrukt der diagnostischen Kompetenz. *Zeitschrift für Pädagogische Psychologie, 19*(1), 85–95.

Südkamp, A., Kaiser, J., & Möller, J. (2012). Accuracy of teachers' judgments of students' academic achievement: A meta-analysis. *Journal of Educational Psychology, 104*(3), 743–762.

Swan, M. (2007). The impact of task-based professional development on teachers' practices and beliefs: a design research study. *Journal of Mathematics Teacher Education, 10*(4-6), 217–237. doi:10.1007/s10857-007-9038-8.

Tversky, A., & Kahneman, D. (1973). Availability: A heuristic for judging frequency and probability. *Cognitive psychology, 5*(2), 207-232.

Tversky, A., & Kahneman, D. (1974). Judgment under uncertainty: Heuristics and biases. *science, 185*(4157), 1124–1131.

van Ophuysen, S. (2010). Professionelle pädagogisch-diagnostische Kompetenz. Eine theoretische und empirische Annäherung. *Jahrbuch der Schulentwicklung, 16*, 203–234.

Verschaffel, L., Greer, B., & De Corte, E. (2007). Whole number concepts and operations. In F. Lester (Hrsg.), Second handbook of research on mathematics teaching and learning. (2. Aufl., S. 557–628). Charlotte: Information Age Publishing.

Wahl, D., Weinert, F. E., & Huber, G. L. (2001). *Psychologie für die Schulpraxis: Ein handlungsorientiertes Lehrbuch für Lehrer* (7. Aufl.). München: Kösel.

Weinert, F. E. (1998). Neue Unterrichtskonzepte zwischen gesellschaftlichen Notwendigkeiten, pädagogischen Visionen und psychologischen Möglichkeiten. In *Wissen und Werte für die Welt von morgen (Dokumentation zum Bildungskongress am 29./30. April 1998* (pp. 101–125). Bayerisches Staatsministerium für Unterricht, Kultus, Wissenschaft und Kunst.

Wilson, M., & Sloane, K. (2000). From principles to practice: An embedded assessment system. *Applied Measurement in Education, 13*(2), 181–208.

Wilson, T. D., & Schooler, J. W. (1991). Thinking too much: introspection can reduce the quality of preferences and decisions. *Journal of personality and social psychology, 60*(2), 181–192.

Entwicklung eines computergestützten Messinstruments für die professionelle Wahrnehmung von Schülerinteraktionen

5

Michael Wiedmann, Albert-Ludwigs-Universität Freiburg
Timo Leuders, Pädagogische Hochschule Freiburg

Zusammenfassung

Bei der Arbeit in Gruppen können Lehrkräfte sowohl fachliche Lernprozesse als auch Arbeits- und Kommunikationsprozesse, die Rückschlüsse über das Lernen der Schülerinnen und Schüler erlauben, beobachten. Dieses Kapitel beschreibt ein computergestütztes Messinstrument für die professionelle Wahrnehmung von Schülerinteraktionen. Vor dem Hintergrund erster empirischer Erhebungen werden Herausforderungen und Erfolgsfaktoren der Entwicklung diskutiert.

5.1 Einführung: Professionelle Wahrnehmung von Schülerinteraktionen beim kooperativen Problemlösen

Eine typische Situation im Mathematikunterricht in der sechsten Klasse: Frau Özdemir hat einen Arbeitsauftrag gegeben und die Schülerinnen und Schüler sind in Gruppen damit beschäftigt, diesen zu bearbeiten. Frau Özdemir beobachtet einzelne Gruppen um sicherzugehen, dass die von ihr gesteckten Ziele für die Gruppenarbeit erreicht werden. In dieser Stunde geht es ihr vor allem darum, dass die Schülerinnen und Schüler ihr Verständnis von Brüchen verwenden, um Anteile miteinander zu vergleichen. Abb.1 zeigt die verwendete Aufgabe und einen Auszug aus der Lehrerhandreichung.

Die Schülerinnen und Schüler arbeiten an dieser Aufgabe in Gruppen. Worauf kann Frau Özdemir dabei achten?

© Springer Fachmedien Wiesbaden GmbH, ein Teil von Springer Nature 2019
T. Leuders et al. (Hrsg.), *Pädagogische Professionalität in Mathematik und Naturwissenschaften*, https://doi.org/10.1007/978-3-658-08644-2_5

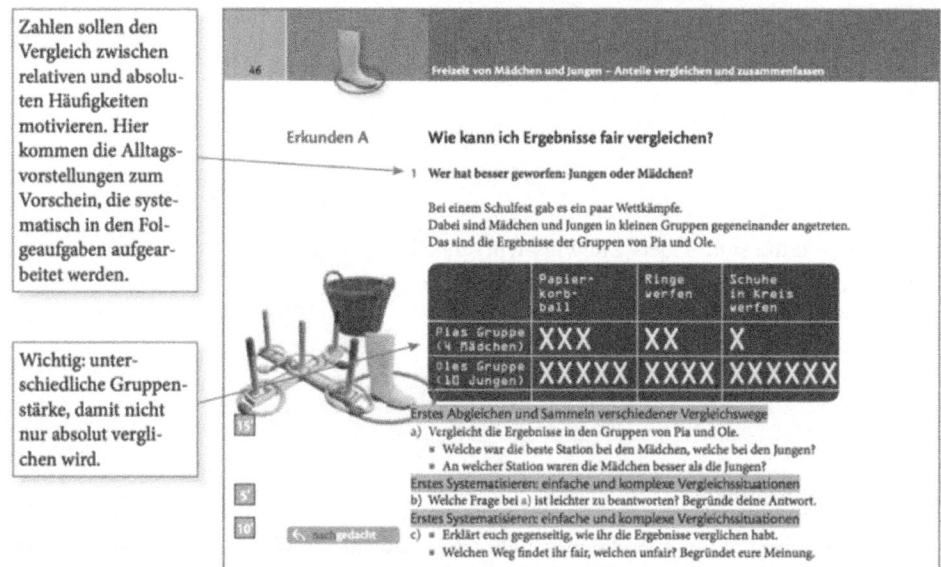

Abb. 1: Eine Problemlöseaufgabe für die Gruppenarbeit (Glade et al., 2013) © Mathewerkstatt. Cornelsen Verlag

Aus Sicht der fachlichen Lernprozesse kann sie Befunde der mathematikdidaktischen Forschung heranziehen. Beim Vergleichen von Brüchen kommt es darauf an, dass nicht die Anzahlen, sondern die Anteile betrachtet werden. Diese kann man nicht unmittelbar vergleichen, was zu ganz spezifischen Lernhürden und Fehlern führt (Prediger, 2011; Prediger, Glade, & Schmidt, 2011). Kinder nutzen beispielsweise verschiedene Vergleichsstrategien, die nicht alle zielführend sind: „4 von 6 ist besser als 5 von 10, weil es nur zwei Fehltreffer sind." Sie kann zudem Impulse geben, damit die Schülerinnen und Schüler Strategien des proportionalen Denkens (Hochrechnen) oder des zeichnerischen Vergleichens nutzen.

Aus Sicht der Arbeits- und Kommunikationsprozesse kann Frau Özdemir sich auf Befunde der pädagogisch-psychologischen Forschung beziehen. Sie kann beispielsweise auf eine tiefe Verarbeitung und Elaboration des neu zu erwerbenden Wissens achten. Insbesondere für die Situation kooperativen Lernens wurden Verhaltensweisen identifiziert, die in diesen Situationen hinderlich sein können, und andere die eher lernförderlich wirken. Beispielsweise ist eher hinderlich für das Lernen, wenn zwei Gruppenmitglieder alleine die meiste Denkarbeit leisten während sich das dritte Mitglied zurücklehnt (Trittbrettfahrereffekt; Renkl, 2008). Besser wäre es, wenn alle Gruppenmitglieder sich beteiligen würden. Förderlich für das Lernen kann daher sein, dass die Gruppe einzelne Mitglieder zur Mitarbeit auffordert. Vielleicht war ja der Grund für das „abschalten", dass die Schülerin oder der Schüler etwas nicht verstanden hat und jetzt abgehängt ist. Das ist eine Lerngelegenheit, die die Gruppe nutzen sollte: „Was hast du denn nicht verstanden?" „Warum habt ihr denn hier geteilt und nicht malgenommen?" und schon entsteht ein Gespräch, in dem eine Verständnislücke benannt wird, und die Gelegenheit besteht, durch eine gute Erklärung diese Lücke zu schließen.

Sollte Frau Özdemir nun eher auf die mathematikdidaktischen oder eher auf die pädagogisch-psychologischen Anforderungen achten? Forschungsbefunde deuten darauf hin, dass beides eine Rolle spielt, dass aber mathematikdidaktisch anspruchsvoller Unterricht erst dann möglich wird, wenn pädagogisch-psychologische Grundvoraussetzungen erfüllt sind (Pietsch 2010; Lipowsky et al. 2009). Ein Ansatz kann daher sein, zunächst auf die pädagogisch-psychologischen Anforderungen zu achten und dabei von der Prämisse auszugehen, dass kognitiv anspruchsvolles Lernverhalten erst dann gezeigt werden kann, wenn eine grundlegende Kooperationskompetenz bei den Schülerinnen und Schülern bereits ausgebildet ist.

Das Beobachten von Schülerinteraktionen kann man als eine Form professioneller Wahrnehmung beschreiben. Professionelle Wahrnehmung ist die Kompetenz von Lehrkräften, unterrichtsrelevante Ereignisse zu erkennen (selektive Aufmerksamkeit) und über sie weiter nachzudenken, basierend auf ihrem professionellen Wissen (wissensgesteuerte Verarbeitung; van Es & Sherin, 2002). Frau Özdemir weiß, wie wichtig es ist, dass sich alle Gruppenmitglieder beteiligen. Ihr ist es daher sofort aufgefallen, als eines der Kinder eine längere Zeit in die Luft gestarrt hat. Sie sieht die Aufforderung der Gruppe, zu sagen was denn nicht verstanden wurde, als positives Zeichen von Selbstregulation und kann beim weiteren Beobachten evaluieren, ob diese Selbstregulation erfolgreich war, also ob die Schülerin oder der Schüler nachhaltig wieder mit in die Gruppenarbeit eingebunden wurde.

Ein wesentliches Ziel in der Lehrerausbildung ist es, die professionelle Wahrnehmung bei angehenden Lehrkräften zu fördern. Das geschieht in der Regel in begleiteten Praxisphasen, in denen Expertinnen und Experten angehende Lehrkräfte in den Unterricht begleiten. Dort allerdings ist es schwierig, systematisch Situationen zu generieren, in den unterschiedliche Formen kooperativen Verhaltens prägnant sichtbar sind und es bereitet ebenso Probleme, diese dann in unmittelbarer räumlicher und zeitlicher Nähe zum Geschehen gemeinsam zu reflektieren und zu diskutieren. Es braucht einen Raum zwischen Hochschullehre und Schulunterricht, um diese Situationen generieren und reflektieren zu können. Dafür bietet es sich an, die professionelle Wahrnehmung mit einem videobasierten Training zu fördern. Die Wirksamkeit des Trainings kann mithilfe einem ebenfalls videobasierten Messinstrument überprüft werden. Letzteres ist der Gegenstand dieses Beitrags.

Wir beschreiben dazu ein theoretisches Modell der Kompetenz von Lehrkräften wie Frau Özdemir, lernförderliche Schülerinteraktionen wahrzunehmen und geben einen Überblick über ein Messinstrument, mit dem diese Kompetenz gemessen werden kann. Das Messinstrument fokussiert dabei die zweite Komponente professioneller Wahrnehmung, die wissensgesteuerte Verarbeitung. Um die Validität des Instrumentes zu untermauern gehen wir genauer auf die Entwicklung des Instruments ein: wie wurden die

Items und Videos entwickelt, und welches Expertenurteil liegt ihm zugrunde? Im Abschluss diskutieren wir das hier vorgestellte Messinstrument vor dem Hintergrund erster empirischer Erprobungen und stellen Möglichkeiten zur Weiterentwicklung vor.

5.2   Das Messinstrument

Eine wissensgesteuerte Verarbeitung von Schülerinteraktionen ist nur dann möglich, wenn Wissen über die Lernförderlichkeit von Schülerinteraktionen vorliegt. Es ist anzunehmen, dass dieses Wissen bei angehenden Lehrkräften noch nicht ausreichend vorhanden ist. Das Messinstrument beginnt daher mit einer Einführung in die theoretischen Konzepte, die lernförderliche Schülerinteraktionen beschreiben. Dafür werden drei Ebenen von Schülerinteraktionen definiert, die sich auf **Kooperation**, **Kognition** und **Metakognition** beziehen. Kooperative Aktivitäten wie das Auffordern zur Mitarbeit und das Eingehen auf Beiträge bilden die Grundlage für kooperatives Lernen. Kognitive Aktivitäten wie das Geben von Erklärungen und dem Verbinden von neuem mit bereits bekannten Inhalten dienen der Konstruktion von Wissen. Metakognitive Aktivitäten wie das Äußern von Verständnislücken und das Finden von Fehlern helfen, das eigene Verständnis zu überwachen. Diese Aktivitäten werden in einem Video illustriert, in dem drei Schülerinnen und Schüler gemeinsam eine Mathematikaufgabe lösen. Anschließend erklärt ein ausgearbeitetes Lösungsbeispiel, wie diese Schülerinteraktionen bewertet werden können.

Mit dieser Einführung sollen die angehenden Lehrkräfte in die Lage versetzt werden, lernförderliche Schülerinteraktionen erkennen zu können. Darauf aufbauend versucht das Instrument nun ihre Kompetenz zu erfassen, bei der Beobachtung auf dieses Wissen zurückzugreifen. Dazu werden insgesamt drei Videos gezeigt. Weil angehende Lehrkräfte oft noch Schwierigkeiten haben, alle relevanten Ereignisse zu erkennen, haben die Teilnehmer die Möglichkeit, die Videos mehrmals zu betrachten und das Instrument im eigenen Tempo zu bearbeiten. Ein Zurückgehen zu einer früheren Seite im Instrument ist nicht möglich. Das Instrument wurde mit EFS Survey (Unipark), einer browserbasierten Umfragesoftware, umgesetzt und hat die folgende Seitenstruktur (am Beispiel von Video 1):

- Beschreibung des Arbeitsauftrags der Schüler in Video 1
- Video 1
- Skala Beschreibung: Teil Kooperation
- Video 1
- Skala Beschreibung: Teil Kognition
- Video 1
- Skala Beschreibung: Teil Metakognition
- Skala Bewertung
- Skala Unterstützung

Skalen

Die wissensgesteuerte Verarbeitung als der Teil der professionellen Wahrnehmung, der hier fokussiert wird, äußert sich darin, Schülerinteraktionen beschreiben, bewerten, und vorhersagen zu können (Sherin & van Es, 2009). Das vorliegende Messinstrument fokussiert auf die erste dieser Dimensionen, die Beschreibung von Schülerinteraktionen. Die Items dieser Skala sind weiter unterteilt in Indikatoren kooperativer, kognitiver und metakognitiver Aktivität um den angehenden Lehrkräften eine weitere Orientierung zu bieten. Bei der Formulierung dieser Items wurde auf empirische Forschungsbefunde zur Lernförderlichkeit dieser Aktivitäten zurückgegriffen. Ein Beispiel für einen Indikator für **kooperative Aktivität** ist „Die Gruppenmitglieder gehen gegenseitig auf ihre Beiträge ein." Barron (2003) konnte zeigen, dass das Ignorieren von Beiträgen schädlich für das Lernen ist, während das Aufbauen auf Beiträgen lernförderlich sein kann. Ein Beispiel für einen Indikator für **kognitive Aktivität** ist „Die Gruppenmitglieder verbinden bereits bekannte Inhalte mit den neu zu lernenden Inhalten." Kooperative Lernformen sind oft in besonderer Weise dazu geeignet, Vorwissen zu aktivieren, weil Gruppenmitglieder sich gegenseitig Fragen stellen, wenn sie am Problem arbeiten, und weil sie unterschiedliches Vorwissen haben (Webb, 1989). Ein Beispiel für einen Indikator für **metakognitive Aktivität** ist „Die Gruppenmitglieder äußern Verständnisschwierigkeiten und/oder was sie bereits verstanden haben." Durch die Auseinandersetzung in der Gruppe werden Wissenslücken oft erst offenbar, beispielsweise beim Versuch, etwas zu erklären. Gleichzeitig wird beim Versuch, ein gemeinsames Verständnis (*common ground*) zu finden, den Schülerinnen und Schülern bewusst, was bereits verstanden wurde (King, 2007).

Die Items wurden so allgemein formuliert, dass sie im Kontext jedes Videos beantwortet werden können. Ein methodisches Problem videobasierter Messinstrumente ist, dass Items innerhalb eines Videos eine stärkere Kovarianz aufweisen können, als Items zwischen Videos. Das bedeutet, dass die Spezifität der in einem Video dargestellten Situation Wahrnehmungen stärker lenkt als die Merkmale, welche verschiedene Videos übergreifend charakterisieren. Dadurch wird die Annahme der klassischen Testtheorie, dass Items lokal unabhängig sind, verletzt und die Möglichkeit einer Skalenbildung erschwert. Durch die systematische Kreuzung von Items und Videos sollte dieses Problem minimiert werden. Mithilfe der Generalisierbarkeitstheorie kann bei Kreuzung der Messfacetten Items und Videos der Einfluss beider sowohl individuell als auch in der Interaktion geschätzt werden (Brennan, 2000).

Die Bewertung lernförderlicher Schülerinteraktionen wurde mit einer weiteren Skala operationalisiert. Dazu werden die Teilnehmer gebeten, die Schülerinteraktion insgesamt und separat für kooperative, kognitive und metakognitive Aktivität zu bewerten. Dies erfolgt auf einer Skala von 1 (niedrig) bis 5 (hoch).

Die Vorhersage von Schülerinteraktionen wurde mit der Skala Unterstützung operationalisiert. Dazu werden die Teilnehmer gebeten, mögliche Hilfestellungen zu bewerten, die eine Lehrkraft der gezeigten Schülergruppe geben könnte. Vier Hilfestellungen werden präsentiert: je eine, die kooperative, kognitive oder metakognitive Aktivität fördern sollen, und eine vierte, allgemeine Hilfestellung.

Videos

Da keine geeigneten Unterrichtsvideos zur Verfügung standen, in welchen die Schülerinteraktionen auf hinreichend prägnante Weise auftraten, mussten diese selbst produziert werden. Der Versuch Unterricht zu filmen und anschließend Szenen auszuwählen, die für das Messinstrument geeignet sind, führte zu teilweise unbefriedigenden Ergebnissen: Um geeignete Szenen zu erhalten, ist ein enormer Aufwand notwendig. Daher wurde der Ansatz gewählt, Drehbücher zu schreiben und Szenen nachspielen zu lassen. Die Videos sollten dabei authentische Unterrichtssituationen in dreierlei Hinsicht darstellen. Zunächst wurden reale Aufgaben verwendet, wie sie typisch für kooperatives Lernen im Klassenzimmer sind. Vielerlei Forschungsbefunde haben Eigenschaften von Aufgaben identifiziert, die förderlich für kooperatives Lernen sind (Renkl, 2008). In der Praxis können und werden allerdings nicht immer optimal gestaltete Aufgaben eingesetzt. Daher wurden hier sowohl Aufgaben, die besonders gut für kooperatives Lernen geeignet sind verwendet, als auch Aufgaben, die weniger gut geeignet sind. Eine Beispielaufgabe folgt weiter unten, alle Aufgaben zum Instrument findet man bei Wiedmann (2015).

Desweiteren sollten die Videos professionelle Wahrnehmung stimulieren. Wie Sherin, Linsenmeier, und van Es (2009) zeigen konnten, sind dazu vor allem solche Videos in der Lage, die einen guten Einblick in Schülerverhalten bieten, dieses in gemischter bis hoher Qualität darstellen, und einigermaßen klar beurteilbar machen. Letzter Punkt ist allerdings auch auf der Basis von drehbuchbasierten Szenen ohne eine empirische Erprobung der Videos nur schwer sicherzustellen. Wir haben daher mit zehn Videos deutlich mehr Videos produziert, als schließlich im Messinstrument eingesetzt wurden. Basierend auf einer Pilotstudie (Wiedmann, 2015) wurden drei Videos nach den genannten drei Kriterien ausgewählt, wovon eines im Folgenden kurz dargestellt werden soll (siehe Abb. 2). Die Videos beschäftigen sich mit kooperativem Lernen im Rahmen des Mathematikunterrichts.

In der folgenden Szene bearbeiten drei Schülerinnen die folgende Aufgabe:

Findet gemeinsam ein Rechenbeispiel,
das mit dieser Rechnung gelöst werden kann.

$$\frac{3}{4} \cdot \frac{1}{3} = \frac{1}{4}$$

Ein häufiges Fehlkonzept ist, dass das ein Produkt immer größer ist als die Zahlen, die miteinander multipliziert werden (Fischbein, Drei & Nello 1998, Prediger 2008). Bei dieser Aufgabe werden die Schülerinnen mit diesem Fehlkonzept konfrontiert:

Abb. 2: Drei Schülerinnen bearbeiten gemeinsam eine Aufgabe

Alicia: *Das geht doch gar nicht. Ich glaub, die Aufgabe ist falsch, drei Viertel ist doch größer als ein Viertel.*

Anissa: *Stimmt, das ist komisch. Wenn ich multipliziere, muss es doch größer werden. Und drei Viertel ist größer als ein Viertel das kann echt nicht sein.*

Laura: *Doch, das stimmt. Ich glaub' hier wurde einfach gekürzt: Drei Viertel mal ein Drittel ist gleich ein Viertel mal ein Ganzes ist gleich ein Viertel.*

Alicia: *Okaaay, vielleicht stimmt's ja doch.*

Anissa malt unterdessen in ihrem Rechenheft und hört nicht zu.

Laura: *Aber, wir sollen doch eigentlich ein Rechenbeispiel finden. Was fällt euch ein?*

Alicia: *Hey, Anissa, machst Du noch mit?!*

Anissa: *Ach, ich dachte, die Aufgabe geht eh nicht.*

Alicia: *Laura hat es doch gerade gezeigt, schau: Drei Viertel mal ein Drittel ist gleich ein Viertel mal ein Ganzes ist gleich ein Viertel.*

Anissa: *Oh, na dann...*

Laura: *Also los: Ich habe schon eine Idee für ein Rechenbeispiel. Erinnert ihr euch an die Pizza-Aufgabe für die Brüche gestern?*

Alicia: *Du meinst mit den Pizzastücken?*

Laura: *Ja, genau die. Wir können doch sagen: Ich habe drei Viertel von einer Pizza übrig und gebe davon ein Drittel an euch beide. Wie viel bleibt mir dann noch?*

Alicia: *Find ich gut als Beispiel! Was meinst Du, Anissa?*

Anissa: *Ja, okay, können wir so lassen. Dann sind wir ja jetzt fertig.*

In ihrer Diskussion beschäftigen sich die Schülerinnen vor allem mit der Idee, dass eine Zahl durch Multiplikation kleiner werden kann. In ihrer Vorstellung, wird eine Zahl durch Multiplikation immer größer. Die Schülerinnen denken daher, dass die Aufgabe falsch gestellt sein muss. Nach einigem Nachdenken entscheiden sie aber, dass die Gleichung korrekt sein muss und fahren mit der eigentlichen Aufgabenstellung fort, ein Rechenbeispiel zu finden.

Die Qualität der gezeigten **kooperativen Aktivität** ist gemischt. Während zu Beginn alle drei Schülerinnen involviert sind, zieht sich Anissa rasch aus der Diskussion zurück, nachdem sie erklärt hat, dass die Aufgabe falsch gestellt sein muss. Sie ignoriert Lauras Erklärung, warum die Gleichung möglicherweise doch korrekt sein könnte, und Alicias zögernde Zustimmung. Als Laura um Vorschläge für ein Rechenbeispiel bittet, zeichnet Anissa weiter vor sich hin, bis sie von Alicia aufgefordert wird, sich doch wieder an der Aufgabenbearbeitung zu beteiligen. Am Ende schlägt Laura ein Rechenbeispiel vor, und während Alicia beteiligt bleibt, scheint Anissa immer noch abgelenkt und will einfach nur fertig werden.

Die Qualität der **kognitiven Aktivität** ist gemischt. Laura ist sehr aktiv: sie rechnet vor, wie man durch Kürzen zeigen kann, dass die Gleichung korrekt ist. Laura ist auch diejenige, die das Rechenbeispiel vorschlägt. Alicia dagegen trägt wenig selbst bei, sondern nimmt Beiträge von Laura auf und reagiert auf sie. Nach einigem Nachdenken hat Alicia Lauras Erklärung verstanden, was sichtbar wird wenn sie Anissa erklärt, warum die Gleichung so nicht aufgeht. Allerdings kehren die Schülerinnen nie zu ihrer Ausgangsfrage zurück wie eine Zahl durch Multiplikation kleiner werden kann. Sie akzeptieren Lauras Beispielrechnung einfach ohne aktiv ihr Verständnis von Multiplikation zu revidieren. Die Aktivierung von Vorwissen bleibt oberflächlich: Laura schlägt vor, Pizzastücke als Rechenbeispiel zu benutzen; eine Repräsentation für Brüche, die sie aus der letzten Unterrichtsstunde kennt. Sie baut die Gleichung schnell und korrekt in ihr Rechenbeispiel mit den Pizzastücken ein und die anderen Mädchen nicken diese Lösung ab.

Die Qualität der **metakognitiven Aktivität** ist gemischt. Lauras Vorschläge, die die Aufgabenbearbeitung voranbringen, werden meist implizit akzeptiert und jedenfalls nicht laut in Frage gestellt. Dies trifft vor allen auf ihren Vorschlag für das Rechenbeispiel zu. Nachdem Anissa zeigt warum die Gleichung nicht aufgeht, scheint sie keinen Versuch zu unternehmen zu verstehen, warum die Gleichung vielleicht doch korrekt ist. Andererseits ist allen Schülerinnen bewusst, dass sie (zumindest zu Beginn) eine Verständnislücke haben und zumindest Alicia und Laura versuchen aktive, diese Lücke zu schließen. Die finale Lösung wird überprüft.

Expertenurteil

Die Komplexität von Unterricht spiegelt sich wieder in der Schwierigkeit, Schülerinteraktionen valide zu bewerten. Typischerweise ist es nicht möglich, eine einzelne, normativ-korrekte Bewertung zu geben. Es ist aber möglich, Argumente für unterschiedliche Sichtweisen auf die Interaktionen zu finden. Einige dieser Sichtweisen können weiter fortgeschritten sein als andere. Eine Möglichkeit in dieser Situation eine Grundlage für die Bewertung zu generieren ist es, eine solche fortgeschrittene Sichtweise zu identifizieren: die von Experten, die aufgrund ihrer langjährigen Erfahrung in der Domäne anerkannte Kompetenz besitzen. Dabei wird angenommen, dass durch den Vergleich der Bewertungen von Novizen und Experten sinnvolle Aussagen über die Kompetenz der Novizen gemacht werden können. Zusätzlich kann man das Urteil mehrerer Experten aggregieren, anstatt sich auf das Urteil einer einzelnen Person zu verlassen. Dadurch soll sich die Validität der Expertenlösung erhöhen. Die Ratings der Teilnehmer, die das Messinstrument bearbeitet haben, wurden daher bewertet, in dem sie mit einem aggregierten Expertenurteil verglichen wurden. Bei exakter Übereinstimmung erhielten die Teilnehmer einen Punkt, sonst keinen Punkt.

Als Experten konnten wir drei erfahrene Mathematikdidaktikerinnen und Mathematikdidaktiker gewinnen, die seit vielen Jahren kooperatives Lernen im eigenen Unterricht einsetzen und Lehramtsstudierende im Einsatz dieser Unterrichtsform ausbilden. In einem ersten Schritt bearbeiteten die Experten das Messinstrument selbst, ohne bisher in der Entwicklung des Instruments eingebunden gewesen zu sein. Die Übereinstimmung ihrer Urteile war gering (Krippendorffs α = .34). Dies zeigt auf, wie unterschiedlich die Sichtweisen auch von Experten sein können. Ein gemeinsames Verständnis wurde daher in einem zweiten Schritt hergestellt, in dem eine ca. anderthalb Stunden dauernde Diskussion der Urteile stattfand. Diese Diskussion wurde von den Entwicklern des Messinstruments geleitet. Dabei wurden konkrete Gründe ersichtlich, die hinter den unterschiedlichen Urteilen der Experten standen. In der Diskussion konnten entweder die Urteile vereinheitlicht werden oder Formulierungen der Items überarbeitet werden. Wenn dies nicht möglich war, wurden Items aufgegeben. Im Folgenden sollen einige Eindrücke von der Diskussion gegeben werden, um diesen Entscheidungsprozess zu veranschaulichen.

Der Indikator kooperativer Aktivität „Die Gruppenmitglieder gehen wertschätzend miteinander um" wurde von allen Experten bei Videos 1 und 2 als gegeben bewertet. In Video 3 gingen die Einschätzungen auseinander: Experte 1 und Experte 3 sahen Wertschätzung als gegeben, Experte 2 nicht: Er dachte, dass in diesem Video eindeutig ein Mangel an Respekt dargestellt werden sollte: eine Schülerin arbeitet nicht mit und wird etwas schroff dazu aufgefordert, wieder mitzumachen. Experte 1 wand ein, dass die Bewertung nicht darauf beruhen sollte, was die Intention bei der Konstruktion der Videos war. Das Auffordern zur Mitarbeit sah er nicht als mangelnden Respekt. Die Diskussion fokussierte dann, welche vielfältigen Aktivitäten mit wertschätzendem Umgang eigentlich gemeint sein können: sich nicht unterbrechen, Aufmerksam sein, aktives Mitarbeiten, Loben. Experte 3 nutzte diese Kriterien um noch einmal zu demonstrieren, warum für ihn ein wertschätzender Umgang in diesem Video gegeben war. Damit wurde Experte 2 überzeugt und änderte seine Einschätzung des Videos mit der Begründung, jetzt besser zu verstehen, was mit dem Item gemeint sei. Experte 1 warf ein, dass er das Verhalten der Schülerinnen angesichts ihres Alters sehr wertschätzend fand. Das Auffordern zur Mitarbeit verstand Experte 1 als eine Wertschätzung des möglichen Beitrags des Gruppenmitglieds. Zu oft werden Schüler, die sich nicht beteiligen, ignoriert. Hier sei das als positives Zeichen von Selbstregulation zu werten.

Bei einem weiteren Item konnte keine Einigung erzielt werden, woraufhin das Item von der Auswertung ausgeschlossen wurde: „Die Gruppenmitglieder entschieden gemeinsam, ob das Problem gelöst ist." In der Diskussion zeigte sich, dass unklar war, was mit gemeinsamer Entscheidung und mit „Problem gelöst" genau gemeint ist. Am Ende von Video 1, in dem die Schülerinnen und Schüler Tiere der Größe nach Ordnen, nennt eine Schülerin eine Rangreihenfolge basierend auf der vorhergegangenen Situation. Da die anderen Schüler an dieser Stelle nicht widersprechen, bewertete Experte 2, dass die Schüler gemeinsam entschieden hätten. Experte 1 dagegen fand, dass die Entscheidung nur von der Schülerin ausging. Oft widersprechen die anderen Schüler nicht, weil sie mit der Aufgabe fertig sein wollen. Dabei ist unklar, ob sie die Lösung nachvollziehen können und mit ihr einverstanden sind. Die Diskussionsleiter wiesen an dieser Stelle darauf hin, dass die genannte Lösung nur einen Zwischenschritt bei der Lösung der Arbeitsaufgabe darstellt. Die Schülerin hatte nur drei von sechs Tieren in eine Rangreihenfolge gebracht. Die Experten stellten daraufhin in Frage, welche Informationen zur Bewertung der Interaktion benutzt werden sollten: Nur die im Video dargestellten oder auch die im Arbeitsauftrag vor dem Video präsentierten Informationen. Des Weiteren kritisierten sie, ob es wirklich Sinn macht, eine Zwischenlösung von einer finalen Lösung zu trennen. Experte 1 schlug vor, die Formulierung des Items dahingehend zu ändern, dass es sowohl zu Zwischen- als auch zu finalen Lösungen zutrifft. Die anderen Experten waren damit einverstanden. Das andere Problem, nämlich was eine gemeinsame Entscheidung bedeutet, konnte allerdings nicht gelöst werden. Daher wurde das Item von der weiteren Auswertung ausgeschlossen.

5.3   Diskussion

Die Qualität von Schülerinteraktionen ist zentral für das Gelingen kooperativen Lernens und sollte daher von Lehrkräften beobachtet werden. Eine professionelle Wahrnehmung von Schülerinteraktionen zeichnet sich durch die Ausrichtung der Aufmerksamkeit auf relevante Ereignisse aus, über die mithilfe von professionellem Wissen weiter nachgedacht werden kann. Diese wissensgesteuerte Verarbeitung bereits bei angehenden Lehrkräften zu messen war Ziel dieses Projekts. Dazu wurden drei Skalen entwickelt, die drei Dimensionen der wissensgesteuerten Verarbeitung abbilden. Erste empirische Erfahrungen mit dem Messinstrument in einer heterogenen Stichprobe von knapp 200 angehenden Lehrkräften zeigten, dass die Dimension der Beschreibung von Schülerinteraktionen (Skala Beschreibung) in einem für Gruppenvergleiche ausreichendem Maße reliabel erfasst werden konnte (Generalisierbarkeitskoeffizient = .65). Die inhaltlich darauf aufbauenden Dimensionen der Bewertung (Skala Bewertung) und Vorhersage (Skala

Unterstützung) von Schülerinteraktionen konnten nicht mehr reliabel erfasst werden. Die professionelle Wahrnehmung von Schülerinteraktionen konnte daher nur eingeschränkt messbar gemacht werden (Wiedmann, 2015).

Zwei mögliche Gründe für diese Schwierigkeit sollen hier diskutiert werden. Eine zentrale Grundlage der professionellen Wahrnehmung von Schülerinteraktionen ist das Vorhandensein von professionellen Wissens über die Lernförderlichkeit von Schülerinteraktionen. Bei angehenden Lehrkräften kann angenommen werden, dass dieses Wissen nur in Ansätzen vorliegt. Die Einführung, die alle Teilnehmenden zu Beginn des Instruments erhalten haben, war angesichts dieser Wissenslücken möglicherweise unzureichend. Die Wissenslücken wurden auch im anschließenden Training offenbar, in denen in Kleingruppen und im Plenum diskutiert wurde, wie man Schülerinteraktionen beobachten kann. Das Training konnte die Teilkompetenz der Beschreibung von Schülerinteraktionen erfolgreich fördern (Kaendler et al., 2015), was sich auch in einer höheren Reliabilität der Messung nach dem Training zeigte.

Ein zweiter Grund für die Schwierigkeit, die professionelle Wahrnehmung von Schülerinteraktionen reliabel zu erfassen, könnte in den verwendeten Videos liegen. Die Videos wurden von erfahrenen Lehrkräften, die in der Ausbildung von Lehreranwärtern an einem Seminar für Didaktik und Lehrerbildung tätig sind, als für die Lehrerausbildung geeignet eingeschätzt. Dabei wurde besonders hervorgehoben, dass die Videos die komplexen Unterrichtssituationen auf Prototypen reduzieren, mit denen besonders angehende Lehrkräfte einfach an die Bewertung von Schülerinteraktionen herangeführt werden können. Gleichzeitig ist damit die Authentizität der Videos reduziert, was sich in der Evaluation der Videos durch die angehenden Lehrkräfte zeigte.

Was hat zur erfolgreichen Messung der Kompetenz, Schülerinteraktionen zu beschreiben, beigetragen?

In der Entwicklung des Messinstruments war der Einsatz von Generalisierbarkeitsanalysen hilfreich. Sie halfen, die relative Höhe von aus unterschiedlichen Quellen stammenden Messfehlern aufzudecken, und die Auswirkungen der Weiterentwicklung des Messinstruments zu evaluieren. Die Generalisierbarkeitsanalyse einer ersten Version des Messinstruments zeigte, dass ein substanzieller Anteil des beobachteten Messfehlers direkt auf die dort verwendeten fünf Videos zurückging. Durch die sorgfältige Auswahl von drei Videos konnte diese Messfehlerkomponente deutlich reduziert werden. Der verbleibende Messfehler, zu dem Videos indirekt, beispielsweise über die Nestung von Items in Videos beitrugen, war jedoch immer noch sehr hoch.

Ein weiterer Erfolgsfaktor liegt möglicherweise im interdisziplinären Ansatz des Projekts. Die eingangs beschriebenen unterschiedlichen Ansätze von pädagogischer Psychologie und Mathematikdidaktik wurden in den beteiligten Personen bei der Entwicklung des Messinstruments kombiniert. Verantwortlich für die Entwicklung waren zunächst zwei Psychologen. Diese wurden betreut von Psychologen und einem Mathematikdidaktiker. Zudem bestand das Expertenteam aus drei Mathematikdidaktikern. In ausführlichen Diskussionen wurde ein gemeinsames Verständnis der Beschreibung von Schülerinteraktionen hergestellt. Dieser interdisziplinäre Ansatz förderte die Validität des Messinstruments, weil sowohl die Verankerung in der (psychologischen) Forschungsliteratur, als auch der mathematikdidaktische Blick auf die Praxis sichergestellt wurde.

Die Schwierigkeiten bei der Erfassung zeigen jedoch auf, wie wenig die Lernförderlichkeit von Schülerinteraktionen bisher in der Lehrerausbildung thematisiert wird. Die Lehrerausbildung wird damit der zentralen Stelle, die kooperatives Lernen als Unterrichtsmethode mittlerweile einnimmt, nicht gerecht. Der Einsatz von Unterrichtsvideos stellt eine vielversprechende Möglichkeit dar, Wissen über die Lernförderlichkeit von Schülerinteraktionen bei angehenden Lehrkräften zu fördern (Blomberg et al., 2014; Kändler et al., 2016). Die vorliegenden Videos, die nachgestellte Szenen zeigen, sollten dazu mit authentischen Klassenzimmeraufnahmen ergänzt werden. Darauf aufbauend kann das vorliegende Instrument weiterentwickelt werden, um die professionelle Wahrnehmung von Schülerinteraktionen in ihrer ganzen Breite und idealerweise zusätzlich zur Gruppenebene auch auf individueller Ebene messbar zu machen. Das Instrument kann dann helfen, Trainingsprogramme zur Förderung von professioneller Wahrnehmung von Schülerinteraktionen zu evaluieren.

5.4   Literatur

Barron, B. (2003). When smart groups fail. *Journal of the Learning Sciences, 12*(3), 307–359. doi:10.1207/S15327809JLS1203_1.

Blomberg, G., Sherin, M. G., Renkl, A., Glogger, I., & Seidel, T. (2014). Understanding video as a tool for teacher education: Investigating instructional strategies to promote reflection. *Instructional Science, 42*(3), 443-463. doi:10.1007/s11251-013-9281-6.

Brennan, R. L. (2000). Performance assessments from the perspective of generalizability theory. *Applied Psychological Measurement, 24*(4), 339–353. doi:10.1177/01466210022031796

Fischbein, E., Deri, M., Nello, M. S., & Marino, M. S. (1985). The role of implicit models in solving problems in multiplication and division. *Journal of Research in Mathematics Education, 16*(1), 3-17. doi:10.2307/748969.

Glade, M., Prediger, S., Schmidt, U. (2013). Freizeit von Mädchen und Jungen – Anteile vergleichen und zusammenfassen. In: Prediger, S., Barzel, B., Hußmann, S., Leuders, T. (Hrsg.): *Mathewerkstatt 6*. Cornelsen, Berlin, 43-78.

Kaendler, C., Wiedmann, M., Rummel, N., Leuders, T., & Spada, H. (2016). Monitoring Student Interaction during Collaborative Learning: Design and Evaluation of a Training Program for Pre-Service Teachers. *Psychology Learning & Teaching.* doi:10.1177/1475725716638010.

King, A. (1997). ASK to THINK-TEL WHY: A model of transactive peer tutoring for scaffolding higher level complex learning. *Educational Psychologist, 32*(4), 221–235. doi:10.1207/s15326985ep3204_3.

Lipowsky, F., Rakoczy, K., Pauli, C., Drollinger-Vetter, B., Klieme, E., & Reusser, K. (2009). Quality of geometry instruction and its short-term impact on students' understanding of the Pythagorean theorem. *Learning and Instruction*, 19, 527–537. doi:10.1016/j.learninstruc.2008.11.001.

Pietsch, M. (2010). Evaluation von Unterrichtsstandards. *Zeitschrift für Erziehungswissenschaft*, 13(1), 121-148. doi:10.1007/s11618-010-0113-z.

Prediger, S. (2008). The relevance of didactical categories for analysing obstacles in conceptual change – Revisiting the case of multiplication of fractions. *Learning and Instruction, 18*(1), 3-17. doi:10.1016/j.learninstruc.2006.08.001.

Prediger, S. (2011). Anknüpfen, Konfrontieren, Gegenüberstellen. Ausdifferenzierender Umgang mit individuellen Vorstellungen am Beispiel relativer Häufigkeiten. *Praxis der Mathematik in der Schule 53*(40), 8–13.

Prediger, S., Glade, M., Schmidt, U. (2011). Wozu rechnen wir mit Anteilen? Herausforderungen der Sinnstiftung am schwierigen Beispiel der Bruchoperationen. *Praxis der Mathematik in der Schule, 53*(37), 28–35.

Sherin, M. G., Linsenmeier, K. A., & van Es, E. A. (2009). Selecting video clips to promote mathematics teachers' discussion of student thinking. *Journal of Teacher Education, 60*(3), 213–230. doi:10.1177/0022487109336967.

Sherin, M. G., & van Es, E. A. (2009). Effects of video club participation on teachers' professional vision. *Journal of Teacher Education, 60*(1), 20–37. doi:10.1177/0022487108328155.

Renkl, A. (2008). Kooperatives Lernen. In W. Schneider & M. Hasselhorn (Hrsg.), *Handbuch der Pädagogischen Psychologie*. Göttingen, Bern, Wien [u. a.]: Hogrefe.

van Es, E. A., & Sherin, M. G. (2002). Learning to notice: Scaffolding new teachers' interpretations of classroom interactions. *Journal of Technology and Teacher Education, 10*(4), 571–596.

Webb, N. M. (1989). Peer interaction and learning in small groups. *International Journal of Educational Research, 13*(1), 21–39. doi:10.1016/0883-0355(89)90014-1.

Wiedmann, M. (2015). *Teacher's professional vision of student interaction in collaborative learning settings: development and evaluation of an assessment tool*. Albert-Ludwigs-Universität, Freiburg. doi:10.6094/UNIFR/10089.

Bereichsspezifische epistemologische Überzeugungen von Erzieherinnen und Erziehern und ihr Zusammenhang zum pädagogischen Handeln

Magdalena Maack, Pädagogische Hochschule Freiburg
Christoph Mischo, Pädagogische Hochschule Freiburg
Gerald Wittmann, Pädagogische Hochschule Freiburg

Zusammenfassung

Mittlerweile ist gut belegt, dass sich die epistemologischen Überzeugungen von Lehrkräften (über Genese, Sicherheit und Rechtfertigung von Wissen) auf die Unterrichtsprozesse und den Lerngewinn von SchülerInnen auswirken. Obwohl auch ErzieherInnen zunehmend mit Bildungsaufgaben betraut sind, wurde bislang noch nicht untersucht, über welche epistemologischen Überzeugungen ErzieherInnen verfügen und wie diese die professionelle Gestaltung von Lernsituationen in Kindertageseinrichtungen beeinflussen. Aufgrund der unzureichenden Forschungslage entwickelten wir außer einem halbstandardisierten Interview einen Fragebogen zur Erfassung epistemologischer Überzeugungen in den Bereichen Naturwissenschaft und Frühpädagogik und erfassten die naturwissenschaftsbezogene Prozessqualität mithilfe eines handlungsnahen Vignetten-Instruments. Außerdem wurden lehr-lernbezogene Überzeugungen erhoben, die sich spezifischer auf lernbezogene Interaktionen beziehen. Befragt wurden 238 praktisch tätige ErzieherInnen. Zusätzlich beobachteten wir die bereichsübergreifende Interaktionsqualität bei 20 ErzieherInnen mit ausgewählten Items der Kindergarten-Einschätzskala (KES-R). Die epistemologischen Überzeugungen der ErzieherInnen stellten sich als einflussreich sowohl für die Gestaltung naturwissenschaftsbezogener als auch bereichsübergreifender Bildungsprozesse heraus. Vermittelt wird dieser Einfluss über die lernbezogenen Überzeugungen. Diese Studie belegt somit die Relevanz epistemologischer Überzeugungen von Fachkräften für die Gestaltung von Bildungssituationen.

© Springer Fachmedien Wiesbaden GmbH, ein Teil von Springer Nature 2019
T. Leuders et al. (Hrsg.), *Pädagogische Professionalität in Mathematik und Naturwissenschaften*, https://doi.org/10.1007/978-3-658-08644-2_6

6.1   Einführung

Im Zuge aktueller Debatten über die Qualität von Kindertageseinrichtungen (KiTas) ist die Bildungsfunktion in den Vordergrund der bildungspolitischen und wissenschaftlichen Diskussion gerückt (OECD, 2004; Tietze & Viernickel, 2003). Gestiegen sind damit insbesondere die Anforderungen und Erwartungen an das frühpädagogische Personal, welches Lerngelegenheiten schaffen und zu Entwicklungsgewinnen der Kinder beitragen soll, und dies sowohl inhaltsbereichsübergreifend als auch spezifisch bezogen auf verschiedene (Bildungs-)Bereiche, wie z. B. Naturwissenschaft und Sprache (Fthenakis, 2003).

Die wissenschaftliche Untersuchung der pädagogischen Qualität unterscheidet (1) strukturelle Rahmenbedingungen (z. B. die Gruppengröße) und (2) Orientierungen des pädagogischen Personals (z. B. Überzeugungen), welche als bedeutsam für (3) pädagogische Prozesse (Gesamtheit aller Interaktionen) und die kindliche Entwicklung gelten (Tietze, 1998). Anders als im schulischen Kontext ist bislang wenig darüber bekannt, welche Bedingungen seitens der ErzieherInnen prädiktiv sind für qualitativ hochwertige professionelle Handlungen und die Bildung und Entwicklung der Kinder.

Die Betrachtung der professionellen Kompetenzen frühpädagogischer Fachkräfte umfasst das professionelle Wissen, die Handlungskompetenzen sowie die Einstellungen und Überzeugungen der Fachkräfte (Mischo & Fröhlich-Gildhoff, 2011). Aus der Lehrerforschung ist bekannt, dass sich unter anderem die Lehr-Lern-Überzeugungen sowie allgemeine Überzeugungen über die Genese, Sicherheit und Rechtfertigung von Wissen (epistemologische Überzeugungen) auf die Gestaltung von Lernumgebungen und den Lernzuwachs der SchülerInnen auswirken (Dubberke, Kunter, McElvany, Brunner, & Baumert, 2008). Erstaunlicherweise wurden epistemologische Überzeugungen bei ErzieherInnen bislang jedoch noch kaum untersucht.

Verschiedene Einstellungen, Überzeugungen und Ziele werden bereits in Forschungsprojekten als Teil der professionellen Kompetenz von ErzieherInnen untersucht (Pianta et al., 2005; Tietze et al, 2013), aber erst wenige Studien prüfen den Einfluss auf die pädagogische Interaktion in Kindertageseinrichtungen und den Kompetenzzuwachs seitens der Kinder (Kluczniok, Anders, & Ebert, 2011). Aktuelle, längsschnittlich angelegte Forschungsvorhaben beziehen sich dabei sowohl auf bereichsspezifische als auch auf bereichsübergreifende Anteile der Prozessqualität, ohne jedoch die epistemologischen oder lehr-lernbezogenen Überzeugungen in den Blick zu nehmen (Roßbach, Kluczniok, & Kuger, 2008).

Ziel der vorliegenden Studie ist es daher, die Bedeutung von bereichsspezifischen (hier: auf Naturwissenschaft und Frühpädagogik bezogenen) epistemologischen und lehr-lernbezogenen Überzeugungen von ErzieherInnen für die naturwissenschaftsbezogene und bereichsübergreifende pädagogische Prozessqualität zu untersuchen.

6.2 Epistemologische und lehr-lernbezogene Überzeugungen als Facetten der Orientierungsqualität

Epistemologische Überzeugungen umfassen persönliche Auffassungen, die den Status von Wissen und den Wissenserwerb betreffen (Hofer & Pintrich, 1997). Sie werden in neueren Konzeptualisierungen in der Regel mehrdimensional verstanden und differenziert, wobei eine heterogene Auffassung über die Struktur dieser Überzeugungen besteht (z. B. Anzahl, Inhalte und Relation der Dimensionen dieser Überzeugungen). Nach Hofer und Pintrich (1997) lassen sich epistemologische Überzeugungen entlang der vier Kerndimensionen Sicherheit und Struktur (das Wissen betreffend) sowie Quelle und Rechtfertigung (den Wissenserwerb betreffend) beschreiben. Überzeugungen, die das Lernen betreffen, werden in dieser Konzeptualisierung als eng verknüpft mit dem Konstrukt (jedoch nicht als zugehörig) begriffen. Auf jeder Dimension wird im Sinne eines Kontinuums zwischen eher naiven und eher differenzierten (sophistizierten[1]) Sichtweisen unterschieden. Überzeugungen zur *Sicherheit* beziehen sich auf den Grad an Sicherheit bzw. Absolutheit, der dem Wissen zugeschrieben wird. Eine naive Sichtweise wäre demnach, Wissen (z. B. von Autoritäten) als absolute Wahrheiten zu begreifen. Als „differenziert" wäre hingegen die Auffassung zu bewerten, dass Wissen einem Veränderungsprozess unterliegt und einen vorläufigen Charakter aufweist. Die *Struktur*-Dimension umfasst Annahmen dazu, ob Wissen eher in Form von unverbundenen Fakten vorliegt (naive Sichtweise), oder aber, ob es als komplex und kontextabhängig verstanden werden kann (differenzierte Sichtweise). Annahmen zur Dimension *Quelle* beschreiben Aspekte zur Herkunft von Wissen und reichen von der (eher naiven) Sicht, Wissen könne von Autoritäten übernommen werden, bis hin zum (eher differenzierten) Verständnis einer eigenen Konstruktionsleistung. Die *Rechtfertigungs*-Dimension bezieht sich schließlich auf die Begründung des Wissens und die Reflexion über die Legitimierbarkeit von Wissen. Für jede der vier Dimensionen kann somit eine separate Einschätzung der epistemologischen Überzeugungen erfolgen (Hofer & Pintrich, 1997).

Studien zu epistemologischen Überzeugungen im Kontext der Frühpädagogik gibt es bislang nur vereinzelt, wenngleich in den letzten Jahren auch im Zuge einer differenzierteren Operationalisierung der Orientierungsqualität ein Anstieg an Forschungsbemühungen zu verzeichnen ist (Levin, Meyer-Siever, & Gläser, 2015; Walker, Brownlee, Exley, Woods, & Whiteford, 2011). Diesen Untersuchungen liegt die Annahme zugrunde, dass epistemologische Überzeugungen, verstanden als Kompetenz-Facette, gemeinsam mit dem Wissen eine zentrale Bedeutung für die Handlungsplanung und damit auch für die Qualität professionellen Handelns einnehmen.

---

[1] Die Begriffe naiv und sophistiziert werden im Rahmen der Literatur zu epistemologischen Überzeugungen für gewöhnlich verwendet, um Niveaustufen zu unterscheiden. Die Terminologie wird aus Gründen der Anschlussfähigkeit in dieser Arbeit beibehalten, wobei darauf hingewiesen sei, dass dies nicht auch die Konnotation, die damit einhergeht, einschließt.

Neben bereichsübergreifend konzeptualisierten Studien (Brownlee & Berthelsen, 2008), finden sich gegenwärtig in Anlehnung an die Bildungsbereiche der Bildungs- und Orientierungspläne (JMK & KMK, 2004) auch erste bereichs- bzw. fachspezifische Untersuchungen, insbesondere zur Mathematik (Benz, 2012; Levin et al., 2015). Es wird davon ausgegangen, dass sich die Überzeugungen hinsichtlich der einzelnen Bildungsbereiche voneinander unterscheiden und die differenzierte Betrachtung passgenauere Analysen der bereichsspezifischen Förderaktivitäten zulässt (Kluczniok et al., 2011).

Erhoben werden die Überzeugungen häufig mit Fragebogeninstrumenten oder mithilfe qualitativer Interviews, wobei einige Forschungsdesigns beide methodischen Zugänge kombinieren (Anschütz, 2012; Müller, 2009). Dies erfolgt in der Regel vor dem Hintergrund, dass nicht hinreichend geklärt ist, welche Überlegungen der ProbandInnen dem Ankreuzverhalten zugrunde liegen (Bromme, 2005).

Neben wissensbezogenen Ansichten wird auch die Relevanz von Überzeugungen, die das Lehren und Lernen von Kindern betreffen, in ihrer Bedeutung für die Gestaltung von Bildungsprozessen diskutiert (Mischo, Wahl, Hendler, & Strohmer, 2012) und ebenfalls insbesondere in der Lehrerforschung intensiv untersucht (Pajares, 1992; Voss, Kleickmann, Kunter, & Hachfeld, 2013). Gegenwärtige Forschung aus der Frühpädagogik unterscheidet in der Regel zwischen (ko-)konstruktivistischen und instruktivistischen bzw. transmissiven Auffassungen (Benz, 2012; Mischo et al., 2012; Rank, 2008). In Anlehnung an Konzepte der Selbstbildung in der Frühpädagogik (Laewen, 2007; Schäfer, 2005) betont die konstruktivistische Perspektive die Eigentätigkeit der Kinder. Die Lernenden sind aktiv beteiligt an ihrem Bildungsprozess und benötigen in Abhängigkeit von ihrem Wissens- und Erfahrungsstand Anregungen, Begleitung und eine Strukturierung der Lernumgebung durch das pädagogische Personal. Daran anknüpfend wird im deutschsprachigen Raum die ko-konstruktivistische Sichtweise diskutiert, angeführt von Fthenakis (2012). Den Annahmen der sozio-kulturellen Theorie von Vygotski (1978) folgend, liegt der Schwerpunkt der Betrachtung auf den Interaktionen im sozio-kulturellen Kontext und damit auf dem aktiv am Lernprozess beteiligten Kind und seinen ebenfalls aktiven InteraktionspartnerInnen. In gemeinsamen Interaktionsprozessen kommt den Lehrenden eine stärker gestaltende und lenkende Rolle zu, um gezielt die Entwicklung der Bedeutungserschließung zu fördern (Sylva, Taggart, Melhuish, Simmons, & Siraj-Blatchford, 2010). Instruktivistische bzw. transmissiv-rezeptive Annahmen (Staub & Stern, 2002) betonen die Bedeutung der Lehrenden im Lernprozess der Kinder (Blömeke, 2011; Weinert, 1996). In der frühen Bildung wird damit die (kindgerechte) Vermittlung von Wissen beschrieben und damit die Rolle der Lehrenden für Lernprozesse hervorgehoben (Mischo et al., 2012).

Lehr-Lern-Überzeugungen werden überwiegend mit Fragebogeninstrumenten und sowohl bereichsübergreifend (Mischo et al., 2012; Rank, 2008) als auch spezifisch (für den mathematischen Bereich: Benz, 2012; Wittmann, Levin, & Bönig, 2016) untersucht. Befunde aus der frühpädagogischen Forschung zeigen, dass Fachkräfte insgesamt (ko-)konstruktivistische Überzeugungen präferieren (Benz, 2012; Mischo et al., 2012; Wittmann et al., 2016).

6.3   Einfluss von epistemologischen und lehr-lern-bezogenen Überzeugungen auf Lehr-Lern-Prozesse

Überzeugungen werden aufgrund ihrer angenommenen handlungsleitenden (Groeben, Wahl, Schlee, & Scheele, 1988) oder Handlungen vorstrukturierenden Eigenschaften (Köller, Baumert, & Neubrand, 2000) derzeit intensiv empirisch untersucht. Einschlägige Hinweise dafür, dass neben (Fach-)Wissen auch Überzeugungen des pädagogischen Personals das professionelle Handeln beeinflussen, liefern Studien, die schulische Lehr-Lern-Prozesse in den Blick nehmen und epistemologische Überzeugungen als bedeutsam für unterrichtliches Handeln (Dubberke et al., 2008; Fennema et al., 1996; Hartinger, Kleickmann, & Hawelka, 2006) und den Lernerfolg von SchülerInnen herausstellen (Dubberke et al., 2008; Staub & Stern, 2002). Dabei zeigen die Befunde, dass neben direkten Zusammenhängen zwischen epistemologischen Überzeugungen und pädagogischem Handeln bzw. dem Lernerfolg der SchülerInnen auch indirekt vermittelnde Zusammenhänge vorliegen. Mediatoren sind dabei unter anderem die Lernmotivation, Lernstrategien und lehr-lernbezogene Orientierungen (Hofer, 2001).

Die Vermutung, dass sich ähnliche Effekte auch bei FrühpädagogInnen zeigen könnten (Roßbach & Weinert, 2008), ist Ausgangspunkt für die Berücksichtigung der Überzeugungen von frühpädagogischen Fachkräften in dieser Studie. Noch ist allerdings wenig darüber bekannt, wie genau das Wirkgefüge zwischen verschiedenen Orientierungsmerkmalen frühpädagogischer Fachkräfte aussieht und ob sich Effekte bis hinauf in die pädagogischen Prozesse und Kompetenzen der Kinder zeigen.

In der Studie von Wittmann et al. (2016) erwiesen sich im Kontext einer mathematikspezifischen Betrachtung sowohl epistemologische Überzeugungen (hier: eine geringe Ausprägung zur Schemaorientierung) als auch lehr-lernbezogene Überzeugungen (hier: ko-konstruktivistische Überzeugungen) als statistisch bedeutsam für ein qualitativ hochwertigeres Aufgreifen der Aktivitäten der Kinder (handlungsnah erhoben mittels Bild- und Videovignetten).

Hinweise zur Bedeutung differenzierter epistemologischer Überzeugungen für konstruktivistische lernbezogene Überzeugungen und darüber hinaus für die Reflexion der eigenen professionellen Praxis liefert eine australische Studie (Brownlee, Berthelsen, & Boulton-Lewis, 2004). Lernbezogene Überzeugungen konnten auch in anderen Untersuchungen als handlungsleitend und relevant für die Sicherstellung der Bildungsfunktion im Kindergarten (Brownlee et al., 2004; Pianta et al., 2005) herausgestellt werden. Befunde aus der Grundschulforschung zeigen zudem für den mathematischen Bereich Kompetenzzuwächse bei SchülerInnen, deren Lehrkräfte konstruktivistische Überzeugungen vertreten (Hartinger et al., 2006; Staub & Stern, 2002).

Der Einfluss bereichsspezifischer epistemologischer Überzeugungen auf tatsächliche pädagogische Handlungen und die kindliche Entwicklung wurde im frühpädagogischen institutionellen Kontext bislang nicht untersucht. Insgesamt bleibt damit offen, ob und welche wissens- und lernbezogenen Überzeugungen des frühpädagogischen Personals prädiktiv sind für das professionelle Handeln in Einrichtungen der frühen Kindheit.

6.4 Forschungsfragen und Hypothesen

Das hier vorgestellte Projekt[2] untersucht anknüpfend an den Forschungsstand die epistemologischen und lehr-lernbezogenen Überzeugungen von praktisch tätigen ErzieherInnen in den Bereichen Naturwissenschaft und Frühpädagogik sowie den Zusammenhang dieser Überzeugungen zur naturwissenschaftlichen und bereichsübergreifenden pädagogischen Prozessqualität in Kindertageseinrichtungen. Folgende Forschungsfragen werden dabei verfolgt:

1. Welche Typen epistemologischer Überzeugungen lassen sich empirisch feststellen? Wir vermuteten, dass sich mindestens zwei Typen epistemologischer Überzeugungen zur Naturwissenschaft empirisch identifizieren lassen: eine Gruppe von ErzieherInnen, die Wissen eher als weniger veränderbar einschätzt und die Bedeutung der Rechtfertigung von Wissen als weniger relevant bewertet sowie eine zweite Gruppe, die in geringerem Maß von der Sicherheit von Wissen ausgeht und die Notwendigkeit der Rechtfertigung von Wissen eher als bedeutsam bewertet. Im Bereich Frühpädagogik vermuteten wir ebenfalls, dass sich mindestens zwei Typen epistemologischer Überzeugungen empirisch identifizieren lassen: eine Gruppe von ErzieherInnen, die Wissen eher als weniger veränderbar einschätzt, die Bedeutung der Rechtfertigung und Reflexion von Wissen als weniger relevant bewertet sowie eine zweite Gruppe, die in geringerem Maß von der Sicherheit von Wissen ausgeht und die Notwendigkeit der Rechtfertigung und Reflexion von Wissen eher als bedeutsam bewertet.

2. Zeigt sich ein direkter Einfluss ausgehend von den Typen bereichsspezifischer epistemologischer Überzeugungen auf die (a) bereichsspezifische und (b) bereichsübergreifende Prozessqualität?

3. Zeigt sich ein indirekter Einfluss der Typen epistemologischer Überzeugungen im Bereich Naturwissenschaft, vermittelt über lehr-lernbezogene Überzeugungen?

Aufgrund der mangelnden Befunde aus der frühpädagogischen Forschung formulierten wir hinsichtlich des Einflusses auf die Prozessqualität ungerichtete Forschungsfragen. Neben einem direkten Zusammenhang der eher distalen epistemologischen Überzeugungen auf die Prozessqualität nahmen wir an, dass diese auch indirekt über die eher handlungsnahen lehr-lernbezogenen Überzeugungen die Prozessqualität beeinflussen. Wir überprüften darüber hinaus, ob sich die Ergebnisse auch unter Kontrolle von individuellen Hintergrundmerkmalen (Alter, Berufserfahrung, Fachwissen und fluider Intelligenz) zeigen.

---

[2] Die empirischen Ergebnisse sind zusammenfassend entnommen aus Plöger-Werner (2015).

6.5   Methode

6.5.1   Teilnehmende und Design

An der Studie nahmen insgesamt 238 ErzieherInnen aus 39 Kindertageseinrichtungen in Baden-Württemberg und Niedersachsen teil. Die Auswahl bezog sich auf ErzieherInnen mit einer abgeschlossenen Berufsausbildung und einer (zumindest teilzeitlichen) Beschäftigung im Gruppendienst einer Einrichtung mit 2–6 jährigen Kindern. Das Alter betrug im Mittel 37,3 Jahre (SD = 12 Jahre). 92 Prozent der ErzieherInnen waren weiblich. Für die Erfassung der bereichsübergreifenden Interaktionsqualität wurde eine Teilstichprobe von insgesamt 20 ErzieherInnen aus dem Raum Freiburg ausgewählt.

Die Untersuchung wurde anknüpfend an die beschriebenen Forschungsdesiderata und die Fragestellungen mit einer kombiniert qualitativen-quantitativen methodischen Ausrichtung vollzogen. Zunächst führten wir halbstrukturierte Interviews mit 20 ErzieherInnen[3], mit dem Ziel der Exploration der Überzeugungen sowie der Itemgenerierung. Im nächsten Schritt entwickelten wir unter Rückgriff auf die Interview-Ergebnisse sowie auf bestehende Instrumente und theoretische Konzeptualisierungen ein Fragebogeninstrument zu bereichsspezifischen epistemologischen Überzeugungen. Darüber hinaus überarbeiteten wir ein bestehendes Instrument zu lernbezogenen Überzeugungen (hier: auf die Frühpädagogik bezogen, Mischo et al., 2012) und adaptierten es sprachlich für den naturwissenschaftlichen Bereich. Die Überzeugungen und das naturwissenschaftsbezogene Wissen als Facetten der Orientierungsqualität sowie die kognitiven Fähigkeiten und ein Vignetten-Test zur Erfassung der naturwissenschaftsbezogenen Prozessqualität wurden im Rahmen einer Fragebogenerhebung vor Ort in den Kindertageseinrichtungen erhoben. Zudem erfolgte eine Messung der bereichsübergreifenden Prozessqualität mithilfe von teilnehmenden Beobachtungen.

6.5.2   Messinstrumente

Erfassung der epistemologischen Überzeugungen

Die Fragebogeninstrumente zu epistemologischen Überzeugungen wurden in mehreren Schritten entwickelt. Grundlage hierfür bildete die Annahme der Mehrdimensionalität nach Hofer und Pintrich (1997) sowie die Konzeptualisierung von Brownlee, Boulton-Lewis, & Berthelsen (2008a). Die Informationen aus der Interviewstudie zeigten inhaltliche Abweichungen von bekannten Strukturierungen, weshalb weitere theoretische

---

[3] Auf die Interviewstudie und ihre Ergebnisse wird im Rahmen dieses Beitrages nicht näher eingegangen. Die Interviewstudie ist in der zugrunde gelegten Dissertation (Plöger-Werner, 2015) nachzulesen.

Konzeptualisierungen (hier: das Modell der evidenzbasierten Praxis von Buysse & Wesley, 2006 sowie die Kriterien psychologischer Forschung von Groeben & Westmeyer, 1975) die Fragebogenkonstruktion unterstützten.

Die Konzeptualisierung der Überzeugungen über frühpädagogisches Wissen erfolgte abschließend für die Dimensionen *Sicherheit, Nützlichkeit, Rechtfertigung* und *Reflexion* von Wissen. In Anlehnung an die Ergebnisse der Interviewstudie wurden die Überzeugungen hinsichtlich der Wissensquellen *subjektive Theorien* (umfasst Erfahrungswissen und Intuition), *Autoritäten* (z. B. ExpertInnen oder erfahrene KollegInnen) und *wissenschaftliche Theorien und Befunde* differenziert berücksichtigt. Die Dimension Sicherheit umfasst Ansichten über den Wahrheitsgehalt von Quellen sowie über die mögliche Veränderbarkeit von Wissen (z. B. darüber, ob eine Falsifikation denkbar ist; „Wenn mir mein Bauchgefühl sagt, ‚das ist so und so‘, kann es immer sein, dass es in Wirklichkeit falsch ist"). Überzeugungen zur Nützlichkeit beschreiben den Nutzen bzw. den Wert von Wissen aus verschiedenen Quellen („Wenn man eine konkrete berufliche Situation bewältigen muss, nützt einem die eigene Intuition auch nicht viel"). Warum eine Fachkraft dem Wissen aus einer Quelle Vertrauen schenkt, sollte mit der Dimension Rechtfertigung erfasst werden. Hierbei steht die Ausprägung der Begründung für das Vertrauen in eine Quelle im Vordergrund („Man sollte seinen eigenen Erfahrungswerten dann vertrauen, wenn diese Erfahrungswerte aus dem bewussten Nachdenken über die Praxis entstanden sind"). Für die unterschiedlichen Quellen erfolgte mit der Dimension Reflexion die Abfrage des Umgangs mit Wissen. Diese Dimension umfasst Fragen nach der Notwendigkeit kritischen Hinterfragens und der Reflexion von Wissen („Auch bei der eigenen Intuition sollte man immer überlegen: ‚Was spricht dafür, was dagegen?‘").

Für das naturwissenschaftsbezogene Wissen wurden die beiden Dimensionen Sicherheit und Rechtfertigung sprachlich adaptiert. Die Skalen Nützlichkeit und Reflexion wurden basierend auf der Überlegung, dass eine Beschäftigung mit naturwissenschaftlichen Inhalten nicht vorausgesetzt werden kann, im Rahmen dieser Studie nicht für den naturwissenschaftlichen Bereich berücksichtigt.

Die entwickelten Testversionen wurden im nächsten Schritt an Studierenden der (Kindheits-)Pädagogik pilotiert. Im Ergebnis anschließender Itemanalysen und konfirmatorischer Faktorenanalysen konnte die theoretisch angenommene faktorielle Struktur beibehalten werden, auch wenn hierfür einige Items nicht weiter berücksichtigt werden konnten. Die wiederholten Analysen im Zuge der Hauptstudie bestätigten das zweidimensionale Modell für die naturwissenschaftsbezogenen epistemologischen Überzeugungen (9 Items; Faktorreliabilität .84 und .85) und das vierdimensionale Modell für die frühpädagogischen epistemologischen Überzeugungen (17 Items; Faktorreliabilität .57 bis .77). Die Einschätzungen erfolgten in Anlehnung an den bereits vorliegenden Fragebogen zu den lehr-lernbezogenen Überzeugungen (siehe unten) auf einer 4-stufigen Skala (1 = „trifft nicht zu" bis 4 = „trifft zu").

Erfassung der Lehr-Lern-Überzeugungen

Für die Überzeugungen zum Lehren und Lernen wurde das Instrument aus dem AVE-Projekt[4] von Mischo et al. (2012) einer Überarbeitung unterzogen und sprachlich für den naturwissenschaftlichen Bereich adaptiert. Die angenommenen drei Skalen (konstruktivistisch, ko-konstruktivistisch und instruktivistisch) sowie das 4-stufige Antwortformat (1 = „trifft nicht zu" bis 4 = „trifft zu") wurden beibehalten. Anschließend erfolgte eine Pilotierung der Instrumente an Studierenden der (Kindheits-)Pädagogik, gefolgt von umfassenden Itemanalysen und einer Überprüfung der Faktorstruktur. Die Analysen brachten überwiegend akzeptable Werte für die Trennschärfen und Schwierigkeiten der Items hervor. Konfirmatorische Faktorenanalysen zeigten darüber hinaus, dass sich die intendierte Struktur zufriedenstellend bestätigen lässt. Diese besteht aus den drei Skalen zu (1) konstruktivistischen („Kinder lernen am besten etwas, wenn sie sich Sachverhalte durch freies Ausprobieren selbstständig erschließen"), (2) ko-konstruktivistischen („Kinder können die meisten Sachverhalte am ehesten verstehen, wenn sie ihre Ideen dazu im Dialog mit der Erzieherin weiterentwickeln") und (3) instruktivistischen („Kinder können einfache Zusammenhänge am besten durch altersangemessene Erläuterungen der Erzieherin nachvollziehen") Positionen. Mit dem Einsatz der Instrumente im Rahmen der Hauptstudie erfolgten erneut detaillierte Analysen auf Item- und Skalenebene, wobei die Endversionen insgesamt aus 13 Items (im Bereich Naturwissenschaft; Faktorreliabilität von .79 bis .86) und 14 Items (im Bereich Frühpädagogik; Faktorreliabilität von .73 bis .84) bestehen.

Erfassung des naturwissenschaftsbezogenen Wissens und der naturwissenschaftsbezogenen Prozessqualität

Für die Erfassung des naturwissenschaftsbezogenen Wissens wurde ein vignettenbasierter Test (FENKO-F; Lieb, 2012), der bereits im Rahmen des AVE-Projektes entwickelt und erprobt wurde, überarbeitet und eingesetzt. Das Instrument enthält anknüpfend an schriftlich dargebotene handlungsnahe Szenarien Fragen mit offenem Antwortformat zu den drei Bereichen Fachwissen, pädagogisch-psychologisches Wissen und fachdidaktisches Wissen. Die Auswertung erfolgt im Sinne einer 0-1-2-3-Kodierung mittels eines Kriterienkatalogs, der im Rahmen der vorliegenden Untersuchung einer Überarbeitung unterzogen wurde. Ausgewählt wurden zwei Vignetten (von insgesamt drei entwickelten Vignetten), die sich auf physikalisches und meteorologisches Wissen beziehen.

Die naturwissenschaftsbezogene Prozessqualität erfassten wir ebenfalls mithilfe des Vignetten-Tests, in dem zu jedem Szenario handlungsnahe Planungskognitionen erhoben wurden, die die Gestaltungen von bereichsspezifischen Lernumgebungen betreffen. Im

---

[4] Ausbildung und Verlauf von Erzieherinnen-Merkmalen, unter Leitung von Prof. Dr. Christoph Mischo und Dr. Stefan Wahl.

Rahmen einer Validierungsstudie zeigte sich, dass die Vignetten-Scores mit der beobachteten bereichsübergreifenden Prozessqualität zusammenhängen (KES-R-Items; $r = .58$, $p < .05$; siehe unten).

Erfassung der bereichsübergreifenden Prozessqualität

Für die bereichsübergreifende Prozessqualität wurde eine Itemauswahl (ähnlich der von Cassidy et al., 2005) aus der Kindergarten-Einschätz-Skala (KES-R; Tietze, Schuster, Grenner, & Roßbach, 2007) herangezogen. Die Auswahl bezog sich anknüpfend an die Kritik zur Überlappung von Prozess- und Strukturmerkmalen auf acht Items (Cronbachs $\alpha = .90$), die überwiegend oder ausschließlich Aspekte der von Fachpersonen zu beeinflussenden Prozesse beinhalten und auf einer siebenstufigen Skala einzuschätzen sind. Diese sind den Bereichen (II) *Betreuung und Pflege der Kinder*, (III) *sprachliche und kognitive Anregung*, (V) *Interaktionen* sowie (VI) *Strukturierung der pädagogischen Arbeit* zuzuordnen (siehe detailliert auch Plöger-Werner, 2015, p. 175 f.). Nicht berücksichtigt wurden damit Merkmale, die beispielsweise Sicherheitsbestimmungen oder hygienische Vorgaben betreffen.

Erfassung der kognitiven Fähigkeiten

Zur Erfassung der kognitiven Fähigkeiten wurde der Matrizen-Test aus dem Intelligenz-Struktur-Test 2000 R von Liepmann, Beauducel, Brocke, & Amthauer (2007) eingesetzt. Dieser Test misst die fluide Intelligenz und umfasst 20 Aufgaben. Die AutorInnen berichten zufriedenstellende Werte für die Reliabilität (Cronbachs Alpha = .71) und Validität (Liepmann et al., 2007, S. 32).

6.5.3   Durchführung

Die Hauptstudie vollzog sich über einen dreimonatigen Zeitraum in insgesamt 39 Kindertageseinrichtungen. Die schriftliche Befragung der praktisch tätigen frühpädagogischen Fachkräfte dauerte jeweils etwa eine Stunde, wobei alle Teilnehmenden einer Einrichtung gleichzeitig (oder selten auch nacheinander) befragt wurden. Begonnen wurde dabei mit den Testinstrumenten (Vignetten-Test und Matrizentest), woran sich die Fragebögen zu den Überzeugungen anschlossen. Die personenbezogenen Daten wurden am Schluss einer jeden Untersuchung erhoben. Begleitet wurden die Befragungen von der Autorin und ergänzend von zusätzlichen TestleiterInnen mit (kindheits-)pädagogischem Ausbildungshintergrund. Diese erhielten eine Schulung mit konkreten Hinweisen, um die Durchführungsobjektivität zu gewährleisten. Im Anschluss an die schriftlichen Befragungen wurde eine Teilstichprobe erneut aufgesucht und die bereichsübergreifende

Prozessqualität mithilfe der KES-R erhoben[5]. Hierfür erfolgten jeweils zwei- bis vierstündige Beobachtungen in der Kindergartengruppe mit einem sich anschließenden Interview.

6.6   Ergebnisse

6.6.1   Identifikation latenter Typen epistemologischer Überzeugungen

Zur Identifikation von latenten Überzeugungstypen wurde ergänzend zum variablenzentrierten Vorgehen ein Verfahren der prohabilistischen Testtheorie herangezogen, welches ermöglicht, das Vorliegen latenter Zusammenhänge auf der Personenebene aufzudecken. Mittels latenter Klassenanalysen wurde das Antwortverhalten der Personen über die einzelnen Merkmale hinweg geschätzt und verschiedenen Klassen zugeordnet. Die Analysen wurden für beide Inhaltsbereiche separat mit dem Programm Latent GOLD (Vermunt & Magidson, 2013) vollzogen. Geprüft wurden die Ergebnisse hinsichtlich der Kriterien für den Modellfit (BIC = Bayes'sches Informationskriterium; Entropie; P_{BLRT} = p-Wert für den Bootstrap-Likelihood-Ratio-Test für k im Vergleich zu k-1 Klassen) und den Kriterien der inhaltlichen Interpretierbarkeit und Sparsamkeit.

Im Bereich Naturwissenschaft zeichnete sich aufgrund statistischer (Modellfit) und inhaltlicher Kriterien (Interpretierbarkeit, Sparsamkeit) eine Lösung mit vier Klassen ab. 43 Prozent der Fachkräfte wurden einem Typ zugeordnet, den wir den *Unsicher-Vertrauenden* genannt haben. Zugehörig sind Personen, die Wissen externer Quellen als vergleichsweise unsicher einschätzen und dem Wissen von Autoritäten eher per se, also ohne erkennbare Begründung, Vertrauen entgegen bringen. Weitere 28 Prozent wurden einem zweiten Typ zugeordnet, den wir als *Naturwissenschaftsgläubigen* bezeichnet haben. Kennzeichnend für Personen dieses Typs ist die Bewertung von Wissen als eher sicher und nicht veränderbar sowie das Vertrauen in externe Quellen ohne Begründung. Der *Mischtyp* (mit 22 % der Fachkräfte) zeigte ähnliche Tendenzen wie der naturwissenschaftsgläubige Typ, unterscheidet sich jedoch durch insgesamt etwas erhöhte Zustimmungswerte. Acht Prozent entfielen auf den so genannten *Unsicher-Rechtfertigenden Typen*, der Wissen (bis auf das Wissen subjektiver Theorien) als unsicher bewertet und im Vergleich zu den anderen Typen hohe Werte für die Rechtfertigung externer Quellen aufweist.

Für den frühpädagogischen Bereich wurde eine Lösung mit drei Klassen ausgewählt. Die 3-Klassen-Lösung differenzierte bereits ausreichend (Kriterium der Sparsamkeit)

---

[5] Hierfür wurde eine mehrtägige Schulung zum eigenständigen Einsatz der Kindergarten-Einschätz-Skala beim Forschungs- und Entwicklungsinstitut PädQUIS (Pädagogische Qualitäts-Informations-Systeme gGmbH) absolviert.

und wies akzeptable Gruppengrößen auf. 45 Prozent der Fachkräfte wurden dem *selbst-sicher-pragmatischen* Typ zugeordnet (Wissen wird als sicher eingeschätzt, geringe Bedeutung von Rechtfertigung und Reflexion des Wissens). Weitere 35 Prozent entfielen auf den *Skeptiker*-Typ. Die ErzieherInnen zeigen hier eine hohe Zustimmung zur Unsicherheit von Wissen sowie die höchsten Werte für die Reflexion von Autoritäten und wissenschaftlichen Theorien. Das Wissen aller Quellen wird allerdings als weniger nützlich eingeschätzt. Dem dritten Typ gehören 17 Prozent der ErzieherInnen an. Wissen aus externen Quellen wird von diesem Typ als unsicher erachtet. Zudem weisen Fachkräfte dieses Typs im Vergleich die höchsten Werte in Bezug auf die Dimension Rechtfertigung für externe Quellen auf. Wir bezeichneten Fachkräfte, die diesem Typ angehören, daher als *Selbstreflektiert-Prüfende*.

Für beide Bereiche konnten im Ergebnis der latenten Klassenanalysen Typen identifiziert werden, die sich inhaltlich voneinander unterscheiden, was die erste Forschungsfrage und die dazugehörige Annahme stützt. Im nächsten Schritt wurde überprüft, ob sich ausgehend von den ermittelten latenten Typen beider Bereiche ein Zusammenhang zur Prozessqualität zeigt.

6.6.2   Zusammenhang zwischen epistemologischen Überzeugungen, Lehr-Lern-Überzeugungen und der Prozessqualität

Die direkten Zusammenhänge zwischen den epistemologischen Überzeugungen und der Prozessqualität (Fragestellung 2) wurden mittels Regressionsanalysen überprüft und die indirekten (hier: aufgrund der Stichprobengröße nur für den naturwissenschaftlichen Bereich; Fragestellung 3) mittels Pfadanalysen.

Für den naturwissenschaftlichen Bereich ergaben die linearen Regressionsanalysen eine statistisch bedeutsame Vorhersage des Kriteriums durch den naturwissenschaftsgläubigen Typ und die ko-konstruktivistischen Überzeugungen. Im Vergleich zu den Fachkräften, die den anderen Typen zuzuordnen waren, zeigten die Naturwissenschaftsgläubigen geringere Werte für die Gestaltung von naturwissenschaftsbezogenen Lernsituationen. Die Überzeugung, dass insbesondere geteilte Lern- und Denkprozesse zum Lernen der Kinder im Bereich Naturwissenschaft beitragen, war darüber hinaus positiv bedeutsam für die Qualität der Gestaltung naturwissenschaftsbezogener Lernsituationen. Beide Prädiktoren erwiesen sich auch unter Kontrolle der Hintergrundmerkmale als signifikant und klärten gemeinsam sechs Prozent der Varianz auf. Den anderen Typen epistemologischer Überzeugungen sowie den anderen Skalen der lehr-lernbezogenen Überzeugungen kam kein statistisch bedeutsamer Einfluss zu.

Die Regressionsanalysen wurden für den frühpädagogischen Bereich exakt logistisch mithilfe des Programms LogXact (Cytel, 2013) durchgeführt, da hier lediglich eine Stichprobengröße von $N = 20$ vorlag. Das Verfahren ermöglicht präzise Schätzungen für diese Stichprobenumfänge sowie für asymmetrische Verteilungen. Das Kriterium darf für die Berechnungen lediglich eine begrenzte Anzahl an Ausprägungen annehmen. Aus diesem Grund wurden die vorliegenden Daten der zugrunde liegenden 7-stufigen Skala in Quantile eingeteilt, wobei sich in jedem Quantil 20 Prozent der Fachkräfte befanden (im ersten Quantil die 20 % mit den geringsten Werten und im fünften Quantil die Personen mit den höchsten Werten für die Prozessqualität). Die Analysen wurden mit dem *Adjacent Categories Logit Model* auf Basis einer *Polytomous Response* (mehrkategorielle abhängige Variable) ausgeführt (Cytel, 2010). Damit wird die Chance berechnet, in die nächst höhere Kategorie der abhängigen Variable zu gelangen. Im Ergebnis erwiesen sich der selbstreflektiert-prüfende Typ und die konstruktivistische Position als bedeutsam für die gezeigte Prozessqualität. Die Chance, im Kriterium eine Kategorie aufzusteigen, war für den selbstreflektiert-prüfenden Typ um das 2,9-Fache erhöht im Vergleich zur Zugehörigkeit zu einem der anderen beiden Typen. Diese Ergebnisse zeigten sich auch unter Kontrolle der Hintergrundmerkmale. Die konstruktivistische Position ging zudem mit einer um das 3,9-fach erhöhten Chance einher, eine höhere Prozessqualität zu zeigen. Der Zusammenhang zeigte sich unter Berücksichtigung der Berufserfahrung jedoch nur noch in der Tendenz ($p < .1$). Ausgehend von den anderen Überzeugungstypen und den lehr-lernbezogenen Perspektiven wurden die Ergebnisse nicht statistisch bedeutsam.

Mit den Pfadanalysen wurde zusätzlich die Annahme geprüft, dass die Überzeugungstypen im Bereich Naturwissenschaft vermittelt über handlungsnähere Sichtweisen zum Lehren und Lernen von Kindern in der Prozessqualität bedeutsam sind. Die Analysen zeigten einen statistisch bedeutsamen positiven Pfad ausgehend vom unsicher-vertrauenden Typ zur ko-konstruktivistischen Perspektive und darüber vermittelt zur bereichsspezifischen Prozessqualität. Die Modellgüte fiel zufriedenstellend aus. Die beiden anderen Überzeugungstypen zeigten keinen signifikanten indirekten Einfluss.

6.7   Zusammenfassung und Diskussion

Die Ergebnisse zeigten, dass sich unterschiedliche Subpopulationen epistemologischer Überzeugungen mittels latenter Klassenanalysen abbilden lassen, und dass ausgehend von diesen Typen sowie von den Lehr-Lern-Überzeugungen beider Inhaltsbereiche ein statistisch bedeutsamer Einfluss auf die Maße für die Prozessqualität besteht.

ErzieherInnen, die eine naturwissenschaftsgläubige Sichtweise teilten, zeigten eine vergleichsweise geringere Qualität in der Gestaltung von naturwissenschaftlichen Bildungsprozessen (Vignetten-Instrument). Eine hohe Ausprägung der ko-konstruktivistischen Sichtweise ging hingegen mit einer besseren bereichsspezifischen Qualität der Bildungsangebote einher. Die Zugehörigkeit zum unsicher-vertrauenden Typ war darüber hinaus indirekt bedeutsam, vermittelt über die ko-konstruktivistischen Überzeugungen. Hinsichtlich der bereichsübergreifenden Prozesse konnte eine bessere Qualität festgestellt werden, wenn die ErzieherInnen dem selbstreflektiert-prüfenden Typ angehörten und eine hohe Zustimmung zu konstruktivistischen Überzeugungen aufwiesen.

Damit stimmen die Ergebnisse mit Befunden überein, die einen Zusammenhang zwischen sophistizierten epistemologischen Überzeugungen und (ko-)konstruktivistischen Überzeugungen annehmen (Brownlee et al., 2004; Chan, 2011; Tsai, 2000) sowie mit solchen Befunden, die die Relevanz für Lehr-Lern-Prozesse berichten (Dubberke et al., 2008; Staub & Stern, 2002; Wittmann et al., 2016). Die Analyse latenter Überzeugungsmuster verdeutlicht die Relevanz der Aggregation epistemologischer Überzeugungen und deutet darauf hin, dass der ergänzende Einsatz von personenzentrierten Verfahren hier eine sinnvolle Ergänzung zum variablenzentrierten Vorgehen sein kann.

Insgesamt erscheinen die Befunde damit erwartungskonform. Der Zusammenhang zwischen dem unsicher-vertrauenden Typ und den ko-konstruktivistischen Überzeugungen im Bereich Naturwissenschaft erscheint jedoch erklärungsbedürftig. Vor dem Hintergrund der Einteilung der epistemologischen Überzeugungen in mehr oder weniger sophistizierte Sichtweisen wäre eine geringe Ausprägung auf der Rechtfertigungs-Dimension zunächst nicht als differenziert einzustufen. Ausgehend von dieser Sichtweise zeigte sich in dieser Untersuchung jedoch (gemeinsam mit der Annahme, Wissen sei unsicher) ein positiver signifikanter Zusammenhang zu den handlungsnahen Planungskognitionen, vermittelt über ko-konstruktivistische Überzeugungen. Dass Fachkräfte, die diesem Typ angehören, auch eher ko-konstruktivistische Überzeugungen teilen, kann möglicherweise damit erklärt werden, dass ErzieherInnen sich in diesem professionsfremden Bereich eher auf Experten verlassen (ohne dies explizit zu begründen), was insbesondere für die pädagogische Praxis, also z. B. für das gemeinsame Experimentieren in der KiTa, plausibel erscheint. Ein Verlass auf Experten muss daher in diesem Kontext nicht zwingend eine wenig differenzierte Sichtweise darstellen. Diese Erklärung reiht sich ein in die kritische Sicht der rein normativen Setzung von *besseren* und *schlechteren* Überzeugungen (Bromme, Kienhues, & Stahl, 2008; Elby & Hammer, 2001). Eine weitere Erklärung liegt in der Itemauswahl zu dieser Dimension, die aufgrund der konfirmatorischen Faktorenanalysen abschließend nicht alle inhaltlich relevanten Aspekte enthält, sondern sich auf die Darstellung einer niedrigen Ausprägung beschränkt.

Einschränkungen der vorliegenden Studie betreffen zunächst die methodische Anlage, die keine Kausalinterpretationen zulässt. Für ein weiterführendes Verständnis des Bedingungsgefüges wäre ein experimentelles Design notwendig. Insbesondere für die Erfassung der bereichsübergreifenden Prozessqualität ist die Stichprobengröße ein limitierender Faktor, der die Interpretation der Ergebnisse begrenzt. Die naturwissenschaftsbezogene Prozessqualität konnte zudem nicht mithilfe von direkten Beobachtungen in Kindertageseinrichtungen erfolgen. Nicht alle Messinstrumente wiesen durchgängig zufriedenstellende Werte für die interne Konsistenz auf. Neben den für die vorliegende Untersuchung ausgewählten Merkmalen, wären weitere, möglicherweise bedeutsame Variablen zu berücksichtigen, wie z. B. Ziel- und Werteorientierungen. Es ist zudem nicht möglich, Aussagen über den Einfluss auf die kindliche Entwicklung zu treffen, auch wenn die Studienlage direkte Effekte ausgehend von der Prozessqualität auf kindliche Entwicklungsmaße zeigt. Die Varianzaufklärung der Modelle ist insgesamt als gering einzuschätzen, stimmt jedoch mit Befunden anderer größer angelegter Studien der frühpädagogischen Qualitätsforschung (Pianta et al., 2005; Tietze et al., 2013) überein.

Insgesamt wurde im Rahmen dieses Projektes die Forschungslücke zur Bedeutung von epistemologischen und lehr-lernbezogenen Überzeugungen für die Gestaltung von Bildungsprozessen in deutschsprachigen Kindertageseinrichtungen bearbeitet. Hierfür wurde ein Instrument zur Erfassung bereichsspezifischer epistemologischer Überzeugungen für ErzieherInnen konzeptualisiert und damit ein erster Beitrag zur Operationalisierung des Konstruktes im Bereich der Frühpädagogik geleistet. Die Befragung konnte an praktisch tätigen ErzieherInnen realisiert werden und liefert damit Ergebnisse, die für die Zielgruppe direkt interpretierbar erscheinen.

Für sich anschließende Untersuchungen erscheint es vordergründig wichtig, das Konstrukt der epistemologischen Überzeugungen weiter zu schärfen und das entwickelte Instrument weiter zu überarbeiten. Offene Forschungsfragen betreffen darüber hinaus beispielsweise die Entwicklung von epistemologischen Überzeugungen im Verlauf der Berufspraxis sowie die Möglichkeit der Beeinflussung der Überzeugungen, die Unterschiede in Abhängigkeit des Ausbildungsniveaus, die Rolle des Vorwissens und das Wirkgefüge mit anderen Orientierungen (wie z. B. Fördereinstellungen). Kritische Überlegungen hinsichtlich zukünftiger Untersuchungen zum Einfluss auf das pädagogische Handeln betreffen den Einsatz der KES-R. Hier könnten Instrumente vielversprechend sein, die ausschließlich pädagogische Prozesse erfassen (bzw. diese trennscharf von Strukturmerkmalen unterscheiden) und anschlussfähig an die Unterrichtsforschung sind (siehe hier z. B. das *Classroom Assessment Scoring System* CLASS; Pianta et al., 2008).

Darüber hinaus sind Implikationen zu nennen, die die Bedeutsamkeit für die frühpädagogische Praxis betreffen. Im Zuge der Professionalisierungsdebatte des frühpädagogischen Personals wird zunehmend ein evidenzorientiertes bzw. evidenzbasiertes Handeln gefordert (BMFSFJ, 2006, p. 205), was auch durch den Stellenwert der in den Kompetenzmodellen für FrühpädagogInnen beschriebenen Facetten *Selbstreflexion* und *Haltung* deutlich wird (Anders, 2012). Die Ergebnisse lassen vor dem Hintergrund dessen die Bedeutung von epistemologischen und lehr-lernbezogenen Überzeugungen deutlich werden, insbesondere in Anbetracht des Befundes, dass ein wesentlicher Teil der Befragten nur in geringem Maß der Reflexion und Rechtfertigung von Wissen zustimmt. Damit einhergehend könnte (die Replikation der Befunde sowie die Möglichkeit der Beeinflussung der Überzeugungen vorausgesetzt) eine Integration der Förderung von epistemologischen Überzeugungen im Rahmen der Aus-, Fort- und Weiterbildung von frühpädagogischen Fachkräften einen wichtigen Beitrag leisten, möglicherweise durch eine Kombination aus der Vermittlung von fachbezogenem Wissen und einer aktiven Reflexion vorhandener Überzeugungen. Aktuelle Studien heben dafür die Bedeutung einer konkreten Verbindung zur professionellen Praxis hervor (Stacey Brownlee, Thorpe, & Reeves, 2005; Han & Neuharth-Pritchett, 2010). Langfristig ist für die Implementierung in die frühpädagogische Aus-, Fort- und Weiterbildung ein tiefergreifendes, auf Forschung basierendes Verständnis der Bedeutsamkeit von verschiedenen Orientierungsmerkmalen (und ihrem Zusammenspiel) für das professionelle Handeln und die Entwicklungszuwächse bei den Kindern erforderlich.

6.8   Literatur

Anders, Y. (2012). *Modelle professioneller Kompetenzen für frühpädagogische Fachkräfte. Aktueller Stand und ihr Bezug zur Professionalisierung. Expertise zum Gutachten „Professionalisierung in der Frühpädagogik".* Im Auftrag des Aktionsrats Bildung. München: vbm. Retrieved March 04, 2013, from http://www.aktionsrat-bildung.de/fileadmin/Dokumente/ Expertise_Modelle_professioneller_ Kompetenzen.pdf.
Anschütz, A. (2012). *Epistemische Überzeugungen von Schülerinnen und Schülern. Entwicklung eines Erfassungsinstrumentes für die Jahrgangsstufen 3 bis 6.* Berlin: Logos.
Benz, C. (2012). Attitudes of Kindergarten Educators about Math. *Journal für Mathematik-Didaktik, 33 (2),* 203–232.
Blömeke, S. (2011). Zum Verhältnis von Fachwissen und unterrichtsbezogenen Überzeugungen bei Lehrkräften im internationalen Vergleich. In O. Zlatkin-Troitschanskaia (Ed.), *Stationen empirischer Bildungsforschung. Traditionslinien und Perspektiven* (pp. 395–411). Wiesbaden: VS Verlag für Sozialwissenschaften.
Bromme, R. (2005). Thinking and Knowing About Knowledge. In M. H. Hoffmann, J. Lenhard, & F. Seeger (Eds.), *Activity and Sign. Grounding Mathematics Education* (pp. 191–201). New York: Springer.
Bromme, R., Kienhues, D., & Stahl, E. (2008). Knowledge and epistemological beliefs: An intimate but complicate relationship. In M. S. Khine (Ed.), *Knowing, Knowledge and Beliefs. Epistemological Studies across Diverse Cultures* (pp. 423–441). New York: Springer.
Brownlee, J. M., Berthelsen, D. C., & Boulton-Lewis, G. M. (2004). Working with toddlers in Child Care: Personal epistemologies and practice. *European Early Childhood Education Research Journal, 12 (1),* 55–70.
Brownlee, J. M. & Berthelsen, D. C. (2008). Developing Relational Epistemology Through Relational Pedagogy: New Ways of Thinking About Personal Epistemology in Teacher Education. In M. S. Khine (Ed.), *Knowing, Knowledge and Beliefs. Epistemological Studies across Diverse Cultures* (pp. 405–422). New York: Springer.
Brownlee, J. M., Boulton-Lewis, G. M., & Berthelsen, D. C. (2008a). Epistemological beliefs in child care: Implications for vocational education. *British Journal of Educational Psychology, 78 (3),* 457–471.
Bundesministerium für Familie, Senioren, Frauen und Jugend (BMFSFJ) (Eds.). (February 2006). *Zwölfter Kinder- und Jugendbericht. Bericht über die Lebenssituation junger Menschen und die Leistungen der Kinder und Jugendhilfe in Deutschland.* Berlin.
Buysse, V. & Wesley, P. W. (2006). *Evidence-based practice in the early childhood field.* Washington, D.C.: Zero to Three Press.
Cassidy, D. J., Hestenes, L. L., Hansen, J. K., Hedge, A., Shim, J., & Hestenes, S. (2005). Revisiting the Two Faces of Child Care Quality: Structure and Process. *Early Education and Development, 16 (4),* 506–520.
Chan, K.-W. (2011). Preservice teacher education students' epistemological beliefs and conceptions about learning. *Instructional Science, 39 (1),* 87–108.
Cytel (2010). *LogXact 10. User manual.* Retrieved March 17, 2016, from http://www.cytel. com/pdfs/lx9-manual-12.2.11.pdf.
Cytel (2013). *LogXact [Computer Software].* Cambridge, USA. Retrieved February 01, 2014, from http://www.cytel.com/software-solutions/logxact.

Dubberke, T., Kunter, M., McElvany, N., Brunner, M., & Baumert, J. (2008). Lerntheoretische Überzeugungen von Mathematiklehrkräften. Einflüsse auf die Unterrichtsgestaltung und den Lernerfolg von Schülerinnen und Schülern. *Zeitschrift für Pädagogische Psychologie, 22 (3-4)*, 193–206.

Elby, A. & Hammer, D. (2001). On the Substance of a Sophisticated Epistemology. *Science Education, 85 (5)*, 554–567.

Fennema, E., Carpenter, T. P., Franke, M. L., Levi, L., Jakobs, V. R., & Empson, S. B. (1996). A longitudinal study of learning to use children's thinking in mathematics instruction. *Journal for Research in Mathematics Education, 27 (4)*, 403–434.

Fthenakis, W. E. (Ed.). (2003). *Elementarpädagogik nach PISA. Wie aus Kindertagesstätten Bildungseinrichtungen werden können*. Freiburg i. Br.: Herder.

Fthenakis, W. E. (Ed.). (2012). *Frühe naturwissenschaftliche Bildung. Natur-Wissen schaffen*. (Vol. 3). Essen: LOGO Lern-Spiel-Verlag GmbH.

Groeben, N. & Westmeyer, H. (1975). *Kriterien psychologischer Forschung*. München: Juventa.

Groeben, N., Wahl, D., Schlee, J., & Scheele, B. (Eds.). (1988). *Das Forschungsprogramm Subjektive Theorien. Eine Einführung in die Psychologie des reflexiven Subjekts*. Tübingen: Francke.

Han, J. & Neuharth-Pritchett, S. (2010). Beliefs About Classroom Practices and Teachers' Education Level: An Examination of Developmentally Appropriate and Inappropriate Beliefs in Early Childhood Classrooms. *Journal of Early Childhood Teacher Education, 31 (4)*, 307–321.

Hartinger, A., Kleickmann, T., & Hawelka, B. (2006). Der Einfluss von Lehrervorstellungen zum Lernen und Lehren auf die Gestaltung des Unterrichts und auf motivationale Schülervariablen. *Zeitschrift für Erziehungswissenschaft, 9 (1)*, 110–126.

Hofer, B. K. (2001). Personal Epistemology Research: Implications for Learning and Teaching. *Journal of Educational Psychology Review, 13 (4)*, 353–383.

Hofer, B. K. & Pintrich, P. R. (1997). The Development of Epistemological Theories: Beliefs About Knowledge and Knowing and Their Relation to Learning. *Review of Educational Research, 67 (1)*, 88–140.

Jugendministerkonferenz & Kultusministerkonferenz (JMK & KMK) (Eds.). (2004). Gemeinsamer Rahmen der Länder für die frühe Bildung in Kindertageseinrichtungen. Beschluss der Jugendministerkonferenz vom 13./14.05.2004/Beschluss der Kultusministerkonferenz vom 03./04.06.2004. Retrieved August 22, 2014, from http://www.kmk.org/fileadmin/veroeffentlichungen_beschluesse/2004/2004_06_03-Fruehe-Bildung-Kindertageseinrichtungen.pdf.

Kluczniok, K., Anders, Y., & Ebert, S. (2011). Fördereinstellungen von Erzieherinnen : Einflüsse auf die Gestaltung von Lerngelegenheiten im Kindergarten und die kindliche Entwicklung früher numerischer Kompetenzen. *Frühe Bildung (0)*, 13–21.

Köller, O., Baumert, J., & Neubrand, J. (2000). Epistemologische Überzeugungen und Fachverständnis im Mathematik- und Physikunterricht. In J. Baumert, W. Bos, & R. Lehmann (Eds.), *TIMSS/III. Dritte Internationale Mathematik- und Naturwissenschaftsstudie: Mathematische und naturwissenschaftliche Bildung am Ende der Schullaufbahn. Mathematische und physikalische Kompetenzen in der Oberstufe* (pp. 229–269). Opladen: Leske + Budrich.

Laewen, H.-J. (2007). Bildung und Erziehung in Kindertageseinrichtungen. In H.-J. Laewen, & B. Andres (Eds.), *Bildung und Erziehung in der frühen Kindheit. Bausteine zum Bildungsauftrag von Kindertageseinrichtungen* (pp. 16–102). Berlin: Cornelsen.

Levin, A., Meyer-Siever, K., & Gläser, J. (2015). Epistemologische Überzeugungen zur Mathematik von ErzieherInnen und PrimarstufenlehrerInnen im Vergleich. *Frühe Bildung 4 (1)*, 17–25.

Lieb, C. (2012). *Handlungsvalidierung des Fragebogen zur Erfassung naturwissenschaftsbezogener Kompetenzen von Fachkräften in der Frühpädagogik (FENKO-F)*. Unpublished master's thesis, University of education Freiburg, Freiburg.

Liepmann, D., Beauducel, A., Brocke, B., & Amthauer, R. (Eds.). (2007). *Intelligenz-Struktur-Test I-S-T 2000 R* (2nd rev. ed.). Göttingen: Hogrefe.

Mischo, C. & Fröhlich-Gildhoff, K. (2011). Professionalisierung und Professionsentwicklung im Bereich der frühen Bildung. *Frühe Bildung, 0 (0)*, 4–12.

Mischo, C., Wahl, S., Hendler, J., & Strohmer, J. (2012). Pädagogische Orientierungen angehender frühpädagogischer Fachkräfte an Fachschulen und Hochschulen. *Frühe Bildung, 1 (1)*, 34–44.

Müller, S. (2009). *Methoden zur Erfassung epistemologischer Überzeugungen von Handelslehramtsstudierenden – eine empirische Vergleichsstudie. Schriften zur Berufs- und Wirtschaftspädagogik* (Vol. 5). München: Rainer Hampp.

OECD (November 26, 2004). *Die Politik der frühkindlichen Betreuung, Bildung und Erziehung in der Bundesrepublik Deutschland. Ein Länderbericht der Organisation für wirtschaftliche Zusammenarbeit und Entwicklung (OECD)*. Retrieved March 15, 2015, from http://www.bmfsfj.de/RedaktionBMFSFJ/Pressestelle/Pdf-Anlagen/oecd-studie-kinderbetreuung,property=pdf.pdf

Pajares, M. F. (1992). Teachers' Beliefs and Educational Research: Cleaning Up a Messy Construct. *Review of Educational Research, 62 (3)*, 307–332.

Pianta, R. C., Howes, C., Burchinal, M. R., Bryant, D., Clifford, R. M., Early, D. M. et al. (2005). Features of Pre-Kindergarten Programs, Classrooms, and Teachers: Do They Predict Observed Classroom Quality and Child–Teacher Interactions? *Applied Developmental Science, 9 (3)*, 144–159.

Pianta, R. C., La Paro, K. M., & Hamre, B. K. (2008). *Classroom assessment scoring system (CLASS) manual, pre-K.* Baltimore, MD: Brookes Publishing.

Plöger-Werner, M. (2015). *Epistemologische Überzeugungen von Erzieherinnen und Erziehern. Die Bedeutung für das pädagogische Handeln in Kindertageseinrichtungen.* Wiesbaden: Springer (Research).

Rank, A. (2008). *Subjektive Theorien von Erzieherinnen zu vorschulischem Lernen und Schriftspracherwerb.* Berlin: Wissenschaftlicher Verlag Berlin.

Roßbach, H.-G., Kluczniok, K., & Kuger, S. (2008). Auswirkungen eines Kindergartenbesuchs auf den kognitiv-leistungsbezogenen Entwicklungsstand von Kindern. In H.-G. Roßbach, & H.-P. Blossfeld (Eds.), *Frühpädagogische Förderung in Institutionen. Zeitschrift für Erziehungswissenschaft* (pp. 139–158) [Sonderheft 11]. Wiesbaden: VS Verlag für Sozialwissenschaften.

Roßbach, H.-G. & Weinert, S. (2008). Kindliche Kompetenzen im Elementarbereich: Förderbarkeit, Bedeutung und Messung. Bundesministerium für Bildung und Forschung (Eds.), *Bildungsforschung Nr. 24*. Bonn, Berlin.

Schäfer, G. E. (2005). *Bildungsprozesse im Kindesalter. Selbstbildung, Erfahrung und Lernen in der frühen Kindheit. Grundlagentexte Pädagogik* (3rd ed.). Weinheim: Juventa.

Stacey, P. S., Brownlee, J. M., Thorpe, K. J., & Reeves, D. (2005). Measuring and manipulating epistemological beliefs in early childhood education students. *International Journal of Pedagogies and Learning, University of Southern Queensland, Faculty of Education, University of Southern Queensland*, 6–17.

Staub, F. C. & Stern, E. (2002). The nature of teachers' pedagogical content beliefs matters for students' achievement gains: Quasi-experimental evidence from elementary mathematics. *Journal of Educational Psychology, 94 (2)*, 344–355.

Sylva, K., Taggart, B., Melhuish, E., Simmons, P., & Siraj-Blatchford, I. (Eds.). (2010). *Frühe Bildung zählt. Das Effective Pre-school and Primary Education Project (EPPE) und das Sure Start Programm.* Berlin: Dohrmann.

Tietze, W. (Ed.). (1998). *Wie gut sind unsere Kindergärten? Eine Untersuchung zur pädagogischen Qualität in deutschen Kindergärten.* Neuwied: Luchterhand.

Tietze, W. & Viernickel, S. (Eds.). (2003). *Pädagogische Qualität in Tageseinrichtungen für Kinder. Ein nationaler Kriterienkatalog* (2nd ed.). Weinheim: Beltz.

Tietze, W., Schuster, K.-M., Grenner, K., & Roßbach, H.-G. (2007). *Kindergarten-Skala (KES-R). Feststellung und Unterstützung pädagogischer Qualität in Kindergärten* (rev. ed.) [deutsche Fassung der Early Childhood Environment Rating Scale – von Thelma Harms, Richard M. Clifford, Deborah Reid Cryer]. Berlin: Cornelsen Scriptor.

Tietze, W., Becker-Stoll, F., Bensel, J., Eckhardt, A., Haug-Schnabel, G., Kalicki, B. et al. (Eds.). (2013). *Nationale Untersuchung zur Bildung, Betreuung und Erziehung in der frühen Kindheit (NUBBEK)*. Weimar: Verlag das Netz.

Tsai, C.- C. (2000). Relationships between student scientific epistemological beliefs and perceptions of constructivist learning environments. *Educational Research, 42 (2)*, 193–205.

Vermunt, J. K. & Magidson, J. (2013). *Latent Gold 4.5* [Computer Software]. Belmont, MA: Statistical Innovations Inc.

Voss, T., Kleickmann, T., Kunter, M., & Hachfeld, A. (2013). Mathematics teachers' beliefs. In M. Kunter, J. Baumert, W. Blum, U. Klusmann, S. Krauss, & M. Neubrand (Eds.), *Cognitive Activation in the Mathematics Classroom and Professional Competence of Teachers. Results from the COACTIV Project. Mathematics Teacher Education* (Vol. 8, pp. 249–271). New York: Springer.

Vygotsky, L. S. (1978). *Mind in society. The development of higher psychological processes*. Cambridge: Harvard University Press.

Walker, S., Brownlee, J. M., Exley, B., Woods, A., & Whiteford, C. (2011). Personal Epistemology in Preservice Teachers: Belief Changes Throughout a Teacher Education Course. In J. M. Brownlee, G. J. Schraw, & D. C. Berthelsen (Eds.), *Personal Epistemology and Teacher Education* (pp. 84–99). New York: Routledge.

Weinert, F. E. (1996). Lerntheorie und Instruktionsmodelle. In F. E. Weinert (Ed.), *Psychologie des Lernens und der Instruktion.Enzyklopädie der Psychologie* (Vol. 2, pp. 1–48). Göttingen: Hogrefe.

Wittmann, G., Levin, A., & Bönig, D. (Eds.). (2016). *AnschlussM. Anschlussfähigkeit mathematikdidaktischer Überzeugungen und Praktiken von ErzieherInnen und GrundschullehrerInnen*. Münster: Waxmann.

Zur Interdependenz von Wissenschafts- verständnissen und Unterrichtsmethoden anhand deutschsprachiger Physiklehrkräfte

7

Lydia Schulze Heuling, Pädagogische Hochschule Freiburg
(jetzt Europa-Universität Flensburg)
Silke Mikelskis-Seifert, Pädagogische Hochschule Freiburg
Matthias Nückles, Albert-Ludwigs-Universität Freiburg

Zusammenfassung

Die Aus- und Fortbildung von Lehrkräften sind wesentliche Determinanten von Bildungssystemen und Bildungsqualität (Litt, 1959; Clandinin & Conelly, 1995; Mikelskis-Seifert, Ringelband & Brückmann, 2008; Nückles, Hübner, Dümer & Renkl, 2010; Mikelskis-Seifert & Kasper, 2011). Demzufolge ist in Deutschland in den vergangenen Jahren, nicht zuletzt durch die Ergebnisse der großen Leistungsstudien TIMSS und PISA, die Forschung zur Lehrerinnen- und Lehrerausbildung als auch zur Lehrerprofessionalität intensiviert worden und hat dadurch an Umfang und Vielfalt gewonnen.

Eine Möglichkeit zur Beschreibung der beruflichen Kompetenzen von Lehrkräften ist das Professionswissen. Nach Shulman (1987) werden die drei Dimensionen des Professionswissens, das Fachwissen (content knowledge), das pädagogische Wissen (pedagogical knowledge) und das fachdidaktische Wissen (pedagogical content knowledge) unterschieden. In diesem Projekt fokussierten wir auf einzelne Facetten des Fachwissens und des fachdidaktischen Wissens mit dem Ziel, Zusammenhänge zwischen jenen beschreiben zu können. Dabei lag ein Schwerpunkt auf Aspekte von *Nature of Science*, im Weiteren als Wissenschaftsverständnis. Vor dem Hintergrund, dass das Wissen und die Ansichten zur *Nature of Science* das Unterrichten beeinflussen, wurden ferner die Unterrichtsmethoden der Lehrkräfte in den Blick genommen. Das heißt, in der hier vorgestellten empirischen Studie wurden das Wissenschaftsverständnis sowie Lehrerauskünfte zur Unterrichtsgestaltung erhoben, um Zusammenhänge zwischen diesen beiden Kompetenzaspekten aufzudecken.

© Springer Fachmedien Wiesbaden GmbH, ein Teil von Springer Nature 2019
T. Leuders et al. (Hrsg.), *Pädagogische Professionalität in Mathematik und Naturwissenschaften*, https://doi.org/10.1007/978-3-658-08644-2_7

Wenngleich anerkannt ist, dass die zwei Facetten des Professionswissens maßgeblich für erfolgreichen Unterricht sind (Tesch und Duit, 2004), bestehen Forschungsdefizite in der Klärung von Interdependenzen zwischen Wissenschaftsverständnis und Unterrichtspraxis. Empirische Fallstudien bestätigen die theoretische Annahme (vgl. Brickhouse, 1990; Waters-Adams, 2006), dass hier Zusammenhänge bestehen. Empirische Befunde zur Beschreibung der Interdependenzen von Wissenschaftsverständnissen und Unterrichtsmethoden, die über Fallstudien hinausweisen, stehen jedoch aus. Auf der Basis der meist qualitativen Befunde erfolgte die Erstellung von Modellannahmen zum Zusammenhang zwischen dem Wissenschaftsverständnis und den von den Lehrkräften berichteten Unterrichtsmethoden, die dann einer empirischen Prüfung unterzogen wurden.

In einer Onlinestudie wurde an über 3000 Physiklehrkräfte in der deutschsprachigen Schweiz, Österreich und Deutschland der Fragebogen verschickt und anschließend im Hinblick auf kausale Zusammenhangsstrukturen zwischen den beiden Konstrukten analysiert. In der Untersuchung der Lehrervorstellungen sind dann ca. 250 Personen eingegangen. Zur Auswertung wurde unterschiedliche Methoden – interferenzstatistische Analysen zur Skalenkonstruktion, Varianzanalysen für eine Bestandsaufnahme zu den Wissenschaftsverständnissen, lineare Regressionen für die Erstellung der Hypothesen sowie Strukturgleichungsmodelle für den Zusammenhang zwischen den Wissenschaftsverständnissen und den Unterrichtsmethoden – verwendet. So lieferte z. B. die lineare Strukturgleichungsanalyse ein Kausalmodell, das folgende forschungsleitende Annahmen bestätigte: (1) Die ontologischen Wissenschaftsverständnisse bilden sich unmittelbar in den pädagogischen Wissenschaftsverständnissen ab und es bestehen (2) kausale Zusammenhänge zwischen speziellen Wissenschaftsverständnissen und den Unterrichtsmethoden, die eine Lehrperson favorisiert.

7.1   Das Wissenschaftsverständnis von Lehrkräften

Der Terminus Professionswissen bezieht sich sowohl auf Kompetenzstandards, die der Beschreibung bzw. Qualitätssicherung in der Aus- und Weiterbildung erfolgreicher Lehrpersonen dienen sollen (Terhart, 2000; Oser, 2001). Darüber hinaus wird unter dem Begriff Professionswissen auch ein Spektrum von Kompetenzmodellen subsumiert. In der aktuellen Debatte haben sich vor allem drei Dimensionen des Professionswissens, das Fachwissen (content knowledge), das pädagogische Wissen (pedagogical knowledge) und das fachdidaktische Wissen (pedagogical content knowledge), durchgesetzt (Shulman, 1987). Für die Dimensionierung und die Facetten des Professionswissens finden sich für die Naturwissenschaften verschiedene Modellvorschläge (siehe die Projekte ProwiN vgl. Borowski et al., 2010; Tepner et al., 2012 oder KIL vgl. Kröger et al. 2012). Wissen und Ansichten über *Nature of Science* bzw. Natur der Naturwissenschaften können als eine Facette des Fachwissens von Lehrpersonen, als sogenanntes fachspezifisches higher order knowledge, aufgefasst werden. Diese Lehrerperspektive auf *Natu-*

re of Science wird in dieser Studie Wissenschaftsverständnis genannt. Allein aus dem Grund der Qualitätssicherung ist zu motivieren, dass die Erhebung der Wissenschaftsverständnisse von Lehrkräften von hoher Relevanz ist.

Der Forschungsgegenstand Wissenschaftsverständnis ist ferner eng verwandt mit den Forschungsgebieten zu domänenspezifischen epistemischen Überzeugungen. Bei dem Themenkomplex *Nature of Science* geht es um die Frage, welche metatheoretischen Aspekte der Naturwissenschaften für den Lehrerberuf wichtig sind und welche Aspekte auch im Unterricht vermittelt werden sollen (vgl. Kircher, 2010; Lederman, 2007; McComas & Olson, 1998; Osborne, Collins, Ratcliffe, Millar & Duschl, 2003).

Die Perspektive der naturwissenschaftlichen Grundbildung geht, zunächst unabhängig von einer Konstruktpräzisierung, davon aus, dass Wissen über die Natur der Naturwissenschaft ein Teil der Allgemeinbildung ist, die Schule vermitteln soll. Für die Organisation für wirtschaftliche Zusammenarbeit und Entwicklung (OECD, Auftraggeberin der PISA-Studie) ist naturwissenschaftliche Grundbildung (scientific literacy) ein Bildungsziel, dass auf „die Fähigkeit abzielt, naturwissenschaftliches Wissen anzuwenden, naturwissenschaftliche Fragen zu erkennen und aus Belegen Schlussfolgerungen zu ziehen, um Entscheidungen zu verstehen und zu treffen, welche die natürliche Welt und die durch menschliches Handeln an ihr vorgenommenen Veränderungen betreffen" (Deutsches Pisakonsortium 2000, S. 66). Dazu gehört sowohl naturwissenschaftliches Faktenwissen als auch Wissen über die Naturwissenschaften, so dass Fragestellungen erkannt, Phänomene erklärt und Beweise herangezogen werden können.

Für die konkrete Umsetzung von Bildungsdesiderata, wie sie beispielsweise von der OECD formuliert werden, finden sich in den Lehrplänen Kompetenzen in Form von Bildungsstandards. Innerhalb dieser Rahmenpläne für den Unterricht wird *Nature of Science* oder Natur der Naturwissenschaften als eine bildungspolitische Rahmensetzung durch Bildungsstandards konturiert. Beispielsweise wurde mit der Aufnahme des Kompetenzbereichs „Erkenntnisgewinnung" in die aktuellen Bildungsstandards der Bundesrepublik Deutschland (KMK, 2005) ein Aspekt von *Nature of Science* im deutschen Bildungskanon verankert (Klieme, Funke, Leutner, Reimann & Wirth, 2001). Allerdings bestehen nationale Unterschiede in den Entscheidungen, ob und welche Aspekte von *Nature of Science* in den Bildungsstandards aufgenommen sind. In dem Bemühen, ein internationales Referenzmodell für *Nature of Science* vorzulegen, das als Orientierung für die Entwicklung programmatischer Bildungspläne dienen kann, sichten McComas und Olson (1998) acht verschiedene bildungspolitische Vorgaben nach Inhalten zu *Nature of Science* und extrahieren Übereinstimmungen in 14 Punkten (Tab. 1).

Gleichzeitig jedoch konstatieren sie, dass die ausgewählten Dokumente weder in Anzahl noch Inhalt der Aspekte zur *Nature of Science* übereinstimmen und verabschieden sich somit von dem Vorhaben, diese Dokumente als Grundlage zur Entwicklung eines Referenzmodells der *Nature of Science* zu nehmen. Ungeachtet dessen bleiben die Argumente, Metawissen über die Naturwissenschaften in der schulischen Bildung zu verankern, bestehen (Litt, 1959, Driver et al., 1996). Die bereits auf der bildungsprogrammatischen Ebene von Scientific Literacy bestehenden unterschiedlichen Vorstellungen und Ansprüche an ein Konzept von *Nature of Science* sind auch in anderen Bereichen, die sich mit der Schärfung des Konstrukts befassen, zu finden. Diese Perspektive kann als empirische Perspektive bezeichnet werden (Suzuri-Hernandez, 2010).

Tab. 1: Aspekte von *Nature of Science* (Quelle: Osborne et al. 2003, S. 705 f.)

Scientific method and critical testing—the core process on which science rests
Creativity
Historical development of scientific knowledge
Historical development of scientific knowledge
Science and questioning
Diversity of scientific thinking—a range of means to explore the world
Analysis and interpretation of data—data do not speak for themselves
Science and certainty—provisional nature of science
Hypothesis and prediction—making predictions and collecting evidence are central to testing
Cooperation and collaboration in the development of scientific knowledge

Was unter *Nature of Science* zu verstehen sei, untersuchen aus einer solchen empirischen Perspektive heraus die Fachdidaktiker und Bildungsforscher Osborne, Collins, Ratcliffe, Millar und Duschl (2003). Sie beziehen sich insbesondere bei der Wahl ihrer Methode auf das Scheitern der oben skizzierten Vergleichsstudie von McComas & Olson (1998). Durch eine Delphi-Studie sollte man zu einem annehmbaren Rahmenkonstrukt für *Nature of Science* kommen. Diese Studie adressierte drei Fragen an 25 Expertinnen und Experten, die als führende und anerkannte Persönlichkeiten der Naturwissenschaftsdidaktik, Geschichte, Philosophie und Soziologie der Naturwissenschaften galten. Sie wurden gebeten, Auskunft darüber zu geben, was ihrer Ansicht nach bezeichnend ist für a) eine naturwissenschaftliche Methodologie, b) die Art naturwissenschaftlichen Wissens und c) für naturwissenschaftliche Institutionen und soziale Praktiken an Schulen und welche Aspekte aus den drei Kategorien jeweils im Unterricht gelehrt werden sollten. Osborne et al. stellen Übereinstimmungen der Expertenmeinungen in zehn Aspekten fest, die in Tab. 2 zusammengefasst sind.

- Eine ganz andere Konzeptualisierung von *Nature of Science* liefern Giere et al. (Giere, 1979, Giere et al., 2006). Anstatt eine beliebige und unzusammenhängende Ideensammlung („a confused assortment of unrelated and unjustified ideas", Giere nach Suzuri-Hernandez) zusammenzustellen, verfolgen Giere et al. das Ziel, ein argumentativ zusammenhängendes Modell von *Nature of Science* zu entwickeln. Dieses Modell basiert auf einer bestimmten Idee des wissenschaftlichen Denkens (scientific thinking). Scientific thinking in seiner basalsten Form bedeutet (Giere et al., 2006, S. XI):(„Understanding the relevant [theoretical] models";(„Deciding whether given data provides evidence for regarding a particular model as a tolerably good" representation of some real world objects or processes";

- Deciding whether the model fits the real world requires „distinguishing between data resulting from a causal interaction with the world (observation or experimentation)
- and a prediction arrived at by reasoning about a proposed model in light of the experimental setup."
- Agreement between prediction and data is used to judge whether the model fits a real world object or process

Tab. 2: Inhaltliche Überschneidungen von Konzepten zu *Nature of Science* und epistemischen Überzeugungen (Quelle: nach Neumann und Kremer 2014)

Vorläufigkeit von Wissen
empiriebasierte Evidenz
wissenschaftliche Gütekriterien von Forschung
Erkenntnisgewinn als Ziel
Kreativität
soziale Eingebundenheit
Zusammenspiel mit Technik
Naturwissenschaft im Gefüge von Gesellschaft und Kultur
Vielfältigkeit

Im Kern unterstreicht Gieres Modell folglich eine spezifische Vorstellung akademischer Denk- und Arbeitsweisen sowie eine Methodologie, die sich zum einen auf Modelle und modellbasierte Vorhersagen bezieht und zum anderen zwischen empirischen und schlussfolgernden Prozessen unterscheidet. Das Modell hebt folglich die vermeintlich hierarchische und algorithmische Konzeption einer naturwissenschaftlichen Methode und eines linear verlaufenden Forschungsprozesses auf. Vor diesem Hintergrund verstehen Giere et al. ihr Modell auch als Grundlage für einen Naturwissenschaftsunterricht, der kritisches Lesen, Verstehen und Rezipieren wissenschaftlicher Texte und Studien fördert.

Bereits der stark verkürzte Überblick lässt die Heterogenität zwischen Konzepten von *Nature of Science* erahnen, dass eine Festlegung auf ein allgemeingültiges Standardmodell ein kompliziertes Unterfangen ist. Krey (2012, S. 113) folgert, dass man zusammenführende Versuche „einschränkend als oberflächlich betrachten [kann]". Der kleinste gemeinsame Nenner sei „so allgemein zu formulieren, dass mehr als eine grobe Orientierung nicht von [ihm] ausgehen kann".

Anders als in der fachdidaktischen Perspektive, welche die didaktische Relevanz der Aspekte der *Nature of Science* verhandelt und das Lehrerwissen über solche Aspekte testet, geht es in der psychologischen Bildungsforschung zu domänenspezifschen epistemischen Überzeugungen um die Erforschung subjektiver Theorien zu Wissen, Aufgabe und Struktur von Naturwissenschaften. An diesem Punkt ergibt sich eine Überschneidung von naturwissenschaftsdidaktischen und psychologischen Forschungsinhalten. Auf Überschneidungen wies bereits Priemer (2006) hin. Er stellte fest, dass „eine klare Abgrenzung [der Begriffe] oftmals nicht möglich" ist (S. 160), und dass „[t]rotz zum Teil recht ähnlicher Ziele [...] gemeinsame Anstrengungen der Forschung aber bisher eher eine Ausnahme" sind (S. 172). Einige Jahre später ist festzustellen, dass psychologische Arbeiten zu epistemologischen Überzeugungen noch immer kaum Bezug auf naturwissenschaftsdidaktische Arbeiten zu *Nature of Science* nehmen oder umgekehrt (Neumann & Kremer, 2014). Unabhängig davon darf man, so Neumann und Kremer von einem „Konsens [sprechen] mit Blick auf die Relevanz für die Schule, [über] den weitgehend Einigkeit [besteht]" (S. 211). Sie fassen folgende Aspekte zusammen: Vorläufigkeit von Wissen, empiriebasierte Evidenz, wissenschaftliche Gütekriterien von Forschung, Erkenntnisgewinn als Ziel, Kreativität, soziale Eingebundenheit, Zusammenspiel mit Technik, Naturwissenschaft im Gefüge von Gesellschaft und Kultur sowie Vielfältigkeit (Tab. 2).

Entsprechend den zahlreichen, teils konfligierenden, Konzeptualisierungen von *Nature of Science* und domänenspezifischen epistemologischen Überzeugungen wurden ebenso zahlreich Instrumente entwickelt und vorgestellt, die das jeweils zugrunde gelegte Konstrukt messen sollen. Die bestehenden Erhebungsinstrumente verfolgen dementsprechend unterschiedliche methodische Ansätze und reichen von offenen Interviews über Leitfadeninterviews und Fragebögen mit offenen Antwortformaten bis zu rein quantitativen Instrumenten. Die hohe Anzahl und fortwährende Neuentwicklung von Instrumenten verweist auf die Schwierigkeiten, die im Rahmen der Modellbildung, Erfassung und Diagnose von Überzeugungen zur Natur der Naturwissenschaft bestehen (Suzuri-Hernandez, 2010).

Allerdings fällt dabei auf, dass Lehrkräften oftmals inadäquate Ansichten oder geringes Wissen über *Nature of Science* oder naive Vorstellungen zur Naturwissenschaft attestiert werden. Dieser Ansatz scheint einer konstruktiven Diskussion zum Stand der Lehrerprofessionalisierung jedoch wenig dienlich (Alters, 1997). Es wird davon ausgegangen, dass Lehrpersonen in einem Spannungsfeld verschiedener Normen stehen. Dabei spielen explizite Normen, wie sie in den Bildungsstandards formuliert sind, eine Rolle. Gleichzeitig verfügen Lehrkräfte aber auch über eigene, teils konfligierende, Vorstellungen. Diese unterschiedlichen Ansprüche miteinander in Einklang zu bringen, wird von ihnen als professionelle Lehrperson verlangt.

Infolge dessen wird in der vorgestellten Studie eine Taxonomie zum Wissenschaftsverständnis in Bezug auf Physik entwickelt, die als Ausgangspunkt die Lehrendenperspektive hat und diese deskriptiv zu erfassen sucht. Dabei steht die Frage, wie und als was Physik als Wissenschaft verstanden wird, im Zentrum. Der Prozess der Konstitution eines Wissenschaftsverständnisses ist die Herstellung von Sinnzusammenhängen. Dafür orientiert sich diese Arbeit am Begriff der Sinnstiftung nach Luhmann.

Nach Luhmann erlangt ein Ereignis einen Sinn, wenn es in einem Horizont weiterer Sinn- bzw. Bedeutungszusammenhänge kontextualisiert oder eingegliedert wird. Sinn ist insofern kein ontologisch gegebenes Primat, sondern wird rekursiv unter Verweis auf bestehende Sinnzusammenhänge konstituiert. Wird ein Sinnsystem nicht geöffnet, bleibt es selbstreferentiell und produziert als auch reproduziert Bedeutungszusammenhänge aus sich selbst heraus. Konfrontationen mit fremden Elementen, Prozessen oder Strukturen stellen demzufolge eine Herausforderung dar. Nach Luhmann greift hier die individuelle Sinnordnung und Sinnbildung durch die Reduktion der Komplexität der unübersichtlichen Informationsfülle ein. (Luhmann, 1971). In dem Überfluss der möglichen Verständnisweisen, beispielsweise Verständnisweisen von Wissenschaft, wird durch Selektionskriterien Ordnung, oder nach Luhmann die „Identität eines Zusammenhangs von Möglichkeiten" (1982, S. 48), hergestellt. Sinnstiftung durch Selektionskriterien löst die Komplexität allerdings nicht auf, sondern klammert sie bis auf weiteres erst einmal nur aus. Die Selektion bestimmten Sinns geht immer mit der gleichzeitigen Negation anderen Sinns einher, so dass sich Sinn entlang der Unterscheidung zwischen ausgewähltem und negiertem Sinn konstituiert.

Das Primat der Negation nimmt bei Luhmann einen wichtigen Stellenwert ein. Negation findet zum einen als generalisierender Prozess statt, der eine Pauschalabweisung des nicht-aktuell Erlebten erlaubt. Eben durch diese generalisierende Prozessform wird Komplexität reduziert. Zum anderen kann Negation auch eine reflexive Prozessform des Erlebten sein, in dem die Möglichkeit der Negation der Negation gegeben ist. Jeder aktualisierte oder ausgewählte Sinn wird vor dem Möglichkeitshorizont anderen Sinns konstituiert. Negierte Sinnmöglichkeiten des Erlebten werden also nicht ausradiert oder gelöscht, sondern bleiben als nicht-aktualisierter, aber potentieller Sinnhorizont, erhalten und können re-aktualisiert werden.

7.2   Unterrichtsmethoden im Physikunterricht

Während curriculare Inhalte das „Was" des Physikunterrichts festlegen, obliegt die Frage nach dem „Wie" diese Inhalte vermittelt werden können den Lehr- und Lernmethoden. Welche Lehr- und Lernmethoden gewählt werden, ist dabei sowohl abhängig von den Unterrichtszielen als auch von den situativen Unterrichtsbedingungen. Welche Methoden bzw. Methodenkombinationen sich für den Physikunterricht besonders eignen, wurde in jüngster Zeit in den Programmen SINUS (Steigerung der Effizienz des mathematisch-naturwissenschaftlichen Unterrichts, BLK, 1997; Prenzel, 2000) und BiQua (Bildungsqualität von Schule, Prenzel et al., 1999) untersucht.

Unterrichtsmethoden sind, neben dem Wissenschaftsverständnis der andere Aspekt von Lehrerprofessionalität, der in der vorliegenden Studie untersucht wird. Unter dem Begriff Unterrichtsmethoden werden hier die Lehr- und Lernmethoden, Sozialformen und Medien, die im Unterricht verwendet werden, subsummiert (vgl. Kircher, Girwidz & Häußler, 2010). Lehrmethoden umfassen solche Methoden, derer sich eine Lehrkraft zum Vermitteln von Inhalten innerhalb ihres eigenen Unterrichts bedient. Im Gegensatz dazu beziehen sich Lernmethoden auf die Gestaltung von Lerngelegenheiten, die eine Lehrperson ihren Schülerinnen und Schülern anbietet. Unterschiedliche Sozialformen und Medien sind weitere unterrichtsmethodische Gestaltungselemente (Vogt, 2010, insbes. S. 84), die jedoch nicht jeweils genau einer spezifischen Lehr- oder Lernmethode zugewiesen werden können (Fischer, 2008). Sie werden deswegen im Fragebogen zu der hier vorgelegten Studie getrennt von den Lehr- und Lernmethoden erhoben.

In diesem Abschnitt wird zunächst anhand von zwei exemplarisch ausgewählten Standardwerken zur Physikdidaktik skizziert, innerhalb welcher fachspezifischen Unterrichtsmethoden angehende Physiklehrkräfte typischerweise orientiert werden. Im Anschluss daran wird anhand aktueller Forschungsliteratur dargestellt, wie in der empirischen Unterrichtsforschung die Lehr- und Lernmethoden operationalisiert sind.

In ihrem Lehrbuch „Physik-Methodik. Handbuch für die Sekundarstufe I und II" geben Mikelskis-Seifert und Rabe (2007) einen umfassenden Überblick über die methodischen Möglichkeiten zur Gestaltung von Physikunterricht. Sie gliedern ihre Darstellung in die drei Blöcke „innere" Methoden, „äußere" Methoden und methodische Großformen (Abb. 1). Die „„inneren' lern- und inhaltsorientierten Methoden" beziehen sich auf die Tiefenstruktur des Unterrichts, über die „Akzentsetzungen bei der inhaltlichen Ausrichtung und der lerntheoretischen Orientierung des Physikunterrichts" (ebd., S. 14) gestaltet werden. Im zweiten Teil werden fünf „äußeren" Methoden, die sich auf „beobachtbare Sozialformen und Handlungsmuster unter dem Aspekt situativer Unterrichtsgestaltung" (ebd., S. 14) beziehen, vorgestellt. Das dritte und letzte Überkapitel über „methodische Großformen" umfasst unterschiedliche Methoden, durch die Physikunterricht über größere Zeiträume strukturiert werden kann.

Die „Physikdidaktik. Theorie und Praxis" von Kircher, Girwidz und Häußler (2010) ist kein ausschließliches Methodenhandbuch wie die oben dargestellte „Physik-Methodik" von Mikelskis- Seifert und Rabe. Die „Physikdidaktik. Theorie und Praxis" ist eine Kombination aus Lehrbuch und Handbuch, das sowohl eine Vielzahl theoretischer, als auch praktischer Aspekte umfasst. Wenngleich durchaus Parallelen zur „Physik-Methodik" vorhanden sind, folgt das Kapitel über „Methoden im Physikunterricht" in der „Physikdidaktik. Theorie und Praxis" einer anderen Strukturierung der physikdidaktischen Methoden. Kircher, Girwidz und Häußler gliedern physikdidaktische Methoden in die vier Kategorien: (1) methodische Großformen, (2) Unterrichtskonzepte des Physikunterrichts, (3) Artikulationsschemata und (4) Sozialformen. Unterschiedliche Medien für den Physikunterricht sind in einem zusätzlichen, separaten Abschnitt aufgeführt.

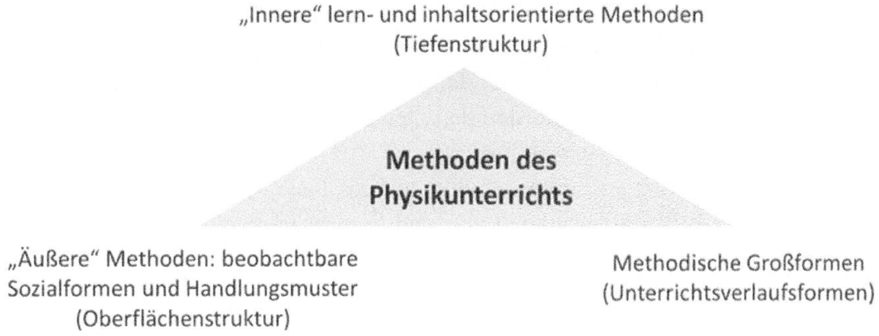

„Innere" lern- und inhaltsorientierte Methoden
(Tiefenstruktur)

**Methoden des
Physikunterrichts**

„Äußere" Methoden: beobachtbare   Methodische Großformen
Sozialformen und Handlungsmuster   (Unterrichtsverlaufsformen)
(Oberflächenstruktur)

Abb. 1: Methoden des Physikunterrichts nach Mikelskis-Seifert und Rabe (2007)

Zahlreiche empirische, vor allem jüngere Studien, beziehen sich in der Erfassung von Unterrichtsmethoden auf Kompetenzmodelle und verteilen die Lehr- und Lernmethoden auf unterschiedliche Kompetenzbereiche. Das Wissen über Lehr- und Lernmethoden, aber auch über andere didaktische Methoden zur Unterrichtsgestaltung wie der Leistungsdiagnose oder Binnendifferenzierung, wird dem pädagogischen Wissen zugeordnet (Baumert & Kunter, 2006; Blömeke, 2003). Getrennt davon werden dann in der Regel unter dem Kompetenzbereich „Überzeugungen" Selbstauskünfte über den eigenen Unterricht und grundsätzliche lernpsychologische Auffassungen erhoben.

Unter der Forschungsfrage, wie sich allgemeine Überzeugungen zum Lehren und Lernen in Hinblick auf die Präferenz von Lernaufgaben niederschlagen, führen Staub und Stern (2002) eine Studie zu „Nature of Teachers' Pedagogical Content Beliefs Matters for Students' Achievement Gains" durch. Die Autoren untersuchen, zu welchen Lehr- und Lernmethoden Mathematiklehrkräfte tendieren und wie sich dies auf den Unterrichtserfolg auswirkt. Die Lehr- und Lernmethoden wurden mit einem Instrument erhoben, das von Fennema (1990, 1992) entwickelt wurde. Das Instrument besteht aus 48 Items, die auf einer fünfstufigen Likertskala beurteilt werden müssen. Die Pole der Skala zur Lehr-Lernorientierung der Lehkräfte nennen Staub und Stern kognitiv konstruktivistische Orientierung („cognitive contructivist view") und Orientierung der direkten Vermittlung („direct-transmission view"). Entlang dieser Pole sollten die Lehrpersonen unter anderem Aussagen über ihre Ansichten und ihr Unterrichtshandeln in Bezug auf die Subskalen 1) Rolle der Lernenden und 2) Rolle der Lehrenden angeben. Es konnte ein Zusammenhang zwischen Lernverständnis und Lernerfolg gezeigt werden. Lehrpersonen, die das aktive Lernverhalten hoch einordnen und zu kognitiv-konstruktivistischen Orientierung zählen, setzen mehr Aufgaben im Unterricht ein, die ein konzeptuelles Verständnis erfordern und einen höheren Lernerfolg erzielen.

Auch in der COACTIV-Studie (Baumert & Kunter, 2006) wurde untersucht, durch welche Methoden Mathematiklehrkräfte Lerngelegenheiten anbieten (Brunner et al. 2006, Voss et al., 2011). Hier wird im Rückgriff auf Staub und Stern ebenfalls eine Unterteilung in einen transmission view, bspw. dem Einüben von Prozeduren, und einen constructivist view (bspw. das Diskutieren von Lösungswegen) vorgenommen. Zum Zusammenhang zwischen Lern- und Lehrmethoden zeigt sich in der COACTIV-Studie (Dubberke et al., 2008), dass Lehrkräfte, die transmissive Lernkonzepte haben, weniger kognitiv-aktivierenden und herausfordernden Unterricht anbieten, sondern dass der Unterricht eher fehlervermeidend gestaltet ist.

Während sich die oben genannten Studien auf das Fach Mathematik beziehen, wurden im Rahmen der IPN-Videostudie „Lehr- und Lernprozesse in der Physik" sowie der Frankfurter Studie „professionelle Handlungskompetenz von Quereinsteigern und Lehramtsabsolventen im Fach Physik" speziell Physiklehrkräfte zu ihren Lehr- und Lernmethoden befragt. In der IPN-Videostudie werden in Rückgriff auf Staub und Stern die Kategorien „konstruktivistische" und „transmissive" Haltungen zum Lernen unterteilt. Die Studie kann einen Zusammenhang zwischen konstruktivistischem Wissenschaftsverständnis und konstruktivistischen Unterrichtsmethoden herstellen und zeigt auch, dass Lehrpersonen mit einem empiristischen Wissenschaftsverständnis ihren Unterricht eher transmissiv gestalten (Seidel at al., 2008). Die Frankfurter Studie (Korneck et al., 2013) identifiziert durch eine Clusteranalyse drei unterschiedliche Gruppen typischer Lehr- und Lernmethoden, gemäß derer das pädagogische Handeln von Physiklehrkräften einteilbar ist. Die zwei Gruppen „Trainingsmuster" und „diskursives Muster" entsprechen inhaltlich den in Staub und Stern und der COACTIV-Studie beschriebenen Gruppen „transmission view" und „constructivist view". Korneck et al. (2013) identifizieren darüber hinaus eine dritte Gruppe, die sie „Vermittlungsmuster" nennen. Diese Gruppe bezieht sich auf Lehrpersonen, deren pädagogisches Wissen und Handeln vor allem über methodische Vermittlungspraktiken beschreibbar ist und sowohl selbständiges, als auch anleitendes Lehren beinhaltet.

Vorrangig aus Interview- und Fallstudien, die ohne den theoretischen Rahmen eines Kompetenzmodells vorgingen, resultiert die Unterteilung von Physiklehrkräften gemäß ihrer methodischen Gestaltung des Physikunterrichts in eine traditionelle und eine konzeptionelle Gruppe. Die traditionelle Gruppe zeichnet sich durch eine dominante Rolle der Lehrkraft aus, die physikalisches Faktenwissen als objektives Wissen vermittelt. Die traditionelle Gruppe der Physiklehrkräfte tendiert darüber hinaus zu traditionellen Lehrmethoden wie dem rezeptartigen Lernen (Mulhall & Gunstone, 2008 und 2012; Zoller, 2000) und zu einem von der Lehrperson eng geführten Unterrichtsgespräch (Seidel et al., 2002). Gleichzeitig antizipiert eine Lehrperson aus der traditionellen Gruppe passives Lernverhalten das darauf abzielt, Wissen auswendig zu lernen oder standardisierte Probleme zu lösen (Linder, 1992). Im Gegensatz dazu herrschen in der konzeptionellen Gruppe konstruktivistische oder konstruktionsorientierte Ansätze vor (Staver, 1998, Jones & Carter, 1998, Mintzes & Wandersee, 1998). Dieser Gruppe zuzuordnende Lehrkräfte fokussieren auf kognitiv-aktivierendes Lernen, in dem Schülerinnen und Schüler an konzeptionelle Auseinandersetzungen mit dem Fach herangeführt und weniger in dem Anwenden von Formeln und algebraischen Umformungen geschult werden (Mulhall & Gunstone, 2012).

In zahlreichen Studien dient die Beschreibung und Unterteilung von Lehrpersonen der Mathematik und der Naturwissenschaften in bestimmte unterrichtsmethodische Gruppen einer weiterführenden Analyse, in der Kopplungen zwischen den Unterrichtsmethoden der Lehrpersonen und den Lernerfolgen der Lernenden identifiziert werden sollen (Klar & Nigam, 2004, Gudjohns, 2003, Thissen,1997, Bell et al., 2010, Mayer, 2004, Tesch & Duit, 2004). Vor diesem Hintergrund führen Wise und Okey (2006) eine Metaanalyse von über 300 Dissertationen und wissenschaftlichen Publikationen durch mit der Frage, welche Unterrichtsmethoden einen Effekt auf erfolgreiches Physiklernen haben. In ihrer Metaanalyse entwickeln sie 12 Kategorien von Unterrichtsmethoden: (1) eine audio-visuelle, (2) eine fokussierende, (3) eine bewertende, (4) eine befragend-entdeckende, (5) eine manipulative, (6) eine modifizierte, eine (7) präsentierende, (8) eine kritisch-befragende, (9) eine lehrerzentrierte, (10) eine überprüfende, (11) eine abwartende und (12) eine curriculare Methode des Unterrichtens. Durch eine Analyse von Effektstärken gelangen sie zu dem Schluss, dass sich ein erfolgreicher Physikunterricht durch folgende Merkmale auszeichnet (ebd., S. 434):

„ … The effective science classroom appears to be one in which students are kept aware of instructional objectives and receive feedback on their progress toward these objectives. Students get opportunities to physically interact with instructional materials and engage in varied kinds of activities. Alteration of instructional material or classroom procedure has occurred where it is thought that the change might be related to increased impact. The teacher bases a portion of the verbal interactions that occur on some plan, such as the cognitive level or positioning of questions asked during a lesson. The effective science classroom reflects considerable teacher planning. The plans, however, are not of a 'cookbook' nature. Students have some responsibility for defining tasks. "

Auf Grundlage des oben skizzierten Forschungsstands zum pädagogischen und lernpsychologischen Wissen, dem Unterrichtshandeln und den lerntheoretischen Überzeugungen von (Physik-)Lehrkräften wurde im Rahmen der vorliegenden Studie nicht vorab auf eines der bestehenden Instrumente zurückgegriffen. Vielmehr wurden die innerhalb der ersten Teilstudie analysierten Lehrerinterviews nicht nur unter dem Aspekt Wissenschaftsverständnis, sondern auch in Hinblick auf die Beschreibungen und Reflexionen von Unterrichtsgestaltungen ausgewertet. Durch die daraufhin entwickelte Taxonomie wurde eine Entscheidungsgrundlage geschaffen, nach der für die quantitative Studie entweder ein bestehendes Instrument ausgewählt, oder aber ein neues Instrument entwickelt werden sollte. Die Ergebnisse der Interviewstudie zeigen, dass insbesondere vor dem Hintergrund der forschungsleitenden Fragestellung, Zusammenhänge zwischen Lehr- und Lernmethoden und Wissenschaftsverständnissen im Physikunterricht zu erforschen, für die Kategorien der Unterrichtsmethoden sowohl pädagogisches Faktenwissen, als auch Erfahrungswissen, praktisches Wissen und lernpsychologische Überzeugungen mit spezifischem Fokus auf den Physikunterricht, zu berücksichtigen sind.

Die Taxonomie von Lehr- und Lehrmethoden beinhaltet vier Kategorien, die auch in früheren Studien identifiziert wurden. Diese sind schüler- bzw. lehrerzentrierte Lehrmethoden und konstrukionsorienterte bzw. transmissionsorienterte Lernmethoden. Ein Vergleich der aus der Interviewstudie gewonnen Ankerbeispiele mit bestehenden Items anderer Studien zum Lehr- und Lernverhalten von Lehrpersonen zeigt, dass hier große Übereinstimmungen vorliegen. Zur Konstruktion der Skalen wurde deswegen auf Items der Studie „Physik im Kontext" (Duit & Mikelskis-Seifert, 2010) zurückgegriffen.

7.3   Interdependenzen von Wissenschaftsverständnis und Unterrichtsmethoden

Bisherige Studien über das Wissenschaftsverständnis und die Unterrichtspraxis von Lehrpersonen zeigten, dass beide Aspekte die Unterrichtsgestaltung beeinflussen (Nespor, 1987, Pajares, 1992, Pomeroy, 1993) und dass ein enger Zusammenhang zwischen Wissenschaftsverständnis und Überzeugungen über das Lernen besteht (Fennema, Loef & Franke, 1992, Staub & Stern, 2002). Dazu gehören unter anderem Ansichten darüber, wie Schülerinnen und Schüler lernen, welche Rolle die Lehrperson im Unterricht einnehmen soll und über die relative Gewichtung der fachwissenschaftlichen Unterrichtsinhalte und das Wissenschaftsverständnis.

Allerdings muss an dieser Stelle bereits zwischen dem Wissenschaftsverständnis einer Lehrperson im Kontext Wissenschaft einerseits und dem Wissenschaftsverständnis im Kontext Schule und Unterricht andererseits unterschieden werden. Insbesondere die ontologischen Auffassungen von Wissenschaft haben Auswirkungen auf die Wahl der in der Schule unterrichteten Meta-Aspekte (Mistades, 2007). Eine Lehrperson tendiert demzufolge dazu, zwei Wissenschaftsverständnisse entwickelt zu haben: ein ontologisches, welches sich auf die Wissenschaft als akademische Disziplin bezieht und ein pädagogisches, das bestimmt, welche Aspekte zum Wissenschaftsverständnis im Unterricht vermittelt werden (Adams et al., 2006). Grundlegende Orientierung für das spätere ontologische oder epistemologische Wissenschaftsverständnis zu Naturwissenschaften wird bereits in der eigenen Schulzeit späterer Lehrkräfte etabliert (Brookhart & Freeman, 1992). Das frühe Wissenschaftsverständnis beeinflusst die spätere Haltung der Lehramtsstudierenden in den naturwissenschaftlichen Fächern (Calderhead & Robson, 1991) und wird in der Lehrerausbildung verstärkt (Gray et al., 2008). Dieses früh erworbene, in der Regel im Studium kaum reflektierte Wissenschaftsverständnis wird dann in der späteren Praxis der Lehrperson von Schuljahr zu Schuljahr und Klasse zu Klasse reproduziert (Brickhouse, 1989, White & Gunstone, 1992). Andere Studien legen nahe, dass Lehrkräfte ihren Unterricht eher an akademisch basierten Forschungsparadigmen orientieren (Cochran-Smith & Lytle, 1999, Hofstein & Lunetta, 2004).

Forschungsprojekte, die traditionelle Unterrichtspraktiken von Lehrkräften der Naturwissenschaften untersuchten, weisen darauf hin, dass Lehrpersonen, die sich solcher

Unterrichtsmethoden bedienen, Naturwissenschaft eher als einen Korpus von Faktenwissen betrachten. Solche Lehrpersonen tendieren zu einem Unterricht, der sich an einer transmissiven Vermittlung von Fakten orientiert. Diese sogenannten Fakten werden vor allem durch präsentierenden Unterricht vermittelt, bei dem die Schülerin oder der Schüler in lernender Zeugenschaft die Fakten kennenlernt (Benson, 1989, Duschl & Wright, 1989, Linder, 1992). Damit zusammen hängt eine Auffassung vom Lernen, in der die Schülerinnen und Schüler passive Lerner sind, welche die präsentierten Fakten aufnehmen und abspeichern müssen (Aguirre et al., 1990, Lemberger et al., 1999). Lehrkräfte, die zu einem konstruktionsorientierten Unterrichten neigen, tendieren zu der Auffassung, dass Schülerinnen und Schüler unterschiedliche Fähigkeiten haben. Diese Lehrpersonen bedienen sich aus einem Methodenspektrum, das aktive Lernprozesse unterstützt und das Schülerverstehen fördert (Gunstone, 1995, Staub & Stern, 2002). In einer Studie unter 37 Lehrpersonen fand Tsai (2000), dass ein positiver Zusammenhang zwischen konstruktivistischem Wissenschaftsverständnis, den Ansichten zum Unterrichten und den Ansichten zum Lernen von Naturwissenschaft besteht. Seidel et al. (2008) kommen zu vergleichbaren Ergebnissen. Integriert wurden die Befunde der Literaturrecherche in einem theoretischen Zusammenhangsmodell, auf dem die empirischen Analysen aufbauten (siehe Abb. 2).

Zeidler und Nichols (2009) folgern, dass in der Schule und im Studium vermitteltes naturwissenschaftliches Wissen nicht von den Verstehensweisen und Fähigkeiten einer Lehrperson getrennt werden dürfen. Auch auf Metawissen müsse deswegen explizit verwiesen werden, um die komplexen Implikationen für den pädagogischen Prozess verstehen und gestalten zu können. Als Fazit fordert Ratcliffe (2008), dass das Metawissen von Lehrkräften in den Naturwissenschaften zum einen durch Reflexion der eigenen Metakonzepte und zum anderen durch eine Zuordnung der Reflexionen zur Unterrichtspraxis gefördert werden soll. Gleichzeitig stellt sie fest, dass diese Bemühungen in der fachdidaktischen Forschung noch unterrepräsentiert sind. In ähnlicher Weise konstatiert Roberts (2007), dass es für die zukünftige Ausbildung von Lehrkräften von großer Bedeutung ist, sinnstiftende Kontexte zu berücksichtigen, um vereinfachte Sichtweisen auf naturwissenschaftliches Metawissen zu vermeiden und Lehrpersonen dadurch zu einem aktiven und schülerorientierten Unterricht zu ermutigen.

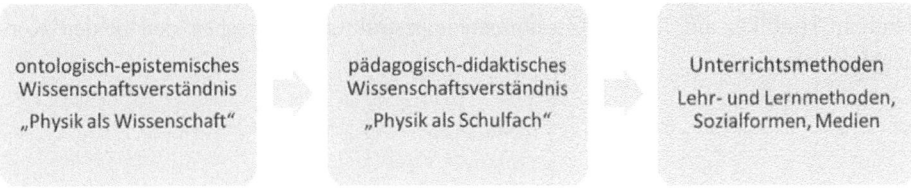

Abb. 2: Modellannahme zum Zusammenhang zwischen Wissenschaftsverständnissen und Unterrichtsmethoden

7.4   Methodisches Vorgehen und Studiendesign

Untersuchungen zum Wissenschaftsverständnis und zu Unterrichtsmethoden sind nicht nur von hoher Relevanz, weil sie Aspekte der Lehrerprofessionalität sind. Vielmehr zeigen darüber hinaus insbesondere Fallstudien, dass das individuelle Wissenschaftsverständnis die Unterrichtspraxis beeinflusst. Über die bloße Erfassung einzelner Kompetenzfacetten hinaus ist es demzufolge zur Sicherung und Steigerung der Qualität der Lehrerbildung immanent wichtig, Zusammenhangsstrukturen zwischen dem Wissenschaftsverständnis und den Unterrichtsmethoden aufzudecken.

Wenngleich anerkannt ist, dass das Zusammenspiel dieser zwei Facetten des Professionswissens maßgeblich für erfolgreichen Unterricht ist (Tesch und Duit, 2004, Seidel et al., 2008), bestehen Forschungsdefizite in einer genaueren empirischen Klärung der Interdependenz zwischen Wissenschaftsverständnis und Lehr- und Lernmethoden. Empirische Fallstudien bestätigen die theoretische Annahme (vgl. Brickhouse, 1990, Waters-Adams, 2006), dass hier Zusammenhänge bestehen. Empirische Befunde zur Beschreibung der Interdependenzen von Wissenschaftsverständnissen und Unterrichtsmethoden, die über Fallstudien hinausweisen, stehen jedoch aus. Ferner liegen keine systematischen und umfangreichen Studien vor, in denen versucht wird, das Wissenschaftsverständnis als sinnstiftendes Konstrukt hinsichtlich eines individuellen Metawissens von Physiklehrenden zu erschließen und zu beschreiben. Auch diese Forschungslücke zu schließen, ist das Anliegen der hier vorgestellten Untersuchung. Darüber hinaus ist hervorzuheben, dass in allen drei Teilstudien ausschließlich aktive Physiklehrkräfte befragt wurden, die ihre Ausbildung abgeschlossen hatten und sich im aktiven Schuldienst befinden.

Das vorgestellte Forschungsprojekt soll die Befunde der Fallstudien durch empirische Daten stützen. Darüber hinaus ergänzen deskriptive und inferenzstatistische Analysen bisherige qualitative Befunde zu Einflussfaktoren auf das Wissenschaftsverständnis und Unterrichtsansätzen, die wertvolle Hinweise zur Verbesserung der Aus- und Weiterbildung von Lehrkräften liefern. Um die Interdependenz zwischen Wissenschaftsverständnissen und Unterrichtsmethoden konkret zu untersuchen, wurde als erstes eine explorative Interviewstudie durchgeführt (siehe Abb.3). Auf dieser Studie aufbauend wurde ein Fragebogen entwickelt und pilotiert, der die Taxonomie abbildet. In der dritten und abschließenden Teilstudie wurde der Fragebogen an über 3000 Physiklehrkräfte in der deutschsprachigen Schweiz, Österreich und Deutschland verschickt und anschließend im Hinblick auf kausale Zusammenhangsstrukturen zwischen den beiden Konstrukten analysiert.

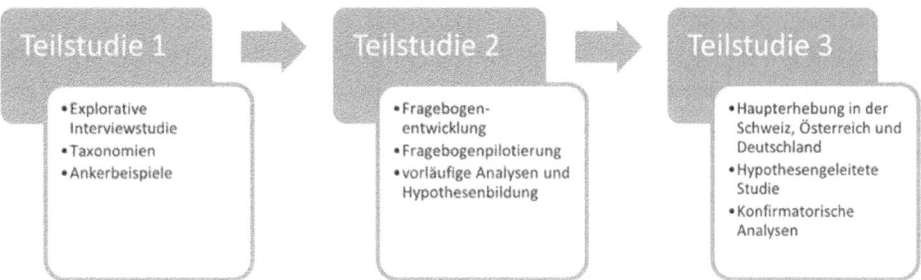

Abb. 3: Schematisches Design der Studie

Teilstudie 1: Taxonomien zum Wissenschaftsverständnis und zu Lehr- und Lernmethoden

Vor dem oben skizzierten Hintergrund wurde eine explorative Interviewanalyse durchgeführt, mit dem Anliegen, eine Taxonomie von Wissenschaftsverständnissen sowie von Lehr- und Lernmethoden zu entwickeln. Gleichzeitig wurden prototypische Sinneinheiten ausgewählt, die sogenannten Ankerbeispiele oder Anker, die zum einen die einzelnen Taxa illustrieren und gleichzeitig als Ausgangspunkt für die Fragebogenentwicklung genommen wurden. Das dafür verwendete Interviewmaterial wurde im Rahmen des Forschungsprojektes „Lehr-Lernprozesse im Physikunterricht – Eine Videostudie" unter Leitung des Leibniz-Instituts für die Didaktik der Naturwissenschaften und Mathematik in Kiel gesammelt und freundlicherweise von Reinders Duit und Peter Labudde zur Verfügung gestellt. Die insgesamt 36 Interviews mit Physiklehrkräften aus unterschiedlichen deutschen und schweizerischen Bundesländern wurden bereits teilweise im Rahmen unterschiedlicher Studien ausgewertet (Prenzel et al., 2002, Tesch u. Duit, 2004, Bruggmann, 2008), jedoch nicht unter dem hier verfolgten spezifischen Gesichtspunkt. Der erste Analyseschritt bestand in einer überblickverschaffenden Sichtung des Materials in seiner Gesamtheit. Durch die Arbeit mit Interviewmaterial, welches im Zusammenhang mit einem anderen Projekt erhoben wurde, folgt als zweiter Schritt die Reduktion der Interviews auf inhaltlich relevante Passagen (Simon & Simon, 1978). In der darauf folgenden Segmentierung werden die zu kodierenden Interviewsegmente festgelegt. Wichtig ist, dass die einzelnen Segmente eine gewisse Größe (grain size) nicht unterschreiten. Dadurch werden Sinneinheiten bewahrt und die Korrespondenz mit der leitenden Forschungsfrage bleibt erkennbar, während gleichzeitig die ex- oder impliziten Bedeutungen herausgearbeitet werden (Chi, 1979). Je latenter oder impliziter die Informationen zur Fragestellung sind, desto sensibler muss der Prozess der Segmentierung vorgenommen werden. Prototypische Segmente fungieren in der späteren intersubjektiven Kontrolle durch Intercoder als Ankerbeispiele. Die Arbeit mit den Segmenten besteht in der Konfrontation mit dem Material auf und zwischen den Ebenen von lokalem Beschreiben und umfassenderen Strukturen. Im Laufe der Analyse werden die Segmente gruppiert und dabei die Gliederung mehrmals umgestellt. Nach und nach nehmen die

Subdimensionen schärfere Konturen an, so dass sich am Ende die verschiedenen Zwischenebenen zu einem kohärenten Gesamtbild, einem jeweils charakteristischen Wissenschaftsverständnis zusammenfügen. Im konkreten Fall besteht die Kontrolle in der Zuordnung von Ankerbeispielen durch drei Intercoder. Das Ergebnis ist mit einem Fleiss Kappa von .85 ± .07 (entsprechen 95 %) ein „almost perfect agreement".

Hinweise, welche Aspekte im Wissenschaftsverständnis von Physiklehrkräften eine Rolle spielen können, sind in zahlreichen Forschungsprojekten mit Bezug zu nature of science (Lederman, 1992, McComas et al., 1998, Spellsiek, 2013) und zu epistemischen Überzeugungen (Schommer, 1990, Hofer, 2000) zu finden. Studien unter Lehrkräften zur *Nature of Science* legen unter anderem nahe, dass Experimente (Wilke 1993, Hofstein u. Lunetta, 2004, Koponen &. Mäntylä, 2006) und physikalischen Modelle (Mikelskis-Seifert, 2002, Terzer & Upmeier zu Belzen, 2007) einen maßgeblichen Anteil im Begreifen und Beschreiben von Naturwissenschaft und insbesondere Physik haben. Überzeugungen von Studierenden oder Lehrpersonen werden aber auch durch den Einfluss von Autoritäten (Miller, 1992, Braun, 1997) oder fachliche oder gesellschaftspolitische Diskurse geprägt (McDonald, 2010, Burbules, 1993, Driver, Newton & Osborne, 2003).

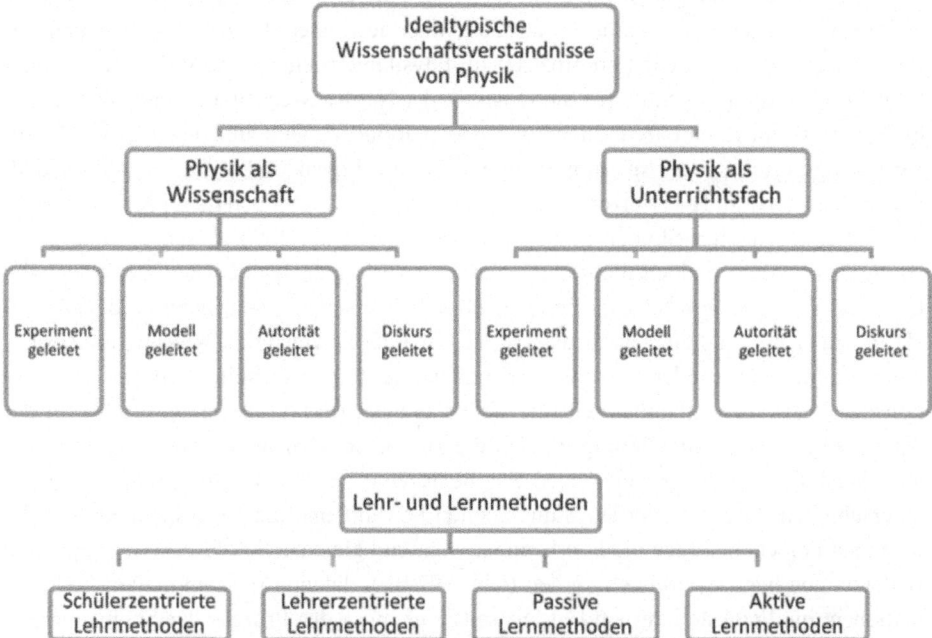

Abb. 4: Taxonomien zum Wissenschaftsverständnis und zu Lehr- und Lernmethoden, die in der Interviewanalyse (n=36) gefunden wurden

Das fertige Kategoriensystem besteht aus vier charakteristischen Wissenschaftsverständnissen: Das Experiment geleitete, das Modell geleitete, das Autorität geleitete und das Diskurs geleitete Wissenschaftsverständnis. Die Wissenschaftsverständnisse beziehen sich auf zwei unterschiedliche Domänen, wie an der zweiteiligen Unterteilung des Kategoriensystems (siehe Abb. 4) deutlich wird. Die erste Domäne repräsentiert den Bezug zur akademischen Disziplin und kann in diesem Sinne als ontologisch-epistemisches Wissenschaftsverständnis verstanden werden. Der Schulbezug wird durch die zweite Domäne repräsentiert: das pädagogisch-didaktische Wissenschaftsverständnis. Die charakteristischen Lehr- und Lernmethoden, von denen die Physiklehrkräfte in den Interviews am auffälligsten als typisch für den Physikunterricht sprachen, sind schülerzentrierte und lehrerzentrierte Lehrmethoden sowie die Gestaltung der Lernangebote, die aktives oder passives Lernverhalten voraussetzten bzw. einfordern. Eine genaue Beschreibung der Kategorien ist in Schulze Heuling, Mikelskis-Seifert & Nückles, (2015a) nachzulesen.

Teilstudie 2: Entwicklung und Pilotierung des Fragebogens

Um die Ergebnisse der Interviewstudie quantifizieren zu können und statistischen Analysen zugänglich zu machen, wurde ein Onlinefragebogen als Testinstrument entwickelt. In der im nächsten Abschnitt vorgestellten Datenanalyse sollen so übergeordnete Strukturen identifiziert und Zusammenhänge zwischen Wissenschaftsverständnissen und Unterrichtsmethoden bei Physiklehrkräften hergestellt werden.

Der Struktur des Kategoriensystems folgend, unterteilt sich der Fragebogen in drei Teile: Teil eins umfasst die Items zum ontologisch-epistemischen Wissenschaftsverständnis. Teil zwei beinhaltet die Items zum didaktischen Wissenschaftsverständnis. Und in Teil drei werden die Selbsteinschätzungen der Lehrkräfte zu ihren Lehr- und Lernmethoden abgefragt. Abschließend sind Häufigkeitsangaben über den Einsatz verschiedener Sozialformen und Medien anzugeben.

Die Kategorien zum Wissenschaftsverständnis sind idealtypischer Natur. Zum einen sind die Wissenschaftsverständnisse von Physiklehrkräften Mischformen der Kategorien. Darüber hinaus divergieren die Wissenschaftsverständnisse, je nachdem, ob ein originär wissenschaftstheoretischer oder aber didaktischer Bezug hergestellt wird. Der Fragebogen muss also in der Lage sein, unterschiedliche Ausprägungsgrade zu messen. Ausgangspunkt zur Konstruktion der Items der Skalen zum Wissenschaftsverständnis sind die Ankerbeispiele aus der Interviewstudie. Der erste Fragetypus ist durch einen Itemstamm gekennzeichnet, der, je nach Skala, entweder ein wissenschaftstheoretisches oder ein physikdidaktisches Thema oder Problem einführt. Entsprechend der vier Subdimensionen, in denen die Wissenschaftsverständnisse spezifiziert sind, stehen zu jedem Itemstamm vier Antwortoptionen zur Verfügung. Diese Antwortoptionen sind jeweils auf einer fünfstufigen Likertskala zu bewerten. Der zweite Fragetypus sind Einzelaussagen.

Tab. 3: Ausgewählte Items der Fragebogenskalen

Ontologisch-epistemisches Wissenschaftsverständnis: Physik als Naturwissenschaft	
Experiment geleitet	*Das Experiment ist der einzige Weg, die Natur zu erforschen.* *Physikalische Forschungsergebnisse erscheinen in erster Linie in Form von Datenanalysen.*
Modell geleitet	*Bei der Gewinnung neuer Erkenntnisse stützt man sich zuallererst auf Modelle.* *Physikalische Forschungsergebnisse erscheinen in erster Linie in Form von Modellen.*
Autorität geleitet	*Physikalische Erkenntnisse sind erst dann Erkenntnisse, wenn sie in einer Fachzeitschrift publiziert sind.* *Physiklehrbücher sind die zuverlässigste Sammlung physikalischen Wissens.*
Diskurs geleitet	*Eine wegweisende Entwicklung wurde geleistet, wenn das Resultat vor allem von Wissenschaftlerinnen und Wissenschaftlern stark diskutiert wird.* *Physikalische Ergebnisse erscheinen in erster Linie in Form von Diskussionen.*
Didaktisches Wissenschaftsverständnis: Physik als Schulfach	
Experiment geleitet	*Um etwas über Physik zu lernen, sollte man vor allem praktisch ausprobieren und testen.* *Den Umgang mit Messwerten zu schulen ist besonders wichtig.*
Modell geleitet	*Um etwas über Physik zu lernen, sollte man vor allem vor allem elementare Modelle erfassen.* *Das Denken der Physik zeigt sich den Schülerinnen und Schülern am besten in ihren Modellen.*
Autorität geleitet	*Um etwas über Physik zu lernen, sollte man vor allem vor allem vor allem der Lehrerin bzw. dem Lehrer zuhören.* *Am besten, man orientiert sich am Physikbuch, um guten Unterricht zu planen.*
Diskurs geleitet	*Um etwas über Physik zu lernen, sollte man vor allem über die Inhalte mit den Mitschülerinnen und -schülern reden.* *Die tragende Funktion in der Physikvermittlung leisten die Sachdiskussionen.*
Lehr- und Lernmethoden im Physikunterricht	
Lehrerzentriertes Unterrichten	*Die Stunden sind so gestaltet, dass sich nur einige Schülerinnen und Schüler aktiv beteiligen können.* *Ich versuche, die Schülerinnen und Schüler durch Fragen am Unterricht zu beteiligen.*
Schülerzentriertes Unterrichten	*Die Schülerinnen und Schüler arbeiten selbständig nach einem strukturierten schriftlichen Arbeitsauftrag.* *Ich ermutige die Schülerinnen und Schüler, sich Begriffe und Prinzipien gegenseitig zu erklären.*
Transmissives Lernen	*Ich verlange, Aufgaben in der Regel so zu lösen, wie es im Unterricht gelehrt wurde.* *Mit den Schülerinnen und Schülern sollten oft Lösungswege schrittweise erarbeitet werden.*
Konstruktionsorientiertes Lernen	*Schülerinnen und Schüler lernen Physik am erfolgreichsten, indem sie selbst Wege zur Lösung von Problemen entwickeln.* *Es hilft Schülerinnen und Schülern, Physik zu begreifen, wenn man sie ihre eigenen Lösungsideen diskutieren lässt.*

Die dritte Skala umfasst die Items zur Messung der Lehr- und Lernmethoden. Der erste Fragentyp ist, wie zu den ersten beiden Skalen, ein Itemstamm mit Antwortoptionen. Diesen Items ist die Beschreibung einer Schulklasse vorangestellt. Jeder Itemstamm bezieht sich auf ein Unterrichtsthema, dass bereits eingeführt und in den kommenden Unterrichtsstunden fortgeführt werden soll. Der zweite Fragentyp sind Einzelaussagen, zu denen vor dem Hintergrund der eigenen unterrichtlichen Praxis Stellung bezogen wird. Zur Konstruktion der Einzelaussagen wurde auf einen bestehenden Itempool (Duit & Mikelskis-Seifert, 2010) zurückgegriffen. Darüber hinaus werden im Fragebogen Häufigkeitsangaben zu den Sozialformen, zum Einsatz unterschiedlicher Medien und zu Unterrichtsaktivitäten abgefragt.

Die Fragebogenvorstudie wurde im Spätsommer 2012 durchgeführt. Von insgesamt fast 400 zufällig ausgewählten und angeschriebenen Physiklehrkräften konnten 65 auswertbare Rückläufer von Physiklehrenden an deutschen Schulen und Hochschulen aus zwölf Bundesländern verzeichnet werden. Die Population von insgesamt N = 65 Lehrpersonen setzt sich zusammen aus n= 38 (Schule: Sekundarstufe I und II) und n = 27 (Hochschule). Die durchschnittliche Lehrerfahrung einer Lehrperson liegt bei 15 Jahren. Der Fragebogen wurde konstruktvalidiert. Die explorative Faktorenanalyse mit Kaisernormalisierung und Varimaxrotation zeigt, dass der Fragebogen die Taxonomie abbildet. Für den Bereich 1, ontologisches Wissenschaftsverständnis, ergaben sich vier Skalen mit einer aufgeklärten Varianz von 59.3 %. Bereich 2, Wissenschaftsverständnisse mit didaktischem Bezug, wurde analog ausgewertet. Die vierfaktorielle Struktur liefert eine aufgeklärte Varianz von 78 %. Für die Einzelaussagen des Bereichs 3, Lehr- und Lernmethoden, errechnete sich für die vierfaktorielle Lösung eine aufgeklärte Varianz von 71.3 %. Als Maß der Reliabilität der Skalen wurden Cronbach's α berechnet. Einzelne Items des Fragebogenpilots wurden modifiziert. Die Skalenreliabilitäten und Anzahl der Items pro Skala der endgültigen Fragebogenversion sind in Tab. 4 zusammengefasst.

Die Pilotstudie wurde mittels t-Tests und multipler linearer Regressionen ausgewertet. Aufbauend auf diesen Analysen und auf Grundlage der Literaturstudien wurden zwei Hypothesen, die es dementsprechend zu überprüfen galt, abgeleitet: (1) Das ontologische Wissenschaftsverständnis bildet sich linear im pädagogischen Wissenschaftsverständnis ab. (2) Lehrpersonen, die ein Autorität geleitetes Wissenschaftsverständnis haben tendieren eher zu einem lehrerzentrierten Unterricht und fördern eher rezeptives Lernen.

Tab. 4: Überblick über die Skalen und den dazugehörigen Items, wie sie sich nach der Auswertung des Datensatzes der Hauptstudie ergaben (N = 253)

Wissenschaftsverständnis von Physik als Wissenschaft		Anzahl der Items	α
1.a	Experiment geleitet	6	.91
2.a	Modell geleitet	6	.79
3.a	Autorität geleitet	6	.70
4.a	Diskurs geleitet	6	.81
Wissenschaftsverständnis von Physik als Schulfach		**Anzahl der**	**α**
1.a	Experiment geleitet	5	.66
2.b	Modell geleitet	4	.75
3.c	Autorität geleitet	4	.70
4.d	Diskurs geleitet	3	.79
Lehr- und Lernmethoden		**Anzahl der**	**α**
IT.1	Schülerzentrierte Lehrmethoden	8	.86
IT.2	Lehrerzentrierte Lehrmethoden	7	.85
IT.3	Transmissive Lernmethoden	7	.88
IT.4	Konstruktive Lernmethoden	8	.95

Teilstudie 3: Die Hauptstudie

Der endgültige Onlinefragebogen wurde an über 3000 zufällig ausgewählte Schulen in Österreich, Deutschland und die Schweiz geschickt. Dahinter stand die Absicht, länderspezifische Ausprägungen zu identifizieren. 73 % der Fragebogenrückläufer kamen aus Deutschland, 19 % aus Österreich und 4 % aus der deutschsprachigen Schweiz. Aufgrund dieses Ungleichgewichts konnte eine länderspezifische Auswertung jedoch nicht durchgeführt werden. Insgesamt erhielten wir 253 vollständig ausgewertete Fragebögen zurück, die in die Analyse eingingen. 12 % der Lehrpersonen gaben an, an Schulen in privater Trägerschaft zu unterrichten, 87 % unterrichteten an staatlichen Schulen. Angaben zum Unterrichtsniveau verteilten sich wie folgt: 46 % der Lehrkräfte unterrichten in der Sekundarstufe 1, 20 % in Sekundarstufe 2 und 31 % gaben an, in beiden Sekundarstufen zu unterrichten. 15 % der befragten Lehrkräfte sind Seiteneinsteiger in den Lehrerberuf und 15 % besitzen einen Doktortitel. Die durchschnittliche Lehrerfahrung der Lehrkräfte beträgt 20 Jahre mit einem Median von 18 Jahren. 38 % der Lehrkräfte sind Lehrerinnen, 60 % sind Lehrer, 1 % gab an, weder weiblichen noch männlichen Geschlechts zu sein und 1 % machte dazu keine Angabe.

7.5   Ausgewählte Ergebnisse

Deskriptive Befunde

Die Mittelwerte der Skalen des Wissenschaftsverständnisses zeigen im Vergleich, dass das Experiment und das Modell geleitete Wissenschaftsverständnis die höchsten Werte erreichen. In der ontologisch-epistemischen Dimension liegen die Mittelwerte bei t(243) = 3,80±0,57 (Experiment geleitet) und t(242) = 3,72±0,51 (Modell geleitet). In der pädagogisch-didaktischen Dimension bei t(204) = 4,00±0,50 (Experiment geleitet) und t(205) = 3,95±0,50 (Modell geleitet). Für das Autorität geleitete Wissenschaftsverständnis ergaben sich Mittelwerte von t(242) = 3,24±0,53 (ontologisch-epistemisch) und t(242) = 3,20±0,56 (pädagogisch-didaktisch). Die Mittelwerte des Diskurs orientierten Wissenschaftsverständnisses errechneten sich zu t(242) = 3,16±0,55 (ontologisch-epistemisch) und t(204)= 3,60±0,55 (pädagogisch-didaktisch).

Im Bereich der Lehr- und Lernmethoden weisen die Mittelwerte der Skalen darauf hin, dass Lehrpersonen ihren Unterricht eher als schülerzentriert (t(200) = 3,46±0,60) und aktiv (t(201) = 3,73±0,57) und weniger als lehrerzentriert (t(200) = 2,90±0,59) und transmissiv (t(201) = 3,12±0,60) beschreiben. Die am häufigsten eingesetzte Sozialform allerdings ist der Klassenunterricht mit einem Mittelwert von t(195) = 3,77±0,67. Die Mittelwerte der anderen Sozialformen liegen bei t(195) = 3,51±0,86 (Partnerarbeit), t(195) = 3,44±0,88 (Kleingruppenarbeit) und t(195) = 3,04±0,94 (Einzelarbeit). Allerdings ist bei diesen Ergebnissen die Standardabweichung von bis zu fast einem Skalenpunkt zu berücksichtigen. Die drei am meisten eingesetzten Medien sind die Tafel (t(198) = 4,34±0,81), Vorführexperimente (t(201) = 3,93±0,88) und Bilder (t(201) = 3,90±0,77). Ein grafischer Überblick über die Mittelwerte ist den Abb. 5, 6 und 7 zu entnehmen.

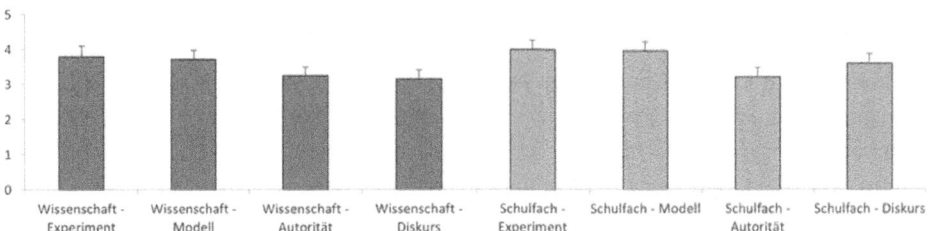

Abb. 5: Mittelwerte der Wissenschaftsverständnisse (Hauptstudie). Die Zustimmung zu den einzelnen Items der Skalen ist auf einer fünfstufigen Likertskala (1 = stimme nicht zu bis 5 = stimme voll zu) anzugeben.

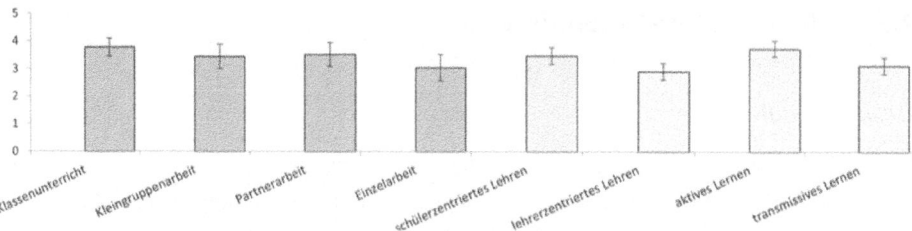

Abb. 6: Mittelwerte der Sozialformen und Lehr- sowie Lernmethoden (Hauptstudie). Der Einsatz von Sozialformen im eigenen Unterricht ist auf einer fünfstufigen Häufigkeitsskala (1 = nie, 5 = immer) einzuschätzen. Die Bewertung der Items der Lehr- und Lernmethoden ist auf der eigenen Einschätzung des Unterrichts vorzunehmen (auf einer fünfstufigen Likertskala von 1=stimme nicht zu bis 5 = stimme voll zu)

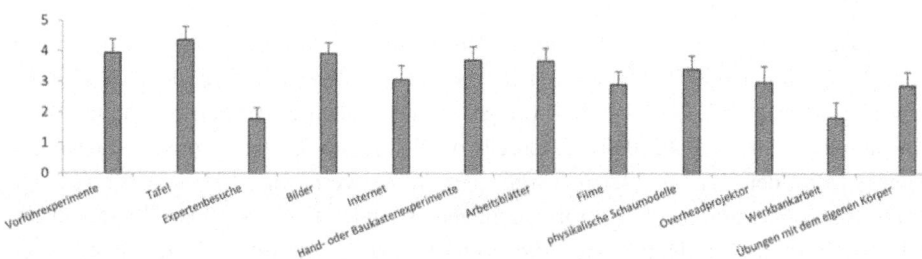

Abb. 7: Einsatz von Medien im Physikunterricht (Hauptstudie). Mittelwerte gemäß der Häufigkeitsangaben auf einer Skala von 1 = nie bis 5 = immer.

Hinweise auf übergeordnete, kausale Zusammenhangsstrukturen zwischen Wissenschaftsverständnissen und Unterrichtsmethoden

Mittels linearer Strukturgleichungen sollte dann analysiert werden, welche signifikanten differentiellen und kausalen Zusammenhänge zwischen einzelnen Wissenschaftsverständnissen und Unterrichtsmethoden bestehen. Dazu berechneten wir mit den einzelnen Skalen als latenten Variablen zahlreiche Modelle, deren Güte wir über fünf Gütekriterien überwachten. Die statistische Signifikanz wurde durch einen Likelyhood-ratio $\chi 2$-Test kontrolliert. Weiterhin wurden folgende Indikatoren überprüft: Root Mean Sqare Error of Approximation (RMSEA), Comparative Fit Index (CFI), Tucker-Lewis Indes (TLI) sowie Standardized Root Mean Square Residual (SRMR) (Hu & Bentler, 1999). RMSEA-Werte unter 0,05, CFI-Werte größer als 0,9, TLI-Werte über 0,95 und SRMR-Werte unter 0,08 sind die Kriterien, die für einen guten Modellfit erfüllt sein müssen (Hu & Bentler, 1999).

Das Modell mit den besten Fitwerten ist in Abb. 8 zu sehen. Deutlich zu erkennen ist, wie die ontologisch-epistemische Domäne eines Wissenschaftsverständnisses sich mit hoher Signifikanz auf das korrespondierende pädagogische Wissenschaftsverständnis auswirkt. Auf dieser Ebene zeigt sich bereits, dass die Hypothese 1 bestätigt wurde. Schaut man sich die Zusammenhänge genauer an, ist zu sehen, dass das Experiment geleitete ontologische Wissenschaftsverständnis mit sehr hoher Signifikanz (p < 0,001) das Experiment geleitete pädagogische Wissenschaftsverständnis beeinflusst (β = 0,642). Weiterhin haben ein häufiger Einsatz von Hand- und Schülerexperimenten (β = 0,146, 0.001≤ p < 0,01) und Lehrerfahrung (in Jahren; β = 0,124, 0,001≤ p < 0,01) signifikanten Einfluss auf die Ausprägung eines Experiment geleiteten pädagogischen Wissenschaftsverständnisses. Folgendermaßen wirkt sich ein Experiment geleitetes pädagogisches Wissenschaftsverständnis auf die methodische Gestaltung des Unterrichts aus: Als signifikant errechnete sich mit zunehmender Ausprägung des Experiment geleiteten Wissenschaftsverständnisses die Tendenz in Kleingruppen zu unterrichten (β = 0,141, 0.01≤ p <0,05), was dann auch den Einsatz zum aktiven Lernen anregender Methoden verstärkt (β = 0,459, 0.01, p < 0,001). Doch auch ohne das Format des Kleingruppenunterrichts tendieren diese Lehrpersonen zu aktiven Lernangeboten (β = 0,248, 0.01, p < 0,001).

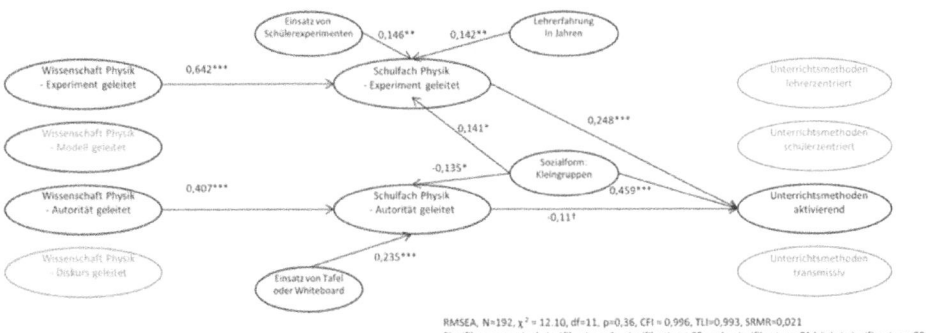

Abb. 8: Strukturgleichungsmodell zum Zusammenhang von Wissenschaftsverständnissen und Unterrichtsmethoden.

Lehrpersonen, die über ein Autorität geleitetes Wissenschaftsverständnis verfügen, haben auch ein solches pädagogisches Wissenschaftsverständnis (β = 0,407, p < 0,001), dass signifikant stärker ausgebildet ist, je dominanter die äquivalente ontologische Ansicht ist. Lehrpersonen, deren Wissenschaftsverständnis stark an Autoritäten orientiert ist, unterrichten eher im Klassenverband unter dem Einsatz der Tafel (β = 0.235, p < 0.001). Sie neigen weniger dazu, in Kleingruppen zu unterrichten (β = –0,135, 0.01≤ p < 0.05) und aktives, selbständiges Lernen anzubieten (β = –0.11, 0.05 ≤ p < 0.1).

Konkret zeigt das obige Strukturgleichungsmodell, dass Lehrpersonen mit einem ausgeprägten Experiment geleitete Wissenschaftsverständnis in der ontologischen Dimension, auch über ein ausgeprägtes pädagogisches Experiment geleitetes Wissenschaftsverständnis verfügen. Je ausgeprägter das Verständnis von Physik als experimen-

teller Wissenschaft ist, und je größer die Lehrerfahrung, desto manifester ist die Zentral-
stellung des Experiments im pädagogischen Kontext. Lehrpersonen mit einem solchen
Wissenschaftsverständnis bevorzugen schülerzentrierten Unterricht, arbeiten häufiger in
Kleingruppen und mit Schülerexperimenten. Der Einfluss des ontologischen Wissenschaftsverständnisses auf das äquivalente pädagogische Wissenschaftsverständnis konnte
ebenfalls für das Autorität geleitete Wissenschaftsverständnis gezeigt werden. Die zu-
nehmende Ausprägung dieses Wissenschaftsverständnisses in der ontologischen Dimension wirkt sich verstärkend auf das pädagogische Wissenschaftsverständnis aus. Lehrpersonen mit Autorität geleiteten Wissenschaftsverständnissen bevorzugen traditionelle
Unterrichtsmethoden. Das bedeutet, dass der Unterricht umso lehrerzentrierter ist, je
ausgeprägter das Autorität geleitete pädagogische Wissenschaftsverständnis ist. Konkret
werden in diesem Zusammenhang vor allem der Klassenverband und weniger Kleingruppen unterrichtet sowie die Tafel wird besonders häufig zu Vermittlungszwecken
eingesetzt. Eine ausführliche Beschreibung der Haupstudie ist in Schulze Heuling, Mikelskis-Seifert & Nückles (2015b) zu finden.

7.6   Zusammenfassung und Ausblick

Das Anliegen der hier vorgestellten Studie war es, Interdependenzen zwischen Wissenschaftsverständnissen und Unterrichtsmethoden bei Physiklehrkräften aufzuzeigen. Dafür wurden Physiklehrkräfte, die sich im aktiven Schuldienst befinden, in einer Online-
erhebung befragt.

Um komplexe Zusammenhangsstrukturen aufzudecken, ist es hilfreich, ein theoretisches Modell zu haben, anhand dessen theoriebasierte Forschungshypothesen zu entwickeln. Im konkreten Fall basierte unsere Modellannahme auf einer umfangreichen Literaturrecherche, die durch qualitative und quantitative Vorstudien mit dem Ziel der Hypothesenbildung präzisiert wurde.

Dazu wurden zum einen in einer explorativen Interviewstudie Kategoriensysteme
zum Wissenschaftsverständnis und zur Unterrichtsmethode entwickelt, welches dann in
der zweiten Studie in einen, diese Kategorien messenden, Fragebogen überführt wurde.
Zur Hypothesenbildung wurden multiple lineare Regressionen und t-Tests gerechnet.
Diese galt es in der hypothesengeleiteten Hauptstudie zu überprüfen. Die lineare Strukturgleichungsanalyse in der Hauptstudie lieferte ein Kausalmodell, das folgende forschungsleitenden Annahmen bestätigte: (1) Die ontologischen Wissenschaftsverständnisse bilden sich unmittelbar in den pädagogischen Wissenschaftsverständnissen ab und
es bestehen (2) kausale Zusammenhänge zwischen speziellen Wissenschaftsverständnissen und den Unterrichtsmethoden, die eine Lehrperson favorisiert.

In dem endgültigen Kausalmodell wurden die Wissenschaftsverständnisse, Unterrichtsmethoden, die Häufigkeiten des Einsatzes bestimmter Medien im Unterricht und
bestimmter Sozialformen als latente Variablen eingepflegt. Das oben vorgestellte Modell

zeigt zwar nicht für alle Variablen signifikante und kausale Beziehungen auf, es erfüllt allerdings am besten die notwendigen Validitätskriterien, die weiter oben ausgeführt wurden. Das Modell unterstützt die Befunde bisheriger Studien und verortet die Ergebnisse qualitativer Fallstudien in einen quantitativen Gesamtzusammenhang.

Die Studienergebnisse zeigen wichtige Zusammenhänge für die Aus- und Weiterbildung von Lehrkräften auf. So kann aus den Ergebnissen beispielsweise gefolgert werden, dass, wenn Selbstbewusstsein und reflektierendes Denken, als Qualitätsmerkmal einer Lehrperson, gefördert werden sollen, die universitäre Lehrerbildung didaktische Formate anbieten muss, die zu selbstreflektierenden Prozessen anregt und weniger das Auswendiglernen von Autoritäten vorgegebenen Wissens fordert. Eine derartige Lehrerbildung unterstützt die Ziele der sogenannten scientific literacy (Dillon, 2009; Zeidler, 2007) als auch ausgewählte Aspekte des Wissens über nature of science (AAAS, 1993; Lederman, 1992). Welche didaktischen Formate genau einen positiven Einfluss auf das Wissenschaftsverständnis haben, kann in zukünftigen Studien untersucht werden. Denkbar ist beispielsweise ein quasi-experimentelles Pre- Post- Studiendesign, in dem unterschiedliche Formate getestet und mit Kontrollgruppen verglichen werden. Die Veränderungen im Wissenschaftsverständnis werden dabei über den soeben vorgestellten Fragenbogen erfasst und ausgewertet. Darüber hinaus bietet eine solche Untersuchung wertvolle Einblicke in das Konzeptwechselverhalten angehender Physiklehrkräfte.

7.7   Literatur

Adams, W. K, Perkins, K.K., Podolefsky, N. S., Dubson, M. Finkelstein, N. D., Wieman, C.E. (2006). New instrument for measuring student beliefs about physics and learning physics: The Colorado Learning Attitudes about Science Survey, *Phys. Rev. Phys. Educ. Res. 2*.

Aguirre, J. M., Haggerty, S. M., Linder, C. J. (1990). Students-teachers' conceptions of science, teaching and learning: a case study in student teacher education. *International Journal of Science Education*. 12 (4), 381-390.

Alters, B. J. (1997). Whose nature of science? *Journal of Research in Science Teaching 34 (1)*, 39-55.

Baumert, J., Kunter, M. (2006). Stichwort: Professionelle Kompetenz von Lehrkräften. *Zeitschrift für Erziehungswissenschaft, 9 (4)*, 469–520.

Belenky, M.F., Clinchy, B.M., Goldberger, N.R., Tarule, J.M. (1986). *Women's Ways of Knowing*. Basic Books: NY.

Bell, T., Urhahne, D., Schanze, S., Ploetzner, R. (2010). Collaborative inquiry learning: Models, tools, and challenges. *International Journal of Science Education. 3 (1)*, 349-377.

Benson, D., G. (1989). Epistemology and science curriculum. *Journal of Curriculum Studies*, 21 (4).

Bleichroth, W., Dahnke, H., Jung, W. (1991). *Fachdidaktik Physik*. Köln: Aulis-Verlag Deubner.

BLK (Hrsg.) (1997). *Expertise „Steigerung der Effizient des mathematisch-naturwissenschaftlichen Unterrichts"*. Verfasst für die Bund-Länder-Kommission-Projektgruppe „Innovationen im Bildungswesen". Bonn: BLK.

Blömeke, S. (2003): *Lehrerausbildung – Lehrerhandeln – Schülerleistungen. Perspektiven nationaler und internationaler empirischer Bildungsforschung*. – Antrittsvorlesung, Humboldt-Universität zu Berlin.

Brickhouse, N. W. (1990): Teacher's beliefs about the nature of science and their relationship to classroom practice. *Journal of Teacher Education*, 41 (3), 53-62.

Brookhart, S., Freeman, D. (1992). Characteristics of entering teacher candidates. *Review of Educational Research*, 62, 37-60.

Bromme, R. (1997). Zur Psychologie des Fachwissens und Koennens von Lehrern: Eine Herausforderung fuer die Schulpsychologie? In L. Dunkel, Ch. Enders & Ch. Hankel (Hrsg.). *Schule – Entwicklung – Psychologie – Schulentwicklungspsychologie. Bericht ueber die 12. Bundeskonferenz Schulpsychologie.* Bonn: Deutscher Psychologen Verlag, 288-296.

Brunner, M., Kunter, M., Krauss, S., Klusmann, U., Baumert, J., Blum, W. et al. (2006). Die professionelle Kompetenz von Mathematiklehrkräften: Konzeptualisierung, Erfassung und Bedeutung für den Unterricht. Eine Zwischenbilanz des COACTIV-Projekts. In M. Prenzel & L. H. Allolio-Näcke (Hrsg.). *Untersuchungen zur Bildungsqualität von Schule. Abschlussbericht des DFG- Schwerpunktprogramms.* Münster: Waxmann, 54-82.

Calderhead, J., Robson, M. (1991). Images of teaching: Student teachers' early conceptions of classroom practice. *Teaching and Teacher Education*, 7, 1-8.

Clandinin, D. J., Connelly, F. M. (1995). *Teachers' professional knowledge landscapes.* New York: Teachers College Press.

Cochran-Smith, M., Lytle, S. L (1999). Relationships of Knowledge and Practice: Teacher Learning in Communities. *Review of Research in Education*, 24, 249-305.

Deutsches Pisakonsortium (2000). PISA Kurzframework.

Driver, R., Leach, J., Millar, R., Scott, P. (1996). *Young people's images of science.* Berkshire, UK: Open University Press.

Driver, R., Newton, P., Osborne, J. (2000). Establishing the norms of scientific argumentation in classrooms. *Science Education*, 84 (3), 287-312.

Dubberke, T., Kunter, M., McElvany, N., Brunner, M., Baumert, J. (2008). Lerntheoretische Überzeugungen von Mathematiklehrkräften: Einflüsse auf die Unterrichtsgestaltung und den Lernerfolg von Schülerinnen und Schülern. *Zeitschrift für Pädagogische Psychologie*, 22 (3-4), 193-206.

Duit, R., Mikelskis- Seifert, S. (2010). *Physik im Kontext. Konzepte, Ideen, Materialien für effizienten Physikunterricht Sonderband Unterricht Physik.* Seelze: Friedrich.

Duschl, R.A., Wright, E. (1989). A case study of high school teachers' decision making models for planning and teaching science. *Journal of Research in Science Teaching*, 26 (6), 467-501.

Fennema, E., Carpenter, T. P., Loef, M. (1990, March). *Teacher belief scale: Cognitively guided instruction project.* Madison: University of Wisconsin.

Fennema, E., Loef, Franke, M. (1992). *Teachers' knowledge and ist imjpact. In Grows, D.A. (Hrsg.): Handbook of Research on Mathematics Teaching and Learning.* New York: Macmillan, 147-164.

Fischer, T. (2008). *Handlungsmuster von Physiklehrkräften beim Einsatz neuer Medien. Fallstudien zur Unterrichtspraxis.* Berlin: Logos.

Giere, R. N. (1979). *Understanding scientific reasoning.* New York: Holt, Rinehart and Winston.

Giere, R. N., Bickle, J., Mauldin, R. F. (2006). *Understanding scientific reasoning.* Belmont, CA: Thomson Wadsworth.

Gudjons, H. (2003). *Frontalunterricht – neu entdeckt. Integration in offene Unterrichtsformen.* Bad Heilbrunn.

Gray, K., Adams, W., Wieman, C., Perkins, K. (2008). Students know what physicists believe, but they don't agree: A study using the CLASS survey. *Physical Review in Special Topics – Physics Education Research* 4 (2), 1554-9178.

Gunstone, R. (1995). Constructivist learning and the teaching of science. In B. Hand & V. Prain (Hrsg.). *Teaching and learning in science: The constructivist classroom.* Sydney: Harcourt Brace.

Hofer, B. K. (2000). Dimensionality and Disciplinary Differences in Personal Epistemology. *Contemporary Educational Psychology* 25 (4), 378-405.

Hofstein, A., Lunetta, V, N. (2004). The laboratory in science education: Foundation for the 21st century. *Science Education*, 88, 28–54.

Jones, M.G., Carter, G. (1998). Small groups and shared constructions. In: Mintzes, J.J., J.H. Wandersee and J.D. Novak (Hrsg.) *Teaching science for understanding: A human constructivist view*. San Diego, Academic Press, 261–279.

Kircher, E. (2010). Über die Natur der Naturwissenschaften lernen. In E. Kircher, R. Girwidz, P. Häußler (Hrsg.). *Physikdidaktik. Theorie und Praxis*. Heidelberg: Springer, 763–798.

Kircher, E., Girwidz, R., Häußler, P. (2010). *Physikdidaktik. Theorie und Praxis*. Heidelberg: Springer.

Kircher E., Dittmer, A. (2004). Lehren und lernen über die Natur der Naturwissenschaften – ein Überblick. In Hössle, C., Höttecke, D., Kircher, E. (Hrsg.). *Lehren und Lernen über die Natur der Naturwissenschaften*. Schneider Verlag Hohengehren, Baltmannsweiler, 2004, 2–22.

Klieme, E., Funke, J., Leutner, D., Reimann, P., Wirth, J. (2001). Problemlösen als fächerübergreifende Kompetenz? Konzeption und erste Resultate aus einer Schulleistungsstudie. *Zeitschrift für Pädagogik*, 47, 179–200.

Krey, O. (2012). *Zur Rolle der Mathematik in der Physik. Wissenschaftstheoretische Aspekte und Vorstellungen Physiklernender*. Berlin: Logos.

(KMK) Kultusministerkonferenz (2005). *Bildungsstandards im Fach Biologie für den Mittleren Schulabschluss*. Berlin: Luchterhand.

Koponen I. T., Mäntylä, T. (2006) Generative Role of Experiments in Physics and in Teaching Physics: A Suggestion for Epistemological Reconstruction. *Science & Education*, 15, 31–54.

Korneck F., Kohlenberger M., Oettinghaus L., Kunter M., Lamprecht J (2013). Lehrerüberzeugungen und Unterrichtshandeln im Fach Physik. *PhyDid B*.

Kröger, J.; Euler, M.; Neumann, K.; Härtig, H., Petersen, S. (2012). Messung Professioneller Kompetenz im Fach Physik. In Bernholt, S. (Hg.), *Konzepte fachdidaktischer Strukturierung für den Unterricht. Gesellschaft für Didaktik der Chemie und Physik. Jahrestagung in Oldenburg 2011*. Berlin: LIT Verlag, 616–618.

Kunter, M., Baumert, J., Blum, W., Klusmann, U., Krauss, S., Neubrand, M. (2011). *Professionelle Kompetenz von Lehrkräften – Ergebnisse des Forschungsprogramms COACTIV*. Münster: Waxmann.

Lederman, N. G. (2007). Nature of science: Past, present, and future. In S. K. Abell & N. G. Lederman (Hrsg.), *Handbook of research on science education*. Mahwah, NJ: Erlbaum, 831–879.

Lederman, N. G. (1992). Students' and teachers' conceptions of the nature of science: A review of the research. *Journal of Research in Science Teaching*, 29 (4), 331–359.

Lemberger, J., Hewson, P. W., Park, H. J. (1999). Relationships between prospective secondary teachers' classroom practice and their conceptions of biology and of teaching science. *Science Education* 83 (3), 347–371.

Linder, C. J. (1992). Is teacher-reflected epistemology a source of conceptual difficulty in physics? *International Journal of Science Education* 14 (1), 111–121.

Litt, T. (1959). *Naturwissenschaft und Menschenbildung*. Heidelberg: Quelle & Meyer.

Luhmann, N. (1971): Sinn als Grundbegriff der Soziologie. In: N. Luhmann & J. Habermas (Hrsg.). *Theorie der Gesellschaft oder Sozialtechnologie – Was leistet die Systemforschung?* Frankfurt/M.: Suhrkamp.

Luhmann, N. (1982). Sinn als Grundbegriff der Soziologie. In J. Habermas & N. Luhmann (Hrsg.). *Theorie der Gesellschaft oder Sozialtechnologie*. Frankfurt/M.: Suhrkamp.

Mayer, R. E. (2004). Should There Be a Three-Strikes Rule Against Pure Discovery Learning? The Case for Guided Methods of Instruction. *MayerAmerican Psychologist*, 59 (1), 14 –19.

McComas, W. F., Olson, J. K (1998). The Nature of Science in International Science Education Standard Documents. In W. F. McComas (Hrsg.). *The Nature of Science in Science Education. Rationales and Strategies*. Kluwer Academic Publishers, 41–52.

Mikelskis, H. F. (2006). *Physik-Didaktik. Praxishandbuch für die Sekundarstufe I und II*. Berlin: Cornelsen-Scriptor.

Mikelskis-Seifert, S., Ringelband, U., Brückmann, M. (Hrsg.) (2008). *Four decades of research in science education – from curriculum development to quality improvement*. Münster: Waxmann.

Mikelskis-Seifert, S., Rabe, T. (Hrsg.) (2007). *Physik-Methodik. Handbuch für die Sekundarstufe I und II*. Berlin: Cornelsen-Scriptor.

Mikelskis-Seifert, S., Kasper, L. (2011). Modellieren in der Physik, im Alltag und im Unterricht. Hintergründe und unterrichtliche Orientierung zum Thema Modelle. *Naturwissenschaften im Unterricht. Physik*, 22 (2011) 122, 4-12.

Mintzes, J.J., Wandersee, H. J. (1998). Reform and innovation in science teaching: A human constructivist view. In Mintzes, J. J., Wandersee, H. J. & Novak, J. D. (Hrsg.). *Teaching science for understanding: A human constructivist view*. San Diego, Academic Press, 29–58.

Mistades, V. (2007). Physics Teachers' Beliefes and Their Performance in an In-service Training Program. *Science Education International*, 3 (18), 173–187.

Mulhall, P., Gunstone, E. (2008). Views about Physics Held by Physics Teachers with Differing Approaches to Teaching Physics. *Research in Science Education*; 38 (4), 435-462.

Mulhall, P., Gunstone, E. (2012). Views about Learning Physics Held by Physics Teachers with Differing Approaches to Teaching Physics. *Journal of Science Teacher Education,* 23 (5), 429–449.

Nespor, J. (1987). The role of beliefs in the practice of teaching. *Journal of Curriculum Studies*, 19 (4), 317–328.

Neumann, I., Kremer, K. (2013). Nature of Science und epistemologische Überzeugungen – Ähnlichkeiten und Unterschiede. *Zeitschrift für die Didaktik der Naturwissenschaften*, 19, 209–232.

Nückles, M., Hübner, S., Dümer, S., Renkl, A. (2010). Expertise-reversal effects in writing-to-learn. *Instr Sci*, 38, 237–258.

OECD (2005). *Teachers Matter. Attracting, Developing and Retaining effective teachers*. OECD Publishing: Paris.

Osborne, J., Collins, S., Ratcliffe, M., Millar, R., Duschl, R. (2003). What „ideas about science" should be taught in school science? A Delphi study of the expert community. *Journal of Research in Science Teaching*, 40 (7), 692–720.

Oser, F. (2001). Modelle der Wirksamkeit in der Lehrer- und Lehrerinnenausbildung. In F. Oser & J. Oelkers (Hrsg.). *Die Wirksamkeit der Lehrerbildungssysteme. Von der Allrounderbildung zur Ausbildung professioneller Standards*. Zürich: Rüegger Verlag, 67–96.

Pajares, M. (1992). Teachers' beliefs and educational research: Cleaning up a messy construct. *Review of Educational Research*, 62 (3), 307–332.

Pomeroy, D. (1993). Implications of teachers' beliefs about the nature of science: Comparison of the beliefs of scientists, secondary science teachers and elementary teachers. *Science & Education*, 77 (3), 261–278.

Prenzel, M. (2000). Steigerung der Effizienz des mathematisch-naturwissenschaftlichen Unterrichts: Ein Modellversuchsprogramm von Bund und Ländern. *Unterrichtswissenschaft* 28 (2), 103–126.

Prenzel, M., Merkens, H., Noack, P, Duit, R., Hofer, M., Kliemer, E. Krapp, A., Pekrun, R. (1999). *Antrag an den Senat der DFG auf Einrichtung des Schwerpunktprogramms zum Thema „Die Bildungsqualität von Schule: Fachliches und fächerübergreifendes Lernen im mathematisch-naturwissenschaftlichen Unterricht in Abhängigkeit von schulischen und auerschulischen Kontexten".*

Priemer, B. (2006). Deutschsprachige Verfahren der Erfassung von epistemologischen Überzeugungen. *Zeitschrift für Didaktik der Naturwissenschaften*, 12, 159–175.

Ratcliffe, M. (2008). Pedagogical content knowledge for teaching concepts of the nature of science. *9th Nordic Research Symposium on Science Education*, Reykjavik, Iceland, 11– 15 Jun 2008.

Roberts, D.A. (2007). Scientific Literacy/Science Literacy. In S. K. Abell & N. G. Lederman (Hrsg.). *Handbook of Research in Science Education*. New York: Routlege.

Schommer, M. (1990). The effects of beliefs about the nature of knowledge on comprehension. *Journal of Educational Psychology*, 82, 498–504.

Seidel, T., Prenzel, M. Duit, R. Euler, M. Geiser, H., Hoffmann, L., Lehrke, M., Müller, C., Rimmele, R. (2002). „Jetzt bitte alle nach vorne schauen!" – Lehr-Lernskripts im Physikunterricht und damit verbundene Bedingungen für individuelle Lernprozesse. *Unterrichtswissenschaft* 30 (1), 52–77.

Seidel, T., Schwindt, K., Rimmele, R., Prenzel, M. (2008). Konstruktivistische Über-zeugungen von Lehrpersonen: Was bedeuten sie für den Unterricht? In M. A. Mayer, M. Prenzel, & S. Hellekamps (Hrsg.). *Zeitschrift für Erziehungswissenschaft* (Sonderheft 9/2008), 259–276.

Shulman, L. (1986). Those who understand. Knowledge growth in teaching. *Educational Researcher*, 15, 4–14.

Shulman, L. (1987). *Knowledge and teaching: foundations of the new reform.* Harvard Educational Review, 57, 1–22.

Staub, F. C., Stern, E. (2002). The nature of teachers' pedagogical content beliefs matters for students' achievement gains: quasi-experimental evidence from elementary mathematics. *Journal of Educational Psychology*, 94, 344–355.

Staver, J.R. (1998). Constructivism: Sound theory for explicating the practice of science and science teaching. *Journal of Research in Science Teaching* 35 (5).

Suzuri-Hernandez, Luis Jiro (2010). *Exploring school students' views of the nature of science.* PhD thesis. York: University of York.

Tepner, O., Borowski, A., Dollny, S., Fischer, H.E., Jüttner, M., Kirschner, S., Leutner, D., Neuhaus, B.J., Sandmann, A., Sumfleth, E., Thillmann, H., Wirth, J. (2012). Modell zur Entwicklung von Testitems zur Erfassung des Professionswissens von Lehrkräften in den Naturwissenschaften. *Zeitschrift für die Didaktik der Naturwissenschaften*, 18, 7–28.

Terhart, E. (2000). *Perspektiven der Lehrerbildung in Deutschland. Abschlussbericht der von der Kultusministerkonferenz eingesetzten Kommission.* Weinheim: Beltz.

Tesch, M., Duit, R. (2004) Experimentieren im Physikunterricht. Ergebnisse einer Videostudie. *Zeitschrift für die Didaktik der Naturwissenschaften*, 10, 51–69.

Thissen, F. (1997): Das Lernen neu erfinden: Konstruktivistische Grundlagen einer Multimedia-Didaktik. In Beck, U., Sommer, W. (Hrsg.). *Learntec 97: Europäischer Kongress für Bildungstechnologie und betriebliche Bildung*, Tagungsband. Schriftenreihe der KKA, Karlsruhe, 69-80.

Tsai, C.-C. (2000). Relationships between student scientific epistemological beliefs and perceptions of constructivist learning environments. *Educational Research* 42 (2), 193–205.

Vogt, P. (2010). *Werbeaufgaben im Physikunterricht. Motivations- und Lernwirksamkeit authentischer Texte.* Wiesbaden: Vieweg & Teubner.

Voss, T., Kunter, M., Baumert, J. (2011). Assessing Teacher Candidates' General Pedagogical and Psychological Knowledge: Test Construction and Validation. *Journal of Educational Psychology*, 103 (4), 952–969.

Waters-Adams, S. (2006). The Relationship Between Understanding of the Nature of Science and Practice: The Influence of Teachers' Beliefs About Education, Teaching and Learning, *International Journal of Science Education*, 28 (8), 919–944.

White, R., Gunstone, R. (1992). *Probing understanding.* London: The Falmer Press.

Wise. K. C, Okey, J. R. (2006). A Meta-Analysis of the Effects of Various Science Teaching Strategies on Achievement. *Journal of Research in Science Teaching* 20 (5).

Zeidler, D.L., Nichols, B.H. (2009). Socioscientific Issues: Theory and Practice. *Journal of Elementary Science Education*, 21 (2), 49–58.

Zoller, U. (2000). Teaching Tomorrow's College Science Courses--Are We Getting It Right? *Journal of College Science Teaching*, 29 (6), 409–14.

Entwicklung und Evaluation eines Instruments zur Erhebung des Wissenschaftsverständnisses in Physik

Bernd Schüssele, Pädagogische Hochschule Freiburg
Elmar Stahl, Pädagogische Hochschule Freiburg
Silke Mikelskis-Seifert, Pädagogische Hochschule Freiburg

Zusammenfassung

Unbestritten gilt ein angemessenes Wissenschaftsverständnis als wesentlicher Bestandteil einer naturwissenschaftlichen Grundbildung (vgl. Duit, Häussler & Prenzel, 2002). Ferner zeigen verschiedene Studien auf, dass bei der Vermittlung eines Wissenschaftsverständnisses den Lehrkräften eine besondere Rolle zukommt. Denn es sind Zusammenhänge zwischen dem Wissenschaftsverständnis von Lehrerinnen und Lehrern und deren Lehrmethoden, dem Unterrichtsklima und den Lernerfolgen ihrer Schülerinnen und Schüler nachzuweisen (z. B. Stahl, 2011). Aufgrund dieser Ausgangslage rückte in den letzten Jahren das Wissenschaftsverständnis von werdenden und praktizierenden Lehrkräften in den Fokus fachdidaktischer und bildungswissenschaftlicher Forschung.

Für die Professionalisierung zukünftiger Lehrkräfte ergibt sich die Notwendigkeit, dass sie sich im Laufe ihrer Ausbildung mit ihrem eigenen Wissenschaftsverständnis auseinandersetzen. Auch sollten sie es ggf. verändern, da zum einen Lehrkräfte mehr oder weniger unbewusst ihr eigenes Verständnis von Wissenschaft den Lernenden im Unterricht vermitteln. Zum anderen zeigen verschiedene Studien, dass Lehrkräfte häufig selbst über unangemessene Vorstellungen und Ansichten von Wissenschaft verfügen (vgl. Lederman, 2007, S. 838–842). Im Rahmen des in Rede stehenden Projektes wurde ein Instrument zur Erhebung des Wissenschaftsverständnisses in Physik entwickelt, um damit die Auswirkungen einer Intervention auf das Wissenschaftsverständnis von Lehramtsstudierenden zu untersuchen. Dabei wurden Ansätze aus den Forschungsfeldern der persönlichen Epistemologie (Psychologie) und Nature of Science (Naturwissenschaftsdidaktik) in einer Heuristik aufeinander bezogen, um verschiedene Aspekte von Wissenschaftsverständnis erheben und analysieren zu können.

© Springer Fachmedien Wiesbaden GmbH, ein Teil von Springer Nature 2019
T. Leuders et al. (Hrsg.), *Pädagogische Professionalität in Mathematik und Naturwissenschaften*, https://doi.org/10.1007/978-3-658-08644-2_8

In diesem Kapitel wird, ausgehend von den theoretischen Grundlagen, die Konzeptualisierung und Operationalisierung des Erhebungsinstruments vorgestellt. Anschließend wird die Pilotierung des Fragebogens im Rahmen einer Studie mit 211 zukünftigen und ausgebildeten Lehrkräften berichtet. Im Sinne einer Bestandsaufnahme werden hier Ergebnisse diskutiert.

8.1   Wissenschaftsverständnis in der Physik

In der deutschsprachigen, bildungswissenschaftlichen und fachdidaktischen Forschung findet sich der Begriff Wissenschaftsverständnis vor allem im Zusammenhang mit der Untersuchung persönlicher Epistemologie und den Ansichten zur Natur der Naturwissenschaften (Nature of Science). In beiden Feldern wird das Wissenschaftsverständnis von Individuen empirisch erhoben und die Auswirkungen des Wissenschaftsverständnisses beispielsweise auf Informationsverarbeitung, Unterricht und Lernprozesse untersucht. Aufgrund verschiedener Forschungstraditionen haben sich in der Psychologie und der Naturwissenschaftsdidaktik verschiedene Forschungsschwerpunkte bei der Untersuchung von Wissenschaftsverständnis herausgebildet (vgl. Neumann & Kremer, 2013).

In der Psychologie ist es das Forschungsfeld der persönlichen Epistemologie, das untersucht, welche Überzeugungen und Ansichten Individuen zur Natur des Wissens (nature of knowledge) und zur Natur des Wissenserwerbs (nature of knowing) haben. Bei der Konzeptualisierung persönlicher Epistemologie existieren verschiedene Ansätze. Je nach Ansatz werden persönliche Epistemologie als Entwicklungsmodelle, als Überzeugungssysteme, als individuelle Theorien, als epistemische Ressourcen oder als Teil der Metakognition verstanden (vgl. Hofer, 2004). Unabhängig vom Ansatz geht es in der Forschung zur persönlichen Epistemologie im Kern immer um die Frage, wie Individuen Wissen in Hinblick auf Sicherheit, Gültigkeit und „Wahrhaftigkeit" einschätzen und beurteilen (vgl. Bromme, Kienhues & Stahl, 2008).

Bromme et al. (2008) weisen darauf hin, dass der Vielzahl an Ergebnissen zum positiven Zusammenhang zwischen „eher sophistizierten" epistemischen Überzeugungen und verschiedenen Aspekten des Lernens auch gegenläufige Ergebnisse gegenüberstehen. Beispielsweise zeigt sich in einigen Studien, dass bei Lernenden, die über mehr disziplinspezifisches Faktenwissen verfügen, ebenso unangemessene epistemische Überzeugungen beobachtbar sind (z. B. Trautwein & Lüdtke, 2007). Im Ansatz der Generativen Natur epistemischer Urteile (vgl. Bromme et al., 2008; Stahl, 2011), der die theoretische Grundlage dieser Studie darstellt, werden die divergierenden Forschungsergebnisse u. a. damit erklärt, dass bei der Beurteilung der Sicherheit und Gültigkeit von Wissen nicht die Menge des Wissens, sondern die Art des Wissens ausschlaggebend ist. Demnach helfen bei der Beurteilung von Wissen bezüglich seiner Sicherheit, Objektivität, Veränderlichkeit oder Exaktheit Kenntnisse darüber, wie Wissen in einer Disziplin generiert und transportiert wird. Neben dem Inhaltswissen zur Wissensgenese in einer Disziplin sehen Bromme et al. (2008) und Stahl (2011) Annahmen zur Ontologie einer Disziplin und/oder eines Themas als weitere kognitive Elemente, die bei der Beurteilung von Wissen aktiviert werden können. Stabilere, disziplin- und kontextunabhängige epistemische Überzeugungen werden im Ansatz der Generativen Natur epistemischer Urteile ebenso als kognitive Elemente gesehen, die mit dem disziplin- und kontextabhängigen Inhaltswissen und den Annahmen zur Ontologie interagieren können, wenn Urteile über die Sicherheit und Gültigkeit von Wissen einer Disziplin oder eines Kontexts gebildet werden. Entsprechend wird in diesem Ansatz zwischen epistemischen Überzeugungen und epistemischen Urteilen unterschieden. Stahl (2011) stellt in seiner Methodenkritik bezüglich der Erhebung persönlicher Epistemologie fest, dass in den meisten Studien anhand von Ratingskalen nicht epistemische Überzeugungen, sondern epistemische Urteile erhoben werden, die durch die Aktivierung und Interaktion der genannten Elemente zustande kommen.

Welche kognitiven Elemente bei der Bildung epistemischer Urteile aktiviert werden, hängt zum einen von der Disziplin bzw. vom Kontext und zum anderen von den kognitiven Elementen ab, die dem beurteilenden Individuum zur Verfügung stehen. Die Bildung epistemischer Urteile wird deshalb im Ansatz der Generativen Natur epistemischer Urteile als flexibler und disziplin- bzw. kontextabhängiger Prozess verstanden. Dabei lehnen Bromme et al. (2008) und Stahl (2011) genauso wie Elby und Hammer (2001) die im Forschungsfeld häufig gebräuchliche übergeneralisierende Etikettierung bestimmter epistemischer Überzeugungen bzw. Urteile als „naiv" oder „sophistiziert" ab, wenn dabei der Kontext, in dem das Urteil gebildet wird, nicht ausreichend berücksichtigt wird. Vielmehr verstehen sie unter Sophistiziertheit, wenn Individuen ihre epistemischen Urteile flexibel an den Kontext anpassen können.

Ausgangspunkt für die Konzeptualisierung von Wissenschaftsverständnis im Rahmen des hier in Rede stehenden Projektes ist eine Heuristik, in der davon ausgegangen wird, dass es sich bei physikalischem Inhaltswissen und den dazugehörigen Ansichten zu, die auch Annahmen zur Ontologie beinhalten, um diejenigen disziplin- und kontextspezifischen kognitiven Elemente handelt, die wesentlich zur Bildung epistemischer Urteile beitragen.

Die „Nature of Science" (NOS) und die dazugehörigen Ansichten sind Forschungsgegenstände der Naturwissenschaftsdidaktik. Ansichten zu Nature of Science beziehen sich in gängigen Konzepten (z. B. Lederman, 2007) auf Aspekte wie z. B. dem Verhältnis zwischen Beobachten und Schlussfolgern, der Rolle des Experiments für den Erkenntnisprozess, der Vorläufigkeit von Theorien, der Rolle von Vorstellungskraft und Kreativität oder der Rolle von soziokulturellen Einflüssen auf naturwissenschaftliches Wissen. Diese NOS-Aspekte in Verbindung mit kontextspezifischem Inhaltswissen stellen in dem integrativen Modell von Wissenschaftsverständnis diejenigen kognitiven Elemente dar, die im Ansatz der Generativen Natur epistemischer Urteile bei der Beurteilung der Gültigkeit und „Wahrhaftigkeit" naturwissenschaftlichen Wissens bedeutsam sind.

Die nachfolgende Abb. 1 zeigt eine schematische Darstellung der Heuristik, bei der unterschiedliche kognitive Elemente für die Bildung epistemischer Urteile flexibel sowie disziplin- und kontextspezifisch aktiviert werden und miteinander interagieren.

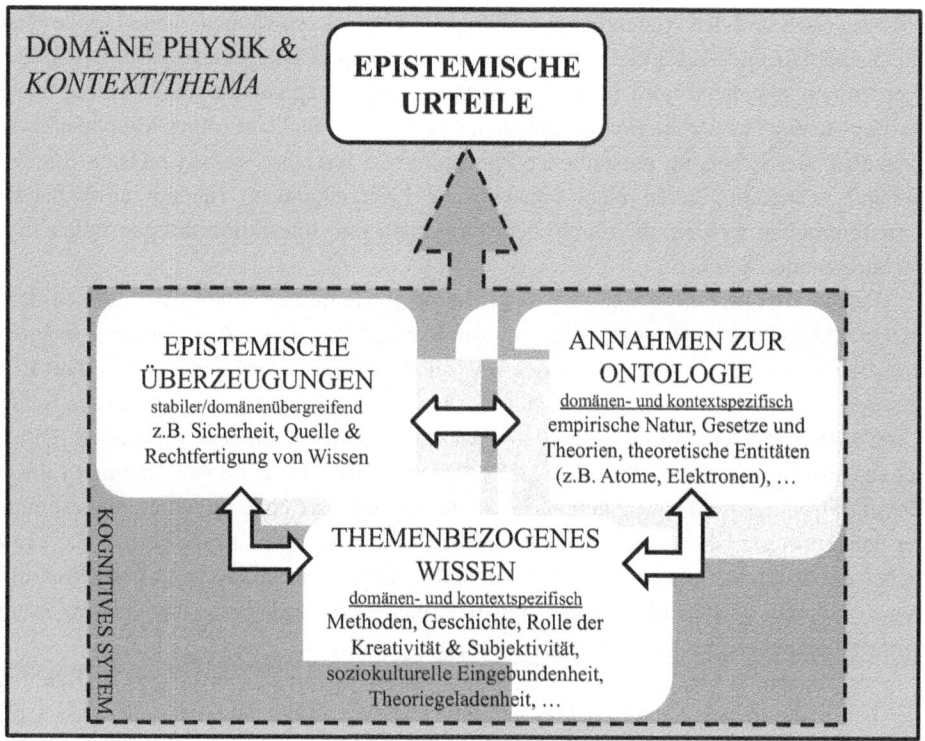

Abb. 1: Heuristik: Wissenschaftsverständnis in Physik – ein integratives Modell

Es wird im Rahmen dieser Heuristik davon ausgegangen, dass spezifische Aspekte der Disziplin Physik und ihrer Teildisziplinen die disziplin- und kontextspezifische Beurteilung physikalischen Wissens beeinflussen. Bezüglich der Ontologie physikalischer Gesetze können Individuen beispielsweise unterschiedliche Annahmen vertreten, die für die Bildung epistemischer Urteile in Hinblick auf die Objektivität physikalischen Wissens relevant sind. So können Individuen Naturgesetze in extremen Positionen entweder als real vorhandene Entitäten verstehen, die dem Menschen bis zu ihrer Entdeckung verborgen bleiben. Andere Individuen sehen Naturgesetze als kreative Konstruktionen, die durch den menschlichen Wunsch nach Ordnung der Natur aufgeprägt werden und so als etwas vom Menschen „Gesetztes" existieren (vgl. Römer, 1999, S. 222). Ebenso können sich im Kontext der modernen Physik die Annahmen zu theoretischen Entitäten, wie z. B. Quantenobjekten, bei Laien und Experten unterscheiden. Ein Laie mit geringem

Inhaltswissen zur modernen Physik und deren Methoden der Erkenntnisgewinnung und Modell- und Theoriebildung wird beim Gedanken an Photonen oder Elektronen eher die Vorstellung von extrem kleinen, stofflichen Objekten haben. Ein Experte mit profundem Inhaltswissen über die Wissensgenese in der modernen Physik weiß dagegen eher, dass Begriffe wie Identität, Existenz, Substanz, Materie und Teilchen nicht ohne weiteres auf Quantenobjekte, wie z. B. Photonen oder Elektronen, anwendbar sind.

Insgesamt wird im Zusammenhang mit den Paradigmen klassischer und moderner Physik davon ausgegangen, dass es bei der Beurteilung der Sicherheit und Gültigkeit von physikalischem Wissen einen Unterschied machen kann, ob Wissen im Kontext der klassischen Physik (z. B. Newtonsche Mechanik) oder im Kontext der modernen Physik (z. B. Quantenmechanik) beurteilt wird. Diesbezüglich zeigt eine englischsprachige Studie, dass Studierende Probleme bei der Differenzierung der Bedeutung von Unsicherheit (uncertainty) in Hinblick auf die Epistemologie und Ontologie klassischer und moderner Physik haben (vgl. Baily & Finkelstein, 2009).

Zusammenfassend lässt sich die Bildung epistemischer Urteile in der Disziplin Physik im Ansatz der Generativen Natur epistemischer Urteile als Ergebnis der Aktivierung und Interaktion von Inhaltswissen und den dazugehörigen Ansichten zu Nature of Science beschreiben, die durch physikspezifische Themen und Kontexte gerahmt und beeinflusst werden. Ausgehend von zuvor beschriebenen Heuristik wurde ein Erhebungsinstrument entwickelt, dass den Ansatz der Generativen Natur epistemischer Urteile auf Aspekte der Nature of Science bezieht und dabei disziplin- und themenspezifische physikalische Gesichtspunkte berücksichtigt

8.2   Die Konzipierung eines Fragebogens auf der Basis der Adaption und Integration bestehender Instrumente

Bei der Entwicklung des Fragebogens wurden die Kritikpunkte am bisherigen Vorgehen im Forschungsfeld persönlicher Epistemologie berücksichtigt. So hält es Stahl (2011) für angebracht, beim Untersuchungsdesign in diesem Forschungsfeld einerseits verstärkt kontextuelle Aspekte bei der Erhebung und der Analyse epistemischer Urteile zu berücksichtigen. Andererseits sollten neben der Erhebung weitere Gesichtspunkte, wie z. B. kontextspezifisches Inhaltswissen, erhoben werden, um die kognitiven Elemente untersuchen zu können, die bei der Bildung epistemischer Urteile beteiligt sind. Dafür sollen quantitative und qualitative Methoden methodenintegrativ eingesetzt werden, um beispielsweise qualitative Daten in Form von ausführlichen Begründungen in Bezug zu den quantitativ erhobenen epistemischen Urteilen setzen zu können. Des Weiteren schlägt Stahl (2011) vor, verschiedene Gruppen an Individuen zu untersuchen, die sich bezüglich ihres Inhaltswissens unterscheiden (z. B. Laien und Experten). Ausgehend von diesen Forderungen an das Design von Studien zur Erhebung und Analyse epistemischer Urteile wurden bei der Konstruktion des Fragebogens folgende Ziele verfolgt:

- Das Instrument soll sowohl epistemische Urteile, als auch darauf basierende kognitive Elemente in Form von kontextspezifischem Inhaltswissen und den dazugehörigen Ansichten zu Nature of Science erheben.
- Die Aufgaben des Instruments sollen kontextualisiert sein. Das heißt, exemplarische Themen aus der Physik stellen die Grundlage für die Beurteilung von Wissen dar.
- In den themenspezifischen Aufgabenstellungen sollen sich offene und geschlossene Items so ergänzen, dass von den Antworten der offenen Items auf die im Kontext aktivierten kognitiven Elemente geschlossen werden kann.

Da mit dem Instrument das Wissenschaftsverständnis von Experten (werdende und ausgebildete Lehrkräfte mit Physik als Studienfach) und Laien (ohne Physik als Studienfach) erhoben werden sollte, wurde bei der Kontextualisierung darauf geachtet, dass die Themen auch für Laien bedeutungsvoll sind.

Bei der Konstruktion des Instruments wurde ferner die Strategie der rationalen bzw. deduktiven Testkonstruktion verfolgt (vgl. Bühner, 2011, S. 92–93), welche sich dann anbietet, wenn ausgearbeitete Theorien der zu untersuchenden Konstrukte vorliegen, was im Rahmen unseres Projektes der Fall ist. Zugleich wurde durch Top-Down-Technik auf Basis der Heuristik und bestehender Instrumente aus dem Forschungsfeld zu persönlicher Epistemologie und Nature of Science das Erhebungsinstrument entwickelt. Dabei bildeten folgende Instrumente die Grundlage für die Testkonstruktion:

Connotative Aspects of Epistemological Beliefs (CAEB)

Beim Instrument CAEB (Stahl & Bromme, 2007) handelt es sich um ein semantisches Differential. Es besteht aus 24 Adjektivpaaren, mit denen konnotative Aspekte im Sinne von assoziativen und bewertenden Urteilen bezüglich des Wissens zu einer Disziplin oder zu einem Kontext erhoben werden. Bei der Bearbeitung des semantischen Differentials beurteilen Probanden Wissen in einer bestimmten Disziplin bzw. in einem bestimmten Kontext, indem sie auf einer siebenstufigen Skala zwischen zwei antonymen Adjektiven eine Bewertung vornehmen (z. B. „Wissen in Physik ist" genau – ungenau; fertig – unvollständig, subjektiv – objektiv). In diesem Sinne ist CAEB ein Instrument zur Messung epistemischer Urteile. Der Fragebogen CAEB ist nicht dafür konzipiert, über die den epistemischen Urteilen zugrunde liegenden kognitiven Elemente (dem explizit-denotativen Wissen) Aussagen zu treffen. Insofern halten Stahl und Bromme die Kombination des CAEBs mit anderen Erhebungsverfahren, welche die zugrundeliegenden kognitiven Elemente erheben, für sinnvoll.

Topic-Specific Epistemic Beliefs Questionnaire (TSEBQ)

Häufig wird in jüngeren Studien eine Kontextualisierung bei der Erhebung epistemischer Überzeugungen dadurch erreicht, dass Probanden aufgefordert werden, Aussagen eines kontrovers diskutierten Themas in Hinblick auf deren Natur des Wissens zu beurteilen.

Eine solche Kontextualisierung wurde auch bei der Fragebogenkonstruktion im Rahmen unserer Studie in einer Teilaufgabe zu einem Thema aus der Physik verwirklicht. Als Basis für die Erhebung epistemischer Urteile im Kontext einer Kontroverse diente das Instrument TSEBQ von Bråten, Gil, Strømsø und Vidal-Abarca (2009). Bråten et al. orientierten sich bei der Konstruktion des TSEBQ an den vier Dimensionen Sicherheit, Einfachheit, Quelle und Rechtfertigung von Wissen nach Hofer und Pintrich (1997). Um die Aktivierung unterschiedlichen Inhaltswissens seitens der Teilnehmer/innen bei der Befragung zu vermeiden, wurde im Original die Erhebung epistemischer Urteile in den Kontext Klimawandel eingebettet. Jedoch weisen Bråten et al. ausdrücklich darauf hin, dass das Thema austauschbar und somit das Instrument für andere Kontexte adaptierbar sei. In der ursprünglichen Fassung geben die Probanden auf einer 10-stufigen Likert-Skala den Grad ihrer Zustimmung bzw. Ablehnung zu Aussagen wie der folgenden an: „What is considered to be certain knowledge about climate today, may be considered to be false tomorrow." (Dimension Sicherheit).

Durch die Adaption der Items auf den Kontext „Entstehung des Universums" werden im Rahmen unserer Studie die epistemischen Urteile im Umgang mit einer kontrovers diskutierten Frage aus der Physik erhoben.

Views of Nature of Science questionnaire (VNOS-C)

Das Instrument VNOS (Lederman et al., 2002) ist ein gängiges Instrument zur Erhebung der Ansichten zu Nature of Science. Der Fragebogen zur Erhebung qualitativer Daten liegt in unterschiedlichen Varianten für verschiedene Zielgruppen vor. VNOS-C, dessen Items als Basis für die Konstruktion des Instruments im Rahmen der hier in Rede stehenden Studie genutzt wurden, ist für Studierende und angehende Lehrkräfte entwickelt worden. Bei der Bearbeitung des VNOS beantworten die Probanden in offenen Antwortformaten Fragen, die Ansichten zu verschiedenen NOS-Aspekten hervorrufen. Im englischsprachigen Original soll beispielsweise der folgende Item-Stamm Ansichten zu den NOS-Aspekten der Rolle empirischer Evidenz in den Naturwissenschaften im Vergleich zu anderen Arten von Wissen hervorrufen: „What, in your view, is science? What makes science (or a scientific discipline such as physics, biology, etc.) different from other disciplines of inquiry (e.g., religion, philosophy)?"

Einige der offenen Items des VNOS wurden, ohne sie abzuändern, in den Fragebogen unserer Studie aufgenommen, um sie mit geschlossenen Item-Formaten der anderen Instrumente sinnvoll zu kombinieren. Teilweise wurden die Item-Formulierungen oder die Formulierungen der Item-Stämme auf die Disziplin Physik angepasst.

Views on Science and Education (VOSE)

Um mit größeren Stichproben NOS-Ansichten erheben zu können, konstruierte Chen (2006) ein standardisiertes Verfahren mit geschlossenen Items auf Basis unterschiedlicher NOS-Instrumente, unter anderem auch des VNOS. Um im Rahmen dieses Projektes auf Skalenniveau inferenzstatistische Verfahren einsetzen zu können, wurden bei der Fragebogenkonstruktion geschlossene Items aus VOSE aufgenommen. In VOSE werden Ansichten zu folgenden NOS-Aspekten erhoben: Vorläufigkeit, Natur der Beobachtung, naturwissenschaftliche Methode, Theorien und Gesetze, Gebrauch von Vorstellungs-kraft, Absicherung naturwissenschaftlichen Wissens, Subjektivität und Objektivität. Die Items werden durch einen Item-Stamm eingeleitet, auf den verschiedene Äußerungen folgen. Die Probanden geben den Grad ihrer Zustimmung bzw. Ablehnung zu den Äuße-rungen auf einer fünfstufigen Likert-Skala an. In Tab. 1 ist dargestellt, wie die Items der verschiedenen Erhebungsinstrumente zu Aufgabenblöcken zusammengestellt wurden.

Das Ziel war dabei, die Erhebung epistemischer Urteile kontextorientiert und in Ver-bindung von qualitativen und quantitativen Daten umzusetzen. Bei der Adaption und Integration der Items der verschiedenen Instrumente stand somit die stimmige themen-spezifische Bildung von Aufgabenblöcken im Vordergrund.

Mit der Ergänzung der geschlossenen Items zur Erhebung quantitativer Daten durch offene Items zur Erhebung qualitativer Daten sollte der oben erörterten Methodenkritik von Stahl (2011) Rechnung getragen werden. Die Herausforderung bei Adaption und Integration der Items zu Aufgabenblöcken bestand ferner darin, möglichst themenspezi-fische Rahmungen zu schaffen, ohne die Probanden zu sehr in ihren Ansichten zu beein-flussen. Die Formulierungen der Item-Stämme des VNOS stellten eine Basis für die Ge-staltung der Aufgaben dar. Ferner wurden die Beispiele in den Item-Stämmen, wenn sinnvoll und möglich, auf die Disziplin Physik eingegrenzt.

Wie Tab. 1 zeigt, werden bestimmte NOS-Aspekte mehrfach von verschiedenen Items sowohl quantitativ als auch qualitativ erhoben. Das liegt einerseits daran, dass die offenen Items meist mehrere unterschiedliche Ansichten zu NOS-Aspekten hervorrufen können. Andererseits wurden für die Pilotierung des Erhebungsinstruments mehr Items aufgenommen, um für die Revision des Fragebogens weniger reliable und inhaltlich weniger ergiebige Items entfernen zu können.

Das Instrument wurde vor der Erprobung mit einer verbundenen Bestandsaufnahme mehrfach in einer Paper & Pencil- und in einer Online-Fassung getestet. Experten und Laien bezüglich ihres Inhaltswissens in Physik (N = 6) bearbeiteten den Fragebogen und wurden danach interviewt. Des Weiteren wurde bei einer Lehrkraft (Realschullehramt, ohne studiertes Fach Physik) der Bearbeitungsprozess der Online-Fassung mittels der Think-aloud-Methode dokumentiert und ausgewertet. Die Rückmeldungen der Laien und Experten wurden dazu genutzt, die Formulierungen der Instruktionen und Item-Stämme zu verfeinern und die Funktionalität der Online-Fassung des Fragebogens zu verbessern. Nach den ersten Testungen ergab sich eine Bearbeitungszeit von ca. 45-60 Minuten. Die Differenzen in den Bearbeitungszeiten ergaben sich vor allem durch die Unterschiede im Umfang der Antworten in den offenen Items.

Tab. 1: Integration der verschiedenen Erhebungsinstrumente

#	Aufgaben	Instrumente	Konstrukte/Kategorien	Itemformat
1	Was ist Naturwissenschaft? Wissen in Physik/Erziehungswissenschaft	VNOS-C	*empirische Basis, Rolle von Evidenz (Methode, Experiment, Objektivität/Subjektivität, Entdecken/Erfinden, Schlussfolgern)*	offen
		CAEB	*epistemische Urteile*	geschl.
2	Experiment	VNOS-C	*Objektivität/Subjektivität, Methode, Experiment*	offen
3	Methode	VOSE	*Methode/Experiment*	geschl.
4	Wissen über die Struktur von Atomen	VNOS-C	*Schlussfolgern, Kreativität/Vorstellungskraft, Konstrukte/Modelle,*	offen
		CAEB	*epistemische Urteile*	geschl.
5	physikalische Theorien und physikalische Gesetze	VNOS-C	*Theorie und Gesetz, (Schlussfolgern, Vorläufigkeit, Entdecken/Erfinden)*	offen
		VOSE	*Theorie und Gesetz*	geschl.
		VNOS-C	*Vorläufigkeit Theorien, (Schlussfolgern, Objektivität/Subjektivität, Kreativität/Vorstellungskraft, Theoriegeladenheit)*	offen
6	Energie	VNOS-C[a]	*Konstrukt/Modell, Kreativität/Vorstellungskraft, Objektivität/Subjektivität*	offen
7	Kreativität und Vorstellungskraft	VNOS-C	*Kreativität/Vorstellungskraft, (Objektivität/Subjektivität, Entdecken/Erfinden)*	offen
		VOSE	*Kreativtät/Vorstellungskraft*	geschl.
8	Entstehung des Universums (Kontroverse)	VNOS-B[a]	*Theoriegeladenheit, Vorläufigkeit, (Objektivität/Subjektivität, Schlussfolgern, Kreativität/Vorstellungskraft, soziokulturelle Einbettung*	offen
		TSEBQ[a]	*epistemische Urteile*	geschl.
9	Soziokulturelle Einbettung	VNOS-C[b]	*soziokulturelle Einbettung, (Subjektivität/Objektivität, Schlussfolgern, Vorläufigkeit),*	offen
		VOSE	*soziokulturelle Einbettung*	geschl.
10	Gesetze: entdeckt oder erfunden?	VOSE	*Entdeckt oder erfunden (Theorie & Gesetz)*	geschl.
		nach VNOS-C	*Entdeckt oder erfunden*	offen
11	Theorien: entdeckt oder erfunden?	VOSE	*Entdeckt oder erfunden (Theorie & Gesetz)*	geschl.
		nach VNOS-C	*Entdeckt oder erfunden (Theorie & Gesetz)*	offen

Anmerkung: Ansichten zu NOS-Aspekten sind kursiv gestellt. In Klammer gesetzte NOS-Aspekte sind Ansichten, die zusätzlich zu den intendierten hervorgerufen werden können. Mit a gekennzeichnete Instrumente sind thematisch adaptiert. Mit b gekennzeichnet bedeutet, dass der Item-Stamm übernommen wurde.

8.3   Die Erhebung des Wissenschaftsverständnisses in der Physik

Fragestellungen der Studie

Das wesentliche Ziel der hier vorgestellten Studie bestand in der empirisch fundierten Evaluation und Revision des Fragebogens für eine sich daran anschließende Interventionsstudie, die im Rahmen dieses Projekts durchgeführt wurde (vgl. Schüssele, Stahl & Mikelskis-Seifert, 2014). Auf Basis der nach Skalen- und Reliabilitätsanalysen im Fragebogen verbleibenden Items wurde das Wissenschaftsverständnis in der Stichprobe explorativ analysiert. Dabei standen die folgenden Forschungsfragen im Vordergrund:

- Frage 1: Zeigen die erhobenen epistemischen Urteile neben den angenommenen disziplinspezifischen Unterschieden auch kontext- bzw. themenspezifische Unterschiede?
- Frage 2: Besteht ein Unterschied im Wissenschaftsverständnis in Physik bei zukünftigen und ausgebildeten Lehrkräften in Hinblick auf die Schulart und dem studierten Fach (mit Physik/ohne Physik)?
- Frage 3: Welche Zusammenhänge sind zwischen epistemischen Urteilen und disziplinspezifischem Inhaltswissen sowie den dazugehörigen NOS-Ansichten zu erkennen?

Methodisches Vorgehen

Stichprobe
Die Stichprobe wurde gewonnen, indem anhand von Schreiben an Institutionen der Schulaufsicht und der Lehreraus- und Fortbildung, Schulleitungen, sowie durch Werbung auf Seiten der Hochschule und eines Lehrerverbandes für die schriftliche Befragung im Rahmen einer Online-Studie geworben wurde. Zudem wurde der Fragebogen in einer Paper & Pencil-Fassung in zwei Physikseminaren zweier verschiedener Hochschulen eingesetzt.

Bei der Gewinnung der Stichprobe wurde einerseits das Ziel verfolgt, eine Stichprobengröße von $N > 100$ zu erreichen, um die Reliabilität des Testentwurfs überprüfen zu können. Andererseits sollte sich die Stichprobe aus zukünftigen und ausgebildeten Lehrkräften unterschiedlicher Schularten sowie unterschiedlichen Fachwissens (mit und ohne Physik als Studienfach) zusammensetzen, um eine große Bandbreite an Inhaltswissen zur Physik zu erhalten.

An der Studie nahmen Studierende, Lehreranwärter/Referendare und ausgebildete Lehrkräfte ($N_{gesamt} = 211$) unterschiedlicher Schularten ($N_{GS} = 77$, $N_{HS/WRS} = 54$, $N_{RS} = 49$, $N_{Gym} = 20$, NBS = 1) mit unterschiedlichem Fachwissen ($N_{Physik} = 68$, N_{Nicht}-Physik = 143) teil. 39 % der Teilnehmenden waren männlichen, 61 % weiblichen Geschlechts. Im Durchschnitt waren die Teilnehmer/innen 33.4 Jahre alt ($SD = 10.32$).

Material und Durchführung

Die Online-Befragung wurde im Zeitraum von Mitte Mai bis Ende Juni 2012 mit Hilfe des Softwarepaktes von SoSci Survey (www.soscisurvey.de) durchgeführt. Personen, die sich für die Teilnahme an der Online-Befragung anmeldeten, erhielten für den Zugang zur Befragung eine individuelle Seriennummer, um einerseits Mehrfachbearbeitungen des Fragebogens und andererseits das Ausfüllen durch Unbefugte zu vermeiden. Für die Bearbeitung der Online-Befragung bestand keine Zeitbegrenzung.

Des Weiteren wurde der Fragebogen in einer Paper- und Pencil-Fassung in zwei Physikseminaren zweier Pädagogischer Hochschulen Baden-Württembergs eingesetzt. Für die Bearbeitung des Fragebogens hatten die Studierenden ca. 50 Minuten Zeit.

Überprüfung und Revision des Instruments

Nach der Erfassung der Daten schloss sich die Überprüfung des Instruments an. Hierbei wurden die geschlossenen Items anhand von Item- und Skalenanalysen sowie Faktorenanalysen untersucht sowie deren Reliabilität überprüft. Die offenen Items wurden inhaltsanalytisch ausgewertet. Dabei ergab sich für die Intercoder-Übereinstimmung durch zwei Codierer ein den Standards angemessenes Ergebnis.

Geschlossene Items

Anhand einer explorativen Faktorenanalyse wurde erkundet, ob die Faktorenstruktur epistemischer Urteile zu Wissen in Physik aus einer Studie von Stahl und Bromme (2007) mit den Daten dieser Studie repliziert werden konnte. Im Wesentlichen zeigte sich die gleiche Faktorenstruktur wie bei Stahl und Bromme, die aus zwei Faktoren besteht. Aufgrund geringer bzw. unterschiedlicher Faktorladungen wurden drei Items des CAEB entfernt. Die zwei Faktoren wurden von Stahl und Bromme mit Textur und Variabilität bezeichnet. Textur bezieht sich auf die Beschaffenheit und Struktur von Wissen und beinhaltet als Items Adjektivpaare wie z. B. objektiv – subjektiv, genau – ungenau oder eindeutig – mehrdeutig. Der Faktor Variabilität bezieht sich auf Veränderlichkeit von Wissen und beinhaltet als Items Adjektivpaare wie z. B. abgeschlossen – offen, fertig – unvollständig oder statisch – dynamisch.

Da bei den Items des TSEBQ (Bråten et al., 2009) eine Adaptation erfolgte, wurde ebenso überprüft, ob die Faktorenstruktur von Bråten et al. repliziert werden konnte, was sich bestätigte.

Nach Skalen- und Reliabilitätsanalysen wurden einzelne Items und ganze Skalen aus dem Fragebogen entfernt und nicht mehr für die Auswertung dieser Studie berücksichtigt. So wurden z. B. aufgrund geringer Reliabilität die beiden folgenden Skalen entfernt: Ansichten zur naturwissenschaftlichen Methode (VOSE, $\alpha = 0{,}58$), Ansichten zum Unterschied zwischen Theorien und Gesetzen (VOSE, $\alpha = 0{,}48$). Tabelle 2 gibt die für die Auswertung verbliebenen Skalen mit den jeweiligen Dimensionen, der Itemanzahl und der inneren Konsistenz wieder.

Tab. 2: Skalen der Pilotstudie

	Skalen	Dimensionen	Items	α
	Wissen in Physik	Textur	8	.86
		Variabilität	5	.74
	Wissen in Erziehungswissenschaft[b]	Textur	8	.80
Epistemische		Variabilität	5	.69
Urteile	*Wissen über die Struktur von Atomen* [a]	*Textur*	4	.85
		Variabilität	3	.71
	Umgang mit Kontroverse	Sicherheit	3	.82
		Quelle	3	.72
	zur Rolle von Kreativität und Vorstellungskraft in der Physik		5	.74
	zu soziokulturellen Einflüssen in den Naturwissenschaften		4	.86
Ansichten...	Werden Theorien entdeckt oder erfunden?		4	.85
	Werden Gesetze entdeckt oder erfunden? [c]		4	.71

Anmerkung: [a] Aus Kapazitätsgründen wurde nur ein Teil der Items zur Skalenbildung herangezogen. [c] Aus inhaltlichen Gründen wurde diese Skala nicht in den Fragebogen der Hauptstudie aufgenommen.

Offene Items

Die schriftlich vorliegenden Antworten der offenen Items wurden inhaltsanalytisch ausgewertet. Dabei erfolgte eine methodische Orientierung an der strukturierenden Inhaltsanalyse (vgl. Mayring, 2010, S. 92), da durch die theoretischen Ansätze der Forschungen zu Nature of Science und persönlicher Epistemologie Grundlagen für die Analyse des Materials gegeben waren. Die Arbeiten von Lederman, Abd-El-Khalick, Bell und Schwartz (2002) und Hofheinz (2008) stellten für eine erste Strukturierung des Materials die Grundlage dar und wurden an das Material herangetragen, um von dieser Strukturierungsdimension zu einem Kategoriensystem zu kommen. Das Material wurde durch zwei Codierer analysiert, strukturiert, kategorisiert und codiert. Sieben der elf Hauptkategorien, die in Tabelle 3 aufgeführt sind, stimmen mit den Hauptkategorien von Hofheinz (2008) überein. Auf Ebene der Subkategorien ergaben sich einzelne Veränderungen. Innerhalb der Hauptkategorien wird zwischen eher angemessenen und eher unangemessenen Ansichten unterschieden. Die beiden folgenden Aussagen stellen jeweils ein Beispiel für eine eher angemessene und eine eher unangemessene Ansicht der Kategorie Vorläufigkeit dar (Beispiele aus Lederman et al., 2002).

„Wenn man immer und immer wieder dasselbe Ergebnis erhält, dann kann man sich sicher sein, die Theorien als Naturgesetz, als Tatsache, bestätigt zu haben." (unangemessene Ansicht)
„Alles in der Naturwissenschaft kann sich aufgrund von Beweisen und Interpretationen verändern. Wir können niemals hundertprozentig sicher sein." (angemessene Ansicht)

Zusätzlich wurden vier ergänzende Kategorien für die Auswertung der Antworten in das Kategoriensystem aufgenommen, welche in Tabelle 3 kursiv dargestellt sind. In der Kategorie Beispiele wurden nach verschiedenen Teildisziplinen der Physik Subkategorien gebildet (Mechanik, Teilchenphysik usw.) und Beispiele erfasst, mit denen Ansichten begründet wurden, um nachvollziehen zu können, über welches Fachwissen die Teilnehmenden verfügten und wie sie dieses Fachwissen einsetzten, um ihre Ansichten zu begründen.

Tab. 3: Kategoriensystem zu Ansichten der Nature of Science

Hauptkategorien	Anzahl der Subkategorien	Intercoder-Übereinstimmung
Beobachtungen, Schlussfolgerungen, Denkmodelle	9	.87
Empirische Basis	7	.85
Kreativität & Vorstellungskraft	4	.90
Ansichten zur „naturwissenschaftlichen Methode"	3	.85
Subjektivität / Theoriegeladenheit	7	.81
Theorien & Gesetze	12	.89
Vorläufigkeit	5	.83
Beispiele	-	.98
Quelle zu Wissen über Entstehung des Universums	7	.94
Woher möglichst sicheres Wissen?	6	.90
„keine Ahnung"	-	.99
gesamt		**.88**

Zur Überprüfung der Intercoder-Übereinstimmung wurde der Koeffizient nach Holsti genutzt (vgl. Rössler, 2010), der die prozentuale Übereinstimmung bei paarweisen Vergleichen angibt. Die Gesamtübereinstimmung zwischen den Codierern (CR = 0.88) kann als gut gewertet werden.

8.4   Ausgewählte Ergebnisse

Vergleich der epistemischen Urteile zu Wissen in Physik und Wissen in den Erziehungswissenschaften/Pädagogik

Unter anderem bezieht sich die erste Forschungsfrage dieser Studie auf die Unterschiede in der Bildung epistemischer Urteile zwischen den Disziplinen Physik und Erziehungswissenschaften/Pädagogik. Abbildung 2 zeigt die beiden Polaritätsprofile der epistemischen Urteile in Physik und Erziehungswissenschaften/Pädagogik, die sich durch den

Eintrag der arithmetischen Mittel der Ratings auf dem Kontinuum zwischen den sich gegenüberstehenden Antonymen ergeben.

Die beiden Polaritätsprofile zeigen im Vergleich zwischen den Disziplinen zum Teil stark divergierende epistemische Urteile.

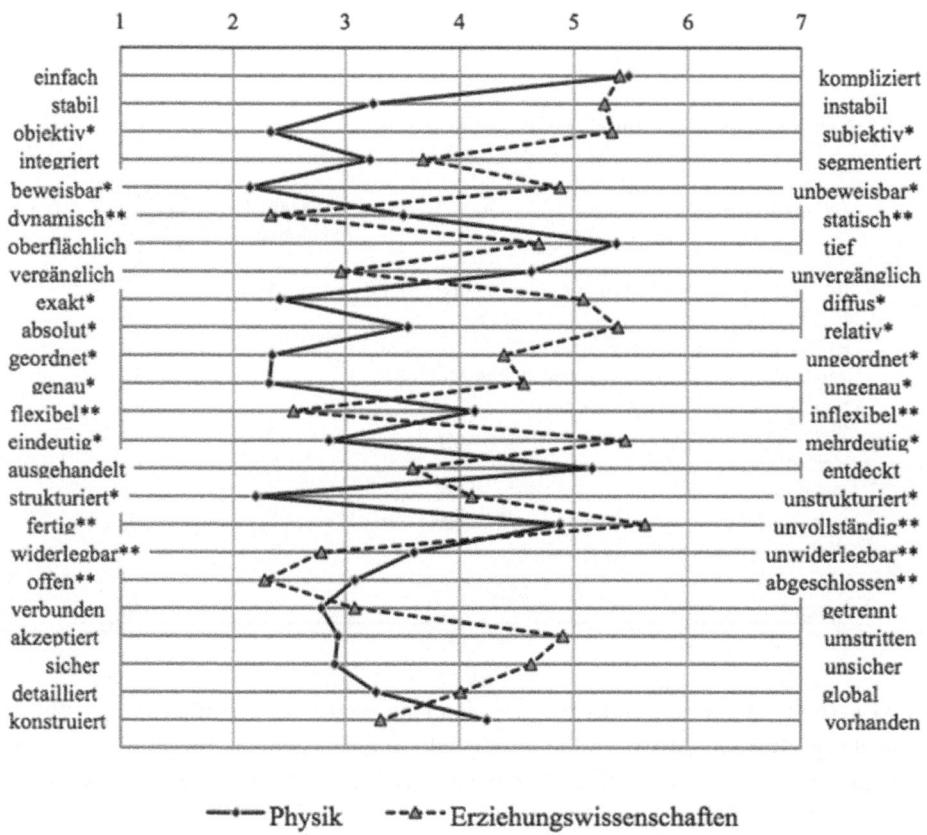

——•——Physik   --▲--Erziehungswissenschaften

Abb. 2: Polaritätsprofile des semantischen Differentials des CAEB: epistemische Urteile zu Wissen in Physik und Erziehungswissenschaft

Die im Diagramm mit einem Stern gekennzeichneten Adjektive bilden im Fragebogen die Items der Skala Textur. Die mit zwei Sternen gekennzeichneten Adjektivpaare bilden die Skala Variabilität. Zwei beidseitige t-Tests für abhängige Stichproben wurden durchgeführt, um die Dimensionen Textur und Variabilität der beiden Disziplinen zu vergleichen. Das Alphaniveau wurde auf p = .025 (.05/2) angepasst. Die epistemischen Urteile der Studienteilnehmenden in der Dimension Textur zum Wissen in Physik (M = 2.54, SD = .89) unterscheiden sich hochsignifikant von epistemischen Urteilen zum Wissen in den Erziehungswissenschaften (M = 4.90, SD = .80), t (207) = –29.18, p <

.000. Die Effektstärke ist mit dz = 2.02 sehr hoch. Die Studienteilnehmenden beurteilten demnach Wissen in der Disziplin Physik erwartungsgemäß als deutlich objektiver, beweisbarer, exakter und genauer als in der Disziplin Erziehungswissenschaft.

Ein ähnliches Ergebnis zeigt sich im Vergleich der Disziplinen bei der Bildung epistemischer Urteile in der Dimension Variabilität. Die Studienteilnehmenden beurteilten Wissen in Physik (M = 4.52, SD = 1.08) ebenfalls hochsignifikant anders als Wissen in den Erziehungswissenschaften (M = 5.54, SD = .79), t (206) = –12.08, p < .000). Auch hier zeigt sich ein hoher Effekt von dz = .84. Die Studienteilnehmenden beurteilten demnach Wissen in Physik im Vergleich zu Wissen in den Erziehungswissenschaften als eher statisch, inflexibel, fertig und unwiderlegbar.

Die großen Unterschiede bei der Bildung epistemischer Urteile in den Disziplinen Physik und Erziehungswissenschaft belegen die Disziplinspezifität epistemischer Urteile.

Vergleich von diziplin- und kontextspezifischen epistemischen Urteilen

Im Ansatz der Generativen Natur epistemischer Urteile wird davon ausgegangen, dass die Bildung epistemischer Urteile nicht nur von der Disziplin, sondern auch von Kontexten bzw. Themen abhängt. Ausgehend von dieser Annahme wurden die epistemischen Urteile zum disziplinübergreifenden Wissen in Physik und zu einem Thema aus der modernen Physik verglichen. Die epistemischen Urteile im Kontext der modernen Physik bezogen sich auf das Wissen über die Struktur von Atomen.

Es wurden zwei beidseitige t-Tests für abhängige Stichproben durchgeführt und das Alphaniveau auf p = .025 (.05/2) adjustiert. Bezüglich der Dimension Variabilität lassen sich keine signifikanten Unterschiede zwischen den disziplinspezifischen und kontextspezifischen epistemischen Urteilen feststellen. Die Studienteilnehmenden beurteilen disziplinübergreifendes Wissen in Physik im Vergleich zum spezifischen Kontext Kern-/Quantenphysik als ähnlich variabel.

Beim Vergleich der Dimensionen Textur zeigt sich dagegen ein hochsignifikanter Unterschied mit hoher Effektstärke zwischen den disziplinspezifischen epistemischen Urteilen in Physik (M = 2.31, SD = .95) und den themen- und kontextspezifischen epistemischen Urteilen zum Wissen über die Struktur von Atomen (M = 3.59, SD = 1.19), t (202) = –14.71, p < .000, dz = 1.03).

Die Studienteilnehmenden beurteilten demnach das kontextspezifische Wissen über die Struktur von Atomen im Vergleich zu disziplinübergreifendem Wissen in Physik als ungenauer, subjektiver, unbeweisbarer und diffuser.

Die signifikanten Unterschiede zwischen den disziplinspezifischen und kontextspezifischen epistemischen Urteilen zeigen, dass epistemische Urteile nicht nur disziplinspezifisch, sondern auch sensitiv gegenüber einzelnen Themen und Kontexten sind.

Unterschiede im Wissenschaftsverständnis zwischen Gruppen mit unterschiedlichem Inhaltswissen

Beim Vergleich des Wissenschaftsverständnisses in Physik zwischen Studentteilnehmenden mit unterschiedlichem Inhaltswissen wurde das Wissenschaftsverständnis auf Skalenebene und auf Ebene der qualitativen Daten separat untersucht.

Das Wissenschaftsverständnis wurde auf Skalenebene multivariat verglichen. Dabei dienten alle Konstrukte, außer die epistemischen Urteile zu Erziehungswissenschaft (vgl. Tabelle 2), als abhängige Variablen. In einer zweifaktoriellen MANOVA mit den Faktoren „Schulart" und „Physiker/Nichtphysiker" ließen sich bezüglich der Gruppenunterschiede weder Interaktions- noch Haupteffekte feststellen.

Anschließend wurde mit nichtparametrischen Verfahren überprüft, ob bei der Beantwortung der offenen Items Unterschiede in den Summenscores angemessener und unangemessener Ansichten bezüglich der Faktoren Schulart und Fach (Physiker/Nichtphysiker) festzustellen sind.

In einem Kruskal-Wallis-Test zeigte sich kein signifikanter Einfluss des Faktors Lehramt auf die Summenscores der angemessenen und unangemessenen Sichtweisen.

Beim Vergleich der Ansichten von Physikern und Nichtphysikern wurde zunächst ein Mann-Whitney U-Test berechnet. Beim Summenscore der unangemessenen Sichtweisen unterschieden sich Nichtphysiker und Physiker nicht signifikant, wohingegen Physiker (Mdn = 5) hochsignifikant mehr angemessene Ansichten in den offenen Antwortformaten zu Nature of Science zeigten als Nichtphysiker (Mdn = 4), $U = 3449,50$, $z = -3.43$, $p < .001$, $r = -.24$. Aufgrund dieses hochsignifikanten Unterschieds wurden auf Ebene der Kategorien angemessener Sichtweisen weitere sieben Mann-Whitney-U-Tests durchgeführt. Das Alphaniveau wurde entsprechend auf $p = .007$ (.05/7) adjustiert. Diejenigen Studentteilnehmenden mit dem studierten Fach Physik zeigten in der Kategorie „Beobachtungen, Schlussfolgerungen, Denkmodelle" signifikant mehr informierte Ansichten als Nichtphysiker, $U = 3430.50$, $z = -3.61$, $p < .007$, $r = -.25$. Auch in der Kategorie „Kreativität & Vorstellungskraft" zeigten die Physiker signifikant mehr angemessene Ansichten, $U = 3719$, $z = -3.06$, $p < .007$, $r = -.21$.

Im Folgenden finden sich zwei Beispiele für angemessene NOS-Ansichten zweier verschiedener Studentteilnehmenden mit Studienfach Physik:

> „Ideen für eine Weiterentwicklung basieren auf logischen Schlussfolgerungen oder Beobachtungen, die spontan geschehen können. Diese Ideen müssen überprüft werden, um eine Theorie daraus zu entwickeln. Allerdings sind weder alle Theorien experimentell überprüfbar, noch folgen allen Experimenten eine Theorie." (Beobachtungen, Schlussfolgerungen, Denkmodelle)
>
> „Aus der eigenen Forschungsarbeit kann ich von mir und der Beobachtung anderer Wissenschaftler sagen, dass es letztlich immer um ein magisches Zusammenspiel von divergentem und konvergentem Denken geht. Einerseits muss man sehr kreativ sein, aber man darf es nicht dabei belassen, man muss die Ideen und kreativen Gedanken immer wieder rational logisch genau prüfen usw. Manchmal

ist es auch so, dass der kreative Moment eine kleine, aber entscheidende Rolle spielt bei der rationalen und exakten Analyse von Fakten." (Ankerbeispiel für die Kodierung der offenen Fragen im Bereich Kreativität & Vorstellungskraft)

Beim Vergleich der Gruppen (Physiker/Nichtphysiker) wurde auch überprüft, ob Unterschiede bezüglich der Angabe „keine Ahnung" zu einem Thema zu haben, zu erkennen sind. Dafür wurde in einem Mann-Whitney U-Test die Häufigkeit dieser Angabe über alle Kategorien hinweg zwischen den Gruppen verglichen. Es ergab sich ein hochsignifikanter Unterschied zwischen Physikern (M = .21, SD = .48) und Nichtphysikern (M = 1.34, SD = 1.57) mit einem mittleren Effekt, U = 2611, z = –5.97, p < .000, r = –.41. Demnach gaben Nichtphysiker bei der Beantwortung der offenen Items deutlich öfter an, keine Ahnung zu haben. Bei der Betrachtung der prozentualen Verteilung der Antworten der Kategorie „keine Ahnung" auf die offenen Fragen, zeigt sich, bei welchen Themen die Studienteilnehmenden am häufigsten keine Begründungen für ihre Ratings angeben konnten (27.5 % „Struktur Atome", 22.3 % „Energie", 14.7 % „Werden Theorien entdeckt oder erfunden?").

Zusammenfassend lassen sich im Vergleich des Wissenschaftsverständnisses zwischen den Gruppen (Physiker/Nichtphysiker) auf Skalenebene keine signifikanten Unterschiede feststellen, wohingegen auf Ebene der offenen Antwortformate Unterschiede bezüglich des Inhaltswissens und der Ansichten zu Nature of Science festzustellen sind.

Verhältnis zwischen Antworten der geschlossenen und offenen Items

Analysiert wurden die Zusammenhänge zwischen epistemischen Urteilen zum Wissen über die Struktur von Atomen, die mit den geschlossenen Items des CAEB erfasst wurden, und die zugrundeliegenden aktivierten kognitiven Elemente, die mit offenen Items erhoben wurden. Die offenen Antworten der Studienteilnehmenden bezogen sich auf die Frage: „Wie sicher sind sich Physiker über die Struktur von Atomen? Was glauben Sie, welche spezifischen Hinweise oder Arten von Hinweisen Wissenschaftler nutzten, um das Aussehen von Atomen zu bestimmen?" Zusammen mit der Frage war ein Bohrsches Atommodell abgebildet. Die Antworten dieses Items bezogen sich vor allem auf die Kategorien „Beobachtungen, Schlussfolgerungen, Denkmodelle" und „Kreativität & Vorstellungskraft". Einige der Antworten wurden der Kategorie „Subjektivität/Theoriegeladenheit" zugeordnet. Separat wurde erfasst, wenn Teilnehmende angaben, keine Ahnung von dem Thema zu haben.

Zunächst wurden mit einer Korrelationsanalyse nach Spearman die Zusammenhänge zwischen den kontextspezifischen epistemischen Urteilen (Dimension Textur) und den im dazugehörigen offenen Item erfassten Antworten analysiert (Tab. 4). Die Summen aller angemessenen und unangemessenen Ansichten des offenen Items zeigen keinen signifikanten Zusammenhang mit den epistemischen Urteilen.

Ferner konnten teilweise Zusammenhänge zwischen epistemischen Urteilen zum Wissen über die Struktur von Atomen und den dafür relevanten NOS-Ansichten festgestellt werden. Die negative Korrelation zwischen epistemischen Urteilen und unangemessenen Ansichten in der Kategorie „Beobachtungen, Schlussfolgerungen, Denkmodelle" deutet daraufhin, dass Individuen mit unangemessenen Ansichten zur Entstehung von Atommodellen und den dazugehörigen Theorien über Atome das Wissen über die Struktur von Atomen als beispielsweise eher objektiv, absolut und eindeutig beurteilen.

Tab. 4: Korrelationen (nach Spearman) zwischen epistemischen Urteilen und Ansichten zu Nature of Science

	Summenscore codierter Sichtweisen		Beobachtungen, Schluss-folgerungen, Denkmodelle		kreatives Kon-strukt	Subjektivität/ Theo-riegebundenheit	„keine Ah-nung"
	angemes-sen	unangemes-sen	angemes-sen	unangemes-sen			
epistemi-sche Urteile zu Wissen über die Struktur von Atomen (Textur)	ns	ns	ns	-.22**	.14*	.15*	ns

Anmerkung: ns = nicht signifikant ($p > .05$), *$p < .05$, **$p < .01$

Dieser Zusammenhang ist zwar klein, aber hochsignifikant. Andererseits zeigt sich kein statistischer Zusammenhang zwischen angemessenen Ansichten dieser Kategorie und epistemischen Urteilen. Auch sind positive Korrelationen zwischen der Vorstellung des Atoms als kreatives Konstrukt und der Rolle der Subjektivität und Theoriegeladenheit feststellbar. Jedoch sind auch diese Zusammenhänge sehr klein. Des Weiteren besteht kein Zusammenhang zwischen der Angabe, keine Ahnung auf diesem Gebiet zu haben, und epistemischen Urteilen.

Der Vergleich verschiedener Antworten von Teilnehmenden, die auf Skaleneben ähnliche epistemische Urteile gebildet haben, gibt Hinweise auf die Gründe für die kleinen bzw. nicht vorhandenen statistischen Zusammenhänge zwischen der Qualität der Antworten und den epistemischen Urteilen. Tabelle 5 zeigt exemplarische Antworten des offenen Items derjenigen Teilnehmenden, die bei der Bildung epistemischer Urteile zum Wissen über die Struktur von Atomen (Dimension Textur) überdurchschnittliche Werte aufwiesen (M > 3.59).

Ein überdurchschnittlicher Wert in der Dimension Textur epistemischer Urteile bedeutet, dass die Teilnehmenden Wissen über die Struktur von Atomen beispielsweise als eher ungenau, subjektiv, unbeweisbar und diffus beurteilten. In den dazugehörigen offenen Items zu diesen Urteilen wird sichtbar, dass die Teilnehmenden über hoch unterschiedliches Inhaltswissen und dazugehörige NOS-Ansichten verfügen, wenn sie ihre epistemischen Urteile begründen.

Die in Tab. 5 dargestellten Beispiele illustrieren, wie ähnliche epistemische Urteile auf ganz unterschiedlichem Inhaltswissen und den dazugehörige NOS-Ansichten basieren.

Tab. 5: Vergleich exemplarischer Antworten offener Items bei ähnlichen epistemischen Urteilen

Tln	e.U.	Fach/ Lehr- amt	Wörtliche Wiedergabe der Antworten
Tln 90	4.0	P/HS	Die obige Abbildung ist nur ein Modell. Ein modernes Modell ist das Orbitalmodell von Schrödinger, in dem Elektronen als Wahrscheinlichkeitswelle dargestellt werden. Die Elektronen halten sich mit bestimmten Wahrscheinlichkeiten in bestimmten Atomorbitalen auf. Soweit ich weiß, hat bisher noch niemand einen Atomkern oder ein Atomorbital gesehen. Im Elektronenmikroskop sind soweit ich weiß lediglich Atome zu sehen, die aber nur im E-Mikroskop so dargestellt werden, aufgrund von Messungen und Berechnungen.
Tln 146	4.0	P/Gym	Die Atomstruktur ist immer noch eine Black-Box. Man kann sich Modellvorstellungen bilden aber eine genaue Aussage über die Struktur sind nicht zu 100 Prozent bekannt. Wissenschaftler versuchen mit verschiedenen Hilfsmitteln die Struktur zu erkennen bzw. Eigenschaften zu sammeln und infolge dieser gesammelten Eigenschaften ein geeignetes Modell zu entwerfen bis sie eine Eigenschaft entdecken, die mit dem bisherigen Modell nicht mehr vereinbar ist, dann erfolgt eine Veränderung des Modells.
Tln 109	4.5	NP/GS	Das weiß ich wirklich nicht.
Tln 207	4.5	NP/GS	Es gibt verschiedene Modelle, die den Aufbau eines Atoms zu beschreiben versuchen. Ich weiß aus meiner eigenen Schulzeit noch, dass wir verschiedene Modelle gelernt haben und dies kommentiert wurde, dass es nur die vereinfachte Form ist, da die eigentliche viel zu schwer zu verstehen sei. Jedoch bauen die verschiedenen Modelle teilweise aufeinander auf (bis auf das Orbitalmodell). Das Bohrsche Modell wurde auf ein Planetenmodell aufgebaut. Somit kann ich mir vorstellen, dass Physiker sich auch auf andere Bereiche stützen.
Tln 167	4.75	P/Gym	Die Bilder von Atomen sind nur Denkmodelle, die in unserem Kopf entstehen. Wie ein Atom „wirklich" (was auch immer d. h.) aussieht, weiß niemand. Bei einem Atom handelt es sich um ein Gebilde der Mikrowelt. Alle Bilder, die man sich darüber macht, sind aus der Makrowelt entliehen und somit mehr oder weniger unpassend. Das obige Bild ignoriert wichtige Erkenntnisse der Quantenphysik. Es ist nicht das Ziel der Forscher, das Aussehen von Atomen zu bestimmen, sondern die Struktur der Materie in mathematischer Sprache darzustellen. Dazu werden Erkenntnisse, z. B. aus Streuexperimenten, genutzt.
Tln 164	5.25	P/RS	Physiker sind sich mittlerweile sicher, dass die skizzierte Zusammensetzung nicht vorliegt. Tatsächlich werden Bereiche vermutet, in denen sich die Elektronen aufhalten. Vermutlich wird mittels Ladungsbestimmungen oder Magnetfelder die Form bestimmt.

Tln	e.U.	Fach/ Lehr- amt	Wörtliche Wiedergabe der Antworten
Tln 211	5.75	NP/ Gym	Die Physiker wissen nicht im Detail, wie Atome funktionieren. Sie entwickeln immer feinere Modelle, um sich deren Verhalten erklären zu können. Sie sind sich also absolut nicht sicher, wie Atome struktu- riert sind. Beispielsweise haben Wissenschaftler anhand der Umkrei- sungen des Atomkerns durch die Elektronen das Schalenmodell entwi- ckelt. Dies dient dazu, sich vorzustellen, warum bestimmte Elektronen um den Kern kreisen. Dabei befindet sich der Kern aber keineswegs in einer Schale.
Tln 130	6.0	NP/HS	Vor allem durch den deutschen Wissenschaftler Wilhelm Conrad Röntgen wurde das Aussehen der Atomen geprägt … und das ist wohl immer noch sehr prägend … oder??
Tln 97	6.5	NP/GS	Keine Ahnung! Messungen?? Vergrößerungen??
Tln 134	7	NP/ HS	Zur Atomtheorie gibt es verschiedene Modelle, was ich aber auch für wichtig halte. Über unterschiedliche Vorgehensweisen wurde das Teilchenmodell, als ein Modell von vielen festgelegt. Strahlungsver- suche oder die Frage der elektrischen Ladung eines Atoms halfen sich dem Thema zu nähern. Da aber Wissen immer im Kontext des Sub- jekts und seiner Wirklichkeit geschaffen wird, kann sich das Wissen zum Atomaufbau auch verändern. Die Frage des Aufbaus des Atom- kernes wird, meines Wissens nach, immer noch diskutiert.

Es finden sich in den Begründungen Hinweise auf Wissen zur Bedeutung von Modellen und Modellbildung in der Physik und für den Erkenntnisprozess (z. B. Tln 90, Tln 146), Fachwissen über verschiedene Atommodelle und deren Urheber (z. B. Tln 90), Fachwis- sen über die Struktur von Atomen (z. B. Tln 90, Tln 211), Annahmen über die Ontologie von Atomen (Tln 167), Wissen (z. B. Tln 134) bzw. Vermutungen (z. B. Tln 207) über die Erkenntnisgewinnung, Vorstellungen über die Entwicklung und Veränderung von Wissen in der Physik (z. B. Tln 146), aktiviertes Wissen aus der Schulzeit (Tln 207), Annahmen über die Rolle der Subjektivität bei der Wissensgenerierung (z. B. Tln 134), Vorstellungen über die Ziele physikalischer Forschung (z. B. 167), fundierte und elabo- rierte Begründungen (z. B. Tln 211) oder vage und fragmentartige Darlegungen (z. B. Tln 97, Tln 130) sowie die Angabe, keinerlei Ahnung zu haben (z. B. Tln 109).

Vergleicht man beispielsweise die Antworten der Teilnehmenden 211, 130, 97 und 134, die alle einen hohen Skalenwert bezüglich der Beurteilung des Wissens über die Struktur von Atomen aufweisen, so wird deutlich, dass die Qualität des Inhaltswissens und den Annahmen zur Ontologie, auf die die epistemischen Urteile gründen, sich stark voneinander unterscheiden können.

Ein ähnliches Verhältnis zeigt sich im Zusammenhang zwischen den offenen Antworten und epistemischen Urteilen bezüglich der Textur von Wissen, die einen unterdurchschnittlichen Skalenwert aufweisen. Auch hier finden sich bei ähnlichen Beurteilungen des Wissens über die Struktur von Atomen unterschiedliche Begründungen zu den Urteilen. Quantitativ erhoben Urteile mit dieser Ausprägung werden in vielen Studien als „naiv" bezeichnet. Dass eine solche Übergeneralisierung ohne Berücksichtigung des Kontexts und anderer kognitiver Elemente häufig unangebracht sind, zeigen die beiden folgenden Aussagen von zwei Physiklehrkräften des Gymnasiums, die beide einen geringen Skalenwert bei den epistemischen Urteilen zum Wissen über die Struktur von Atomen aufweisen:

> *„Es kommt darauf an, wie genau man ein Atom beschreiben möchte. Bis zu einem gewissen Grad ist das oben dargestellte Modell korrekt, allerdings kann man es noch genauer beschreiben, beispielsweise durch das Orbitalmodell oder das Kugelwolkenmodell. Physiker haben ihre Erkenntnisse bei der Beschreibung dieses Atommodel aus Experimenten gewonnen. Dabei haben sie aber auch logische Zusammenhänge genutzt, beispielsweise die Kugelsymmetrie oder Erhaltungssätze. Hinweise für genauere Modelle kommen auch aus Erkenntnissen der Quantenphysik, wie beispielsweise der Schrödingergleichung."* (Gymnasiallehrkraft für Physik, Skalenwert epistemische Urteile [Textur] = 2.0)
>
> *„Sicher sind sich die Physiker in dem Punkt, dass diese Darstellung ein sehr schlechtes Modell der Wirklichkeit ist, weil sich einige Widersprüche ergeben (Zyklotronstrahlung versus Stabilität des Atoms usw.). Allerdings kann mit speziellen Quantentheorien die Struktur der Atome mit Hilfe von Wellenfunktionen berechnet und durch Aufenthaltswahrscheinlichkeiten der Elektronen an verschiedenen Hüllenpositionen anschaulich gemacht werden."* (Gymnasiallehrkraft für Physik, Skalenwert epistemische Urteile [Textur] = 1.0)

Bei diesen beiden Ausführungen ist erkennbar, dass beide Lehrkräfte über Inhaltswissen zum Thema und entsprechende angemessene NOS-Ansichten zum inferentiellen Charakter der Theoriebildung und der Rolle von Modellen in Physik verfügen. Beide Studienteilnehmenden setzen diese kognitiven Elemente bei der Begründung ihrer Ratings jedoch in ein anderes Verhältnis zur Beurteilung des Wissens, als andere Teilnehmende mit vergleichsweisem Inhaltswissen und NOS-Ansichten (vgl. Tab. 5). Im ersten hier aufgeführten Beispiel wird das epistemische Urteil durch den Bezug zum Grad der Genauigkeit des Modells relativiert. Auf einer übergeordneten Ebene erscheint der Person das Modell korrekt. Im zweiten Beispiel bezieht sich die Beurteilung auf die Sicherheit darüber, dass es sich um ein schlechtes Modell handelt. Dieser Begründungszusammenhang kehrt die quantitative Beurteilung in Form des Skalenwerts in das Gegenteil um.

8.5   Zusammenfassende Diskussion

Erwartungsgemäß unterschieden sich die disziplinspezifischen epistemischen Urteile bezüglich Wissen in Physik und Wissen in Erziehungswissenschaften bei den befragten zukünftigen und praktizierenden Lehrkräften deutlich. Die Disziplinabhängigkeit epistemischer Urteile drückt sich dadurch aus, dass Wissen in Physik im Vergleich zu Wissen in Erziehungswissenschaft beispielsweise als objektiver, beweisbarer und absoluter beurteilt wird. Die Unterschiede zwischen der Beurteilung der Variabilität des Wissens in Physik und Erziehungswissenschaften sind noch größer. Wissen in Physik wird im Vergleich zu Wissen in den Erziehungswissenschaften beispielsweise als abgeschlossener, statischer oder unwiderlegbarer beurteilt.

Ebenso stellte sich heraus, dass die Bildung epistemischer Urteile nicht nur von der Disziplin, sondern auch vom Kontext- bzw. vom Thema abhängt. Wissen über die Struktur von Atomen wird beispielsweise als weniger objektiv, weniger beweisbar und weniger eindeutig als disziplinübergreifendes Wissen in Physik beurteilt. Die in der Literatur zum Ansatz der Generativen Natur epistemischer Urteile beschriebene Kontextabhängigkeit von epistemischen Urteilen (vgl. Bromme et al., 2008; Stahl, 2011) kann somit in der Studie bestätigt werden.

Beim Vergleich des Wissenschaftsverständnisses von Nichtphysikern und Physikern konnte auf Skalenebene kein Unterschied im Wissenschaftsverständnis beobachtbar waren, wohingegen auf Ebene der offenen Antworten Unterschiede festzustellen waren. Studierende, Lehreranwärter sowie Referendare als auch ausgebildete Lehrkräfte, die Physik studieren oder studiert haben, zeigten vor allem in den Bereichen „Beobachtungen, Schlussfolgerungen, Denkmodelle" und „Rolle der Kreativität & Vorstellungskraft" mehr angemessene Vorstellungen als Nichtphysiker. Die Studienteilnehmenden mit dem Fach Physik scheinen im Vergleich zu Nichtphysikern fundierteres Inhaltswissen darüber zu haben, wie Erkenntnisse in Physik gewonnen werden, wie Wissen generiert wird und dass Kreativität und Vorstellungskraft eine wichtige Rolle dabei spielen.

Es wurde deutlich, dass Laien mit geringem Inhaltswissen sowie geringen Kenntnissen hinsichtlich der Wissensgenese in der modernen Physik zu einem ähnlichen epistemischen Urteil bezüglich des Wissens über die Struktur von Atomen kommen können wie Experten, die über fundiertes Inhaltswissen in der Teilchenphysik sowie über angemessene Vorstellungen zur Ontologie und Epistemologie verfügen. Auf Ebene der bislang eingesetzten quantitativen Instrumente sind demnach epistemische Urteile von Laien und Experten nicht zu unterscheiden.

Die erhobenen Ansichten deuten einerseits auf die wichtige Rolle des Inhaltswissens sowie den dazugehörigen NOS-Ansichten für die Bildung epistemischer Urteile hin. Andererseits zeigt sich aber auch, dass diese kognitiven Elemente von den Studienteilnehmenden ganz unterschiedlich in Bezug zum Kontext und der Fragestellung gesetzt werden können. Diese unterschiedliche Aktivierung von Inhaltswissen und NOS-Ansichten bei der Beurteilung kontextbezogenen Wissens kann als Erklärung für die zwar vorhandenen aber geringen statistischen Zusammenhänge zwischen epistemischen Urteilen und Ansichten zu Nature of Science gewertet werden.

Beim Abgleich der quantitativen Daten mit den offenen Antworten der Studienteilnehmerinnen wird zudem deutlich, dass nicht alleine auf Basis der Ratings der quantitativen Items auf die „Sophistiziertheit" bzw. „Naivität" des Wissenschaftsverständnisses geschlossen werden kann, da die zugrundeliegenden, aktivierten kognitiven Elemente höchst unterschiedlich sind und stark vom Kontext bzw. Thema abhängen. Selbst wenn Teilnehmerinnen über vergleichbares Inhaltswissen zur Genese von Wissen in Physik oder einem Teilbereich der Physik verfügen, ergeben sich daraus nicht zwangsläufig gleiche epistemische Urteile, da das individuelle Wissen unterschiedlich in Bezug zur Beurteilung des Wissens gesetzt wird.

Die hier dargestellten Ergebnisse belegen die generative Natur epistemischer Urteile, bei der die Bildung epistemischer Urteile auf der flexiblen Aktivierung kognitiver Elemente beruht. Die Ergebnisse verdeutlichen die Notwendigkeit, Aussagen über den Grad der Sophistiziertheit epistemischer Urteile nur unter Berücksichtigung des aktivierten Inhaltswissens, des jeweiligen Kontexts und des Begründungszusammenhang zu tätigen.

8.6 Literatur

Baily, C. & Finkelstein, N. D. (2009). Development of quantum perspectives in modern physics. *Phys. Rev. ST Phys. Educ. Res., 5* (1), 010106.

Bråten, I., Gil, L., Strømsø, H. I. & Vidal-Abarca, E. (2009). Personal epistemology across cultures: exploring Norwegian and Spanish university studentsâ epistemic beliefs about climate change. *Social Psychology of Education, 12 (4)*, 529–560.

Bromme, R., Kienhues, D. & Stahl, E. (2008). Knowledge and Epistemological Beliefs: An Intimate but Complicate Relationship. Knowing, Knowledge and Beliefs. In M. S. Khine & M. S. (Khine (Hrsg.). *Knowing, knowledge and beliefs: Epistemological studies across diverse cultures*. New York: Springer Science + Business Media, 423–441.

Bühner, M. (2011). *Einführung in die Test- und Fragebogenkonstruktion*. München: Pearson Studium.

Chen, S. (2006). Development of an instrument to assess views on nature of science and attitudes toward teaching science. *Science Education, 90 (5)*, 803–819.

Duit, R., Haussler, P. & Prenzel, M. (2002). Schulleistungen im Bereich der naturwissenschaftlichen Bildung. In F. E. Weinert (Hrsg.). *Leistungsmessungen in Schulen (Beltz Pädagogik, 2., unveränd. Aufl., Dr. nach Typoskript*, Weinheim [u. a.]: Beltz-Verl., 169–185.

Elby, A. & Hammer, D. (2001). On the Substance of a Sophisticated Epistemology. *Science Education, 85 (5)*, 554.

Hofer, B. K. & Pintrich, P. R. (1997). The development of epistemological theories: Beliefs about knowledge and knowing and their relation to learning. *Review of Educational Rese-arch, 67 (1)*, 88–140.

Hofer, B. K. (2004). Epistemological Understanding as a Metacognitive Process: Thinking A-loud During Online Searching. *Educational Psychologist, 39 (1)*, 43–55.

Hofheinz, V. (2008). *Erwerb von Wissen über „Nature of Science"*. Dissertation, Siegen, Universität.

Lederman, N. G. (2007). Nature of science: Past, Present, and Future. In S. K. Abell & N. Le-
    derman (Hrsg.). *Handbook of research on science education.* Lawrence Erlbaum Associates,
    831–879.
Lederman, N. G., Abd-El-Khalick, F., Bell, R. L. & Schwartz, R. S. (2002). Views of nature of
    science questionnaire: Toward valid and meaningful assessment of learners' conceptions of
    nature of science. *Journal of Research in Science Teaching, 39 (6),* 497–521.
Mayring, P. (2010). *Qualitative Inhaltsanalyse. Grundlagen und Techniken (Studium Paedagogik,
    11. Aufl.).* Weinheim: Beltz.
Neumann, I. & Kremer, K. (2013). Nature of Science und epistemologische Überzeugungen –
    Ähnlichkeiten und Unterschiede. *Zeitschrift für Didaktik der Naturwissenschaften, 19,* 211–
    234.
Römer, H. (1999). Naturgegeben oder frei erfunden? Wieviel Freiheit gibt es in der Physik?
    Vortrag an der Katholischen Akademie Freiburg, 22.06.1997. In H. M. Baumgartner, K. Jacobi,
    H. Ottmann & W. Vossenkuhl (Hrsg.). *Philosophisches Jahrbuch.* Freiburg: Verlag Karl Alber,
    106/I, Bd. 106, S. 220–232.
Rössler, P. (2010). *Inhaltsanalyse (UTB, 2671: Basics, 2., überarb. Aufl).* Konstanz: UVK-Verl.-
    Ges.
Schüssele, B., Stahl, E. & Mikelskis-Seifert, S. (2014). Learning by Design: Interventionsstudie
    zur Veränderung des Wissenschaftsverständnisses durch Medienproduktion. In S. Bernholt
    (Hrsg.). *Naturwissenschaftliche Bildung zwischen Science- und Fachunterricht. Gesellschaft
    für Didaktik der Chemie und Physik, Jahrestagung in München 2013,* Kiel, *201–203.*
Stahl, E. & Bromme, R. (2007). The CAEB: An instrument for measuring connotative aspects of
    epistemological beliefs. *Learning & Instruction, 17 (6),* 773–785.
Stahl, E. (2011). The Generative Nature of Epistemological Judgments: Focusing on Interactions
    Instead of Elements to Understand the Relationship Between Epistemological Beliefs and
    Cognitive Flexibility. Links Between Beliefs and Cognitive Flexibility. In J. Elen, E. Stahl, R.
    Bromme & G. Clarebout (Hrsg.). *Links between beliefs and cognitive flexibility. Lessons
    learned.* Springer Netherlands, 37–60.
Trautwein, U. & Lüdtke, O. (2007). Predicting global and topic-specific certainty beliefs: Do-
    main-specificity and the role of the academic environment. *British Journal of Educational
    Psychology, 77 (4),* 907–934.

Teil 3

Förderung professioneller Kompetenzen

Lehrexpertise – Integration und Förderung von pädagogischem und psychologischem Wissen

9

Nora Harr, Albert-Ludwigs-Universität Freiburg (jetzt CJD Offenburg)
Andreas Eichler, Universität Kassel
Alexander Renkl, Albert-Ludwigs-Universität Freiburg

Zusammenfassung

In diesem Kapitel wird ein Problem gegenwärtiger universitärer Lehramtsausbildung diskutiert. Einerseits ist die Integration unterschiedlicher Arten von Wissen (Fachwissen, fachdidaktisches Wissen sowie pädagogisches und psychologisches Wissen) ein zentraler Faktor für Entwicklung von Lehrexpertise. Andererseits wird diese Integration in der gegenwärtigen Lehramtsausbildung kaum gefördert. Es werden zwei Studien in zusammengefasster Form dargestellt, in denen zwei Arten der Förderung der Wissensintegration (hier exemplarisch fachdidaktisches Wissen einerseits sowie pädagogisches und psychologisches Wissen andererseits) untersucht wurde: Eine vorgegebene Integration, bei der die Lehrinhalte miteinander „verflochten" werden, und eine Integration, bei der angehende Lehrkräfte separat dargebotene Inhalte, unterstützt durch Leitfragen, selbst integrieren. Die Befunde zeigen, dass beide Maßnahmen geeignet sind, die Wissensintegration zu fördern. Diese Integration wurde jedoch mit erhöhten Lernzeitkosten erkauft. Ausgehend von diesen Befunden werden verschiedene Möglichkeiten der Wissensintegration in der universitären Lehramtsausbildung mit ihren Vor- und Nachteile diskutiert.

9.1 Einführung

Welches Wissen sollten Lehrpersonen besitzen? Wie effektiv ist die gegenwärtige Lehrerausbildung? Wie kann man sie verbessern? Die Suche nach guter Lehre beschäftigt Lehrerausbildende und Forscherinne und Forscher schon lange. In der Bildungsforschung wurden bereits umfassende Belege dafür erbracht, dass die Fähigkeit von Lehr-

© Springer Fachmedien Wiesbaden GmbH, ein Teil von Springer Nature 2019
T. Leuders et al. (Hrsg.), *Pädagogische Professionalität in Mathematik und Naturwissenschaften,* https://doi.org/10.1007/978-3-658-08644-2_9

personen, geeignete Lerngelegenheiten bereitzustellen, einen bedeutsamen Einfluss auf das Lernen von Schülerinnen und Schülern besitzt (z. B. Bromme, 1997; Hattie, 2009; Seidel & Shavelson, 2007). Doch nicht nur das Interesse der Bildungsforschung richtet sich zunehmend auf die Lehrperson, auch das öffentliche Interesse ist geweckt und so sammeln sich zahlreiche Umfragen, Ratings und Artikel zur „guten Lehrperson" im Internet und in Zeitungsberichten (z. B. Bubrowski, 2007; Geo, 2012; Nolte, 2013; Peters, 2013; t-Online, 2013). Die Lehrerausbildung ist zu einem Thema mit hoher Medienwirkung herangewachsen. Das gegenwärtige Interesse an Lehrkompetenzen und deren Vermittlung ist hoch. Eine Teilfrage betrifft dabei die Bedeutung von Kursen zur Vermittlung von psychologischem und pädagogischem Wissen.

Seit den Lehrerbildungsreformen in den 1980ern hatte die Pädagogik und Pädagogische Psychologie in den USA ihre zentrale Position verloren und war an den Rand der Lehrerbildung abgedrängt worden (Patrick, Anderman, Bruening, & Duffin, 2011). Diese Marginalisierung wurde teils als Folge davon betrachtet, wie allgemeines *pädagogisches und psychologisches Wissen* gelehrt wurde (Berliner, 1992). Die Inhalte der Pädagogik und Pädagogischen Psychologie wurden vielfach als dekontextualisiertes und allgemeines Wissen wahrgenommen, welches keinerlei praktische Verbindung zur Lehrpraxis aufwies (Berliner, 1992; Peterson, Clark, & Dickson, 1990). Pädagogische und psychologische Lehrbücher wurden kritisiert, enzyklopädisch zu sein und „nur" inhaltlichen Stoff zu behandeln und weniger ein anwendungsrelevantes Verständnis des „warum", „wann" und „wie" pädagogischen und psychologischen Wissens zu vermitteln (Patrick et al., 2011). Getrennt von anderen Disziplinen hatte die Pädagogik und Pädagogische Psychologie eine Abseitsposition eingenommen und die Lehrerbildung wurde in fachbezogene und pädagogische und psychologische Kurse geteilt.

Mit steigenden Befürchtungen bezüglich der Qualität des Bildungssystems werden in den letzten Jahren sowohl national als auch international die Diskussionen über die optimale Lehrerausbildung zunehmend hitziger (Kennedy, Ahn, & Choi, 2008). In einer Rede des amerikanischen Bildungsministers Arne Duncan bezeichnete dieser amerikanische pädagogische Hochschulen sogar als das „Bermudadreieck des Hochschulwesens" (Duncan, 2009a) und stellte fest, dass sie eine revolutionäre Veränderung benötigten (Duncan, 2009b). Mittlerweile werden Möglichkeiten der Optimierung der Lehrerbildung intensiv diskutiert (Ball, 2000; Darling-Hammond, 2006; Zeichner, 2012). Dabei geht es nach König, Blömeke, Paine, Schmidt, und Hsieh (2011) vor allem auch darum, Maßnahmen zu realisieren, die als empirisch fundiert gelten können.

Im Verlauf der Diskussion über die „richtige" Lehrerausbildung, entstanden unterschiedliche Sichtweisen darüber, welches Wissen Lehrpersonen erwerben sollten. Eine Sichtweise, die in den meisten staatlichen Regelungen enthalten ist, hebt die Bedeutsamkeit des pädagogischen und psychologischen Wissens hervor. Jedoch bleibt diese Sichtweise nicht ohne „Gegner" (siehe auch Kennedy et al., 2008). Insbesondere außerhalb der Lehrerbildung wird die Wertigkeit des pädagogischen und psychologischen Wissens bezweifelt (Grossman, 1992; Kagan, 1992; Lagemann, 1999). Pädagogisches und psychologisches Wissen wird von Vertretern der Fachwissenschaften häufig gegen Fachwissen gestellt und kritisiert, im Studium den Raum für förderlicheres Fachwissen zu belegen (Kennedy et al., 2008). Während Kritiker des pädagogischen und psychologischen Wissens fordern, pädagogische und psychologische Kurse zu streichen und die verfügbare Zeit für die Vermittlung von Fachwissen zu verwenden, fordern Befürworter eine Umstrukturierung der Vermittlung (Anderson et al., 1995; Ball, 2000; Kennedy et al., 2008).

Pädagogisches und psychologisches Wissen aus dem Lehrplan zu streichen, kann bei genauerer Betrachtung jedoch keine adäquate Lösung darstellen. Speziell pädagogisches und psychologisches Wissen wird benötigt, um geeignete Lernsituationen zu schaffen und zu optimieren (Voss, Kunter, & Baumert, 2011), welche wiederum das Lernen der Schülerinnen und Schüler beeinflussen (z. B. Bromme, 1997; Hattie, 2009; Seidel & Shavelson, 2007). Trotz seiner Bedeutung für den Unterricht sind universitäre Kurse, die pädagogisches und psychologisches Wissen vermitteln, gegenwärtig meist „isoliert" von den fachbezogenen Kursen der Lehrerausbildung. Diese Trennung vom Unterrichtsfach der Lehramtsstudierenden kann nicht nur die wahrgenommene Relevanz, sondern auch die Anwendbarkeit negativ beeinflussen (siehe Anderson et al., 1995; Renkl, Mandl, & Gruber, 1996). Folglich sollte pädagogisches und psychologisches Wissen nicht losgelöst, sondern mit Verbindung zu anderem lehrrelevanten Wissen vermittelt werden. Durch diese Integration könnte die Anwendbarkeit von pädagogischem und psychologischem Wissen erhöht, konzeptuelles Verständnis von Handlungen gefördert und somit adaptive Lehrexpertise begünstigt werden.

9.2 Expertise und Wissensorganisation

Die Expertiseforschung zeigt auf, welche Eigenschaften effektives Denken und Problemlösen auszeichnet und auf welche Art und Weise Wissen organisiert sein sollte (Bransford, Brown, & Cocking, 2000; Bransford, Derry, Berliner, Hammerness, & Beckett, 2005; Gruber, 2001). Mehrere Jahrzehnte beschäftigte sich die Expertiseforschung damit, was Personen mit herausragenden Leistungen in einer Domäne von anderen unterscheidet (für einen Überblick siehe Chi, 2011; Ericsson & Smith, 1991). Es zeigte sich hierbei, dass der Schlüssel zu besonderer Leistung weder in generellen Fähigkeiten (z. B. überragende Merkfähigkeit oder Intelligenz) noch in besonderen Strategien liegt. Entscheidend ist die Wissensstruktur, welche ihrerseits Unterschiede in der Problemrepräsentation bedingt (Chi, 2011). Die Art und Weise wie Probleme repräsentiert werden, wird durch Expertenwissen verändert, weshalb Experten und Novizen beim Problemlösen ihre Aufmerksamkeit auf unterschiedliche Aspekte richten (Chi, 2011; Chi, Feltovich, & Glaser, 1981). Abhängig von dem Wissen, das in eine Situation gebracht wird, neigen Personen dazu, gleiche Aspekte unterschiedlich wahrzunehmen und zu verstehen (de Groot, 1965). Experten können beispielsweise Problemmerkmale wahrnehmen, die Novizen entgehen (z. B. Chi et al., 1981; Simon & Simon, 1978). Diese unterschiedlichen Repräsentationen führen schließlich zu korrekteren und effizienteren Lösungen auf Seiten der Experten (Chi, 2011; Chi et al., 1981; de Groot, 1965; Simon & Simon, 1978).

Experten unterscheiden sich jedoch nicht nur in der Wahrnehmung, sondern auch in Bezug auf ihre Handlungskompetenz von Novizen. Für wiederkehrende Aufgaben in ihrer Domäne verfügen Experten über prozeduralisierte Strategien, die in hohem Maße automatisiert sind (Anderson, 1983; Gruber, 2001). Durch die hohe Automatisierung können beim Problemlösen bestimmte Handlungen ohne Zuwendung von Aufmerksamkeit ausgeführt werden. Das Wissen von Experten ist dabei mehr als eine lose Kette von Fakten. Expertenwissen ist gut integriertes Wissen und um die Hauptgedanken einer Disziplin organisiert (Bransford et al., 2005; Glaser, 1992; Sternberg & Horvath, 1995; Tashman, 2013). Im Gegensatz zu dem Wissen von Novizen ist Expertenwissen in differenzierten Strukturen organisiert (z. B. Chunks nach Larkin, McDermott, Simon, & Simon, 1980; elaborierte hierarchische Wissensstrukturen nach Boshuizen & Schmidt, 1992; Schemata nach de Jong & Ferguson-Hessler, 1986). Die Wahrnehmung und das Gedächtnis von Experten zeichnen sich durch das Wahrnehmen und Erinnern großer bedeutungsvoller Muster in der Domäne aus (Chase & Simon, 1973; Chi, Glaser, & Farr, 1988; Glaser, 1992).

Beim Problemlösen greifen Experten häufig auf verschiedene Arten und Bereiche ihres Wissens zurück (de Jong & Ferguson-Hessler, 1996; Fink, 1985; Krauss et al., 2008; König et al., 2011). Diese existieren jedoch nicht in Isolation voneinander, sondern sind Teile integrierter Wissensstrukturen, welche um die jeweiligen Probleme geordnet sind (de Jong & Ferguson-Hessler, 1986; de Jong & Ferguson-Hessler, 1996; Kraus et al., 2008; Patel, Arocha, & Kaufman, 1999). Trotz ihres enormen Wissensrepertoires müssen Experten somit nicht ihren gesamten Wissenspool durchsuchen, um identifizieren zu können, was für ein bestimmtes Problem relevant ist. Aufgrund ihrer Wissensorganisation verstehen Experten wann, warum und wie sie ihr umfangreiches professionelles Wissens anwenden (Bransford et al., 2000; Chi, 2011) und hierdurch Probleme adäquat in ihrer Wissensdomäne verstehen, reflektieren und lösen können (Bransford et al., 2000; Bransford et al., 2005).

Zusammenfassend liegt der ausschlaggebende Unterschied zwischen Experten und Novizen nicht in Intelligenz oder anderen generellen individuellen Fähigkeiten begründet, sondern im unterschiedlichen Wissen. Bei der Lösung eines Problems greifen Experten auf verschiedene Wissensarten und Wissensbereiche in ihren integrierten und gut organisierten Wissensstrukturen zurück. Diese Wissensstrukturen befähigen Experten dazu, verschiedene Teile ihres enormen Wissens in unterschiedlichen Situationen angemessen anzuwenden.

9.3   Professionswissen von Lehrpersonen

Expertise von Lehrpersonen

Die Bedeutung von fachlicher Expertise (d. h. im Bereich des Unterrichtsfachs) für die Lehrtätigkeit ist erwiesen (Baumert et al., 2010; Shulman, 1986). Jedoch garantiert Expertise in einem bestimmten Fachbereich nicht, dass der Experte dieses Wissen auch gut vermitteln kann und somit eine gute Lehrperson ist. Expertise kann hierfür sogar Nachteile besitzen. Denn wenn Expertise in einem Bereich entwickelt wird, bilden sich normativ-korrektere und tiefgreifendere Repräsentationen von Konzepten oder Themen aus als bei Novizen, deren Repräsentationen oberflächlicher und unvollständiger sind (Chi, 2011). Das Wissen wandelt sich von explizit zu implizit und die Gefahr, dass Experten die Sicht der Novizen aus den Augen verlieren, wächst. Sie fordern zu viel, während sie unbemerkt Informationen, die Novizen benötigen, überspringen. Diese Unbewusstheit der Lernbedürfnisse von Novizen wird als *expert blind spot* bezeichnet (Nathan, Koedinger, & Alibali, 2001; Nathan & Petrosino, 2003). Fachliche Expertise beinhaltet damit die Gefahr, die angemessene Einschätzung dessen, was Schülerinnen und Schüler schwierig finden, zu beeinträchtigen und damit die Lehrqualität potentiell negativ zu beeinflussen (Nathan et al., 2001).

Die Lehrtätigkeit unterscheidet sich von vielen Berufen folglich dahingehend, dass Lehrpersonen neben fachlicher Expertise auch Lehrexpertise benötigen. Unter anderem um die Nachteile von expert blind spots zu vermeiden, sollten Lehrpersonen Wissen besitzen, das über das rein fachliche Wissen hinausreicht und fachdidaktisches Wissen und allgemeines pädagogisches und psychologisches Wissen für die Lehrtätigkeit umfasst (Grossman & Richert, 1988; Shulman, 1987).

Im Schulalltag greifen speziell erfahrene Lehrpersonen meist auf ihr umfangreiches fachdidaktisches Wissen zurück. Sie kennen die Schwierigkeiten für Schülerinnen und Schüler, die Unterstützungsmöglichkeiten und anwendbaren Lehrstrategien für bestimmte Themen (Borko & Putnam, 1996). Sie sind versiert in den ihnen vertrauten Themen. Sie können relevantes Wissen ohne größere Anstrengung abrufen und ihre Handlungen sind meist kontinuierlich, flüssig und automatisch (siehe de Jong & Ferguson-Hessler, 1996). Nicht immer dürften Lehrpersonen aber in vertrauten Bereichen handeln, etwa wenn sie neue Klassenstufen übernehmen oder neu im Curriculum eingeführte Inhalte vermitteln. Daher ist eine wichtige Frage in der Lehrerausbildung, wie Experten, die flexibel und adaptiv auf neue Situationen eingehen können, geschaffen werden können.

In diesem Zusammenhang kann zwischen „adaptiven Experten" und „Routine-Experten" (z. B. Hatano & Inagaki, 1984) unterschieden werden. Routine-Experten sind außergewöhnlich in ihrer Ausführungsgeschwindigkeit, in ihrer Fehlerfreiheit und Automatisierung (Hatano & Oura, 2003). Im Gegensatz hierzu gehen adaptive Experten einen Schritt weiter. Sie führen eine Fähigkeit nicht nur effizient aus, sondern konstruieren konzeptuelles Wissen, wodurch sie die Bedeutung ihres Handelns tiefer verstehen (Hatano & Inagaki, 1984). Sie können ihre Handlungen überwachen und Situationen identifizieren, in denen diese ungeeignet wären (siehe Wineburg, 1998). Ausgestattet mit konzeptuellem Wissen können sie also flexibel und adaptiv handeln (Hatano & Inagaki, 1984). Auch Lehrpersonen sollten nicht nur Routinen entwickeln, sondern auch konzeptuelles Wissen zu Fragen des Lernens und Lehrens (pädagogisches und psychologisches Wissen) erwerben. Obgleich Routinen hilfreich sein und Aufmerksamkeit für andere Aspekte ihrer Arbeit verfügbar machen können, helfen sie nicht dabei mit veränderten Situationen umgehen zu können (Hammerness et al., 2005). Kurzum aufgrund von Wiederholung lernen Routine-Experten hoch effiziente Leistung in einem bestimmten Bereich zu vollbringen. Wenn der Gegenstand und die Umstände sich ändern, sind sie jedoch meist unzureichend zum Handeln ausgestattet. Im Gegensatz hierzu stehen adaptive Experten, die dank konzeptuellen Verständnisses flexibel handeln und sich an neue Situationen anpassen können. Angesichts dieses immensen Vorteils ist adaptive Expertise zu einem Goldstandard für Lernen herangewachsen (Bransford et al., 2000).

Wir resümieren, dass Lehrpersonen neben fachlicher Expertise auch Lehrexpertise benötigen. Lehrpersonen sollten neben Fachwissen, auch fachdidaktisches Wissen und pädagogisches und psychologisches Wissen besitzen. Obwohl Lehrpersonen sich in vertrauten Bereichen auf ihr fachdidaktisches Wissen stützen und in ihrem Unterrichtsalltag meist flüssig und routiniert handeln, können relativ neuartige Lehrsituationen (d. h. Unterrichten neuer Klassenstufen oder neuen Lernstoffes) auftreten. In neuartigen Situationen, kann adaptive Expertise entscheidend sein, da das konzeptuelle Verständnis zur Tätigkeit (z. B. allgemeines pädagogisches und psychologisches Wissen zum Lernen und Lehrens) ein Übertragen des Wissens und eine flexible Anwendung erleichtert.

Struktur des Lehrerwissens

Eine in der Bildungswissenschaft fest etablierte Topologie grundlegender Wissenskomponenten von Lehrpersonen beruht auf der Unterscheidung von Fachwissen, fachdidaktischem Wissen und pädagogischem (und psychologischem) Wissen (z. B. Ball, Thames, & Phelps, 2008; Baumert & Kunter, 2006; Borko & Putnam, 1996; Bromme, 1997; Bullough, 2001; Shulman, 1986, 1987; Voss et al., 2011). In den folgenden Abschnitten werden diese Wissensbereiche jeweils kurz erläutert.

Pädagogisches und Psychologisches Wissen

Pädagogisches und psychologisches Wissen ist wichtig für gute Lehre und das Schaffen und Optimieren von Lehr-Lern Situationen (Voss et al., 2011). Obwohl die Definitionen und Aspekte des allgemeinen pädagogischen Wissens sich unterscheiden, scheinen die meisten Definitionen auf Shulman's (1987) erste Arbeiten über Lehrerwissen zurückzugehen. Ungeachtet verschiedener Komponenten stimmen die Definitionen meist darin überein, dass allgemeines pädagogisches Wissen über verschiedene Domänen hinweg angewendet werden kann (z. B. Borko & Putnam, 1996; Bromme, 2001; Mishra & Koehler, 2006). Eine Konzeptualisierung von Borko und Putnam (1996) umfasst Klassenführung, Strategien zur Unterrichtsgestaltung und Schaffen von Lernumgebungen sowie Wissen über Lernende, die Natur von Lernen und Wissen, wie Lernen gefördert werden kann. Um eine einheitliche, in den tatsächlichen Unterrichtsanforderungen verankerte Konzeptualisierung zu finden, analysierten Voss et al. (2011) verschiedene Modelle des schulischen Lernens. Sie erweiterten die ursprüngliche Definition von Shulman zu pädagogischem *und psychologischem* Wissen, welches pädagogische und psychologische Aspekte umfasst und definierten fünf spezifische Komponenten (d.i. Lehrmethoden, Lernprozesse, Klassenführung, Leistungsbeurteilung und individuelle Lernvoraussetzungen). Diese Konzeption hat gegenüber derjenigen von Borko und Putnam allerdings den Nachteil, dass die wichtige Kategorie „Annahmen über die Natur von Lernen" fehlt.

Fachdidaktisches Wissen

Das fachdidaktische Wissen (pedagogical content knowledge) wurde ursprünglich von Shulman (1986) eingeführt und wird seitdem als entscheidender Faktor für gute Lehre betrachtet (Ball, 2000; Ball et al., 2008; Borko & Putnam, 1996; Shulman, 1986). Jedoch unterscheiden sich auch bei fachdidaktischem Wissen die Konzeptualisierungen. Verschiedene Forscher schlossen in die Definition unterschiedliche Elemente ein, wodurch offen bleibt, ob fachdidaktisches Wissen jeweils nur für gewisse Themen existiert oder in einem gesamten Fach anwendbar ist (van Driel & Berry, 2010). Meist wird es als eine Art Amalgam-Wissen beschrieben (Ball et al., 2008; Bullough, 2001; Shulman, 1986), das dem Lehrerberuf eigen ist (Borko & Putnam, 1996; Shulman, 1986). Basierend auf Grossmans (1990) früherer Differenzierung unterscheiden Borko und Putnam (1996) vier Komponenten fachdidaktischen Wissens in ihrer Überblicksarbeit: (1) Die Auffassung der Lehrperson über den Nutzen des Lehrens eines Inhalts, (2) Wissen über Schülerverständnis und wie Schülerinnen und Schüler in einer bestimmten Wissensdomäne lernen, (3) Curriculares Wissen und (4) Strategien und Repräsentationen für das Lehren eines spezifischen Themas. Eine Definition von Ball et al. (2008) umfasst in ähnlicher Weise Wissen über Inhalte und Schüler, Wissen über Inhalte und Lehren und Wissen über Inhalte und Curriculum. Bei der Betrachtung des fachdidaktischen Wissens sollte beachtet werden, dass dieser Wissensbereich einerseits als Amalgam von pädagogisch-psychologischem sowie fachwissenschaftlichem Wissen betrachtet werden kann und andererseits als selbstständiger Wissensbereich, der beispielsweise in naturwissenschaftlichen oder mathematischen Didaktikkursen vermittelt wird.

Fachwissen

Auch für Fachwissen konnte gezeigt werden, dass dieses Lehrpraktiken und Schülerlernen beeinflusst (Baumert et al., 2010; Kleickmann et al., 2013). Shulman (1986) betonte, dass das umfassende Verständnis eines Faches Wissen voraussetzt, welches über reines Wissen von Konzepten und Fakten der Domäne hinausgeht. Er forderte, dass eine Lehrperson nicht nur verstehen sollte, *dass* etwas so ist, wie es ist (d. h. Faktenwissen), sondern auch wissen sollte *warum* dies so ist (d. h. Erklärungswissen und Wissen über Regeln anhand derer Gültigkeit und Wahrheit von Aussagen in einem Fachbereich geltend gemacht werden). Auch Ball (1990) machte eine vergleichbare Differenzierung, in der sie zwischen Wissen *in* Mathematik und Wissen *über* Mathematik unterschied. Sie definierte Wissen in Mathematik als Wissen und Verständnis von Konzepten, Prozeduren, Prinzipien und Verbindungen zwischen mathematischen Vorstellungen (z. B. wie Teilung und Bruchrechnung verwandt sind). In Wissen über Mathematik fasste sie ein Verständnis der Natur der Mathematik und mathematischen Wissens (z. B. wie Mathematik sich verändert, wie Gültigkeit erlangt wird, welchen Tätigkeiten Mathematiker nachgehen). Auch Borko und Putnam (1996) zufolge ist es für Lehrpersonen wichtig, Wissen zu besitzen, das über lose Fakten und Konzepte ihrer Disziplin hinausgeht. Wie sie ein Fach unterrichten, wird nach Borko und Putnam von ihrem Wissen über theoretische Erklärungsmöglichkeiten, Verbindungen zwischen Vorstellungen, Denkweisen und Wissen innerhalb ihres Fachs abhängen.

Um die kognitive Organisation des Lehrerwissen zu beleuchten, wird häufig auf die generelle Expertiseforschung zurückgegriffen (siehe Baumert & Kunter, 2006; Darling-Hammond & Bransford, 2005). Wie bereits dargelegt (siehe 1 Expertise und Wissensorganisation), zeichnen sich Experten insbesondere durch ihre Wissensstruktur und kategoriale Wahrnehmung aus. Im Gegensatz zu Novizen besitzen sie hoch integriertes Wissen, welches um Schlüsselkonzepte ihres Fachs angeordnet ist (Bransford et al., 2005; Tashman, 2013). Verschiedene Studien zu Lehrexpertise schlussfolgern, dass dieser Unterschied der Wissensorganisation auch für Experten- und Novizen-Lehrpersonen besteht (Baumert & Kunter, 2006; Borko & Livingston, 1989; Palmer, Stough, Burdenski, & Gonzales, 2005; Sternberg & Horvath, 1995). Ebenso wie bei anderen Experten ist das Wissen von erfahrenen Lehrpersonen gut integriert (z. B. Borko & Livingston, 1989; Rikers, Schmidt, & Boshuizen, 2000).

9.4   Wissenskompartmentalisierung

Professionelles Lehren wird als komplexes Zusammenspiel verschiedener Wissensfacetten betrachtet (Ball et al., 2008; Bromme, 1997). In der universitären Ausbildung und in der Praxis erwerben Lehrpersonen Fachwissen, fachdidaktisches Wissen sowie pädagogisches und psychologisches Wissen. Im Studium werden die Kurse für fachbezogenes Wissen (d. h. Fachwissen und fachdidaktisches Wissen; siehe Kleickmann et al., 2013) und pädagogisch-psychologisches Wissen jedoch meist getrennt vermittelt. In vielen Fällen werden die Kurse von unterschiedlichen Instituten gelehrt und aus Tradition und Gewohnheit neigen die Unterrichtenden der verschiedenen Felder (Pädagogik und Pädagogische Psychologie, Fachdidaktik und Fach) häufig dazu, ihre eigenen Inhalte isoliert zu behandeln.

Der Wissenserwerb findet im universitären Rahmen somit mehr oder weniger getrennt statt. Die Integration wird den einzelnen Lehramtsstudierenden unter der Annahme überlassen, dass sie diese meistern können. Jedoch kann vermutet werden, dass Integration eine immense Herausforderung darstellt und häufig misslingt (Ball, 2000). Auch ein Nachholen der versäumten Wissensintegration im Rahmen anderer Lerngelegenheiten (Praktikum oder Referendariat) sollte sich als schwierig erweisen, da (1) der universitären Ausbildung häufig kein hoher Wert vom Lehrerkollegium zugeschrieben wird, welches für Referendare die community of practice darstellt (Reimann & Rapp, 2008) und (2) die Referendare vor allem darauf bedacht sind, es „ohne Kentern durch die Stunde zu schaffen", so dass die Integration von pädagogisch-psychologischen Konzepten mit fachbezogenem und fachdidaktischem Wissen in Lehrsituationen meist zweitrangig bleibt.

Es wäre somit erstrebenswert, wenn die Wissensintegration bereits in der universitären Lehrerausbildung für einen guten Start in das Referendariat angebahnt würde. Wenn Wissensbereiche in separaten Kursen und/oder von separaten Instituten vermittelt werden, können Lehramtsstudierende von den Integrationsanforderungen überfordert werden. Bei fehlgeschlagener Integration wird das Wissen in unterschiedlichen Wissenskompartimenten getrennt und ohne wesentliche Querbezüge abgespeichert (Renkl et al., 1996). Das erworbene Wissen bleibt dann oft träge, weil die Aktivierung von Wissen aus einem Kompartiment nicht zur Aktivierung des Wissens aus einem anderen Kompartiment führt, obwohl letztgenanntes Wissen relevant wäre (Mandl, Gruber, & Renkl, 1993; Renkl et al., 1996).

Es besteht heutzutage ein Konsens darüber, dass beide, fachbezogenes Wissen und pädagogisch-psychologisches Wissen sehr wichtig für das Lehren sind (Darling-Hammond & Bransford, 2005). Pädagogisch-psychologisches Wissen ermöglicht es, Aussagen über lernförderliche Merkmale von Lehr-Lern-Situationen zu machen, die über verschiedene Fächer hinweg gültig sind (Grossman & McDonald, 2008; Voss et al., 2011). Aufgrund seines fachübergreifenden Charakters scheint pädagogisches und psychologisches Wissen jedoch gefährdeter, träge zu bleiben als fachdidaktisches Wissen, welches mit dem Unterrichtsfach eng verbunden ist. Handeln Lehrpersonen in vertrauten Inhaltsbereichen, in denen sie differenziertes fachdidaktisches Wissen besitzen (Borko & Putnam, 1996; Shulman, 1986), können die Lehrmethoden für Inhalte routiniert gewählt werden und träges pädagogisches und psychologisches Wissen sollte kein Hindernis für gute Lehre darstellen. Wenn Lehrpersonen jedoch in weniger vertrauten Bereichen (neue Klassenstufe oder neue Lehrinhalte) handeln, für die sie kein oder nur wenig fachdidaktisches Wissen besitzen, wird nach Hatano und Inagaki (1984) adaptive Expertise benötigt. Es kann davon ausgegangen werden, dass pädagogisch-psychologisches Wissen adaptive Expertise dadurch begünstigt, dass dieses allgemeine Wissen das konzeptuelle Verständnis der Handlungen vertieft. Wurde pädagogisches und psychologisches Wissen jedoch aufgrund der getrennten Vermittlung von fachbezogenen Inhalten in separaten, nicht unterrichtsfachbezogenen Gedächtniskompartimenten abgespeichert, kann die Nutzung dieses allgemeinen pädagogischen und psychologischen Wissens eine schwierige Aufgabe darstellen (siehe Gruber, Mandl, & Renkl, 2000; Renkl et al., 1996).

Es kann zusammengefasst werden, dass im Studium Wissensbereiche meist getrennt vermittelt werden, während die anspruchsvolle Aufgabe der Integration den einzelnen Lehramtsstudierenden überlassen wird. Wenn Lehramtsstudierende von dieser Aufgabe überfordert werden, kann eine solche Wissenstrennung zu getrennt abgespeicherten Wissensbereichen und trägem pädagogischem und psychologischem Wissen führen. Obwohl dies kein Problem darstellen sollte, sofern Lehrpersonen in vertrauten Inhaltsbereichen (für die sie fachdidaktisches Wissen besitzen) handeln, können Situationen auftreten, in denen Lehrpersonen ihren vertrauten Expertisebereich verlassen müssen und kein differenziertes fachdidaktisches Wissen für Handlungen besitzen. In diesem Fall wird adaptive Expertise benötigt, für die pädagogisch-psychologisches Wissen sehr nützlich ist, da es nicht an einen bestimmten Stoff gebunden ist.

9.5   Wissensintegration

Um Fachwissen anwenden zu können, müssen Lehrpersonen (1) eine gute fachwissenschaftliche Grundlage an theoretischem Wissen sowie an Faktenwissen besitzen, (2) Vorstellungen und Fakten im Rahmen eines konzeptuellen Bezugsrahmens interpretieren und (3) ihr Wissen in einer Weise organisieren, die den Abruf und Einsatz unterstützt (Hammerness et al., 2005). Nach Hammerness et al. (2005) führt ein allgemeines Berichten von Lehrern über Strategien (Vorgehensweise allgemeiner pädagogischer und psychologischer Kurse), die im Unterricht angewendet werden können, bei Lehrpersonen zu einem oberflächlichen Verständnis und fehlender Umsetzung. Auch kompartmentalisiertes Wissen wie es im Studium häufig erworben wird, führt typischerweise nur zu begrenztem Verständnis (Mandl et al., 1993). Ein tiefgreifendes Verständnis wäre jedoch nötig, um Lernenden über das Problem hinweg zu helfen, dass sie häufig nicht wissen, wann oder wo sie das Gelernte anwenden können (Simons, 1999). Wenn Lehramtsstudierende pädagogisches und psychologisches Wissen durch eine allgemeine Vorgehensweise, ohne Verbindung zu fachbezogenem Wissen, erwerben, kann unklar bleiben, welchem Zweck die pädagogischen und psychologischen Prinzipien dienen und wann sie angewendet werden könnten. Damit Wissen dann aktiviert wird, wenn es benötigt wird, sollte es jedoch Informationen darüber umfassen, in welchen Kontexten es brauchbar sein kann. Sofern diese Information nicht vorhanden ist, wird es oft träge bleiben, d. h. obwohl es relevant wäre, wird der Abruf scheitern (Whitehead, 1929). Folglich sollte bereits an der Universität ein tiefes Verständnis von fachbezogenem Wissen (d. h. Fachwissen und fachdidaktisches Wissen) und pädagogisch-psychologischem Wissen durch gezielte Wissensintegration gefördert werden.

Vorteile der Integration

Ein integrierender Vermittlungsansatz in der Lehrerausbildung sollte zwei grundlegende Vorteile besitzen. Erstens sollte eine Integration pädagogisches und psychologisches Wissen besser anwendbar machen. Defizite im Wissen (d. h. Kompartmentalisierung), die vielfach für die mangelnde Wissensanwendung verantwortlich sind (Mandl et al., 1993; Renkl et al., 1996), sollten vermieden werden. Durch Integration könnten unterschiedliche Gedächtniskompartimente verbunden werden und als vernetzte Wissensbasis die Entstehung adaptiver Expertise unterstützen. Die Annahme der gesteigerten Anwendbarkeit von pädagogischem und psychologischem Wissen wird gestützt durch Renkls (2014) Theorie des beispielbasierten Lernens und Banduras (1986) Theorie des *abstract modeling*. Nach beiden Ansätzen sollte die Integration allgemeiner Prinzipien mit konkreten domänenspezifischen Situationen die Anwendbarkeit der allgemeinen Prinzipien deutlich erhöhen. Diese Verbindung erlaubt Lernenden zu verstehen, wie allgemeine Prinzipien erfolgreich genutzt werden können (Renkl, 2014). Die Crux des „jetzt Lernens für spätere Anwendung" könnte zurückgedrängt und Lehramtsstudierenden verdeutlicht werden, wo und wann pädagogisches und psychologisches Wissen angewendet werden kann.

Ein zweiter grundlegender Vorteil integrierenden Vermittlungsansatzes sollte die gleichzeitige Anwendung beider Wissensbereiche darstellen. Nach der Annahme der *spreading activation* (ACT Theorie), sollte die Verknüpfung von Wissen einen gleichzeitigen Abruf fördern (z. B. Anderson, 1983; Anderson & Lebiere, 1998). Das Gedächtnis wird hier als ein verschaltetes Netzwerk verbundener Wissensknoten konzeptualisiert. Wenn ein Knoten aktiviert wird, geht die Aktivierung zu damit verbundenen Knoten über. Ein gemeinsamer Erwerb fachdidaktischen Wissens und pädagogischen-psychologischen Wissens würde somit dazu führen, dass der Abruf eines Wissensbereichs den anderen aktiviert. Folglich könnte der Abruf von fachbezogenem bzw. fachdidaktischem Wissen im Klassenzimmer den Abruf von pädagogisch-psychologischem Wissen auslösen.

Nachteile integrierter Lehransätze

Ungeachtet der zu anzunehmenden positiven Wirkungen könnte ein integrierter Lehransatz auch gewisse Nachteile besitzen. Beispielsweise können Integrationsbestrebungen hohe kognitive Belastung (cognitive load) oder Überbelastung der kognitiven Kapazitäten der Lernenden verursachen (z. B. Ainsworth, Bibby, & Wood, 2002; Ayres, 2013; Schwonke et al., 2013; Sweller, Ayres, & Kalyuga, 2011). Verschiedene Wissensbereiche gleichzeitig zu lernen, könnte zumindest manche Lehramtsstudierende überfordern (Brush & Saye, 2009). Um eine kohärente mentale Repräsentation der Inhalte zu formen, müssen die Lernenden zwischen den Themen (z. B. fachdidaktisches Wissen und pädagogisch-psychologisches Wissen) vor- und zurückspringen. In manchen Fällen können die kognitiven Anforderungen die Arbeitsgedächtniskapazität übersteigen (Schwonke et al., 2013; Sweller et al., 2011). Die kognitive Belastung ist dabei unter anderem vom Vorwissen der Lernenden abhängig, da dieses dazu befähigt, größere bedeutungsvolle Informationseinheiten (d. h. *chunks*) im Lernstoff zu bilden (Ericsson & Kintsch, 1995; Kalyuga, 2008; Sweller et al., 2011). Wenn Lernende mit hohem Vorwissen also eine große Informationsmenge verarbeiten, können sie aufgrund der Chunks große Mengen an Information im Arbeitsgedächtnis halten (Ericsson & Kintsch, 1995; Kalyuga, 2008). Lernende mit geringem Vorwissen können von einer Aufgabe überwältigt werden, welche für Lernende mit fortgeschrittenem Vorwissensgrad kein Problem darstellt (Ayres, 2013; Sweller, van Merriënboer, & Paas, 1998). Ein potentieller Nachteil eines integrierten Lehransatzes könnte folglich sein, dass komplexe Lerninhalte, die mit hohen Integrationsanforderungen verbunden sind, Lernende mit geringem Vorwissen überfordern.

Bei der Betrachtung integrativer Lehransätze sollten auch wissensunabhängige Faktoren der Informationsverarbeitung berücksichtigt werden (für einen Überblick siehe Diamond, 2013). Unabhängig vom Grad des Vorwissens kann die generelle Fähigkeit, Informationen in einem aktiven und schnell abrufbaren Zustand zu halten, bei verschiedenen Personen zu einem unterschiedlichen Grad entwickelt sein (Engle, 2002). Derartige individuelle Unterschiede haben sich als Quelle unterschiedlicher Leistung in kognitiven Aufgaben erwiesen (Baddeley, 2012). Somit könnten auch interindividuelle Unterschiede in der Arbeitsgedächtniskapazität eine Rolle spielen, wenn Lernende Wissen aus unterschiedlichen Quellen integrieren müssen. Um von Integration zu profitieren, müssen Lernende genügend kognitive Kapazität besitzen, um die Information einer Quelle aktiv zu halten, während sie die Informationen aus einer zweiten verarbeiten, und schlussendlich beide in ein kohärentes mentales Modell integrieren. Folglich kann neben dem Vorwissen die individuelle, wissensunabhängige Arbeitsgedächtniskapazität bestimmen, ob bzw. wie stark Lernende von einer integrierten Präsentation unterschiedlicher Wissensinhalte profitieren oder nicht.

9.6   Integrationsansätze zur Förderung anwendbaren Wissens

In Hinblick auf eine Integration unterschiedlicher Informationsquellen können mindestens zwei Wege unterschieden werden: (1) Inhalte können integriert werden, indem sie „verflochten" werden und die korrespondierende Informationen simultan bereitgestellt werden oder (2) Inhalte können dadurch integriert werden, dass die Informationen getrennt präsentiert werden und die Lernenden anschließend dazu aufgefordert werden, die Inhalte selbst zu integrieren. Beide Möglichkeiten könnten zu einem kohärenten *mentalen* Modell der Inhalte aus unterschiedlichen Quellen führen.

Der erste Integrationsansatz – die vorgegebene Integration – basiert auf der Annahme, dass zusammen präsentiertes Wissen aufgrund seiner Nähe auch im Gedächtnis zusammen abgespeichert wird (siehe contiguity effect; Mayer, 2001; Mayer & Moreno, 2003). Wenn Informationen auf eine verflochtene Weise präsentiert werden, wird den Lernenden nahegelegt, diese aufeinander zu beziehen. Die Verbindung zwischen Gedächtnisteilen durch Integration im Lernmaterial sollte somit erheblich stärker sein als ohne eine Verflechtung des präsentierten Wissens.

Der zweite Integrationsansatz – die angeleitete Integration – basiert darauf, dass die Vorteile der vorgegebenen Integration letztlich der integrierten Abspeicherung im Gedächtnis zugeschrieben werden. Da universitäre Kurse, die pädagogisches-psychologisches Wissen und fachdidaktisches Wissen behandeln, herkömmlicherweise getrennt sind und diese Struktur nicht einfach abzuschaffen sein wird, lohnt sich die Untersuchung anderer Möglichkeiten, um eine integrierte Abspeicherung zu unterstützen. Man könnte also die Lehramtsstudierenden die Inhalte selbst integrieren lassen, was jedoch eine anspruchsvolle Aufgabe wäre. Lernende scheitern häufig dabei, vorausgehende Informationen mit nachfolgenden zu verbinden (Gentner, Loewenstein, Thompson, & Forbus, 2009). Zudem wenden Lernende anspruchsvolle Lernstrategien selten spontan und von sich aus an (Berthold, Nückles, & Renkl, 2007; Renkl, 1997), weshalb Leitfragen (Prompts) oder Trainieren von Vergleichsaktivitäten erforderlich werden (Gentner, Loewenstein, & Thompson, 2003; Renkl, 2002). Da Prompts, die produktive Lernaktivitäten anstoßen sollen, sich vielfach bewährt haben (z. B. Berthold et al., 2007; Gentner et al., 2003; Pressley et al., 1992; Rau, Aleven, & Rummel, 2009; Renkl, 2005) besteht eine Möglichkeit darin, die Kurse getrennt zu belassen, und Integration durch Hausaufgaben oder zusätzliche Kurse mit Prompts zu erzielen.

Studien zur Integration

In zwei Studien wurde getestet, welche Wirkung verschiedene Integrationsmöglichkeiten auf (1) die Anwendbarkeit pädagogisch-psychologischen Wissens und (2) den gleichzeitigen Abruf von verschiedenen Wissensbereichen haben. Zudem wurden (3) potentielle Vor- und Nachteile der Integration untersucht. Die Studien umfassten verschiedene Lernbedingungen, in denen die Teilnehmenden entweder anhand einer „getrennten Vermittlung", einer durch das Lernmaterial „vorgegebenen Integration" oder einer „hinweisgeleiteten Integration" lernten. Das Thema waren „multiple externe Repräsentationen im Unterricht" und wurde gewählt, da der Umgang mit Repräsentationen in Mathematikunterricht hoch relevant ist (z. B. Ministerium für Kultus, Jugend und Sport des Landes Baden-Württemberg, 2004; National Board for Professional Teaching Standards, 2013; National Council of Teachers of Mathematics, 2000). Multiple Repräsentationen können Lernen einerseits fördern (Ainsworth, 1999; Eitel, Scheiter, Schüler, Nyström, & Holmqvist, 2013), andererseits sind sie jedoch nicht einfach zu handhaben und produktiv zu verarbeiten (Ainsworth, 2006; Berthold & Renkl, 2009; Schnotz & Bannert, 2003; Seufert & Brünken, 2006). Wenn Lehrpersonen die Verarbeitungsanforderungen von multiplen Repräsentationen unterschätzen, kann das erfolgreiche Lernen von Schülerinnen und Schülern gefährdet werden.

In Studie 1 (Harr, Eichler, & Renkl, 2014) wurde eine vorgegebene Integration mit einer getrennten Präsentation der Lerninhalte verglichen und moderierende Effekte von

Vorwissen und Arbeitsgedächtniskapazität untersucht. Sechzig Mathematiklehramtsstudierende nahmen an der Studie teil und wurden randomisiert zu zwei Bedingungen zugewiesen. In beiden Bedingungen erhielten die Teilnehmenden zunächst Informationen über die Handhabung des Computerprogramms und bearbeiteten anschließend einen Arbeitsgedächtnistest. Nach diesem Test wurden demographische Daten und Vorwissen zu fachdidaktischem Wissen und pädagogisch- psychologischem Wissen bezüglich multipler Repräsentationen erfasst. Die Teilnehmenden erhielten Informationen über die Lerninhalte (d. h. multiple Repräsentationen) und wurden über den abschließenden Wissenstest informiert. Vor der Lernphase wurden alle Teilnehmenden darüber aufgeklärt, dass der Lernprozess selbstgesteuert ablaufen wird und sie die Möglichkeit haben werden ihren Fortschritt anhand einer Fortschrittsanzeige auf jeder Seite des Lernprogramms zu überwachen. Anschließend bearbeiteten die Teilnehmenden entweder die getrennte Bedingung oder die vorgegebene Integrationsbedingung (mittlere Lernzeit = 24 min). Jede Bedingung umfasste Informationen über allgemeine pädagogisch-psychologische Prinzipien zum Umgang mit multiplen Repräsentationen (d. h. Aspekte pädagogisch-psychologischen Wissens) und fachdidaktische Beispiele für die Anwendung verschiedener Repräsentationen in Mathematik (d. h. Aspekte fachdidaktischen Wissens). Beide Bedingungen umfassten somit fachdidaktisches Wissen und pädagogisch-psychologisches Wissen über multiple Repräsentationen. Der wesentliche Unterschied zwischen den Bedingungen war, dass dieses Wissen entweder getrennt oder integriert präsentiert wurde. Die fachdidaktische Lernumgebung behandelte mehrere wichtige *mathematikdidaktische Aspekte* beim Arbeiten mit multiplen Repräsentationen im Unterricht. Sie wurde in dem Teilgebiet Brüche veranschaulicht und behandelte Übersetzungsschwierigkeiten zwischen verschiedenen Repräsentationen, verschiedene Aspekte von Brüchen und das EIS-Prinzip, ein enaktiver, ikonischer und symbolischer Lernansatz, der üblicherweise in Standardwerken der Mathematikdidaktik enthalten ist. Die allgemeine pädagogische-psychologische Lernumgebung behandelte *allgemeinere Aspekte* beim Arbeiten mit multiplen Repräsentationen im Unterricht. Sie wurde an Alltagsbeispielen (z. B. Entstehung von Fata Morganas) veranschaulicht und behandelte psychologische Funktionen multipler Repräsentationen, verschiedene Unterstützungsmöglichkeiten für Schüler und Informationen über die kognitiven Anforderungen des mentalen Modelaufbaus. Um die pädagogisch-psychologischen Inhalte und die fachdidaktischen Inhalte eng zu verbinden, wurden in der vorgegebenen Integrationsbedingung die Inhalte in einer thematisch kohärenten Reihenfolge angeordnet und die Beispiele der pädagogisch-psychologischen Sicht so angepasst, dass sie sich ebenfalls auf Brüche bezogen. Abschließend bearbeiteten alle Teilnehmenden den Wissenstest, der unter anderem Unterrichtsszenarios umfasste, zu deren Lösung beide Wissensbereiche verwendet werden konnten (siehe Abb. 1).

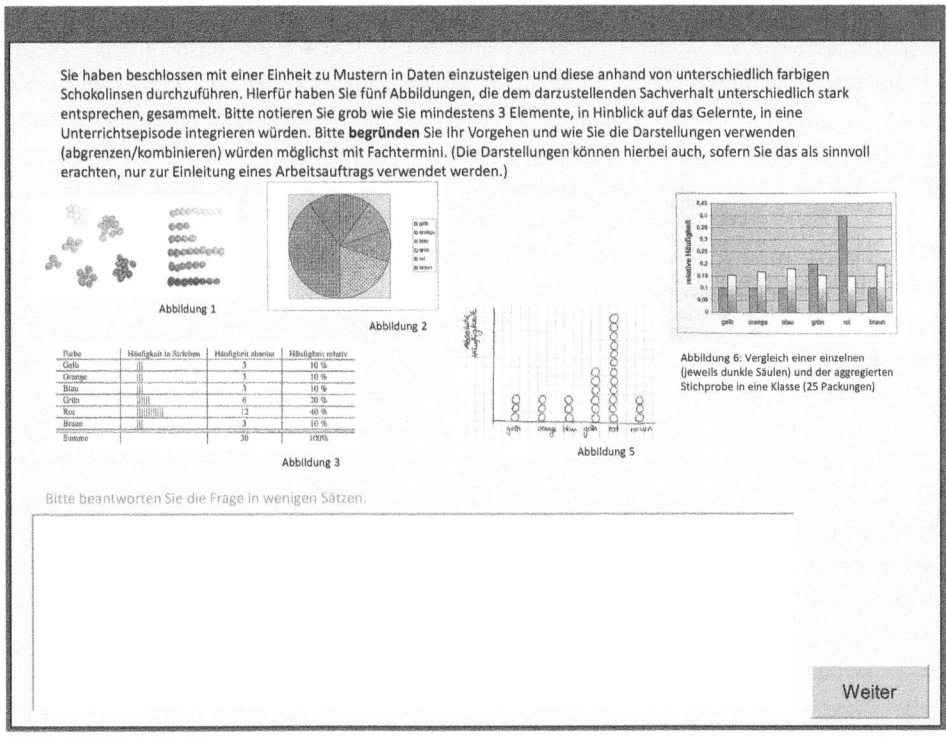

Abb. 1: Screenshot eines Mathematikunterrichtsszenarios. Studierende wurden aufgefordert verschiedene Elemente vor dem Hintergrund der erlernten Prinzipien zu kombinieren.

Wir postulierten, dass Lernende, die pädagogisch-psychologisches Wissen und fachdidaktisches Wissen integriert erlernten, das pädagogisch-psychologische Wissen besser (in Bezug auf Mathematikunterricht) anwenden können als Lernende, die die Wissensbereiche getrennt lernen. Wir nahmen weiterhin an, dass die Lernenden in der Bedingung mit integrierter Präsentation beide Wissensbereiche besser gemeinsam anwenden können als die Lernenden in der Bedingung mit separaten Präsentationen. Des Weiteren gingen wir davon aus, dass die positiven Effekte der Integration auf die Anwendbarkeit von pädagogisch-psychologischem Wissen durch Vorwissen und Arbeitsgedächtniskapazität moderiert werden. Unsere Ergebnisse zeigten, dass eine integrierte Präsentation die Anwendbarkeit des pädagogisch-psychologischen Wissens sowie die gleichzeitige Anwendung beider Wissensbereiche deutlich förderte. Entgegen unseren Erwartungen fanden wir keine abträglichen (moderierenden) Effekte niedrigen Vorwissens oder niedriger Arbeitsgedächtniskapazität auf die Anwendbarkeit des pädagogisch-psychologischen Wissens. Auch die Anwendung fachdidaktischen Wissens wurde von der integrierten Präsentation nicht beeinträchtigt.

In Studie 2 (Harr, Eichler, & Renkl, 2015) sollten die Befunde aus Studie 1 repliziert und verschiedene Integrationsmöglichkeiten verglichen werden. Wir unterschieden drei

Bedingungen: die getrennte Bedingung, die vorgegebene Integrationsbedingung (beide Bedingungen wie in Studie 1), und die hinweisgeleitete Integrationsbedingung (neue Bedingung). Die hinweisgeleitete Integrationsbedingung vermittelte die Wissensbereiche zunächst getrennt; die Integration wurde durch anschließende Verarbeitung der Inhalte anhand von Fragen und Aufforderungen erreicht. Wie auch in Studie 1 erfassten wir Vorwissen und Arbeitsgedächtniskapazität als mögliche Moderatoren der Bedingungseffekte. In dieser zweiten Studie erfassten und testeten wir zusätzlich Unterschiede hinsichtlich der mentalen Belastung und Effizienz (Lernerfolg/Lernzeit) der Bedingungen. In hinweisgeleiteten integrierten Bedingungen könnte eine eingeschränkte Effizienz bestehen aufgrund der benötigten Zeit, um die Prompts zu verarbeiten. An der Studie nahmen 69 Mathematiklehramtsstudierende teil. Der Versuchsablauf und die vermittelten Inhalte entsprachen weitestgehend denjenigen in Studie 1. Der entscheidende Unterschied zwischen den drei Bedingungen stellte auch in dieser Studie die Wissensintegration dar. Die erste Bedingung präsentierte die Wissensbereiche zusammen und ineinander verwoben (vorgegebene Integration). In der zweiten Bedingung erhielten die Teilnehmenden Prompts zur Integration der getrennt präsentierten Wissensbereiche (hinweisgeleitete Integration). Die dritte Bedingung präsentierte die Wissensbereiche nacheinander und getrennt ohne Integrationshilfe (getrennte Vermittlung). Vor dem Nachtest wurde allen Teilnehmenden die Möglichkeit gegeben, die Lerninhalte auf insgesamt sechs Folien zu wiederholen. Diese optionalen Seiten wurden erstellt, um eine solide Grundlage für Integrationsprozesse der Teilnehmenden in der hinweisgeleiteten Integrationsbedingung zu sichern, die ihre Prompts parallel dazu erhielten. Um diese zusätzliche Vertiefungsmöglichkeit über die Gruppen hinweg auszugleichen, wurde sie in alle drei Versuchsbedingungen integriert. Nach der Bearbeitung der jeweiligen Lernumgebung (mittlere Lernzeit = 34 min), bearbeiteten alle Teilnehmenden den Wissenstest.

Wie in Studie 1 nahmen wir an, dass das integrierte Lernen mit der vorgegebenen und hinweisgeleiteten Integrationsbedingung die Anwendbarkeit von pädagogisch-psychologischem Wissen und die gleichzeitige Anwendung beider Wissensbereiche fördert. Wir testeten wiederum, ob die positiven Effekte der Integration auf die Anwendbarkeit von pädagogisch-psychologischem Wissen und die gleichzeitige Anwendung beider Wissensbereiche durch das Vorwissen oder die individuelle Arbeitsgedächtniskapazität moderiert werden. Wir erwarteten zusätzlich, dass die mentale Belastung in der vorgegebenen Integration während der Lernphase höher sein würde als in den anderen Bedingungen, bei denen die Wissensbereiche zunächst getrennt eingeführt wurden. Hinsichtlich der Effizienz gingen wir der Frage nach, ob sich die beiden integrierten Bedingungen in der Lerneffizienz unterscheiden. Wir nahmen an, dass die vorgegebene Integration die hinweisgeleitete Integration aufgrund langer Bearbeitungszeit der Prompts in der Lerneffizienz übertrifft.

Unsere Ergebnisse zeigten, dass Integration (vorgegebene und hinweisgeleitete) die Anwendbarkeit des pädagogischen und psychologischen Wissens sowie die gleichzeitige Anwendung beider Wissensbereiche deutlich förderte. Entgegen unseren Erwartungen fanden wir keine abträglichen (moderierenden) Effekte niedrigen Vorwissens oder niedriger Arbeitsgedächtniskapazität, weder für die Anwendbarkeit pädagogisch-psychologischen Wissens noch für die gleichzeitige Anwendung beider Wissensbereiche. Auch die Anwendung fachdidaktischen Wissens wurde von der integrierten Präsentation nicht beeinträchtigt. Die vorgegebene Integration erzeugte jedoch eine signifikant höhere mentale Belastung beim Bearbeiten der Lernumgebung als die anderen Bedingungen. Auch die Lernzeiten der drei Bedingungen unterschieden sich in Studie 2 wesentlich. Ein Vergleich der Bedingungen hinsichtlich der Effizienz zeigte, dass der höhere Lernerfolg, speziell bei der Bedingung mit Hilfestellungen zur selbstständigen Integration, mit einer erhöhten Lernzeit und somit geringerer Lerneffizienz verbunden ist.

9.7   Diskussion

In der Expertiseforschung wird integriertes, gut organisiertes Wissen und die damit verbundene Veränderung der Wahrnehmung und des Handelns als die wesentliche Eigenschaft betrachtet, die Experten von Novizen unterscheidet (Bransford et al., 2005; Chi, 2011; Tashman, 2013). Dieser Unterschied wird auch für Expertise von Lehrpersonen als wesentlich angesehen (z. B. Ball et al., 2008; Baumert & Kunter, 2006; Borko & Livingston, 1989; Palmer et al., 2005; Rikers et al., 2000; Sternberg & Horvath, 1995). Eine gezielte Förderung der Wissensintegration ist jedoch in Universitäten nicht üblich. Häufig bleiben die Kurse wohl in der (impliziten) Annahme, dass Lehramtsstudierende die Integration meistern werden, getrennt. Dieses Vorgehen wirkt sich vermutlich insbesondere negativ in Bezug auf die Anwendbarkeit des pädagogisch-psychologischen Wissens aus, welches in Kursen ohne konkrete Verbindungen zum Unterrichtsfach gelehrt wird.

Effizienz versus Machbarkeit

In den vorliegenden Studien wurden Integrationsmöglichkeiten von Wissensbereichen untersucht, die in der Lehrerausbildung für gewöhnlich getrennt gelehrt werden (Ball, 2000; Berliner, 1992; Patrick et al., 2011). Es wurden zwei mögliche Wege unterschieden: die vorgegebene Integration und die hinweisgeleitete. Beide Integrationsbedingungen streben eine gemeinsame Abspeicherung und daraus resultierende erhöhte Anwendbarkeit des pädagogisch-psychologischen Wissens und eine gleichzeitige Anwendung beider Wissensbereiche an (z. B. Anderson & Lebiere, 1998; Bandura, 1986; Colhoun, Gentner, & Loewenstein, 2008; Renkl, 2014; Ross & Kilbane, 1997).

Insgesamt können die Ergebnisse folgendermaßen zusammengefasst werden: Beide, die vorgegebene Integration als auch die hinweisgeleitete Integration führten zu einer verbesserten Anwendbarkeit pädagogisch-psychologischen Wissens und einer gesteigerten gleichzeitigen Anwendung beider Wissensbereiche. Jedoch wurden diese positiven Effekte auf Kosten erhöhter Lernzeiten erzielt. Während die vorgegebene Integration lediglich in der zweiten Studie leicht erhöhte Lernzeiten aufwies, war der Zuwachs an Lernzeit in der hinweisgeleiteten Integrationsbedingung dagegen massiv (88 % gegenüber der getrennten Bedingung). Diese Ergebnisse weisen auf ein potentielles Dilemma hin: In Anbetracht der intensiven Zeitanforderungen und somit Effizienzrückschläge der hinweisgeleiteten Bedingung scheint diese zumindest auf den ersten Blick kein vielversprechendes Integrationsformat zu sein. Sie sollte jedoch einfacher im universitären Kontext umzusetzen sein als die vorgegebene Integration, da Universitätskurse nicht umstrukturiert werden müssten. In einem Vergleich steht somit die Effizienz der vorgegebenen Integration gegen die Machbarkeit der hinweisgeleiteten Integration.

Bei Betrachtung dieses Dilemmas liegt zunächst der Schluss nahe, dass in unserer „zeitbegrenzten Informationsgesellschaft" Effizienz ausschlaggebend ist. Schließlich müssen Lernende Unmengen von Wissen in begrenzter Zeit erwerben. Angenommen wir würden uns, aufgrund der größeren Effizienz, für eine Umsetzung von integrierten Kursen entscheiden, so würden wir letztlich über die Frage der Machbarkeit stolpern. Wer würde der Umsetzung entgegenstehen und wie könnten integrierte Kurse gestaltet werden? In der Lehrerausbildung herrschen bereits kritische Debatten, in denen Kritiker der Pädagogik und Pädagogischen Psychologie fordern, den von pädagogischen und psychologischen Kursen beanspruchten Platz freizugeben und diese Lehrzeit fachbezogenen Kursen bereitzustellen (Kennedy et al., 2008). Es ist wahrscheinlich, dass manche Personengruppen bereit wären, ihre Kurse zu integrieren. Jedoch wäre, sogar wenn die Beteiligten einwilligten, der Arbeitsaufwand zur Umstrukturierung der Studienpläne enorm. Um eine Umstrukturierung zu erreichen, müssten alle beteiligten Parteien der Lehrerausbildung (Pädagogik und Pädagogische Psychologie, Fachdidaktik und Fachwissenschaften) in einen Diskurs treten, um überlappende und zusammengehörige Informationen der Disziplinen zu identifizieren. Inhalte, die von einer Verbindung profitieren könnten, müssten identifiziert werden und in einen einzigen Unterrichtsplan verwoben werden. Brüche könnten beispielsweise in einer Stunde gemeinsam mit Informationen über Probleme im Umgang mit multiplen Repräsentationen, Unterstützungsmöglichkeiten und generellen Informationen über Vorteile und Hindernisse mehrerer Repräsentationen besprochen werden. Jedoch bleibt, auch wenn ein derartiger Studienplan tatsächlich konzipiert würde, eine entscheidende Frage offen: Wer würde den Kurs lehren? Wäre es der Pädagoge oder pädagogische Psychologe, der Fachdidaktiker oder der Fachwissenschaftler?

Im Gegensatz zu den integrierten Kursen besitzt die hinweisgeleitete Integration deutliche Nachteile in der Effizienz, sie ist jedoch leichter umsetzbar. Studienpläne würden im Wesentlichen erhalten bleiben und Integration durch Hausaufgaben oder Tutorate unterstützt werden. Lehrerausbilder verschiedener Disziplinen müssten folglich nicht befürchten, dass ihr Wissensanteil gefährdet werden könnte, wie es möglicherweise in integrierten Kursen der Fall wäre. Der Widerstand gegen diesen Ansatz sollte somit geringer sein als bei integrierten Kursen. Studierende würden durch den hinweisgeleiteten Integrationsansatz zunächst jedes Thema getrennt bearbeiten. Erst später würden sie durch Hausaufgaben oder Tutorate bei den Integrationsprozessen unterstützt werden.

Obwohl diese Integrationsmöglichkeit größere Einfachheit verspricht, würde trotz allem ein Diskurs zwischen den Lehrerausbildungsdisziplinen erforderlich bleiben, um Überschneidungen der Inhalte zu identifizieren. Aufgrund der bestehenden Debatten zwischen den Beteiligten könnte dieser Diskurs ebenfalls eine schwierige Aufgabe darstellen. Dennoch nehmen wir an, dass die Akzeptanz für diesen Integrationsansatz gefördert werden kann, indem verdeutlich wird, dass durch diesen Ansatz nicht, wie häufig befürchtet, ein Bereich der Lehrerausbildung auf Kosten eines anderes gestärkt wird. Schließlich könnte durch Integration das Wissen verschiedener Bereiche zur gleichen Zeit gestärkt werden und synergetische Effekte bezüglich der Anwendbarkeit bewirkt werden.

Zusammengefasst besteht der Vorteil der hinweisgeleiteten Integration insbesondere in einer leichteren Umsetzbarkeit und dem Potential „schwieriger Diskussionen" zwischen Lehrerausbildern. Jedoch hat sie zugleich den Nachteil einer wesentlichen Zeitbeanspruchung.

Integration – ein zukunftsträchtiger Ansatz

Der Integrationsgedanke ist nicht neu. Schon früher haben Pädagogen und Pädagogische Psychologen eine stärkere Integration von Pädagogik in der Lehrerausbildung befürwortet um die Relevanz der Theorien aufzuzeigen, die praktischen Beziehungen mit der Lehrpraxis zu betonen und die Anwendbarkeit zu fördern (Berliner, 1992; Ishler, 1996; Peterson et al., 1990). Unsere Befunde unterstützen diese Forderung der Integration für die Lehrerausbildung und insbesondere für die Anwendung pädagogischen und psychologischen Wissens. Unseren Studien zeigen, dass die vorgegebene und hinweisgeleitete Integration allgemeiner pädagogischer und psychologischer Prinzipien mit fachspezifischem Wissen zwei grundlegende Vorteile besitzt. Erstens fördert die Integration, wie durch Theorien des beispielbasierten Lernen und des abstract modeling (z. B. Bandura, 1986; Renkl, 2014) nahegelegt, die Anwendbarkeit der allgemeinen pädagogischen und psychologischen Prinzipien. Zweitens fördert Integration, wie durch die Annahme der spreading activation (Anderson, 1983; Anderson & Lebiere, 1998) impliziert, die gleichzeitige Anwendung verschiedener Wissensbereiche. Entgegen unserer Erwartung der Überbelastung von Lernenden (z. B. Ayres, 2013; Sweller et al., 2011) zeigten sich keine Hinweise darauf, dass die komplexe Integration der Lerninhalte Lernende mit niedrigem Vorwissen oder niedriger Arbeitsgedächtniskapazität beeinträchtigt. Folglich könnte eine Integration der im Studium häufig abgegrenzten Pädagogikkurse (Patrick et al., 2011; Woolfolk Hoy, 2000) eine verbesserte Anwendbarkeit dieser lehrrelevanten Konzepte bewirken. Durch das Integrieren verschiedener Lehrerausbildungsdisziplinen (z. B. Fachdidaktik und Pädagogik) könnte Wissenskompartmentalisierung und somit träges Wissen (Renkl et al., 1996; Whitehead, 1929) verhindert werden und ein durch fachdidaktisches Wissen ausgelöster Abruf von pädagogischem und psychologischem Wissen gefördert werden. Zukünftige Lehrpersonen würden somit befähigt auf erheblich größere Teile ihres pädagogischen und psychologischen Wissens zurückzugreifen. Neben diesem vielversprechenden Ausblick sollte jedoch bedacht werden, dass unsere Studien aus Experimenten mit vergleichsweise kurzen Lernphasen bestanden und nur exemplarisch spezifische Aspekte von fachdidaktischem Wissen und pädagogischem und psychologischem Wissen beleuchtet haben. Der experimentelle Charakter beschränkt die Generalisierbarkeit der Ergebnisse und erlaubt lediglich vorläufige Implikationen auf Langzeitprozesse in der Lehrerausbildung.

Unsere Forschung wird jedoch von analoger Forschung untermauert, die sich mit einem weiteren häufig vernachlässigten Wissensbereich in der Lehrerausbildung beschäftigt – dem technologischen Wissen. Diese Forschung untersucht die Integration von technologischem Wissen (z. B. über Lernplattformen oder die Erstellung von Hypermedia) in der Lehrerausbildung (z. B. Chai, Koh, & Tsai, 2013; Koehler, Mishra, & Cain, 2013; Tondeur, Pareja Roblin, van Braak, Fisser, & Voogt, 2013; Voogt, Fisser, Pareja Roblin, Tondeur, & van Braak, 2013). Das Framework für Technologieintegration baut auf dem Konzept des fachdidaktischen Wissens auf (Hammond & Manfra, 2009) und wurde ursprünglich als *TPCK* (d. h. *technological pedagogical content knowledge*) bezeichnet und in späteren Abhandlungen zu *TPACK* (d. h. *technology, pedagogy, and content knowledge*) umbenannt (Koehler et al., 2013; Voogt et al., 2013). Das TPACK Framework kritisiert vorwiegend die Überbetonung technologischen Wissens in Informations- und Kommunikationstechnologiekursen, die in Isolation von anderen Inhalten gelehrt werden (Chai et al., 2013) sowie die Tendenz, Technologie als inhaltlichen Stoff zu behandeln statt seine Anwendungsmöglichkeiten aufzuzeigen (Mishra & Koehler, 2006). Diese Kritikpunkte können gleichermaßen für pädagogisches und psychologisches Wissen vorgebracht werden. Auch in der pädagogischen und psychologischen Kursen kann der Einbezug (zu) vieler pädagogischer und psychologischer Theorien und Konstrukte bezüglich eines einzigen Themas (z. B. Motivation) die Lehrpersonen dazu verleiten, reine Inhalte zu vermitteln, anstatt auf ein Verständnis zu fokussieren, warum, wann und wie dieses Wissen angewendet werden kann (Patrick et al., 2011). Für die Technologieintegration haben sich drei grundlegende Ansätze entwickelt. (1) Der herkömmliche Ansatz in Universitäten besteht darin, die Technologie separaten Kursen zuzuweisen (Kay, 2006; Koehler, Mishra, Kereluik, Shin, & Graham, 2014). Die Integration wird den Lehramtsstudierenden überlassen, was zu einer Überbetonung der Technologie und einer Isolierung von anderen Inhalten führen kann (Koehler et al., 2014). Dieser Ansatz besitzt starke Parallelen zum herkömmlichen Vorgehen bei der Vermittlung von pädagogischem und psychologischem Wissen. (2) Der zweite Ansatz beschäftigt sich mit einer Anreicherung von bereits bestehendem fachdidaktischen Wissen mit TPACK (z. B. Harris & Hofer, 2009; Niess, van Zee, & Gillow-Wiles, 2010). Obwohl hierdurch die Technologieintegration im Unterricht verbessert werden kann (Akkoç, 2011), scheint der Erfolg des Ansatzes vor allem dadurch begrenzt, dass im Beruf stehende Lehrpersonen meist ungewillt sind, neue technologieunterstützte Strategien auszuprobieren, da sie bereits andere Lehrstrategien besitzen (d. h. fachdidaktisches Wissen; Niess et al., 2010). (3) Der letzte Ansatz unterstützt den gleichzeitigen Erwerb von Wissensbereichen durch eine Technologieintegration in inhaltspezifische Methodenkurse (Koehler et al., 2014). Im Gegensatz zu anderen Ansätzen fördert dieser Ansatz tatsächlich eine systematische Integration von Technologie und fachspezifischem Wissen. Allgemeine Technologiekurse werden überflüssig und klare Verbindungen mit dem speziellen Fachbereich werden hervorgehoben. Forschungsbefunde zeigen, dass durch diesen Ansatz technologiebezogenes Wissen und reichhaltigere Konzeptionen, die integrierte Wissensbereiche umfassen, gefördert werden (Koehler & Mishra, 2005; Koehler, Mishra, & Yahya, 2007).

Eine gemeinsame Betrachtung der Ergebnisse unserer Studien, der Ergebnisse aus der TPACK-Forschung sowie der Erkenntnisse zum Expertenwissen deuten auf klare Vorteile integrierter Universitätskurse hin. In unseren Studien beschäftigten wir uns mit der Integration zweier spezifischer Wissensbereiche des Lehrberufs (fachdidaktisches Wissen und pädagogisches und psychologisches Wissen), um die Anwendbarkeit von pädagogischem und psychologischem Wissen zu erhöhen und adaptive Expertise zu fördern. Es liegt nahe, dass diese Integrationsvorteile nicht nur auf die Lehrerausbildung anwendbar sind, sondern auch auf die Anwendbarkeit von Wissen in verschiedenen Kontexten erweitert werden kann (z. B. Argumentieren, Management, oder Kochen). Wir nehmen an, dass Integration immer dann adaptive Expertise fördern sollte, wenn allgemeines Wissen (mit geringen Verbindungen zur spezifischen Situationen) integriert werden kann, um die Anwendbarkeit von Wissen zu fördern und ein konzeptuelles Verständnis zu bilden. Um beispielsweise ein guter, routinierter Koch zu werden, mag es genügen nach Rezepten zu kochen. Jedoch wird Routine-Expertise, wenn sich die Begleitumstände verändern oder zentrale Bestandteile fehlen, nicht ausreichen und konzeptuelles Verständnis wird benötigt. Falls der Koch integriertes, allgemeineres Wissen (z. B. die funktionalen Eigenschaften von Essen) besitzt, kann er sich einfach an neue Situationen (z. B. keine Eier) dank seines konzeptuellen Verständnisses (z. B. Eier dienen als Emulgatoren, aber Sojamehl auch) anpassen.

Zusammengefasst ermöglicht die Wissensintegration somit eine erhöhte Anwendbarkeit pädagogischen und psychologischen Wissens, fördert die gleichzeitige Anwendung beider Wissensbereiche und kann konzeptuelles Verständnis fördern, welches adaptive Expertise begründet (Hatano & Inagaki, 1984; Hatano & Oura, 2003). In Anbetracht dieser bedeutsamen Vorteile befürworten wir eine aktive Unterstützung von Integration. Lehramtsstudierende mit dieser wichtigen Aufgabe allein zu lassen, sollte keine Lösung darstellen. In Übereinstimmung mit dem TPACK Framework ermutigen wir zu einer Förderung der Integration durch Lehrerausbilder und Studienpläne. In unseren Studien untersuchten wir zwei Ansätze, um unterschiedliche Wissensbereiche zu integrieren. Unsere Ergebnisse können als Belege dafür angesehen werden, dass die gängige Trennung in der universitären Lehrerausbildung die Anwendbarkeit von Wissen tatsächlich negativ beeinflusst, zumindest sofern bedeutsame Verbindungen gezogen werden könnten. Wie auch andere Forscher nehmen wir an, dass eine stärkere Unterstützung anwendbaren Wissens in der Ausbildung dringend notwendig ist (Ball, 2000; Berliner, 1992; Grossman et al., 2009; Gruber et al., 2000; Peterson et al., 1990; Seidel, Blomberg, & Renkl, 2013).

9.8   Resümee

Obwohl Einigkeit darüber besteht, dass integriertes Wissen wichtig ist, scheint die Notwendigkeit solches Wissen zu fördern, bislang häufig keine Änderung der universitären Praxis zu bewirken. Lehramtsstudierende werden häufig immer noch mit der heiklen Aufgabe der Wissensintegration alleingelassen. Ein Vorgehen, das den Erwerb anwendbaren pädagogischen und psychologischen Wissens und adaptiver Expertise drastisch erschweren kann. Eine Integration von verschiedenen Wissensbereichen in der Lehrerausbildung wäre auch im Sinne der von Bund und Ländern neuerlich beschlossenen „Qualitätsoffensive Lehrerbildung", die sich eine nachhaltige Qualitätsverbesserung und eine praxisorientierte Ausbildung zum Ziel setzt (Bundesministerium für Bildung und Forschung, 2014; Bundesministerium für Bildung und Forschung, n.d.). Die angestrebte „Lehrerausbildung aus einem Guss" soll durch eine stärkere Abstimmung der Ausbildungsinhalte und eine verbesserte Zusammenarbeit von Fachwissenschaften, Fachdidaktiken und Bildungswissenschaften erreicht werden (Bundesministerium für Bildung und Forschung, n.d.; Gemeinsame Wissenschaftskonferenz, 2013). Gleichsam soll das häufig bestehende Spannungsverhältnis zwischen fachakademischer Ausbildung und professionsorientierten Angeboten für Lehrerausbildung aufgelöst werden (Gemeinsame Wissenschaftskonferenz, 2013). Die vorliegenden Studien tragen zu einem experimentellen Beleg bei, wie eine Integration der Ausbildungsinhalte anwendbares Wissen in der Lehrerausbildung fördern könnte. Unsere Ergebnisse weisen darauf hin, dass Verbindungen zwischen fachdidaktischem Wissen und pädagogisch-psychologischem Wissen die Anwendbarkeit pädagogischer und psychologischer Wissensaspekte deutlich erhöht. Sie zeigen auch, dass Integration bedeutsame Vorteile für die gleichzeitige Anwendung beider Wissensbereiche besitzt. Ferner fanden wir keine negativen (moderierenden) Effekte von niedrigem Vorwissen oder niedriger Arbeitsgedächtniskapazität auf die positive Wirkung von Integration. Daher scheint es sehr empfehlenswert, unterschiedliche Wissensbereiche in der universitären Ausbildung zu integrieren. In diesem Kontext erweist sich der hinweisgeleitete Integrationsansatz als besonders geeignet. Um Integration zu erreichen, könnten Prompts als Hausaufgaben gegeben oder in Tutoraten bearbeitet werden, ohne dass Studienpläne wesentlich verändert werden müssten. Dieser Ansatz könnte zusätzlich einen Streitpunkt zwischen Lehrerausbildern verschiedener Disziplinen (Pädagogik und Pädagogische Psychologie, Fachdidaktik und Fach) beseitigen, indem gezeigt würde, dass statt einer Entweder-oder-Perspektive das Zusammenbringen des Wissens ausschlaggebend ist. Zukünftige Lehrpersonen verschiedener Fachrichtungen könnten weiterhin allgemeine Kurse gemeinsam besuchen und anschließend die Themen mit fachspezifischen Prompts aufarbeiten und relevante Verbindungen zu ihrem jeweiligen Fach ziehen. Derartige Integration von Wissen sollte sich nicht nur bezüglich pädagogischem und psychologischem Wissen und fachdidaktischem Wissen als positiv erweisen, sondern auch in anderen Kontexten (z. B. Argumentieren, Kochen, etc.). Dieser Vorteil sollte immer dann auftreten, wenn allgemeineres Wissen mit nur geringen Verbindungen zu spezifischen Situationen durch Integration mit konkreten Inhalten und

Aufgabenstellungen in seiner Anwendbarkeit verbessert werden kann. Integration sollte gefördert werden, um eine integrierte Abspeicherung zu erzielen, eine höhere Wissensanwendung zu erreichen, die gleichzeitige Anwendung von Wissensbereichen zu unterstützen und ein solides konzeptuelles Verständnis aufzubauen. Auf diese Weise wird es angehenden Lehrkräften gelingen, flexible und adaptive Experten für das Unterrichten zu werden.

9.9 Literatur

Ainsworth, S. (1999). The functions of multiple representations. *Computers & Education, 33,* 131-152. doi:10.1016/S0360-1315(99)00029-9

Ainsworth, S. (2006). DeFT: A conceptual framework for considering learning with multiple representations. *Learning and Instruction, 16,* 183-198. doi:10.1016/j.learninstruc.2006.03.001

Ainsworth, S., Bibby, P., & Wood, D. (2002). Examining the effects of different multiple representational systems in learning primary mathematics. *The Journal of the Learning Sciences, 11,* 25-61.

Akkoç, H. (2011). Investigating the development of prospective mathematics teachers' technological pedagogical content knowledge. *Research in Mathematics Education, 13,* 75-76. doi:10.1080/14794802.2011.550729

Anderson, J. R. (1983). A spreading activation theory of memory. *Journal of Verbal Learning and Verbal Behavior, 22,* 261-295. doi:10.1016/S0022-5371(83)90201-3

Anderson, J. R., & Lebiere, C. (1998). *The atomic components of thought.* Mahwah, NJ: Erlbaum.

Anderson, L. M., Blumenfeld, P., Pintrich, P. R., Clark, C. M., Marx, R. W., & Peterson, P. (1995). Educational psychology for teachers: Reforming our courses, rethinking our roles. *Educational Psychologist, 30,* 143-157. *doi:*10.1207/s15326985ep3003_5

Ayres, P. (2013). Can the isolated-elements strategy be improved by targeting points of high cognitive load for additional practice? *Learning and Instruction, 23,* 115-124. doi:10.1016/j.learninstruc.2012.08.002

Baddeley, A. D. (2012). Working memory: Theories, models, and controversies. *Annual Review of Psychology, 63,* 1-29. doi:10.1146/annurev-psych-120710-100422

Ball, D. L. (1990). The mathematical understandings that prospective teachers bring to teacher education. *The Elementary School Journal, 90,* 449-466.

Ball, D. L. (2000). Bridging practices: Intertwining content and pedagogy in teaching and learning to teach. *Journal of Teacher Education, 51,* 241-247. doi:10.1177/0022487100051003013

Ball, D. L., Thames, M. H., & Phelps, G. (2008). Content knowledge for teaching: What makes it special? *Journal of Teacher Education, 59,* 389-407. doi:10.1177/0022487108324554

Bandura, A. (1986). *Social foundations of thought and action: A social cognitive theory.* Englewood Cliffs, NJ: Prentice Hall.

Baumert, J., & Kunter, M. (2006). Stichwort: Professionelle Kompetenz von Lehrkräften. *Zeitschrift für Erziehungswissenschaft, 9,* 469-520.

Baumert, J., Kunter, M., Blum, W., Brunner, M., Voss, T., Jordan, A., & … Tsai, Y. M. (2010). Teachers' mathematical knowledge, cognitive activation in the classroom, and student progress. *American Educational Research Journal, 47,* 133-180. doi:10.3102/0002831209345157

Berliner, D. C. (1992). Telling the stories of educational psychology. *Educational Psychologist, 27,* 143-161.

Berthold, K., Nückles, M., & Renkl, A. (2007). Do learning protocols support learning strategies and outcomes? The role of cognitive and metacognitive prompts. *Learning and Instruction, 17,* 564–577. doi:10.1016/j.learninstruc.2007.09.007

Berthold, K., & Renkl, A. (2009). Instructional aids to support a conceptual understanding of multiple representations. *Journal of Educational Psychology, 101,* 70-87. doi:10.1037/a0013247

Borko, H., & Livingston, C. (1989). Cognition and improvisation: Differences in mathematics instruction by expert and novice teachers. *American Educational Research Journal, 26,* 473-498. doi:10.3102/00028312026004473

Borko, H., & Putnam, R. T. (1996). Learning to teach. In D. C. Berliner & R. C. Calfee (Eds.), *Handbook of educational psychology* (pp. 673-708). New York: Macmillan.

Boshuizen, H. P. A., & Schmidt, H. G. (1992). On the role of biomedical knowledge in clinical reasoning by experts, intermediates, and novices. *Cognitive Science, 16,* 153-184.

Bransford, J. D., Brown, A. L., & Cocking, R. R. (2000). *How people learn: Brain, mind experience, and school.* Washigton, DC: National Academy Press.

Bransford, J., Derry, S., Berliner, D., Hammerness, K., & Beckett, K. L. (2005). Theories of learning and their roles in teaching. In L. Darling-Hammond & J. Bransford (Eds.), *Preparing teachers for a changing world: What teachers should learn and be able to do* (pp. 40-87). San Francisco, CA: Jossey-Bass.

Bromme, R. (1997). Kompetenzen, Funktionen und unterrichtliches Handeln des Lehrers. In F. E. Weinert (Ed.), *Psychologie des Unterrichts und der Schule* (Enzyklopädie der Psychologie, Vol. 3, pp. 177-212). Goettingen: Hogrefe.

Bromme, R. (2001). Teacher Expertise. In J.J. Smelser & P. B. Baltes (Eds.), *International encyclopedia of the social & behavioral sciences* (pp. 15459-15465). Amsterdam: Elsevier.

Brush, T., & Saye, J. W. (2009). Strategies for preparing pre-service social studies teachers to integrate technology effectively: Models and practices. *Contemporary Issues in Technology and Teacher Education, 9,* 46-59.

Bubrowski, A. (2007). *Was ist ein guter Lehrer? Die vorläufige Top 10 der Merkmale.* Retrieved February 14, 2014, from http://www.cjd-update.de/cjd-jugenddorf-christophorusschule-oberurff/was-ist-ein-guter-lehrer-die-vorlaeufige-top-10-der-merkmale/2007/09/28

Bullough, R. V. (2001). Pedagogical content knowledge circa 1907 and 1987: A study in the history of an idea. *Teaching and Teacher Education, 17,* 655-666. doi:10.1016/S0742-051X(01)00022-1

Bundesministerium für Bildung und Forschung (2014). *Qualitätsoffensive Lehrerbildung gestartet.* Retrieved December 16, 2014, from http://www.bmbf.de/_media/press/PM0724-067.pdf

Bundesministerium für Bildung und Forschung (n.d.). *Qualitätsoffensive Lehrerbildung – ein Beitrag zu mehr Mobilität in der Lehrerschaft.* Retrieved December 16, 2014, from *http://www.bmbf.de/de/21697.php*

Chai, C.-S., Koh, J. H.-L., & Tsai, C.-C. (2013). A review of technological pedagogical content knowledge. *Educational Technology & Society, 16,* 31-51.

Chase, W. G., & Simon, H. A. (1973). Perception in chess. *Cognitive Psychology, 4,* 55-81.

Chi, M. T. H. (2011). Theoretical perspectives, methodological approaches, and trends in the study of expertise. In Y. Li & G. Kaiser (Eds.), *Expertise in mathematics instruction: An international perspective* (pp. 17-39). New York: Springer. doi:10.1007/978-1-4419-7707-6_2

Chi, M. T. H., Feltovich, P. J., & Glaser, R. (1981). Categorization and representation of physics problems by experts and novices. *Cognitive Science, 5,* 121-152. doi: 10.1207/s15516709cog0502_2

Chi, M. T. H., Glaser, R., & Farr, M. J. (Eds.). (1988). *The nature of expertise.* Hillsdale, NJ: Lawrence Erlbaum Associates.

Colhoun, J., Gentner, D., & Loewenstein, J. (2008). Learning abstract principles through principle-case comparison. In B. C. Love, K. McRae, & V. M. Sloutsky (Eds.), *Proceedings of the 30th Annual Conference of the Cognitive Science Society* (pp. 1659-1664). Austin, TX: Cognitive Science Society.

Darling-Hammond, L. (2006). *Powerful teacher education: Lessons from exemplary programs.* San Francisco: Jossey-Bass.

Darling-Hammond, L., & Bransford, J. (Eds.). (2005). *Preparing teachers for a changing world: What teachers should learn and be able to do.* San Francisco: Jossey-Bass.

De Groot, A. D. (1965). *Thought and choice in chess.* The Hague: Mouton.

De Jong, T., & Ferguson-Hessler, M. G. M. (1986). Cognitive structures of good and poor novice problem solvers in physics. *Journal of Educational Psychology, 78,* 279-288.

De Jong, T., & Ferguson-Hessler, M. G. M. (1996). Types and qualities of knowledge. *Educational Psychologist, 31,* 105-113.

Diamond, A. (2013). Executive functions. *Annual Review of Psychology, 64,* 135-168. doi:10.1146/annurev-psych-113011-143750

Duncan, A. (2009a). *A call to teaching: Secretary Arne Duncan's remarks at the rotunda at the University of Virginia.* Retrieved August 14, 2014, from: http://www2.ed.gov/news/speeches/2009/10/10092009.html

Duncan, A. (2009b). *Teacher preparation: Reforming the uncertain profession—Remarks of Secretary Arne Duncan at Teachers College, Columbia University.* Retrieved August 14, 2014, from: http://www2.ed.gov/news/speeches/2009/10/10222009.html

Eitel, A., Scheiter, K., Schüler, A., Nyström, M., & Holmqvist, K. (2013). How a picture facilitates the process of learning from text: Evidence for scaffolding. *Learning and Instruction, 28,* 48-63. doi:10.1016/j.learninstruc.2013.05.002

Engle, R.W. (2002). Working memory capacity as executive attention. *Current Directions in Psychological Science, 11,* 19-23. doi:10.1111/1467-8721.00160

Ericsson, K. A., & Kintsch, W. (1995). Long-term working memory. *Psychological Review, 102,* 211-245. doi:10.1037/0033-295X.102.2.211

Ericsson, K. A., & Smith, J. (1991). Prospects and limits in the empirical study of expertise: An introduction. In K. A. Ericsson & J. Smith (Eds.), *Toward a general theory of expertise: Prospects and limits* (pp. 1-38). Cambridge: Cambridge University Press.

Fink, P.K. (1985). Control and integration of diverse knowledge in a diagnostic expert system. In A. Joshi (Ed.), *Proceedings of the 9th International Joint Conferences on Artificial Intelligence* (pp. 426-431). Los Angeles, CA: Morgan Kaufmann Publishers.

Gemeinsame Wissenschaftskonferenz (2013). *Qualitätsoffensive Lehrerbildung.* Retrieved December 16, 2014, from http://www.bmbf.de/pubRD/bund_laender_vereinbarung_qualitaetsoffensive_lehrerbildung.pdf

Gentner, D., Loewenstein, J., & Thompson, L. (2003). Learning and transfer: A general role for analogical encoding. *Journal of Educational Psychology, 95,* 393-405. doi:10.1037/0022-0663.95.2.393

Gentner, D., Loewenstein, J., Thompson, L., & Forbus, K. D. (2009). Reviving inert knowledge: Analogical abstraction supports relational retrieval of past events. *Cognitive Science, 33,* 1343-1382. doi:10.1111/j.1551-6709.2009.01070.x

Geo (2012). *Schule: Was ist ein guter Lehrer?* Retrieved February 14, 2014, from http://www.geo.de/GEO/heftreihen/geo_magazin/ebooks/was-ist-ein-guter-lehrer-geo-ebook-schule-73008.html

Glaser, R. (1992). Expert knowledge and processes of thinking. In D. F. Halpern (Ed.), *Enhancing thinking skills in the sciences and mathematics* (pp. 63-75). Hillsdale, NJ: Erlbaum.

Grossman, P. L. (1990). *The making of a teacher: Teacher knowledge and teacher education.* New York: Teachers College Press.

Grossman, P. L. (1992). Why models matter: An alternate view on professional growth in teaching. *Review of Educational Research, 62,* 171-179. doi:10.3102/00346543062002171

Grossman, P., Compton, C., Igra, D., Ronfeldt, M., Shahan, E., & Williamson, P. W. (2009). Teaching practice: A cross-professional perspective. *Teachers College Record, 111,* 2055-2100.

Grossman, P., & McDonald, M. (2008). Back to the future: Directions for research in teaching and teacher education. *American Educational Research Journal, 45,* 184-205. doi:10.3102/0002831207312906

Grossman, P. L., & Richert, A. E. (1988). Unacknowledged knowledge growth: A re-examination of the effects of teacher education. *Teaching and Teacher Education, 4,* 53-62. doi:10.1016/0742-051X(88)90024-8

Gruber, H. (2001). Acquisition of expertise. In J. J. Smelser & P. B. Baltes (Eds.), *International encyclopedia of the social and behavioral sciences* (pp. 5145-5150). Amsterdam: Elsevier.

Gruber, H., Mandl, H., & Renkl, A. (2000). Was lernen wir in Schule und Hochschule: Träges Wissen? In H. Mandl & J. Gerstenmaier (Eds.), *Die Kluft zwischen Wissen und Handeln: Empirische und theoretische Lösungsansätze* (pp. 139-156). Göttingen: Hogrefe.

Hammerness, K., Darling-Hammond, L., Bransford, J., Berliner, D., Cochran-Smith, M., McDonald, M., & Zeichner, K. (2005). How teachers learn and develop. In L. Darling-Hammond & J. Bransford (Eds.), *Preparing teachers for a changing world: What teachers should learn and be able to do* (pp. 358-389). San Francisco: Jossey-Bass.

Hammond, T. C., & Manfra, M. M. (2009). Giving, prompting, making: Aligning technology and pedagogy within TPACK for social studies instruction. *Contemporary Issues in Technology and Teacher Education, 9,* 160-185.

Harr, N., Eichler, A., & Renkl, A. (2014). Integrating pedagogical content knowledge and pedagogical/psychological knowledge in mathematics. *Frontiers in Psychology, 5:924.* doi:10.3389/fpsyg.2014.00924

Harr, N., Eichler, A., & Renkl, A. (2015). Integrated learning: Ways of fostering the applicability of teachers' pedagogical and psychological knowledge. *Frontiers in Psychology. 6:738.* doi: 10.3389/fpsyg.2015.00738

Harris, J., & Hofer, M. (2009). Instructional planning activity types as vehicles for curriculum-based TPACK development. In C. D. Maddux (Ed.), *Research highlights in technology and teacher education* (pp. 99-108). Chesapeake, VA: AACE.

Hatano, G., & Inagaki, K. (1984). Two courses of expertise. *Research and Clinical Center for Child Development, 6,* 27-36.

Hatano, G., & Oura, Y. (2003). Commentary: Reconceptualizing school learning using insight from expertise research. *Educational Researcher, 32,* 26-29.

Hattie, J. (2009). *Visible learning: A synthesis of over 800 meta-analyses relating to achievement.* Oxford: Routledge.

Ishler, P. (1996). President's message. *Action in Teacher Education, 18,* v–vi. doi:10.1080/01626620.1996.10462815

Kagan, D. M. (1992). Professional growth among preservice and beginning teachers. *Review of Educational Research, 62,* 129-169. doi:10.3102/00346543062002129

Kalyuga, S. (2008). When less is more in cognitive diagnosis: A rapid online method for diagnosing learner task-specific expertise. *Journal of Educational Psychology, 100,* 603-612. doi:10.1037/0022-0663.100.3.603

Kay, R. H. (2006). Evaluating strategies used to incorporate technology into preservice education: A review of the literature. *Journal of Research on Technology in Education, 38,* 383-408.

Kennedy, M. M., Ahn, S., & Choi, J. (2008). The value added by teacher education. In M. Cochran-Smith, S. Feiman-Nemser, D. J. McIntyre, & K. E. Demers (Eds.), *Handbook of research on teacher education: Enduring questions in changing contexts* (3rd ed., pp. 1247-1271). New York: Routledge.

Kleickmann, T., Richter, D., Kunter, M., Elsner, J., Besser, M., Krauss, S., & Baumert, J. (2013). Teachers' content knowledge and pedagogical content knowledge: The role of structural differences in teacher education. *Journal of Teacher Education, 64,* 90-106. doi:10.1177/0022487112460398

Koehler, M. J., & Mishra, P. (2005). What happens when teachers design educational technology? The development of technological pedagogical content knowledge. *Journal of Educational Computing Research, 32,* 131–152.

Koehler, M. J., Mishra, P., & Cain, W. (2013). What is technological pedagogical content knowledge (TPACK)? *Journal of Education, 193,* 13-19.

Koehler, M. J., Mishra, P., Kereluik, K., Shin, T. S., & Graham, C. R. (2014). The technological pedagogical content knowledge framework. In J. M. Spector, M. D. Merrill, J. Elen, & M. J. Bishop (Eds.), *Handbook of research on educational communications and technology* (pp. 101-112). New York: Springer. doi: 10.1007/978-1-4614-3185-5_9

Koehler, M. J., Mishra, P., & Yahya, K. (2007). Tracing the development of teacher knowledge in a design seminar: Integrating content, pedagogy and technology. *Computers and Education, 49*, 740-762. doi: 10.1016/j.compedu.2005.11.012

König, J., Blömeke, S., Paine, L., Schmidt, W. H., & Hsieh, F. (2011). General pedagogical knowledge of future middle school teachers: On the complex ecology of teacher education in the United States, Germany, and Taiwan. *Journal of Teacher Education, 62*, 188-201. doi:10.1177/0022487110388664

Krauss, S., Brunner, M., Kunter, M., Baumert, J., Blum, W., Neubrand, M. & Jordan, A. (2008). Pedagogical content knowledge and content knowledge of secondary mathematics teachers. *Journal of Educational Psychology, 100*, 716-725.

Lagemann, E. C. (1999). Whither schools of education? Whither education research? *Journal of Teacher Education, 50*, 373-376. doi:10.1177/002248719905000509

Larkin, J., McDermott, J., Simon, D. P., & Simon, H. A. (1980). Expert and novice performance in solving physics problems. *Science, 208*, 1335-1342.

Mandl, H., Gruber, H., & Renkl, A. (1993). Misconceptions and knowledge compartmentalization. In G. Strube & K. F. Wender (Eds.), *The cognitive psychology of knowledge* (pp. 161-176). Amsterdam: Elsevier.

Mayer, R.E. (Ed.) (2001). *Multimedia Learning*. New York: Cambridge. University Press.

Mayer, R. E., & Moreno, R. (2003). Nine ways to reduce cognitive load in multimedia learning. *Educational Psychologist, 38*, 34-52.

Ministerium für Kultus, Jugend und Sport des Landes Baden-Württemberg (2004). *Bildungsstandards für Mathematik im Gymnasium*. Retrieved November 4, 2014, from http://www.bildung-staerkt-menschen.de/service/downloads/Bildungsstandards/Gym/Gym_M_bs.pdf

Mishra, P., & Koehler, M. J. (2006). Technological pedagogical content knowledge: A framework for teacher knowledge. *Teachers College Record, 108*, 1017-1054. doi:10.1111/j.1467-9620.2006.00684.x

Nathan, M. J., Koedinger, K. R., & Alibali, M. W. (2001). Expert blind spot: When content knowledge eclipses pedagogical content knowledge. In L. Chen (Ed.), *Proceedings of the Third International Conference on Cognitive Science* (pp. 644-648). Beijing: University of Science and Technology of China Press.

Nathan, M. J., & Petrosino, A. J. (2003). Expert blind spot among preservice teachers. *American Educational Research Journal, 40*, 905-928. doi:10.3102/00028312040004905

National Board for Professional Teaching Standards (2013). *AYA/mathematics standards*. Retrieved November 15, 2013, from http://www.nbpts.org/sites/default/files/documents/certificates/NB-Standards/nbpts-certificate-aya-math-standards_10.01.13.pdf

National Council of Teachers of Mathematics (2000). *Principles and standards for school mathematics*. Retrieved May 13, 2014, from http://www.nctm.org/standards/content.aspx?id=16909

Niess, M. L., van Zee, E. H., & Gillow-Wiles, H. (2010). Knowledge growth in teaching mathematics/science with spreadsheets: Moving PCK to TPACK through online professional development. *Journal of Digital Learning in Teacher Education, 27*, 42–52.

Nolte, D. (2013). *Was macht gute Lehrer aus? Bitte keine Haarbüschel in den Ohren*. Retrieved February 14, 2014, from http://www.tagesspiegel.de/wissen/was-macht-gute-lehrer-aus-bitte-keine-haarbueschel-in-den-ohren-/8175772.html

Palmer, D. J., Stough, L. M., Burdenski, T. K., Jr., & Gonzales, M. (2005). Identifying teacher expertise: An examination of researchers' decision making. *Educational Psychologist, 40*, 13-25.

Patel, V. L., Arocha, J. F., & Kaufman, D. R. (1999). Expertise and tacit knowledge in medicine. In R. J. Sternberg & J. A. Horvath (Eds.), *Tacit knowledge in professional practice: Researcher and practitioner perspectives* (pp. 75-99). Mahwah, NJ: Erlbaum.

Patrick, H., Anderman, L. H., Bruening, P. S., & Duffin, L. C. (2011). The role of educational psychology in teacher education: Three challenges for educational psychologists. *Educational Psychologist, 46,* 71-83. doi:10.1080/00461520.2011.538648

Peters, F. (2013). *Was eine Lehrerin zu einer guten Lehrerin macht.* Retrieved February 14, 2014, from   http://www.welt.de/politik/deutschland/article122231244/Was-eine-Lehrerin-zu-einer-guten-Lehrerin-macht.html

Peterson, P. L., Clark, C. M., & Dickson, W. P. (1990). Educational psychology as a foundation in teacher education: Reforming an old notion. *Teachers College Record, 91,* 322-346.

Pressley, M., Wood, E., Woloshyn, V. E., Martin, V., King, A., & Menke, D. (1992). Encouraging mindful use of prior knowledge: Attempting to construct explanatory answers facilitates learning. *Educational Psychologist, 27,* 91-109.

Rau, M. A., Aleven, V., & Rummel, N. (2009). Intelligent tutoring systems with multiple representations and self-explanation prompts support learning of fractions. In V. Dimitrova, R. Mizoguchi, & B. du Boulay (Eds.), *Proceedings of the 14th International Conference on Artificial Intelligence in Education* (pp. 441-448). Amsterdam: IOS Press.

Reimann, P., & Rapp, A. (2008). Expertiseerwerb. In A. Renkl (Ed.), *Lehrbuch Pädagogische Psychologie* (pp. 155-203). Bern: Huber.

Renkl, A. (1997). Learning from worked-out examples: A study on individual differences. *Cognitive Science, 21,* 1-29. doi:10.1207/s15516709cog2101_1

Renkl, A. (2002). Worked-out examples: Instructional explanations support learning by self-explanations. *Learning and Instruction, 12,* 529-556. doi:10.1016/S0959-4752(01)00030-5

Renkl, A. (2005). The worked-out-example principle in multimedia learning. In R. Mayer (Ed.), *Cambridge handbook of multimedia learning* (pp. 229-246). Cambridge, UK: Cambridge University Press.

Renkl, A. (2014). Towards an instructionally-oriented theory of example-based learning. *Cognitive Science, 38,* 1-37. doi:10.1111/cogs.12086

Renkl, A., Mandl, H., & Gruber, H. (1996). Inert knowledge: Analyses and remedies. *Educational Psychologist, 31,* 115-121. doi:10.1207/s15326985ep3102_3

Rikers, R. M. J. P., Schmidt, H. G., & Boshuizen, H. P. A. (2000). Knowledge encapsulation and the intermediate effect. *Contemporary Educational Psychology, 25,* 150-166. doi:10.1006/ceps.1998.1000

Ross, B. H., & Kilbane, M. C. (1997). Effects of principle explanation and superficial similarity on analogical mapping in problem solving. *Journal of Experimental Psychology: Learning, Memory, and Cognition, 23,* 427-440. doi:10.1037/0278-7393.23.2.427

Schnotz, W., & Bannert, M. (2003). Construction and interference in learning from multiple representation. *Learning and Instruction, 13,* 141-156. doi:10.1016/S0959-4752(02)00017-8

Schwonke, R., Ertelt, A., Otieno, C., Renkl, A., Aleven, V., & Salden, R. J. C. M. (2013). Metacognitive support promotes an effective use of instructional resources in intelligent tutoring. *Learning and Instruction, 23,* 136-150. doi:10.1016/j.learninstruc.2012.08.003

Seidel, T., Blomberg, G., & Renkl, A. (2013). Instructional strategies for using video in teacher education. *Teaching and Teacher Education, 34,* 56-65. doi:10.1016/j.tate.2013.03.004

Seidel, T., & Shavelson, R. J. (2007). Teaching effectiveness research in the past decade: The role of theory and research design in disentangling meta-analysis results. *Review of Educational Research, 77,* 454-499. doi:10.3102/0034654307310317

Seufert, T., & Brünken, R. (2006). Cognitive load and the format of instructional aids for coherence formation. *Applied Cognitive Psychology, 20,* 321-331. doi:10.1002/acp.1248

Shulman, L. S. (1986). Those who understand: Knowledge growth in teaching. *Educational Researcher, 15(2),* 4-14. doi:10.3102/0013189X015002004

Shulman, L. S. (1987). Knowledge and teaching: Foundations of the new reform. *Harvard Educational Review, 57,* 1-23.

Simon, D. P., & Simon, H. A. (1978). Individual differences in solving physics problems. In R. S. Siegler (Ed.), *Children's thinking: What develops?* (pp. 325-348). Hillsdale, NJ: Erlbaum.

Simons, P. R. J. (1999). Transfer of learning: Paradoxes for learners. *International Journal of Educational Research, 31,* 577-589. doi:10.1016/S0883-0355(99)00025-7

Sternberg, R. J., & Horvath, J. A. (1995). A prototype view of expert teaching. *Educational Researcher, 24*(6), 9-17.

Sweller, J., Ayres, P. L., & Kalyuga, S. (2011). *Cognitive load theory.* New York: Springer.

Sweller, J., van Merriënboer, J. J. G., & Paas, F. G. W. C. (1998). Cognitive architecture and instructional design. *Educational Psychology Review, 10,* 251-296. doi:10.1023/A:1022193728205

Tashman, L. S. (2013).The development of expertise in performance: The role of memory, knowledge, learning and practice. *Journal of Multidisciplinary Research, 5,* 33-48.

Tondeur, J., Pareja Roblin, N., van Braak, J., Fisser, P., & Voogt, J. (2013). Technological pedagogical content knowledge in teacher education: In search of a new curriculum. *Educational Studies, 39,* 239-243. doi:10.1080/03055698.2012.713548

T-Online (2013). *Was macht einen guten Lehrer aus?* Retrieved February 14, 2014, from http://www.t-online.de/eltern/schulkind/id_43489764/lehrer-kriterien-was-macht-einen-guten-lehrer-aus.html

Van Driel, J. H., & Berry, A. (2010). Pedagogical content knowledge. In P. Peterson, E. Baker, & B. McGraw (Eds.), *International encyclopedia of education* (3rd ed., pp. 656-661). doi:10.1016/B978-0-08-044894-7.00642-4

Voogt, J., Fisser, P., Pareja Roblin, N., Tondeur, J., & van Braak, J. (2013). Technological pedagogical content knowledge – a review of the literature. *Journal of Computer Assisted Learning, 29,* 109-121. doi:10.1111/j.1365-2729.2012.00487.x

Voss, T., Kunter, M., & Baumert, J. (2011). Assessing teacher candidates' general pedagogical/ psychological knowledge: Test construction and validation. *Journal of Educational Psychology, 103,* 952-969. doi:10.1037/a0025125

Whitehead, A. N. (1929). *The aims of education and other essays.* New York: The Free Press.

Wineburg, S. (1998). Reading Abraham Lincoln: An expert/expert study in the interpretation of historical texts. *Cognitive Science, 22,* 319-346. *doi:*10.1207/s15516709cog2203_3

Woolfolk Hoy, A. (2000). Educational psychology in teacher education, *Educational Psychologist, 35,* 257-270. doi: 10.1207/S15326985EP3504_04

Zeichner, K. (2012). The turn once again toward practice-based teacher education. *Journal of Teacher Education, 63,* 376-382. doi:10.1177/0022487112445789

Erleichterung der Anwendbarkeit von Wissen aus einem Vortraining durch eine Prozeduralisierungshilfe

Andrea Ohst, Staatliches Schulamt Karlsruhe, Schulpsychologische Beratungsstelle
Béatrice M. E. Fondu, Albert-Ludwigs-Universität Freiburg
Matthias Nückles, Albert-Ludwigs-Universität Freiburg
Alexander Renkl, Albert-Ludwigs-Universität Freiburg

Zusammenfassung

Inkohärentes, unstrukturiertes, intuitives Vorwissen – sogenanntes Knowledge in Pieces – kann den Erwerb eines wissenschaftlichen Konzepts deutlich einschränken. Ein Vortraining, das Knowledge in Pieces reorganisiert, ist eine geeignete Maßnahme, um den anschließenden Wissenserwerb zu erleichtern. Es kann jedoch kognitiv sehr anspruchsvoll sein, die Vortrainingsinhalte in der eigentlichen Lernphase anzuwenden, da sie dafür im Arbeitsgedächtnis aufrechterhalten und interpretiert werden müssen. Wir entwickelten eine Prozeduralisierungshilfe, welche die Inhalte des Vortrainings direkt anwendbar machen und damit die kognitive Beanspruchung reduzieren sollte. Die Wirksamkeit einer solchen Prozeduralisierungshilfe wurde an 47 Lehramtsstudierenden getestet, von denen 23 Personen in der Kontrollbedingung ein vergleichbares Pre-Training ohne Prozeduralisierungshilfe erhielten.

Die Prozeduralisierungshilfe wirkte sich positiv auf die Selbstwirksamkeitsüberzeugungen und die selbsteingeschätzten Kenntnisse aus. Zusätzlich reduzierte sie die wahrgenommene mentale Anstrengung während des Lernerfolgstests. Auswirkungen auf den Lernerfolg selbst (abgesehen von der Fähigkeit, Lernstrategien zu definieren) wurden nicht gefunden. Dies könnte daran liegen, dass auch die Kontrollgruppe ein bereits sehr wirksames Vortraining erhalten hatte.

© Springer Fachmedien Wiesbaden GmbH, ein Teil von Springer Nature 2019
T. Leuders et al. (Hrsg.), *Pädagogische Professionalität in Mathematik und Naturwissenschaften*, https://doi.org/10.1007/978-3-658-08644-2_10

10.1 Einleitung

Wenn Novizen versuchen, sich eine bestimmte Situation zu erklären, ziehen sie typischerweise intuitives (Vor)wissen heran, das sie durch alltägliche Erfahrungen gewonnen haben. DiSessa (1993, 2002) charakterisiert ein solches Wissen als „Knowledge in Pieces". Solches prä-instruktionale Vorwissen kann in manchen Situationen hilfreich und richtig sein, um bestimmte Phänomene zu erklären. Aus der fachwissenschaftlichen Perspektive erweist es sich aber häufig als inadäquat. Zudem beeinflusst es die Interpretation neuer Phänomene (Vosniadou, 1994).

Aufgrund seiner hohen Alltagsplausibilität ist Knowledge in Pieces hochgradig veränderungsresistent. Das intuitive Konzept lässt sich nicht einfach durch die Vermittlung des wissenschaftlich korrekten Konzepts „ersetzen". Stattdessen muss Knowledge in Pieces reorganisiert werden, um erfolgreiches Lernen zu ermöglichen (diSessa, 1993).

Eine wirksame Methode zur Unterstützung dieser Reorganisationsprozesse ist die Vorabvermittlung eines abstrakten, kategorialen Ordnungsschemas im Rahmen eines Vortrainings vor dem eigentlichen Lernen mit einer Lernumgebung (Ohst, Fondu, Glogger, Nückles, & Renkl, 2014; Ohst, Glogger, Nückles, & Renkl, 2015). Die Lernenden sollten die Vortrainingsinhalte beim Bearbeiten der eigentlichen Lernumgebung aktiv halten. Dieses Präsenthalten kostet jedoch kognitive Ressourcen, die dann ggf. nicht mehr für bestimmte Wissenskonstruktionsprozesse der eigentlichen Lerninhalte zur Verfügung stehen.

In der vorliegenden Studie haben wir einen Ansatz entwickelt, um die kognitive Belastung zu reduzieren, die auftritt, wenn Lernende die Inhalte des Vortrainings bei der Bearbeitung der Lerninhalte des eigentlichen Trainings mental präsent halten müssen. Dazu unterstützten wir Lernende, ihr deklaratives Wissen aus dem Vortraining direkt in prozedurales Wissen zu transformieren. Die Unterstützung erfolgte anhand einer Prozeduralisierungshilfe in Form eines Entscheidungsbaums. Insbesondere sollte die Prozeduralisierungshilfe das Konzept „Lernstrategie" anwendbarer machen.

10.2 Intuitives Wissen konzeptualisiert als Knowledge in Pieces

Abweichendes, intuitives Wissen, das die Wissensaufnahme wissenschaftlich korrekter Konzepte erschwert, wird von vielen Autoren als *Knowledge in Pieces* konzeptualisiert (diSessa, 1993; Özdemir & Clark, 2007; Ozdemir, 2013). Bei den „Pieces of Knowledge" handelt es sich um atomare Wissenseinheiten, die bei Erfahrungen als Heuristiken generiert wurden, um bestimmte Alltagsphänomene zu erklären, wie z. B. die Heuristik „viel hilft viel". Charakteristischerweise ist *Knowledge in Pieces* fragmentiert, unstrukturiert und über verschieden Kontexte hinweg inkohärent. Die Wissensfragmente selbst sind nicht in eine übergreifende theoretische Rahmenkonzeption (Wissenssystem) eingebettet, sondern stehen für sich *isoliert* (diSessa 2002). Ihr Abruf erfolgt *kontextabhängig*

(Ashe & Bibi, 2011). Aufgrund der kontextabhängigen Aktivierung können Lernende sich widersprechende Wissensfragmente haben, ohne dass ihnen dies bewusst ist. Die einzelnen Fragmente sind per se nicht richtig oder falsch, werden aber teilweise in unpassenden Kontexten aktiviert (Ozdemir, 2013). So kommt es, dass intuitives Wissen häufig mit einer wissenschaftlichen Auffassung unvereinbar ist

Knowledge in Pieces kann Lernprozesse beeinträchtigen

Wie eine Analogie verdeutlichen soll, kann *Knowledge in Pieces* den Erfolg instruktionaler Maßnahmen massiv einschränken. Das bruchstückhafte Wissen bei Lernenden ist vergleichbar mit einem Haufen ungeordneter Puzzleteile, die zu unterschiedlichen Puzzles gehören. Dabei ist unbekannt, wie die einzelnen fertig zusammen gepuzzelten Puzzles aussehen werden. Wenn Lernende mit derartig unsortiertem Vorwissen nun neue Wissenspuzzleteile erhalten, wird es ihnen schwer fallen, diese an ihre Vorwissenspuzzleteile anzulegen. Zunächst müssen sie das zugehörige Puzzle identifizieren, zu dem das Teil gehört und anschließend die richtige Position des Teils ermitteln. Diese Suchprozesse verlaufen unsystematisch, kosten kognitive Ressourcen und sind zeitaufwändig (*kognitive Desorientierung*). Werden dabei die verfügbaren kognitiven Ressourcen überschritten, kann kognitive Überlastung die Folge sein. Zudem kann nicht ausgeschlossen werden, dass die neuen Teile einem falschen Puzzle zugeordnet werden. Dies macht eine angemessene Wissenskonstruktion schwierig.

Aufgrund der hohen Plausibilität der einzelnen Pieces im Alltag ist Knowledge in Pieces sehr veränderungsresistent (Sinatra, Brem, & Evans, 2008). Es lässt sich in der Regel nicht durch die einfache Vermittlung des korrekten Wissens verändern. Stattdessen wird instruktionale Unterstützung benötigt, die einen Konzeptwechsel (conceptual change) unterstützt.

Conceptual Change – von unstrukturiertem bruchstückhaftem Wissen zu einem kohärenten Konzept

Gemäß der *Knowledge-in-Pieces*-Theorie beschreibt Conceptual Change den Übergang von bruchstückhaftem Wissen hin zu einem organisierten, komplexen Wissenssystem – und damit zu flexibel anwendbaren Konzepten (Özdemir & Clark, 2007). Als Modell für ein solches organisiertes Wissen schlägt die *Knowledge-in-Pieces*-Theorie Koordinationsklassen vor (diSessa, 2002).

Im Gegensatz zu dem bruchstückhaften Wissen, für das *fehlende Systematik* sowie *Inkohärenz* über verschiedene Kontexte charakteristisch ist, besitzen Koordinationsklassen ein hohes Maß an interner Struktur (diSessa, 2002). Die Aufgabe einer Koordinationsklasse ist es, bestimmte, zusammengehörige Informationen aus der Welt zu sammeln und Schlussfolgerungen aus diesen zu ziehen. Um diesen Zweck erfüllen zu können, weisen Koordinationsklassen zwei strukturelle Komponenten auf: Zum einen Auslesestrategien (engl.: *Readout Strategies*), durch die mit einer bestimmten Situation verbundene Informationen ausgelesen, d. h. entnommen und bestimmt werden (z. B. im Bereich Physik die Fähigkeit, die Art der Bewegung von Objekten zu erkennen). Zum anderen das kausale Netz (engl.: *Causal Net*), welches eine Sammlung möglicher Schlussfolgerungen darstellt. Das kausale Netz dient dazu, aus den mittels Auslesestrategien gemachten Beobachtungen (z. B. ein Gegenstand fällt immer schneller zu Boden) weitgehende Schlussfolgerungen zu ziehen (z. B. es wirkt eine Kraft auf den Gegenstand in Richtung Boden).

Koordinationsklassen können auf der Grundlage von bruchstückhaftem Wissen gebildet werden, wobei einzelne Wissensfragmente Bestandteile des kausalen Netzes sein können. Der Übergang von bruchstückhaftem Wissen zu einer Koordinationsklasse erfolgt zunächst über Prozesse der Reorganisation (diSessa, 2002). Wie oben bereits erwähnt, werden einzelne Fragmente nicht per se als richtig oder falsch angesehen. Unpassende Fragmente müssen daher weder gelöscht noch durch ein wissenschaftliches Konzept ersetzt werden. Stattdessen dienen sie als produktive Ressourcen (Harlow, Bianchini, Swanson, & Dwyer, 2013) und finden durch Reorganisationsprozesse einen geeigneten Platz im Wissenssystem der Koordinationsklasse. Bei der Reorganisation greifen zwei Mechanismen: Verschiebung (engl.: *Displacement*) und Eingliederung (eng.: *Incorporation*). Fragmente, die nicht zu einem bestimmten Konzept passen, werden aus diesem herausgenommen (Verschiebung) und stattdessen an einer sinnvollen Stelle in das komplexe Wissenssystem eingebettet (Eingliederung).

Darüber hinaus ist für die Konzeptbildung die Erweiterung der Spannweite wichtig. Damit ist gemeint, dass Auslesestrategien entwickelt werden müssen, die ermöglichen, dass die koordinationsklassenspezifischen Informationen in jedem relevanten Kontext ausgelesen werden. Die entsprechenden Auslesestrategien müssen zudem für jeden Kontext mit Schlussfolgerungen kombiniert werden und in das kausale Netz integriert werden (diSessa, 2002).

Die Erweiterung der Spannweite beschreibt diSessa (2002) am Beispiel der Koordinationsklasse, die Zahl Fünf zu erkennen. Ein Lernender erkennt eine Fünf zunächst nur in ihrer normalen Orientierung. Um beispielsweise auch eine auf dem Kopf stehende Fünf zu identifizieren, erweitert er seine Auslesestrategien: Er entwickelt eine Auslesestrategie, unabhängig den Bogen zu erkennen, eine Strategie das rechtwinklige Element zu erkennen sowie die Verbindung aus beiden. Die Integration dieser Auslesestrategien in das kausale Netz erfolgt anhand einer *Wenn-Dann-Regel*: „Wenn ich einen Bogen sehe und ein rechtwinkliges Element und der Bogen mit dem rechtwinkligen Element verbunden ist, dann sehe ich eine Fünf". Auf diese Repräsentation als Wenn-Dann-Regel werden wir später noch einmal im Kontext der ACT-Theorie eingehen. Eine adäquate Spannweite ermöglicht es Lernenden, ein bestimmtes Konzept in verschiedenen Kontexten zuverlässig zu erkennen.

Die gegenwärtige Forschung zu bruchstückhaftem Wissen liefert kaum konkrete und detaillierte Maßnahmen, wie man Lernende bei den aufwändigen und komplexen Prozessen unterstützen kann, die zum Aufbau von Koordinationsklassen notwendig sind. In dieser und zwei vorangegangenen Studien haben wir einen solchen konkreten Ansatz konzipiert. Dieser richtet sich nicht an Schülerinnen und Schüler, sondern an Lehrkräfte bzw. Lehramtsstudierende. Als Lerninhalt vermittelten wir nicht ein naturwissenschaftliches Konzept – wie man es oft in der Forschung zum Knowlegde in pieces antrifft – sondern ein instruktionales Konzept, welches für Lehrkräfte in ihrer pädagogischen Praxis häufig explizit oder implizit eine wichtige Rolle spielt, nämlich das Konzept „primäre Lernstrategien".

Bei primären Lernstrategien handelt es sich um mentale Prozesse, die Lernende anwenden, um Wissen zu konstruieren. Dazu zählen kognitive Strategien (Wiederholungsstrategien, die Informationen im Arbeitsgedächtnis aktiv halten, Organisationsstrategien, die neues Wissen ordnen und miteinander verknüpfen sowie Elaborationsstrategien, die dabei helfen, neues Wissen mit Vorwissen zu verbinden) – und metakognitive Strategien, die die Lernprozesse steuern (Weinstein & Mayer, 1986). Der Ausdruck „primär" bezieht sich darauf, dass diese Lernstrategien vor allem darauf abzielen, Wissen aufzubauen. Im Gegensatz dazu dienen sekundäre Lernstrategien dazu, günstige Rahmenbedingungen zu schaffen (z. B. ordentlicher Arbeitsplatz), die ermöglichen, dass primäre Lernstrategien ungehindert angewendet werden können. Lehramtsstudierende weisen häufig bruchstückhaftes Wissen in Bezug auf Lernstrategien und pädagogisch-psychologisches Wissen im Allgemeinen auf (für eine detailliertere Beschreibung siehe Ohst et al., 2014). Besonders prominent ist, dass sie vielfach ähnliche Strategien mit primären Lernstrategien verwechseln (auf diese Verwechslungskategorien gehen wir später genauer ein). Es liegt nahe, diese Struktur des Wissensgebietes und die Art des Wissens der Lehramtsstudierenden mit dem Ansatz des Knowledge in Pieces zu beschreiben. In zwei Studien haben wir ein Vortraining entwickelt, das Lehramtsstudierende mit bruchstückhaftem Wissen über Lernstrategien unterstützen soll, ihr Vorwissen so zu reorganisieren, dass sie anschließend erfolgreicher mit einem Lernprogramm über Lernstrategien lernen können.

Ansatz zur Unterstützung des Reorganisationsprozesses – Vermittlung eines abstrakten, kategorialen Schemas

Wir haben in zwei empirischen Studien herausgefunden, dass die Vorabvermittlung eines abstrakten, kategorialen Ordnungsschemas im Rahmen eines Vortrainings eine wirksame Methode ist, um angehende Lehrkräfte darin zu unterstützen, ihr bruchstückhaftes Wissen vor der eigentlichen Wissensvermittlung zu reorganisieren (Ohst et al., 2014; Ohst et al., 2015). Wir vermuten, dass dieses Ordnungsschema die Lehramtsstudierenden darin unterstützt, ihr Vorwissen zu reorganisieren, indem die Prozesse der Verschiebung und Eingliederung angeregt wurden. In dem Vortraining wurde deklaratives Wissen darüber vermittelt, mit welchen anderen Konzepten das Konzept der primären Lernstrategien häufig verwechselt wird und wieso es sich dabei nicht um primäre Lernstrategien handelt. Daraus konnten die Lernenden Informationen ziehen, welche Wissensfragmente, die sie fälschlicher Weise dem Konzept Lernstrategien zugeschlagen hatten, verlagert werden sollten. Dazu wurde beispielhaft für bestimmte Lehr/Lernaktivitäten erklärt, wieso es sich dabei nicht um primäre Lernstrategien handelt, und in welche besser passenden Kategorien sie stattdessen eingeordnet werden können. Auf diese Weise wurde ihnen direkt ein anderes Konzept vorgeschlagen, in das sie die unpassenden Fragmente einfügen konnten. Wir nahmen an, dass die Unterstützung dieser Reorganisationsprozesse die kognitive Desorientierung beim anschließenden Lernen in der Lernumgebung reduzierte.

Durch die Vorabvermittlung der Verwechslungskategorien im Vortraining unterstützen wir die Reorganisationsprozesse des Knowledge in Pieces über Lernstrategien. Die Erweiterungsprozesse der Spannweite (Generierung und Erweiterung von Auslesestrategien sowie die Integration in das kausale Netz), um die Koordinationsklasse Lernstrategie anwendbar zu machen, berücksichtigten wir in unserem bisherigen Vortraining jedoch nicht. Eine zweite Einschränkung unseres Vortrainings war die Anforderung an die Lehramtsstudierenden, viele Informationen (über die Verwechslungskategorien) im Arbeitsgedächtnis aufrechtzuerhalten, während sie in der Lernumgebung über Lernstrategien lernten. Somit mussten sie viele Elemente gleichzeitig verarbeiten und unterschiedliche Verbindungen zwischen den Elementen ziehen (Hmelo-Silver & Pfeffer, 2004). Wir nehmen deswegen an, dass das Präsenthalten der Inhalte des abstrakten, kategorialen Schemas selbst eine hohe kognitive Beanspruchung darstellte.

In der vorliegenden Studie optimierten wir das Vortraining dahingehend, dass wir die Erweiterungsprozesse berücksichtigten (Auslesestrategien und Integration in das kausale Netz) und die Art der Vermittlung änderten, sodass das Anwenden der Vortrainingsinhalte zu weniger Cognitive Load führte. In Bezug auf die Reduktion des Cognitive Loads bezogen wir Überlegungen der ACT-Theorie ein.

Die Adaptive Control of Thought-Rational Theory (ACT-R)

Diese Theorie unterscheidet zwischen *deklarativem* (Wissen, dass) und *prozeduralem* Wissen („Wissen, wie"). Deklaratives Wissen ist Wissen über Fakten und Konzepte und liegt in netzwerkartiger Form vor. Prozedurales Wissen (Handlungswissen) ist Wissen, wie man eine bestimmte Fertigkeit ausführt, um ein gewünschtes Ziel zu erreichen. Es wird in sogenannten Produktionsregeln gespeichert, die darüber vergleichbar mit einem Skript oder Aktionsplan sind. Sie spezifizieren, wie z. B. das deklarative Wissen abgerufen und verwendet werden soll, um Probleme zu lösen. Sie sind definiert als Bedingungs-Aktions-Paare, die angeben, dass beim Auftreten eines bestimmten Zustands im Arbeitsgedächtnis eine bestimmte mentale (bzw. physikalische) Aktion stattfinden soll (Anderson, 1982, 1987). Sie liegen in Form von *Wenn-dann-Regeln* vor: „*Wenn* Bedingung A erfüllt ist (*Bedingungskomponente*) bzw. wenn ein bestimmtes Set an Bedingungen wahrgenommen wird, *dann* führe Aktion B aus (*Aktionskomponente*)" (z. B. wenn ich nach links abbiegen möchte, dann setze ich den Blinker nach links). An dieser Stelle wird eine Parallele zu der Entwicklung von Koordinationsklassen gemäß der *Knowledge-in-Pieces*-Theorie deutlich: Erweitern Lernende die Spannweite einer Koordinationsklasse, werden Auslesestrategien gebildet, die über Wenn-dann-Regeln in das kausale Netz integriert werden (siehe Abschnitt 10.2).

Nach der ACT-Theorie wird deklaratives Wissen über mehrere Phasen in effektives Handlungswissen (prozedurales Wissen) überführt. Die ACT-Theorie hat mehrere Revisionen erfahren, die jeweils unterschiedliche Anzahlen solcher Phasen postulieren (z. B. ACT* drei Phasen, ACT-R vier Phasen usw.). Im Folgenden werden wir zentrale Prozesse herausgreifen, die für unsere Überlegungen eine Rolle spielen und in allen Revisionen implizit oder explizit enthalten sind (für einen umfassenden Überblick über die ACT-Theorie und ihre Weiterentwicklungen siehe z. B. Anderson & Lebiere, 1998).

Haben Lernende noch kein Handlungswissen über einen bestimmten Bereich und damit noch keine Produktionen gebildet, müssen sie deklaratives Wissen zunächst über schwache Prozeduren – typsicherweise allgemeine Problemlöseprozeduren – interpretieren. Die ACT-R-Theorie geht davon aus, dass die Problemlösung analogiebasiert erfolgt. Um ein Problem zu lösen, werden aus dem deklarativen Wissen ähnliche Beispiele aus dem vergangenen Verhalten gesucht (Anderson, 1993; Anderson, Fincham, & Douglass, 1997). Bei diesem interpretativem Problemlösen (Anderson, 1993) werden somit deklarative Aufzeichnungen früherer Problemlöseepisoden interpretiert. Wenn sich die Lernenden auf das bekannte Beispiel beziehen und es mit dem zu lösenden Problem verbinden, müssen sie das deklarative Wissen interpretieren und präsent halten. Dieses Präsenthalten der deklarativen Informationen bei der Interpretation im Arbeitsgedächtnis kann eine hohe Belastung an die Arbeitsgedächtniskapazität stellen und erfordert eine gewisse Zeit.

Nach Anderson et al. (1997) entwickeln die Lernenden in der nächsten Phase abstrakte *deklarative Regeln*, die das Problemlösen leiten (siehe auch Renkl, 2014; diese Phase ist in der ursprünglichen Theorie nicht beinhaltet). Durch Üben wird der Ablauf schließlich geschmeidiger und verläuft schneller, ohne dass bewusste Prozesse ablaufen müssen. Es werden prozeduralisierte Regeln geformt (*Wissenskompilierung*, Anderson, 1987). Bei der Prozeduralisierung werden Produktionen gebildet, welche die Anforderung deklaratives Wissen im Arbeitsspeicher präsent zu halten, minimieren.

Indem eine prozedurale Repräsentation einer Fertigkeit generiert wird, muss deklaratives Wissen nicht mehr interpretativ angewendet werden, sondern es werden direkt anwendbare Prozeduren (Produktionen) generiert. Diese Wissenskompilierung bewirkt, dass Lernende nicht mehr bei jedem einzelnen Schritt stoppen und nachdenken müssen, sondern eine reibungslos und fließend ablaufende, automatisierte Fertigkeit gebildet wird.

Schlussendlich erfolgt eine Feinabstimmung des prozeduralen Wissens. Bei dieser werden die Anwendungsbedingungen erweitert – ähnlich wie die Weiterentwicklung der Spannweite bei diSessa (2002) – bzw. begrenzt. Insgesamt wird Wissen auf diese Weise auf die Anwendungsbedingungen hin konditionalisiert. Das bedeutet, dass das Wissen selbst direkt mit der Anwendungsbedingung verknüpft wird, so dass bei ihrem Zutreffen das entsprechende Handlungswissen (Wenn-Dann-Regel) unmittelbar automatisch aktiviert wird. Kontrollierte metakognitive Steuerungsprozesse und damit einhergehend der Verbrauch kognitiver Ressourcen sind dann nicht mehr notwendig.

Optimierungsansatz: Prozeduralisierungshilfe zur Unterstützung der Erweiterungsprozesse und zur Reduktion der kognitiven Belastung durch das abstrakte kategoriale Schema

Um das Konzept „primäre Lernstrategien" der Lernenden zu schärfen, vermittelten wir mit dem von Ohst et al. (2014) konzipierten Vortraining Wissen darüber, was das Konzept umfasst und was nicht, bzw. welche Verwechslungen häufig vorliegen (das Vortraining wurde übernommen von Ohst et al., 2014).

In der vorliegenden Studie entwickelten wir nun eine Prozeduralisierungshilfe, die die Inhalte aus dem Vortraining für die Lernenden anwendbarer machen sollte, indem sie ihnen aufzeigte, wie sie die Inhalte aus dem Vortraining interpretieren sollten. Zum einen sollte durch die Prozeduralisierungshilfe die Spannweite des Konzepts (Koordinationsklasse) Lernstrategien erweitert werden. Zugleich sollte sie die kognitive Belastung und damit einhergehend den kognitiven Aufwand (eng.: *Mental Effort*) verringern, der zur Interpretation des Wissens aus dem Vortraining aufgewendet werden muss. Als *Mental Effort* bezeichnet man den Teil kognitiver Anstrengung, den Lernende für die Bewältigung von Aufgaben aufwenden müssen. Der kognitive Aufwand repräsentiert damit die tatsächlich für einen Lernenden vorhandene kognitive Belastung, die bei der Aufgabenlösung vorliegt (Paas, Touvinen, Tabber, & van Gerven, 2003).

Der kognitive Aufwand kann zu unterschiedlichen Zeitpunkten gemessen werden, beispielsweise während oder nach der Lernphase oder während oder nach der Testphase (für eine Übersicht siehe z. B. van Gog & Paas, 2008). Betrachtet man den kognitiven Aufwand für sich genommen, ist es mitunter schwierig, Aussagen daraus abzuleiten, da nicht nachvollziehbar ist, ob der kognitive Aufwand in relevante Prozesse investiert wurde oder nicht. Es macht deswegen Sinn, den realisierten kognitiven Aufwand in Relation zum Lernerfolg zu sehen. Dabei werden zwei instruktionale Effizienzmaße unterschieden: Das ursprünglich von Paas und van Merriënboer (1993) vorgeschlagene Effizienzmaß, das den Lernerfolg in Relation zum kognitiven Aufwand betrachtet, der in der Testphase aufgewendet wurde und das sogenannte „adaptive" Effizienzmaß, welches den Lernerfolg in Relation zum realisierten kognitiven Aufwand während der Lernphase betrachtet. Die Maße erlauben unterschiedliche Schlussfolgerungen. Das adaptive Effizienzmaß kann Auskunft darüber geben, ob in der Lernphase mehr oder weniger kognitiver Aufwand investiert werden musste, um ein bestimmtes Lernergebnis zu erlangen. Das ursprüngliche Effizienzmaß lässt es zu, Aussagen über die Qualität des Lernens zu treffen. Mit wachsender Expertise sind Lernende in der Lage, mit geringerer Investition von kognitivem Aufwand gleiche oder höhere Lernergebnisse zu erzielen (vgl. Yeo & Neal, 2014). Van Gog und Paas (2008) empfehlen zur Beurteilung der Effizienz instruktionaler Maßnahmen insbesondere den kognitiven Aufwand in der Testphase zu betrachten und den kognitiven Aufwand während der Lernphase als zusätzliches Maß zu verwenden.

Die Prozeduralisierungshilfe war im Prinzip ein Entscheidungsbaum, der nach Wenn-Dann-Regeln aufgebaut war: Wenn ein bestimmtes Kriterium (z. B. Lerner-initiiert) erfüllt ist, dann können bestimmte Verwechslungsstrategien (z. B. Lehrstrategie) ausgeschlossen werden. Beziehungsweise wenn die Kriterien „mental", „lerner-initiiert" und „der Wissenskonstruktion dienlich" erfüllt sind, dann handelt es sich um eine primäre Lernstrategie. Eine detaillierte Beschreibung der Prozeduralisierungshilfe findet sich im Abschnitt 2. Methode (siehe 10.2).

Mit dem Explizieren der Wenn-dann-Verknüpfung verfolgten wir zwei Ziele. Die Lernenden sollten unterstützt werden, das Wissen aus dem Vortraining zu prozeduralisieren und damit zumindest partiell zu automatisieren. Konkret sollte das Erkennen des Konzepts primäre Lernstrategien beim Vorliegen bestimmter Bedingungen (mentaler, lerner-initiierter Prozess, der zur Wissenskonstruktion dient) partiell automatisiert werden. Wir nahmen an, dass die Aktivierung entsprechenden Handlungswissens (kategorisiere die Aktivität als Lernstrategie oder nicht) durch die Vorgabe entsprechender Wenndann-Regeln erleichtert werden würde und damit weniger eine kontrollierte Informationsverarbeitung, wie sie interpretative Prozesse beanspruchen, nötig seien würde. Anderson et al. (1997) und Renkl (2014) nehmen an, dass vor der Prozeduralisierung im engeren Sinne eine Phase erfolgt, in der die Lernenden abstrakte deklarative Regeln generieren. Vermutlich unterstützt eine Prozeduralisierungshilfe insbesondere diese Phase. Wird das Bilden dieser deklarativen Regeln durch eine Prozeduralisierungshilfe unterstützt, sind auch Effekte auf deklarative Maße zu erwarten (z. B. die Fähigkeit, Lernstrategien zu definieren). Das Bilden dieser Regeln stellt den ersten Schritt für die Prozeduralisierung und damit Automatisierung dar, so dass die Lernenden schließlich die Verwechslungskategorien nicht mehr aktiv mental präsent halten und abgleichen müssen. In diesem Fall wären Effekte auf prozedurale Maße zu erwarten (z. B. die Fähigkeit, Lernstrategien zu identifizieren).

Die Vermittlung einer solchen Prozeduralisierungshilfe ist nicht nur aus Sicht der ACT-R-Theorie hilfreich. Sie ist auch aus der *Knowledge-in-Pieces*-Theorie sinnvoll, was zu unserem zweiten Ziel überleitet. Dieses Ziel bestand darin, die Spannweite der Koordinationsklasse zu erweitern. DiSessa (2002) spricht im Zusammenhang mit Koordinationsklassen davon, dass Auslesestrategien entwickelt werden müssen, um in unterschiedlichen Kontexten ein bestimmtes Konzept zu erkennen. Diese müssen schließlich in das kausale Netz integriert werden, so dass beim Vorliegen bestimmter Bedingungen ein bestimmtes Konzept zuverlässig erkannt wird. Diese Integration erfolgt ebenso anhand einer *Wenn-Dann-Regel*: „Wenn ein mentaler Prozess vorliegt, der lerner-initiiert ist und dem Aufbau von Wissen dient, dann handelt es sich um eine primäre Lernstrategie". Die Prozeduralisierungshilfe wurde nach dem Vortraining präsentiert, da angenommen wird, dass Informationen, die Stück für Stück präsentiert werden (z. B. zunächst deklaratives Wissen und dann separat prozedurale Informationen), die Kapazität des Arbeitsgedächtnisses nicht überfordern und damit Lernen erleichteren (Kester, Kirschner, & van Merriënboer, 2006).

Auswirkung einer Prozeduralisierungshilfe auf motivationale Variablen

Auch motivationale Aspekte, wie Selbstwirksamkeitserwartungen spielen bei Conceptual Change-Prozessen eine Rolle (*hot conceptual change*, Lee, Cawthon, & Dawson, 2013; Pintrich, Marx, & Boyle, 1993; Sinatra, 2010). Durch den Erwerb tieferen Wissens können die Selbstwirksamkeitserwartungen gestärkt werden (Bandura, 1997; Ineson, Junk, Hains, & Kim, 2013; Moos & Azevedo, 2009; Pajares, 1996; Schunk, 1996; Schunk & Pajares, 2002; Wäschle, Allgaier, Lachner, Fink, & Nückles, 2014). Selbstwirksamkeitserwartungen bezeichnen die eigenen Erwartungen, eine Handlung oder eine bestimmte Aufgabe selbst ausführen zu können (Bandura, 1977, 1986). Hohe Selbstwirksamkeitserwartungen können mehrere positive Effekte haben. Beispielsweise erhöhen sie die Bereitschaft, sich mit einer Aktivität zu beschäftigen und auch beim Auftreten von Schwierigkeiten oder Störungen Ausdauer zu zeigen (Bandura, 1997, 2006; Schunk, 1998). Selbstwirksamkeitserwartungen entspringen insbesondere enaktiver, nachhaltiger Erfolgserfahrungen (Mastery Experiences), d. h., Erfahrungen von Erfolg oder Misserfolg in einer spezifischen Domäne (Bandura, 1997; Williams & Williams, 2010; Sitzmann & Yeo, 2013). Selbstwirksamkeitserwartungen werden dementsprechend durch Erfolgserfahrungen – wie beispielsweise durch Übung und zunehmend erfolgreiches Durchführen von Aufgaben – gefördert (Bandura, 1977). In einer Studie zeigte sich, dass (adaptive) Anleitungen die Selbstwirksamkeitserwartung in frühen Trainingsphasen (in denen Lernende insbesondere Fehler machen) erhöhen (Bell & Kozlowski, 2002). Die adaptive Anleitung vermittelte den Lernenden Informationen, wie sie Unzulänglichkeiten in ihrer Umsetzung überwinden konnten. Eine Prozeduralisierungshilfe, die vorgibt, worauf man bei Lernstrategien achten muss, könnte gleichermaßen die Selbstwirksamkeitserwartungen erhöhen. Insbesondere, da die Lernenden gleichzeitig darin unterstützt werden, ihr Wissen anwendbarer zu machen.

Hypothesen

Wir nahmen an, dass die Prozeduralisierungsgruppe einen höheren Lernerfolg als die Kontrollgruppe erzielen würde, und zwar hinsichtlich ihrer Fähigkeit, Lernstrategien zu definieren (*Definitionshypothese*), Lernstrategien in Ausschnitten aus Lerntagebüchern (Tagebücher, in denen Schüler/innen aufschreiben, was sie gelernt haben) zu identifizieren (*Identifikationshypothese*) und aufgrund tieferen Wissens bessere Erklärungen geben zu können, weshalb es sich bei einer bestimmten Aktivität um eine Lernstrategie oder nicht handelt (*Erklärungshypothese*). Zudem erwarteten wir, dass es der Prozeduralisierungsgruppe besser gelingen würde, Lernstrategien von anderen Lernaktivitäten abzugrenzen (*Verifikationshypothese*). Darüber hinaus erwarteten wir, dass die Prozeduralisierungsgruppe ihre Leistungen als besser einschätzen würde. Zum einen retrospektiv – in dem Sinne, dass sie mehr gelernt haben, da ihr Wissen besser verfügbar und greifbarer ist – und zum anderen prospektiv – in dem Sinne, dass sie sich mehr zutrauen, das erworbene Wissen in der Praxis einzusetzen (höhere Selbstwirksamkeitserwartungen). Wir vermuteten also, dass die Prozeduralisierungsgruppe ihren Lernerfolg höher einschätzen würden (*Subjektive Kenntnisse-Hypothese*) und eine höhere Selbstwirksamkeitserwartung in Bezug auf die Diagnose von Lernstrategien (*Selbstwirksamkeitserwartungshypothese*) haben würde. Wir erwarteten außerdem, dass die Prozeduralisierungshilfe das Lernen in der Hinsicht effizienter machen würde, dass in Relation zu gleichen oder besseren Lernergebnissen weniger kognitiver Aufwand in der Lernphase (*Lerneffizienz-Hypothese*) und in der Testphase (*Testeffizienz-Hypothese*) investiert werden müsste.

10.3   Methode

Teilnehmende und Design

47 Lehramtsstudierende der Albert-Ludwigs-Universität Freiburg (36 Frauen, M_{Alter} = 23.15 Jahre, SD = 3.48) nahmen an der Studie teil. Durchschnittlich hatten sie 4.79 Semester studiert (SD = 3.34, Mdn = 5). Die Lehramtsstudierenden studierten unterschiedliche Fächer (darunter Mathematik, Biologie, Chemie, Englisch, Deutsch, Französisch, Spanisch, Latein, Geschichte, Geographie, Philosophie, Theologie und Sport). 41 Personen hatten als Muttersprache Deutsch, vier Personen Türkisch, eine Person Französisch und eine Person Englisch. Die durchschnittliche Abiturnote betrug 1.8 (SD = 0.49). Sechs Personen machten keine Angabe zu ihrer Abiturnote. 25 Personen gaben an, bereits Lehrerfahrungen gesammelt zu haben. 9 Personen hatten bereits Erfahrung mit der Diagnose von Lernstrategien im Rahmen von Vorlesungen und Seminaren an der Universität. Die Teilnehmenden schätzten ihre Kenntnisse über Lernstrategien durchschnittlich als mittelmäßig ein (54.30, SD = 19.20 %). Sie gaben an mittlere Computerkenntnisse zu haben. 20 Personen hatten noch nie, 21 ein bis zweimal und sechs Personen schon mehr als zweimal mit einem computerbasierten Lernprogramm gearbeitet.

Die Studierenden wurden randomisiert der Prozeduralisierungsgruppe (n = 24) oder der Kontrollgruppe (n = 23, ohne Prozeduralisierungshilfe) zugeteilt. Als abhängige Variablen erfassten wir den subjektiven und objektiven Lernerfolg (Fähigkeit Lernstrategien zu diagnostizieren, identifizieren und zu begründen), den wahrgenommene kognitiven Aufwand und die Selbstwirksamkeitserwartungen so wie das Interesse in Bezug auf die Diagnose von Lernstrategien bei Schülerinnen und Schüler.

Material

Vortest. Im Vortest erfassten wir das Vorwissen über Lernstrategien anhand einer leicht abgeänderten Version des Vortests von Ohst et al. (2014). Er setzte sich aus einem subjektiven Maß (selbsteingeschätztes Vorwissen; 11-stufige Skala von 0: *sehr niedrig* bis 100: *sehr hoch*) und einem objektiven Maß (direkte Messung) zusammen. Die direkte Messung bestand aus den beiden offenen Fragen (1) „Was verstehen Sie unter Lernstrategien?" und (2) „Welche Beispiele für verständnisorientierte Lernstrategien fallen Ihnen ein?". Zudem sollten die Lehramtsstudierenden in einem Lerntagebuchausschnitt verständnisorientierte Lernstrategien identifizieren und ihre Auswahl begründen.

Die Auswertung des Vortests erfolgte anhand eines Kodierschemas, das im Folgenden erläutert wird. Die Definition von Lernstrategien (Frage 1) sollte die drei Aspekte „kognitiver Prozess", „lerner-initiiert" und „der Wissenskonstruktion dienlich" beinhalten. Für jeden implizit genannten Aspekt (z. B. „Lernstrategien haben das Ziel, Neues so zu behalten, dass man es später wiedergeben kann") wurden 0.5 Punkte, für jeden explizit genannten Aspekt (z. B. „dient dem Aufbau von Wissen") ein Punkt vergeben, so dass maximal drei Punkte erlangt werden konnten. Zwei unabhängige Beurteiler kodierten 20 % der Definitionsaufgabe (*not adjusted ICC* = .99). Aufgrund der hohen Übereinstimmungen wurden die restlichen 80 % von einem Kodierenden ausgewertet. Die Fähigkeit, Lernstrategien zu definieren, wurde insgesamt dreimal getestet: Im Vortest, nach dem Vortraining und im Nachtest.

Bei der zweiten Frage nach Lernstrategien bewerteten wir Strategien mit einem Punkt, die konsistent mit der Taxonomie von Weinstein und Mayer (1986) sowie verwandten Modellen waren. Die maximal zu erreichende Punktzahl war unbegrenzt. Zwei unabhängige Beurteiler kodierten 20 % der Antworten (*not adjusted ICC* = .95). Aufgrund der hohen Übereinstimmungen wurden die restlichen 80 % von einem Kodierenden ausgewertet.

Für jede erkannte primäre Lernstrategie im Lerntagebuchausschnitt wurde ein Punkt vergeben. Es konnten maximal sechs Punkte erreicht werden. Zwei unabhängige Beurteiler kodierten 20 % (*not adjusted ICC* = .99). Aufgrund der hohen Übereinstimmungen wurden die restlichen 80 % von einem Kodierenden ausgewertet.

Vortraining. Das Vortraining diente als Vorbereitung für die anschließende Arbeit mit dem Lernprogramm, in dem Wissen über die Kategorie Lernstrategien und deren Subkategorien (Wiederholung, Organisation, Elaboration, Metakognition) vermittelt wurde. Unsere Kontrollgruppe erhielt das Vortraining der Experimentalgruppe von Ohst et al. (2014). Unsere Experimentalgruppe (Proceduralisierungsgruppe) erhielt das gleiche Training, das zusätzlich eine Proceduralisierungshilfe enthielt (siehe unten).

Im Vortraining wurden vier Verwechslungskategorien vorgestellt, die (angehende) Lehrkräfte häufig mit Lernstrategien verwechseln: Lehrstrategien (z. B. eine Gruppenarbeit durchführen), sekundäre Lernstrategien (z. B. einen Zeitplan erstellen), Verwenden von Hilfsmitteln (z. B. Karteikarten verwenden) und Problemlösestrategien (z. B. Herausschreiben, was gegeben und gesucht ist). Diese Verwechslungskategorien wurden jeweils anhand eines Beispiels als solche angeführt und von Lernstrategien abgegrenzt.

Das Vortraining war folgendermaßen aufgebaut: Zu Beginn wurde die Bedeutung von Lernstrategien für Schüler/innen erläutert und hervorgehoben, wieso es wichtig ist, dass Lehrkräfte Lernstrategien diagnostizieren und darauf aufbauend fördern (*informed training*, Paris, Newman, & McVey, 1982). Danach wurde eine wissenschaftlich korrekte Definition von primären Lernstrategien nach Weinstein und Mayer (1986) vorgegeben:

„Primäre Lernstrategien sind mentale Prozesse, die sich direkt auf das Lernen beziehen. Sie werden von Lernenden selbst initiiert und helfen aktiv Wissen und ein (tiefes) Verständnis aufzubauen." Als Beispiel für eine primäre Lernstrategie wurde ein Lerntagebuchausschnitt gezeigt, in dem ein Schüler sich eigene Beispiele für das Gelernte ausdenkt. Nach einem Hinweis, dass primäre Lernstrategien häufig mit ähnlichen Aktivitäten verwechselt werden, wurden die unterschiedlichen Verwechslungskategorien vorgestellt und erklärt, weshalb es sich dabei nicht um eine primäre Lernstrategie handelt (z. B.: „Einige Leute halten Problemlösestrategien für primäre Lernstrategien. Aber: Primäre Lernstrategien dienen dem direkten Aufbau von Wissen. Problemlösestrategien sind lerner-initiiert und mentale Prozesse. Allerdings dienen sie nicht primär der Wissenskonstruktion, sondern hauptsächlich der Lösung eines Problems. Zwar kann als Nebeneffekt gelernt werden, dies ist aber nicht der Hauptgrund, warum die Strategie eingesetzt wird.").

Bis zu diesem Punkt erhielten die Prozeduralisierungsgruppe und die Kontrollgruppe dasselbe Vortraining. Der Abschluss des Vortrainings unterschied sich in den beiden Gruppen. Die Kontrollgruppe (KG) erhielt eine Übersicht über die abzugrenzenden Verwechslungskategorien (siehe Abb. 1a). Die Prozeduralisierungsgruppe (PG) erhielt stattdessen eine Prozeduralisierungshilfe (siehe Abb. 1b).

Die Bearbeitungszeit für das Vortraining war auf 13 Minuten festgelegt. Ein Weiterklicken vor Ablauf der Zeit war nicht möglich, um zu vermeiden, dass die Lehramtsstudierenden den Inhalt nur oberflächlich überflogen.

Die Prozeduralisierungshilfe. Die Prozeduralisierungshilfe wurde durch eine Einführungsfolie eingeleitet: „Um herauszufinden, ob ein Prozess eine primäre Lernstrategie ist, können Sie sich drei Fragen stellen: 1) Ist der Prozess lerner-initiiert? 2) Ist der Prozess mental? 3) Dient der Prozess der Wissenskonstruktion? Wenn alle drei Fragen mit ‚Ja' beantwortet werden können, dann handelt es sich um eine primäre Lernstrategie." Anschließend folgte ein Entscheidungsbaum (siehe Abb. 1b).

Die Prozeduralisierungshilfe legte den Fokus auf die drei Kriterien, die erfüllt sein müssen, damit etwas als primäre Lernstrategie angesehen werden kann. Durch das Betrachten dieser Kriterien lassen sich Verwechslungskategorien direkt ausschließen: Wenn der Prozess, welcher sich im Arbeitsgedächtnis befindet, lerner-initiiert ist, dann kann es sich um eine primäre Lernstrategie handeln und Lehrstrategien können ausgeschlossen werden. Wenn der Prozess mental stattfindet, dann kann es eine primäre Lernstrategie sein und sekundäre Lernstrategien, wie auch das Verwenden von Hilfsmitteln, können ausgeschlossen werden. Wenn der Prozess zusätzlich der Wissenskonstruktion dient, so handelt es sich eindeutig um eine primäre Lernstrategie und die letzte Verwechslungskategorie, die der Problemlösestrategien, kann ausgeschlossen werden.

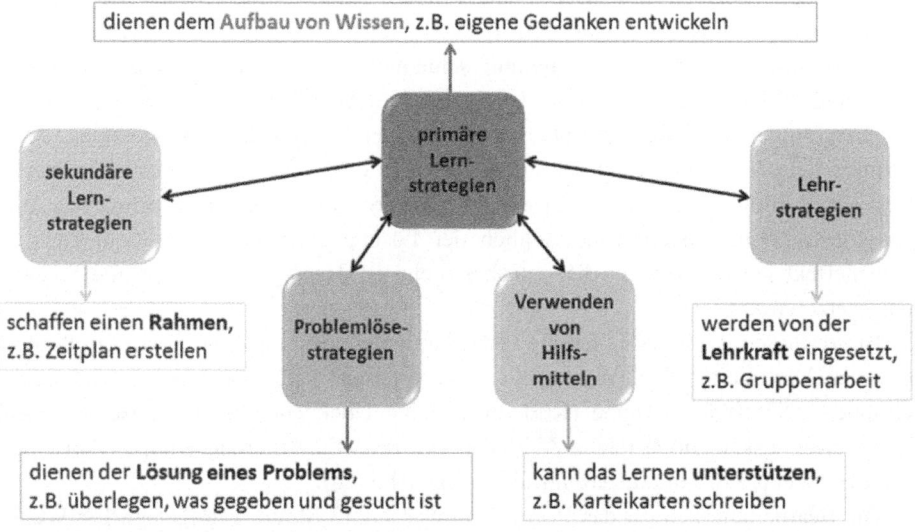

Abb. 1a: Kontrollgruppe: Verwechslungskategorien

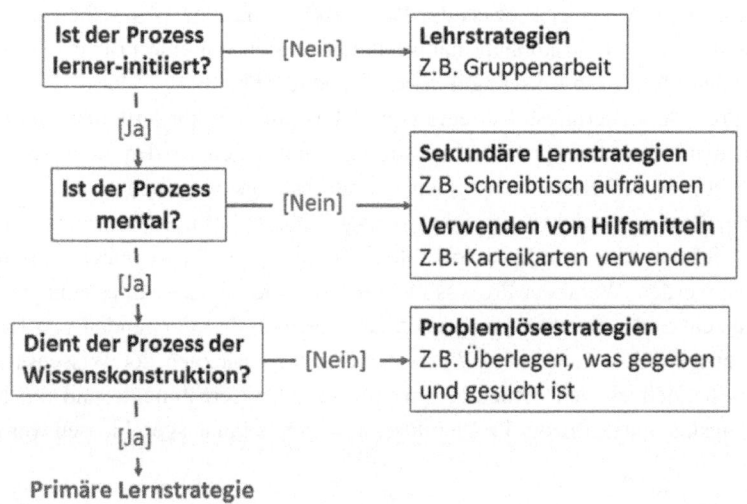

Abb. 1b: Prozeduralisierungsgruppe: Prozeduralisierungshilfe

Abschluss des Vortrainings. Direkt im Anschluss an die Informationsvermittlung wurden die Versuchspersonen erneut gebeten, Lernstrategien zu definieren (Definitionsaufgabe nach dem Vortraining). Wie im Vortest wurde für jedes explizit genannte Merkmal 1 Punkt vergeben (maximale Punktzahl: 3). Zwei unabhängige Beurteiler kodierten 20 % der Definitionen (*not adjusted ICC* = 1.00). Aufgrund der hohen Übereinstimmungen wurden die restlichen 80 % von einem Kodierenden ausgewertet.

Die Lehramtsstudierenden wurden nachfolgend dazu angehalten zu rekapitulieren, was das Wichtigste für sie war, das sie über Lernstrategien gelernt haben und was sie am wenigsten verstanden haben. Das Vortraining endete mit einer Einführung über Lerntagebücher, da im nachfolgenden Lernprogramm Lerntagebuchausschnitte verwendet wurden, um angewendete Lernstrategien exemplarisch darzustellen.

Nach dem Vortraining erhielten die Lehramtsstudierenden eine Gedächtnisstütze in Form eines Kärtchens mit einer Übersicht über die Verwechslungskategorien (siehe Abb. 1a; Kontrollgruppe – KG) oder die Prozeduralisierungshilfe (siehe Abb. 1b; Prozeduralisierungsgruppe – PG).

Lernprogramm. Im computerbasierten Lernprogramm[1] wurde anhand von Lerntagebuchausschnitten erklärt, wie man die primären Lernstrategien Wiederholen, Organisieren, Elaborieren, sowie Metakognition diagnostiziert (für eine detaillierte Beschreibung des Programms siehe Glogger, Holzäpfel, Kappich, Schwonke, Nückles, & Renkl, 2013). Die Anwendung von Lernstrategien wurde in diesem Programm anhand von Lerntagebuchausschnitten illustriert. In der vorliegenden Studie wurden aus Zeitgründen nur bestimmte Bereiche des Lernprogramms herausgegriffen (die anderen Bereiche wurden unzugänglich gemacht). Die Lernzeit im Lernprogramm wurde nicht limitiert.

Erfassung der Selbstwirksamkeitserwartung. Die Selbstwirksamkeitserwartung wurde anhand von fünf Items erhoben, die nach den Richtlinien von Bandura (1989) konstruiert wurden. Die Lehramtsstudierenden gaben auf einer 11-stufigen Skala von 0 % (*auf keinen Fall*) bis 100 % (*auf jeden Fall*; Cronbachs α = .90) an, wie sehr sie sich zutrauten, bestimmte Aufgaben zu bewältigen (d. h. Lernstrategien in Lerntagebuchausschnitten zu diagnostizieren, zu vermitteln und zu fördern sowie die verschiedenen Lernstrategien zu unterscheiden und von anderen Strategien abzugrenzen).

Erfassung der selbsteingeschätzten Kenntnisse. Die Lehramtsstudierenden wurden gebeten, ihre Kenntnisse über Lernstrategien selbst einzuschätzen. Die Einschätzung erfolgte auf einer 11-stufigen Skala von 0 % (*sehr gering*) bis 100 % (*sehr hoch*).

---

[1] Das Lernprogramm ist online abrufbar unter: http://www.psychologie.uni-freiburg.de/abteilungen/Paedagogische.Psychologie/link/lerntool

Nachtest. Im Nachtest wurde das Wissen der Lehramtsstudierenden über primäre Lern-strategien abgefragt. Der Nachtest setzte sich zusammen aus vier Aufgabentypen, die unterschiedliche Wissensarten erfassten: eine Definitionsaufgabe, eine Identifikations-aufgabe, eine Erklärungsaufgabe, eine Verifikationsaufgabe. Im Nachtest wurden keine Lerninhalte aus dem Vortraining sondern ausschließlich aus dem Lernprogramm abge-fragt.

In der *Definitionsaufgabe* sollten die Lehramtsstudierenden zum dritten Mal primäre Lernstrategien definieren (wie bereits im Vortest beschrieben, siehe Abschnitt 2.2.1). Wir nutzen das Ergebnis dieser Aufgabe als Maß für das Wissen der Lehramtsstudieren-den über das Konzept der primären Lernstrategien. Zwei unabhängige Rater kodierten 20 % der Antworten auf die Definitionsfrage (*not adjusted ICC* = .98). Aufgrund der hohen Übereinstimmungen wurden die restlichen 80 % von einem Kodierenden ausge-wertet. Wir stellten diese Definitionsfrage insgesamt dreimal, im Vortest, direkt nach dem Vortraining und im Nachtest.

In der *Identifikationsaufgabe* sollten Lehramtsstudierende primäre Lernstrategien in fünf Lerntagebuchausschnitten identifizieren, in denen eine oder mehrere primäre Lern-strategien angewendet worden waren (Cronbachs α = 72). Wir analysierten die Antwor-ten anhand eines selbstentwickelten Kodierschemas. Für jede richtig genannte Lernstra-tegie (d. h. Wiederholung, Organisation, Elaboration und Metakognition) wurde ein Punkt gegeben. Maximal konnten 22 Punkte erreicht werden. Zwei unabhängige Rater kodierten 20 % der Antworten auf die Identifikationsaufgabe (not adjusted ICC = .99). Aufgrund der hohen Übereinstimmungen wurden die restlichen 80 % von einem Kodie-renden ausgewertet. Wir verwendeten die Punktzahl dieses Aufgabentyps als Maß für die Fähigkeit, primäre Lernstrategien zu identifizieren.

Zusätzlich sollten die Lehramtsstudierenden ihre Entscheidung für die entsprechen-den Lernstrategien begründen (Cronbachs α = .67). Wir maßen die *Qualität dieser Be-gründungen* anhand eines selbstentwickelten Kodierschemas (Kriterien: *capacity, con-sistency, closure*; Biggs & Collis, 1982). Zwei unabhängige Beurteiler kodierten 20 % der Beurteilungen (*not adjusted ICC* = .97). Aufgrund der hohen Übereinstimmungen wurden die restlichen 80 % von einem Kodierenden ausgewertet.

In der *Verifikationsaufgabe* sollten die Lehramtsstudierenden so schnell wie möglich entscheiden, ob es sich bei den dargebotenen Aktivitäten um eine primäre Lernstrategie handelt oder nicht (37 Items, Cronbachs α = .77; z. B.: sich eigene Beispiele ausdenken (primäre Lernstrategie); einen Taschenrechner verwenden (keine primäre Lernstrategie); maximale Punktzahl = 37). Jedes der dargebotenen Items konnte in eine der im Vortrai-ning vorgestellten Kategorien zugeordnet werden.

Mental Effort. Als Maß für den kognitiven Aufwand (*Mental Effort*) verwendeten wir die subjektive Einschätzung der Schwierigkeit und aufgewendeten Anstrengung (Paas & van Merriënboer, 1993, 1994). Wir erfassten den kognitiven Aufwand, der in der Lern-phase investiert wurde nach der Arbeit mit dem Lernprogramm (Cronbachs α = .70). Zudem erfragten wir den kognitiven Aufwand, der in der Testphase investiert wurde

nach jeder Nachtestaufgabe (nach jedem Lerntagebuchbeispiel in der Identifikations-
und Erklärungsaufgabe und nach der Verifikationsaufgabe; Cronbachs α = .95). Unsere
Skala bestand aus jeweils vier Items (z. B. „die Aufgabe war sehr klar"), die an die entsprechende Aufgabe angepasst wurden. Das Antwortformat war eine siebenstufige Skala
(7: *„Ich stimme voll zu "*, z. B. „Die Aufgabe war sehr klar").

Ablauf

Die gesamte Studie erfolgte computerbasiert und wurde im Computerraum des Instituts
für Psychologie der Albert-Ludwigs-Universität Freiburg durchgeführt. Die Zuteilung zu
den Gruppen erfolgte randomisiert. Alle Teilnehmenden unterschrieben in einer Einwil-
ligungserklärung, freiwillig an der Studie teilzunehmen und erklärten sich einverstanden,
dass ihre Daten anonymisiert verwendet werden durften. Als Aufwandentschädigung
erhielten sie 15 € und das Lernprogramm zur Lernstrategiediagnose.

Zu Beginn wurde das Vorwissen der Lehramtsstudierenden über primäre Lernstrategien erfasst. Anschließend bearbeiteten sie 13 Minuten lang ihr gruppenspezifisches
Vortraining. Dieses bereitete die Lehramtsstudierenden auf die nachfolgende Arbeit mit
dem Lernprogramm vor. Die Bearbeitungszeit des Lernprogramms war nicht beschränkt
und betrug im Durchschnitt 18.69 Minuten (*SD* = 4.60 min). Im Anschluss an die
Lerneinheit wurde der für das Verständnis der Lerninhalte aufgewendete subjektiv erleb-
te kognitive Aufwand, die Selbstwirksamkeitserwartungen sowie die selbsteingeschätzten Kenntnisse abgefragt. Abschließend bearbeiteten die Lehramtsstudierenden den
Nachtest, wobei nach jedem Aufgabentyp jeweils der für die Aufgabenbearbeitung investierte kognitive Aufwand erhoben wurde. Insgesamt dauerte die Studie durchschnittliche 82.51 Minuten (*SD* = 26.59 min).

10.4   Ergebnisse

Tabelle 1 gibt eine Übersicht über die Mittelwerte und die Standardabweichungen von
den wichtigsten Variablen in beiden Bedingungen. Für alle statistischen Tests wurde ein
α-Niveau von 0.05 verwendet. Als Maß für die Effektgröße wurde η^2 verwendet, wobei
Werte < 0.06 als kleine Effekte, Werte zwischen 0.06 und 0.13 als mittlere Effekte und
Werte > 0.13 als große Effekte angesehen wurden (Cohen, 1988).

Präanalyse

Die Gruppen unterschieden sich nicht signifikant hinsichtlich der demographischen
Variablen (Alter, Semesterzahl, Erfahrung mit Lernprogrammen, Computerkenntnisse,
Erfahrungen mit Lerntagebüchern, Diagnoseerfahrung; alle *p* > 0.10). Das Vorwissen
der beiden Gruppen unterschied sich in keiner der Vortestaufgaben (siehe Tab. 1). Beide

Gruppen hatten insgesamt ein sehr niedriges Vorwissen. Da der Vortestwert aus der objektiven Messung mit keiner abhängigen Variable korrelierte – vermutlich wegen Bodeneffekten –, verzichteten wir darauf, ihn in die weiteren Analysen mit aufzunehmen.

Tab. 1: Mittelwerte (und Standardabweichungen) der wichtigsten Variablen

Variable	Prozedura-lisierungs-gruppe (*n* = 24) M (SD)	Kontroll-gruppe (*n* = 23) M (SD)	t	p	η^2
Vortest					
Definitionsaufgabe	1.13 (0.61)	1.17 (0.83)	0.23	.82	.01
Identifikationsaufgabe	1.50 (0.95)	1.46 (0.87)	-.15	.89	.00
Erklärungsaufgabe	1.16 (0.83)	1.24 (0.70)	0.33	.74	.00
Vortest gesamt (z-stand.)	0.14 (2.45)	0.16 (2.29)	.03	.98	.00
Subjektives Vorwissen (%)	60.40 (15.17)	47.80 (21.10)	-2.3	.02	.11
Lernzeit im Lernprogr. (min)	17.84 (4.46)	19.49 (4.72)	1.03	.15[+]	.03
Mental Effort					
Lernprogramm	2.67 (0.96)	2.95 (0.90)	1.02	.15[+]	.02
Nachtestaufgaben (ges)	3.52 (0.69)	4.06 (0.71)	2.63	.006[+]	.1
Lerneffizienz	0.19 (0.87)	-0.20 (0.96)	-1.48	.073[+]	.05
Testeffizienz	0.41 (0.86)	-0.42 (1.02)	-2.98	.003[+]	.17
Lernerfolgsmaße					
Definitionsaufg. nach Vortraining	2.88 (0.45)	1.78 (0.95)	-5.07	<.001[+]	.36
Definitionsaufg. (Nachtest)	2.50 (0.78)	1.39 (1.08)	-4.06	<.001[+]	.27
Identifikationsaufgabe	9.63 (3.56)	9.74 (3.78)	0.11	.46[+]	.00
Erklärung	8.42 (3.39)	8.22 (3.33)	0.20	.42[+]	.00
Verifikationsaufgabe	30.38 (4.05)	30.39 (3.42)	0.02	.49[+]	.00
Selbstwirksamkeitserwtg (%)	82.08 (13.70)	68.35 (15.64)	-3.21	.001[+]	.19
Subjektive Kenntnisse (%)	85.80 (10.60)	71.70 (15.60)	-3.64	<.001[+]	.23

Anmerkung: [+]einseitige Testung

Bei der subjektiven Messung schätzte die Prozeduralisierungsgruppe ihr Vorwissen über Lernstrategien als signifikant höher ein als die Kontrollgruppe, $t(45) = -2.36$, p (zweiseitig) = 0.023, $\eta^2 = .11$. Dieser Befund wurde bei der Hypothesentestung bezüglich der selbsteingeschätzten Kenntnisse über Lernstrategien im Nachtest berücksichtigt.

Bezüglich der Bearbeitungszeit im Lernprogramm fanden wir keine signifikanten Unterschiede zwischen den beiden Gruppen, $t(31) = 1.03$, p (zweiseitig) = 0.31, $\eta^2 = 0.03$.

Aufgrund eines Übertragungsfehlers während der Testung liegen uns die Bearbeitungszeiten nur von 33 Personen vor.

Umgang mit Extremwerten

Werte ≥ 2.5 *SD* wurden als Extremwerte definiert (Hair, Black, Babin, Anderson, & Tatham, 2010). Es wurden insgesamt drei Extremwerte ermittelt. Extrem hohe Werte wurden ersetzt durch den nächst höchsten Wert addiert um eine Einheit. Mit Ausreißern in die negative Richtung wurde analog verfahren (Fields, 2009).

Berechnung der instruktionalen Effizienzmaße

Zur Berechnung der instruktionalen Effizienzmaße wurde zunächst der mittlere, standardisierte Lernerfolg aus den einzelnen, z-standardisierten Nachtestaufgaben berechnet. Zur Berechnung der Testeffizienz (ursprüngliches Effizienzmaß) wurde der mittlere, standardisierte Lehrerfolg (P) und der standardisierte mittlere Test-Mental-Effort (E) in folgende Formel von Paas und van Merriënboer (1993) eingefügt: Testeffizienz = $(zP_{Test} - zE_{Test})/\sqrt{2}$. Zur Berechnung der Lerneffizienz wurde analog verfahren, nur dass hier der Mental Effort verwendet wurde, der nach der Lernphase erhoben wurde: Lerneffizienz $=(zP_{Test} - zP_{Lernen})/\sqrt{2}$.

Testung der Hypothesen

Zur Hypothesentestung wurden *t*-Tests (einseitig) berechnet. Die Pro_zeduralisierungsgruppe nannte direkt nach dem Vortraining signifikant mehr Hauptkriterien von Lernstrategien als die Kontrollgruppe, $t(26.8) = -5.45, p < 001. \eta^2 = 0.41$. Dieser Unterschied blieb auch im Nachtest bestehen $t(40.03) = -4.03, p < 001. \eta^2 = 0.27$. Die *Definitionshypothese* wurde somit bestätigt.

Beide Gruppen identifizierten in etwa gleich viele primäre Lernstrategien in Lerntagebuchausschnitten, $t(45) = 0.11, p = 0.916, \eta^2 = 0.00$. Die *Identifikationshypothese* wurde somit nicht bestätigt.

Beide Gruppen lieferten vergleichbar elaborierte Erklärungen, warum es sich bei Ausschnitten aus einem Lerntagebuch um die Anwendung primärer Lernstrategien handelte, oder warum nicht, $t(45) = -0.20, p = 0.840, \eta^2 = 0.00$. Die *Erklärungshypothese* wurde somit nicht bestätigt.

Wir nahmen an, dass es der Prozeduralisierungsgruppe besser gelingen würde, Aktivitäten danach zu beurteilen, ob es sich um primäre Lernstrategien handelt oder nicht. Beide Gruppen bewältigten diese Aufgabe sehr gut ($M = 30.38$ aus 37 Items, $SD = 3.72$), $t(45) = 0.02, p = 0.988, \eta^2 = 0.00$. Die *Verifikationshypothese* wurde demnach nicht bestätigt.

Da die Prozeduralisierungsgruppe ihre Kenntnisse über Lernstrategien bereits im Vortest höher einschätzten, $t(45) = -2.36, p = 0.023, \eta^2 = 0.11$, wurde diese Variable als

Kovariate zur Berechnung der Unterschiede in den subjektiven Kenntnissen im Nachtest aufgenommen. Die subjektiv eingeschätzten Kenntnisse im Vortest standen in einem bedeutsamen Zusammenhang zu den subjektiv eingeschätzten Kenntnissen nach der Bearbeitung des Lernprogramms $F(1, 44) = 22.21$, $p < 0.001$, $\eta^2 = 0.34$. Es ergab sich ein signifikanter Effekt für die Zugehörigkeit zur Prozeduralisierungsgruppe unter Kontrolle der Kovariate, $F(1, 44) = 6.79$, $p = 0.012$, $\eta^2 = 0.13$. Die *subjektive Kenntnisse-Hypothese* wurde folglich bestätigt.

Hinsichtlich der Selbstwirksamkeitserwartung, Lernstrategien bei Schüler/innen diagnostizieren zu können, zeigte sich ein signifikanter Unterschied zugunsten der Prozeduralisierungsgruppe, $t(45) = -3.64$, $p < .001$, $\eta^2 = .23$. Die *Selbstwirksamkeitserwartungshypothese* wurde somit bestätigt. Da die Selbstwirksamkeitserwartungen und subjektiven Kenntnisse ein ähnliches Maß darstellen, prüften wir explorativ mit einer Kovarianzanalyse, ob der Gruppenunterschied in der Selbstwirksamkeitserwartung sich durch die subjektiven Kenntnisse im Vortest erklären lässt. Die subjektiven Kenntnisse im Vortest standen in einem bedeutsamen Zusammenhang zu den Selbstwirksamkeitserwartungen nach der Bearbeitung des Lernprogramms $F(1, 44) = 22.12$, $p = 0.001$, $\eta^2 = 0.23$. Der Effekt für die Gruppenzugehörigkeit blieb jedoch unter der Kontrolle der Kovariate signifikant, $F(1, 44) = 8.30$, $p = 0.015$, $\eta^2 = 0.10$.

Die Gruppen unterschieden sich nicht hinsichtlich ihrer Lerneffizienz, $t(45) = -1.48$, $p = 0.73$, $\eta^2 = 0.05$. Die *Lerneffizienz-Hypothese* wurde nicht bestätigt. In Bezug auf die Lernphase fanden wir keine signifikanten Unterschiede im Mental Effort, $t(45) = 1.02$, $p = 0.15$, $\eta^2 = 0.02$. Die Testeffizienz war in der Prozeduralisierungsgruppe signifikant höher als in der Kontrollgruppe, $t(44) = -2.98$, $p = 0.003$, $\eta^2 = 0.17$. Die *Testeffizienz-Hypothese* wurde somit bestätigt. In der Testphase berichtete die Prozeduralisierungsgruppe signifikant niedrigere Mental-Effort-Werte, $t(44) = 2.63$, $p = 0.006$, $\eta^2 = 0.14$. Post hoc Analysen zeigen, dass sich dieser Unterschied bei der Beurteilung von Lerntagebuchausschnitten (Identifikation und Erklärung) zustande kam, $t(45) = 3.51$, $p = .001$, $\eta^2 = .22$.

10.5 Diskussion

Es wurde untersucht, ob mit Hilfe einer Prozeduralisierungshilfe am Ende eines Vortrainings die Anwendbarkeit eines abstrakten kategorialen Schemas verbessert werden kann und so Lehramtsstudierende dazu in die Lage versetzt werden können, mehr aus einer bewährten Schulung zum Thema primäre Lernstrategien zu lernen. Die Prozeduralisierungshilfe sollte erstens die kognitive Belastung bei der Anwendung des Vortrainings reduzieren, indem der Übergang von deklarativem zu prozeduralem Wissen unterstützt wurde. Zweitens sollte sie die Auslesestrategien der Koordinationsklasse Lernstrategien schärfen.

Die Prozeduralisierungsgruppe konnte Lernstrategien signifikant besser definieren als die Kontrollgruppe (*Definitionshypothese*, großer Effekt). Hinsichtlich der weiteren Lernerfolgsvariablen (Identifikation, Erklärung und Verifikation) zeigten sich keine signifikanten Gruppenunterschiede. Die Prozeduralisierungsgruppe berichtete einen signifikant niedrigeren kognitiven Aufwand nach Bearbeitung der einzelnen Teilaufgaben im Nachtest (*Mental-Effort-Hypothese*, großer Effekt). Es zeigten sich die erwarteten positiven Effekte der Prozeduralisierungshilfe auf die Selbstwirksamkeitserwartung, Lernstrategien zu diagnostizieren (*Selbstwirksamkeitserwartungshypothese*, großer Effekt) und auf die selbsteingeschätzten Kenntnisse über Lernstrategien (*subjektive-Kenntnisse-Hypothese*, mittlerer Effekt).

Die Prozeduralisierungsgruppe konnte Lernstrategien signifikant besser definieren als die Kontrollgruppe und somit mehr Hauptmerkmale von Lernstrategien nennen. Dieser Effekt ist nicht allzu überraschend, da die Prozeduralisierungshilfe (implizit) die Hauptmerkmale von Lernstrategien enthielt. Nichtsdestotrotz ist dieses Wissen ist wichtig für Lehramtsstudierende, da Wissen über das Konzept Lernstrategien die Grundvoraussetzung dafür schafft, dass Lehrkräfte Lernstrategien bei ihren Schülerinnen und Schüler diagnostizieren und fördern (Jonassen, 2000).

Es zeigten sich allerdings keine positiven Effekte auf die anderen gemessenen Lernerfolgsvariablen (Anzahl identifizierter Lernstrategien, Erklärungsgüte, warum es sich bei einer bestimmten Aktivität um eine Lernstrategie handelt oder nicht, Erkennen und Abgrenzen von Lernstrategien). Als mögliche Ursache für die fehlenden Unterschiede zwischen den Gruppen sehen wir, dass die Kontrollgruppe bereits ein wirksames Training erhalten hatte und ebenfalls effektiv gelernt hat. Beide Gruppen erzielten sehr gute Ergebnisse im Nachtest (die Mittelwerte bei Identifikations-, Erklärungs- und Verifikationsaufgaben lagen nahe dem Maximalwert). Dies könnte auch dafür sprechen, dass der Nachtest zu einfach war und im oberen Leistungsbereich nicht genügend differenzieren konnte. Letztendlich können wir jedoch keine Aussage darüber treffen, ob eine Prozeduralisierungshilfe zu einem höheren Lernerfolg führen kann.

Die Lehramtsstudierenden in der Prozeduralisierungsgruppe schätzten ihre Kenntnisse über Lernstrategien signifikant höher ein. Zudem berichtete die Prozeduralisierungsgruppe höhere Selbstwirksamkeitserwartungen, Lernstrategien zu diagnostizieren und zu fördern. Das Gefühl, verstanden zu haben, was Lernstrategien sind und ein Zutrauen in die Fähigkeiten, Lernstrategien zu diagnostizieren, ist eine Voraussetzung dafür, dass eine Lehrkraft Lernstrategien bei ihren Schüler/innen diagnostiziert (Bandura, 1997). Hohe Selbstwirksamkeitserwartungen in diesen Bereichen werden vermutlich die Entscheidung beeinflussen, Lernstrategien im Unterricht auch tatsächlich zu diagnostizieren (Poole, Okeafor, & Sloan, 1989; Smylie, 1988). Insbesondere dann, wenn die domänenspezifische Aufgabe (in diesem Fall die Diagnose von Lernstrategien) sehr anspruchsvoll ist und die motivationalen Voraussetzungen ungünstig sind, spielen Selbstwirksamkeitserwartungen eine entscheidende Rolle (Bruning, Dempsey, Kauffman, McKim, & Zumbrunn, 2013).

Ungünstige Voraussetzungen finden sich im Lehrkontext insofern, als dass Lehrkräfte unter einem großen Druck stehen und unterschiedlichste Dinge gleichzeitig berücksichtigen müssen. Besonders in diesem Kontext ist eine hohe Selbstwirksamkeitserwartung wichtig, damit Lehrkräfte neue Lehrmethoden anwenden und nicht unter Druck auf vertraute Methoden zurückgreifen. Hohe Selbstwirksamkeitserwartungen schaffen positive Bedingungen für den Transfer in die Praxis (Gegenfurtner, 2011).

Hinsichtlich der Lerneffizienz unterschieden sich die beiden Gruppe nicht. Die Prozeduralisierungsgruppe wies jedoch eine signifikant höhere Testeffizienz auf. Die Prozeduralisierungsgruppe investierte für den gleichen Lernerfolg signifikant weniger kognitiven Aufwand und konnte ihr Wissen damit effizienter anwenden. Die Qualität des Lernens in der Prozeduralisierungsgruppe war damit wahrscheinlich höher als die der Kontrollgruppe, was darauf hinweisen könnte, dass die Prozeduralisierungshilfe zu einem höheren Expertiseerwerb geführt haben könnte (van Gog & Paas, 2008). Wenn Lernende weniger mentale Anstrengung benötigen, bestimmte Aufgaben zu erledigen, schafft dies kognitive Kapazitäten, die für andere Aufgaben eingesetzt werden können (Clark, Nguyen, & Sweller, 2006). Die „freien" mentalen Ressourcen könnten – ähnlich wie bei hohen Selbstwirksamkeitserwartungen – unterstützend wirken, dass (angehende) Lehrkräfte trotz Ablenkungen die Diagnose von Lernstrategien im Unterricht besser bewältigen können.

Unsere Prozeduralisierungshilfe sollte die Lernenden bei der Generierung von Produktionsregeln zur Anwendung des Inhaltswissens aus dem Vortraining unterstützen: Wenn der Prozess lerner-initiiert, mental ist und der Wissenskonstruktion dient, dann handelt es sich um eine (primäre) Lernstrategie. Die Wenn-dann-Verknüpfung war in dem Entscheidungsbaum nur implizit vorhanden, sie wurde jedoch durch die einleitende Folie verdeutlicht („Wenn alle drei Fragen mit ‚ja' beantwortet werden können, dann handelt es sich um eine primäre Lernstrategie"). Gollwitzer (1993, 1999) entwickelte ein ähnliches selbstregulatorisches Hilfsmittel namens *Implementationsintentionen*, das hilft, allgemeine Absichten so zu formulieren, dass sie zuverlässiger zu einem zielgerichteten Verhalten und zur tatsächlichen Zielerreichung führen. Insbesondere, wenn Ziele gesetzt werden, deren Umsetzung nicht routiniert abläuft, können bei der Umsetzung dieser Absichten Probleme auftreten (Gollwitzer & Brandstätter, 1997). Implementationsintentionen knüpfen das geplante zielorientierte Verhalten direkt an den entsprechenden situationalen Kontext. Sie haben die Form: „Wenn Situation z auftritt, dann werde ich x tun." (z. B. „Wenn ich nach Hause komme, dann gehe ich joggen"). In mehreren Studien konnte gezeigt werden, dass durch den Einsatz derartiger Implementationsintentionen die Wahrscheinlichkeit der Umsetzung von Intentionen signifikant erhöht werden konnte, verglichen damit, lediglich ein Ziel zu formulieren (für eine Metaanalyse siehe Gollwitzer & Sheeran, 2006). Die Autoren vermuten, dass Implementationsintentionen dadurch wirken, dass sie eine starke assoziative Verbindung zwischen dem spezifischen Kontexten und intendiertem Verhalten knüpfen. Sobald der Kontext auftritt, wird die Initiierung des entsprechenden Verhaltens getriggert. Eine bewusste Handlungskontrolle zur Steuerung des Verhaltens ist nicht mehr notwendig; stattdessen läuft die Initiierung des Verhaltens automatisiert ab. Dadurch stehen kognitive Ressourcen zur Verfügung, um auch bei potenzieller Ablenkung fokussiert zu bleiben. Darüber hinaus wird durch die Verknüpfung eines konkreten Planes mit einer bestimmten Situation diese mental aktiviert und repräsentiert, was dazu führt, dass die Situation mit höherer Wahrscheinlichkeit erkannt wird. Eine detailliertere Beschreibung des angenommenen Wirkmechanismus findet sich allerdings nicht. Die Vermutung liegt nahe, dass Implementationsintentionen auch als eine Art „Prozeduralisierungshilfe" wirken.

Durch die Prozeduralisierungshilfe wurde der Fokus von negativem Wissen (Wissen darüber, welche Kategorien unterschiedlich zu Lernstrategien und damit nicht Lernstrategien sind) zu positiven Wissen über Lernstrategien (welche Kriterien müssen erfüllt sein?) verschoben. Die Verarbeitung negativer Sätze dauert länger und ist mit höheren Fehlerraten verbunden, als die Verarbeitung affirmativer Sätze (z. B. Kaup, Zwaan, & Lüdtke, 2007; MacDonald & Just, 1989). Dies liegt vermutlich daran, dass die Repräsentation eines negativen Satzes umfangreicher ist, da bei diesem der negierte Sachverhalt und der tatsächliche Sachverhalt simuliert wird (Kaup, Yaxeley, Madden, Zwaan, & Lüdtke, 2007; Kaup et al., 2007). Die Prozeduralisierungshilfe legte den Fokus nochmals explizit auf die Kriterien, die für eine Lernstrategie sprechen (versus Verwechslungskategorien, die nicht Lernstrategien sind). Die gefundenen Effekte könnten auch durch diese Fokusverlagerung zustande gekommen sein. Hinweise auf die unterschiedlichen Fokussierungen geben die Befunde, dass die Prozeduralisierungsgruppe Lernstrategien signifikant besser definieren konnte als die Kontrollgruppe, die letztgenannte Gruppe jedoch signifikant mehr Verwechslungskategorien am Ende des Nachtests nennen konnte (Prozeduralisierungsgruppe: $M = 2.25$, $SD = 1.19$; KG: $M = 3.00$, $SD = 0.85$); $t(45) = 2.48$, $p = 0.017$, $\eta^2 = 0.12$.

Unsere Studie untersuchte, wie man Lehrkräfte darin unterstützen kann, ein wissenschaftliches Konzept von Lernstrategien zu generieren. Dies ist lediglich ein erster, gleichwohl aber notwendiger Schritt beim Aufbau von Diagnosekompetenzen bezüglich Lernstrategien. Es wäre wichtig, in einem nächsten Schritt zu untersuchen, ob korrektes Wissen über Lernstrategien tatsächlich den komplexen Prozess des Kompetenzerwerbs formativer Diagnostik von Lernstrategien begünstigt. In diesem Zusammenhang wäre es zudem interessant zu untersuchen, ob das Vortraining in Verbindung mit der Prozeduralisierungshilfe längerfristige positive Effekte auf die Motivation ausüben kann – und diese wiederum den Erwerb der Diagnosekompetenz von Lernstrategien begünstigen.

Ein methodisches Problem in unserer Studie ist, dass wir keine zuverlässigen Aussagen über den zugrundeliegenden Wirkmechanismus treffen können. Hierzu, bräuchten wir Prozessdaten, die die Lernepisode wiederspiegeln und damit einen kontinuierlichen Verlauf der Wissensänderungen abbilden (Ozdemir, 2013). Es wäre dabei interessant zu beobachten, ob typische Lernprobleme, die beim Ausbilden eine Koordinationsklasse auftreten (z. B. das Ausbilden einer angemessenen Spannweite) durch unsere Intervention reduziert werden können. Detaillierte Kenntnisse, welche Prozesse wie geholfen haben, würden es ermöglichen, die Intervention noch besser anzupassen und auch den Transfer auf andere Anwendungsbereiche erleichtern. Vor dem Hintergrund, dass es bisher kaum konkrete Interventionsmethoden im Bereich *Knowledge in Pieces* (diSessa, 1993, 2002) gibt, liefert unsere Studie einen guten Ansatzpunkt für weitere Untersuchungen.

10.6   Literatur

Anderson, J. R. (1993). *Rules of the mind*. Hillsdale, NJ: Lawrence Erlbaum Associates.
Anderson, J. R. (1987). Skill Acquisition: Compilation of weak-method problem solutions. *Psychological Review, 2*, 192-210. doi: 10.1037/0033-295X.94.2.192
Anderson, J. R. (1982). Acquisition of cognitive skill. *Psychological Review, 4*, 369-406. doi: 10.1037/0033-295X.89.4.369
Anderson, J. R., Fincham, J. M., & Douglass, S. (1997). The role of examples and rules in theacquisition of a cognitive skill. *Journal of Experimental Psychology: Learning, Memory, and Cognition, 23*, 932–945.
Anderson, J. R., & Lebiere, C. (1998). *The atomic components of thought*. Hillsdale, NJ: Erlbaum.
Ashe, D., and Bibi, S. (2011, December). *Unpacking TPACK and students' approaches to learning: Applying knowledge in pieces to higher education teaching and learning*. Paper presented at Ascilite Conference, Changing Demands, Changing Directions, Hobart, Australia, 2011, December.
Bandura, A. (1989). Regulation of cognitive processes through perceived self-efficacy. *Developmental Psychology, 25*, 729–735. doi:10.1037/0012-1649.25.5.729
Bandura, A. (1977). Self-efficacy: toward a unifying theory of behavioral change. *Psychological review, 84*, 191-215. doi:10.1037/0033-295X.84.2.191
Bandura, A. (1986). *Social foundations of thought and action: A social cognitive theory*. Englewood Cliffs, NJ: Prentice Hall.
Bandura, A. (1997). *Self-efficacy: The exercise of control*. New York, NY: W.H. Freeman and Company.
Bandura, A. (2006). Guide to constructing self-efficacy scales. In F. Pajares, & T. Urdan (Eds.), *Self-efficacy beliefs of adolescents* (pp. 307–337). Greenwich, CT: Information Age.
Bell, B. S., & Kozlowski, S. W. J. (2002). Adaptive guidance: Enhancing self-regulation, knowledge, and performance in technology-based training. *Personnel Psychology, 55*, 267-306. doi:10.1111/j.1744-6570.2002.tb00111.x
Biggs, J. B., & Collis, K. F. (1982). *Evaluating the quality of learning: The SOLO taxonomy (structure of the observed learning outcome)*. New York: Academic Press.
Bruning, R., Dempsey, M., Kauffman, D., McKim, C., & Zumbrunn, S. (2013). Examining dimensions of self-efficacy for writing. *Journal of Educational Psychology, 105*, 25-38.
Clark, R. C., Nguyen, F., & Sweller, J. (2006). *Efficiency in learning. Evidence-based guidelines to manage cognitive load*. San Francisco, CA: Pfeiffer.
Cohen, J. (1988). *Statistical power analysis for the behavioral sciences* (2nd ed.). Hillsdale, NJ: Erlbaum.
diSessa, A. A. (2002). Why „conceptual ecology" is a good idea. In M. Limon, & L. Mason (Eds.), *Reconsidering conceptual change. Issues in theory and practice* (pp. 29–60). Dordrecht: Kluwer Academic Publishers.
diSessa, A. A. (1993). Toward an epistemology of physics. *Cognition and Instruction, 10*, 105–225. doi:10.1080/07370008.1985.9649008
Fields, A. P. (2009). *Discovering statistics using SPSS* (3rd ed.). London: Sage Publications.

Gegenfurtner, A. (2011). Motivation and transfer in professional training: A meta-analysis of the moderating effects of knowledge type, instruction, and assessment conditions. *Educational Research Review, 6*, 153–168. doi:10.1016/j.edurev.2011.04.001

Glogger, I., Holzäpfel, L., Kappich, J., Schwonke, R., Nückles, M., & Renkl, A. (2013). Development and evaluation of a computer-based learning environment for teachers: Assessment of learning strategies in learning journals. *Education Research International, 2013*, 1–12. doi:10.1155/2013/785065

Gollwitzer, P. M., & Brandstätter, V. (1997). Implementation intentions and effective goal pursuit. *Journal of Personality and Social Psychology 73*, 186-199. doi:10.1037/0022-3514.73.1.186

Gollwitzer, P. M., & Sheeran, P. (2006). Implementation Intentions and Goal Achievement: A Meta-analysis – of Effects and Processes. In *Advances in Experimental Social Psychology. Advances in Experimental Social Psychology Volume 38* (pp. 69–119). Elsevier.

Gollwitzer, P. M. (1993). Goal achievement: The role of intentions. In W. Stroebe & M. Hewstone (Eds.), *European review of social psychology* (pp. 141–185). Chichester: Wiley.

Gollwitzer, P. M. (1999). Implementation intentions: Strong effects of simple plans. *American Psychologist, 54*, 493–503. doi:10.1037/0003-066X.54.7.493

Harlow, D. B., Bianchini, J. A., Swanson, L. H., & Dwyer, H. A. (2013). Potential teachers' appropriate and inappropriate application of pedagogical resources in a model-based physics course: A „knowledge in pieces" perspective on teacher learning. *Journal of Research in Science Teaching, 50*, 1098–1126. doi:10.1002/tea.21108

Hmelo-Silver, C. E., & Green Pfeffer, M. (2004). Comparing expert and novice understanding of a complex system from the perspective of structures, behaviors, and functions. *Cognitive Science, 28*, 127-138. doi: 10.1207/s15516709cog2801_7

Ineson, E. M., Jung, T., Hains, C., & Kim, M. (2013). The influence of prior subject knowledge, prior ability and work experience on self-efficacy. *Journal of Hospitality, Leisure, Sport & Tourism Education, 12*, 59–69. doi: 10.1016/j.jhlste.2012.11.002

Jonassen, D. H. (2000). Toward a design theory of problem solving. *Educational Technology Research and Development, 48*, 63–85. doi:10.1007/BF02300500

Kaup, B., Zwaan, R. A. & Lüdtke, J. (2007). The experiential view of language comprehension: How is negation represented? In F. Schmalhofer & C. A. Perfetti (Eds.), *Higher level language processes in the brain: Inference and comprehension processes* (pp. 255-288). Mahwah, NJ: Erlbaum.

Kaup, B., Yaxley, R. H., Madden, C. J., Zwaan, R. A., & Lüdtke, J. (2007). Experiential simulations of negated test information. *Quarterly Journal of Experimental Psychology, 60*, 976-990. doi:10.1080/17470210600823512

Kester, L., Kirschner, P. A., van Merriënboer, J. J. G., (2006). Just-in-time information presentation: Improving learning a troubleshooting skill. *Contemporary Educational Psychology, 31*, 167-185. doi:10.1016/j.cedpsych.2005.04.002

Lee, B., Cawthon, S., & Dawson, K. (2013). Elementary and secondary teacher self-efficacy for teaching and pedagogical conceptual change in a drama-based professional development program. *Teaching and Teacher Education, 30*, 84–98. doi:10.1016/j.tate.2012.10.010

MacDonald, M. C., & Just, M. A. (1989). Changes in activation levels with negation. *Journal of Experimental Psychology: Learning, Memory, and Cognition, 15*, 633-642. doi:10.1037/0278-7393.15.4.633

Magner, U. I., Schwonke, R., Aleven, V., Popescu, O., & Renkl, A. (2014). Triggering situational interest by decorative illustrations both fosters and hinders learning in computer-based learning environments. *Learning and Instruction, 29*, 141–152. doi:10.1016/j.learninstruc.2012.07.002

Moos, D. C., & Azevedo, R. (2009). Self-efficacy and prior domain knowledge: To what extent does monitoring mediate their relationship with hypermedia learning? *Metacognition and Learning, 4*, 197–216. doi:10.1007/s11409-009-9045-5

Ohst, A., Fondu, B. M. E., Glogger, I., Nückles, M., & Renkl, A. (2014). Preparing learners with partly incorrect intuitive prior knowledge for learning. *Frontiers in Psychology, 5*. doi:10.3389/fpsyg.2014.00664

Ohst, A., Glogger, I., Nückles, M., & Renkl, A. (2015). Helping preservice teachers with inaccurate and fragmentary prior knowledge to acquire conceptual understanding of psychological principles. *Psychology, Learning and Teaching, 14*, 5-25. DOI: 10.1177/1475725714564925

Özdemir, G., & Clark, D. B. (2007). An overview of conceptual change theories. *Eurasia Journal of Mathematics, Science & Technology Education, 3*, 351–361.

Ozdemir, O. F. (2013). Transfer and conceptual change: The change process from the theoretical perspectives of coordination classes and phenomenological primitives. *Instructional Science, 41*, 81–103. doi:10.1007/s11251-012-9219-4

Paas, F., Touvinen, J. E., Tabber, H., & van Gerven, P. W. M. (2003). Cognitive load measurement as a means to advance cognitive load theory. *Educational Psychologist, 38*, 63–71. doi:10.1207/S15326985EP3801_8

Paas, F. G. W. C., & van Merriënboer, J. J. G. (1993). The efficiency of instructional conditions: An approach to combine mental effort and performance measures. *Human Factors, 35*, 737–743. doi:10.1177/001872089303500412

Paas, F. G. W. C., & van Merriënboer, J. J. G. (1994). Variability of worked examples and transfer of geometrical problem-solving skills: A cognitive-load approach. *Journal of Educational Psychology, 86*, 122–133. doi:10.1037/0022-0663.86.1.122

Pajares, F. (1996). Self-efficacy beliefs and mathematical problem-solving of gifted students. *Contemporary Educational Psychology, 21*, 325–344. doi:10.1006/ceps.1996.0025

Paris, S. G., Newman, R. S., & McVey, K. A. (1982). Learning the functional significance of mnemonic actions: A microgenetic study of strategy acquisition. *Journal of Experimental Child Psychology, 34*, 490–509. doi:10.1016/0022-0965(82)90073-X

Pintrich, P. R., Marx, R. W., & Boyle, R. A. (1993). Beyond cold conceptual change: The role of motivational beliefs and classroom contextual factors in the process of conceptual change. *Review of Educational Research, 63*, 167–199. doi:10.3102/00346543063002167

Poole, M., Okeafor, K., & Sloan, E. (1989). *Teachers' interactions, personal efficacy, and change implementation.* Paper presented at the Annual Meeting of the American Educational Research Association, San Francisco.

Renkl, A. (2014). Toward an Instructionally Oriented Theory of Example-Based Learning. *Cognitive Science, 38*, 1-37. doi:10.1111/cogs.12086

Renkl, A., Gruber, H., & Mandl, H. (1996). Inert knowledge: Analyses and remedies. *Educational Psychologist, 31*, 115–121. doi:10.1207/s15326985ep3102_3

Schunk, D. H., & Pajares, F. (2002). The development of academic self-efficacy. In A. Wigfield & J. Eccles (Eds.), *Development of achievement motivation* (pp. 16–31). San Diego: Academic Press.

Schunk, D. H. (1996). Goal and self-evaluative influences during children's cognitive skill learning. *American Educational Research Journal, 33*, 359–382. doi:10.3102/00028312033002359

Schunk, D. H. (1998). Teaching elementary students to self-regulate practice of mathematical skills with modeling. In D. H. Schunk & B. J. Zimmerman (Eds.), *Self-regulated learning: From teaching to self-reflective practice* (pp. 137–159). New York: Guilford.

Sinatra, G. M. (2010). The „warming trend" in conceptual change research: The legacy of Paul R. Pintrich. *Educational Psychologist, 40*, 107–115. doi:10.1207/s15326985ep4002_5

Sinatra, G. M., Brem, S. K., & Evans, E. M. (2008). Changing minds? Implications of conceptual change for teaching and learning about biological evolution. *Evolution: Education and Outreach, 1*, 189–195. doi:10.1007/s12052-008-0037-8

Sitzmann, T., & Yeo, G. (2013). A meta-analytic investigation of the within-person self-efficacy domain: Is self-efficacy a product of past performance or a driver of future performance? *Personnel Psychology, 66*, 531–568. doi:10.1111/peps.12035

Smylie, M. (1988). The enhancement function of staff development: Organizational and psychological antecedents to individual teacher change. *American Educational Research Journal, 25*, 1–30. doi:10.3102/00028312025001001

Van Gog, T., & Paas, F. (2008). Instructional efficiency: Revisiting the original construct in educational research. *Educational Psychologist, 43*, 16-26. doi:10.1080/00461520701756248

Vosniadou, S. (1994). Capturing and modeling the process of conceptual change. *Learning and Instruction, 4*, 45-69. doi:10.1016/0959-4752(94)90018-3

Wäschle, K., Allgaier, A., Lachner, A., Fink, S., & Nückles, M. (2014). Procrastination and self-efficacy: Tracing vicious and virtuous circles in self-regulated learning. *Learning and Instruction, 29*, 103–114. doi:10.1016/j.learninstruc.2013.09.005

Weinstein, C. E., & Mayer, R. E. (1986). The teaching of learning strategies. In C. M. Wittrock (Ed.), *Handbook of research in teaching* (pp. 315–327). New York, NY, US: Macmillan Publishing Company.

Williams, T., & Williams, K. (2010). Self-efficacy and performance in mathematics: Reciprocal determinism in 33 nations. *Journal of Educational Psychology, 102*, 453–466. doi:10.1037/a0017271

Yeo, G. B., & Neal, A. (2004). A multilevel analysis of effort, practice, and performance: Effects of ability, conscientiousness, and goal orientation. *Journal of Applied Psychology, 89*, 231-247.

Entwicklung pädagogischer Professionalität zur Förderung systemischen Denkens durch Lehrerfortbildung

11

Stefan Streiling, Pädagogische Hochschule Freiburg
Christian Hörsch, Pädagogische Hochschule Freiburg
Werner Rieß, Pädagogische Hochschule Freiburg

Zusammenfassung

Systemisches Denken gilt als Schlüssel zur Bearbeitung komplexer naturwissenschaftlicher, ökonomischer und sozio-kultureller Fragestellungen im Umfeld einer Bildung für nachhaltige Entwicklung (BNE). Bisherige Studien legten ihren Fokus hauptsächlich auf die direkte Förderung von Schülerinnen und Schülern in systemischem Denken. Die vorliegende Studie beschreibt eine Lehrerfortbildung zur Förderung systemischen Denkens im Biologieunterricht. Die Ergebnisse zeigen, dass Lehrkräfte erfolgreich durch eine Lehrerfortbildung darin gefördert werden können, systemisches Denken an Schülerinnen und Schüler im Rahmen des Biologieunterrichts zu vermitteln.

11.1 Einführung

Durch die Beschleunigung des technologischen Fortschritts seit dem Beginn der Neuzeit hat die Weltbevölkerung rasant zugenommen. Dies hat dazu geführt, dass die Ressourcen der Erde immer schneller aufgebraucht werden. Als mögliche Folgen werden unter anderem das „Artensterben, Umweltkatastrophen, Überfischung, Wasserknappheit oder Extremwetter" im „Living Planet Report 2012" des WWF (2012) erwähnt. Laut Report ist das Wachstum unseres ökologischen Fußabdrucks mittlerweile so rasant, dass wir laut Vorhersage bis 2030 zwei und bis 2050 drei Planeten Erde benötigen würden, um unseren Bedarf an Nahrung, Wasser, Energie und sonstigen Rohstoffen zu befriedigen. Der

© Springer Fachmedien Wiesbaden GmbH, ein Teil von Springer Nature 2019
T. Leuders et al. (Hrsg.), *Pädagogische Professionalität in Mathematik und Naturwissenschaften*, https://doi.org/10.1007/978-3-658-08644-2_11

Transfer dieses Wachstums in ein für die gesamte Menschheit als auch die nachfolgenden Generationen ökologisch, ökonomisch und sozial nachhaltiges Wirtschaften, ist die
zentrale Aufgabe einer nachhaltigen Entwicklung, wie sie 1992 in Rio de Janeiro von der
Weltgemeinschaft beschlossen und in der Agenda 21 festgeschrieben wurde.

Im Rahmen der Agenda 21 wurde Bildung als zentraler Baustein zur Förderung und
Verbesserung der Fähigkeit der Menschheit „sich mit Umwelt- und Entwicklungsfragen
auseinanderzusetzen" (BMU, 1992) angesehen. Die Konferenz in Rio de Janeiro gilt als
Geburtsstunde der sogenannten „Bildung für nachhaltigen Entwicklung (BNE)". In den
nachfolgenden Jahren fand BNE immer mehr Eingang in die Lehr- bzw. Bildungspläne
der Schulen der einzelnen Nationalstaaten. Auch in Deutschland hat die Kultusminister
Konferenz (KMK) im Zusammenwirken mit der deutschen UNESCO Kommission
(DUK) BNE mittlerweile in den Bildungsplänen der einzelnen Bundesländer festgeschrieben (DUK 2003; KMK & DUK 2007). Als eine zentrale, durch die BNE zu erwer-
bende Kompetenz, benennen die DUK und die KMK (2007) „vernetztes Denken", insbesondere die „Vernetzung von Natur- und Kulturwelt" und die „Entwicklung entsprechender Problemlösungskompetenzen", um mit den anstehenden komplexen und dynamischen Sachverhalten des Nachhaltigkeitsdiskurses angemessen umgehen zu können.
In Anlehnung an den englischen Sprachraum kann vernetztes Denken auch als systemisches Denken („systems thinking") bezeichnet werden. Schon sehr früh wurden in der
Umweltbildung sowie in der damit eng verbundenen Biologiedidaktik die Forderung
laut, Schülerinnen und Schüler in systemischem Denken zu fördern (Bolscho & Seybold,
1996; Rost et al., 2003; Mayer et al., 2004). Um die BNE an den Schulen entsprechend
etablieren zu können, beschlossen die KMK und die DUK (2003; 2007) eine feste Verankerung der BNE in der Lehrerausbildung und Fortbildung. Demnach gilt es u. a. zukünftige Lehramtsstudierende sowie Lehrerinnen und Lehrern im Rahmen von Fortbildungen mit systemischem Denken vertraut zu machen und sie zu befähigen, diese Fähigkeit bei Schülerinnen und Schülern wirksam fördern zu können.

Im Folgenden werden in diesem Beitrag eine neu entwickelte und durchgeführte
Lehrerfortbildung zur Förderung systemischen Denkens bei Schülerinnen und Schülern
vorgestellt und über die Effekte berichtet, die mit einem Fragebogen bei den Lehrerinnen
und Lehrern der Fortbildung erhoben worden sind.

11.2   Von der Systemtheorie zu systemischem Denken

In vielen Bereichen der Naturwissenschaften spielt die Systemtheorie eine wichtige
Rolle, um komplexe Zusammenhänge besser erfassen zu können. Die Biologie z. B.
versteht Lebewesen als sehr komplexe Systeme, die sich in weitere Systeme wie Populationen, Ökosysteme usw. eingliedern lassen (Rieß & Mischo, 2008). Lebende Systeme
zeichnet somit aus, dass sie sich einerseits in größere Makrosysteme einordnen lassen

und anderseits in verschiedene kleinere Mikrosysteme aufgeteilt werden können, so wie z. B. der Körper des Menschen aus verschiedenen Organsystemen besteht. Nach Bertalanffy (1968, siehe auch Schaefer, 2003) bestehen Systeme aus einzelnen Elementen, die wiederum in Wechselwirkung miteinander stehen. Die Komplexität von Systemen ist allerdings nicht allein auf die große Anzahl an Bausteinen zurückzuführen. Sie beruht vielmehr auf den starken und vielgestaltigen Wechselwirkungen zwischen den Elementen und ihrer Integration in größere Gesamtsysteme. Bedingt durch ihre hohe Komplexität neigen insbesondere biologische Systeme sehr oft zu Nichtlinearitäten und großen Abhängigkeiten von Anfangs- oder Randbedingungen. Ihre Berechenbarkeit sowie ihre Vorhersagbarkeit werden damit meist sehr schwierig (Schurz, 2006).

Was verbirgt sich nun hinter dem Begriff systemisches Denken? „Systemisches Denken unterscheidet sich zunächst einmal von nichtsystemischem Denken darin, dass solche Prinzipien, die für komplexe Systeme gelten, bei der kognitiven Analyse und Repräsentation dieser Systeme einbezogen werden" (Rieß & Mischo, 2008, S. 5). Als wichtige Prinzipien können die Nichtlinearität oder das Vorhandensein zahlreicher Wechselwirkungen angesehen werden (Bertalanffy, 1968; Capara, 1996; Bossel, 1992, 2004). Auffällig ist, dass dem Begriff systemisches Denken viele weitere Begriffe (z. B. systemorientiertes Denken, ökologisches Denken, komplexes Problemlösen oder vernetztes Denken) zugeordnet werden können, die synonym oder mit ähnlicher Bedeutung belegt sind. Zur Erfassung systemischen Denkens hat das Konzept von Ossimitz (2000, S. 532ff.) einen wichtigen Beitrag geleistet. Nach Ossimitz gibt es vier zentrale Dimensionen: (1) vernetztes Denken (Denken in Rückkopplungskreisen), (2) dynamisches Denken (Denken in Zeitabläufen), (3) Denken in Modellen und (4) system-gerechtes Handeln. Sehr ähnlich finden sich diese Konzepte auch bei Maierhofer (2001) und Bollmann-Zuberbühler (2010, S. 21ff.) wieder. „In Anlehnung, aber auch in Abgrenzung von Ossimitz (2000) verstehen" Rieß und Mischo (2008) „unter systemischem Denken daher die Fähigkeit komplexe Wirklichkeitsbereiche als Systeme erkennen, beschreiben und modellieren (z. B. strukturieren, organisieren) zu können. Dazu gehören die Fähigkeiten, Systemelemente und Wechselbeziehungen bestimmen zu können, zeitliche Dimensionen (Dynamiken) erfassen zu können und die Fähigkeit, auf der Basis der eigenen Modellierungen Erklärungen geben, Prognosen treffen und „weiche" Technologien entwerfen zu können. Unter „weichen" Technologien im Umgang mit Systemen versteht man solche Strategien, die eine gegebene Systemdynamik nicht ändern und die emergenten Eigenschaften von Systemen und damit die Systeme selbst nicht zerstören". Dieser Ansatz ist angelehnt an das Forschungsprogramm Subjektive Theorien nach Groeben, Wahl, Schlee & Scheele (1988).

11.3   Förderung systemischen Denkens

Innerhalb der letzten 30 Jahre wurden verschiedene Studien zur Förderung systemischen Denkens bei Erwachsenen, wie auch bei Schülerinnen und Schülern durchgeführt. Die Gesamtbetrachtung zeigt, dass sich systemisches Denken über verschiedene Altersstufen hinweg erfolgreich fördern lässt.

Welche Möglichkeiten gibt es systemisches Denken zu fördern? Eine erfolgreiche Vorgehensweise zur Förderung systemischen Denkens bei Erwachsenen ist der Einsatz von Computersimulationen (Leutner, 1988; Dörner, 1989, 1992). Auch im schulischen Umfeld wurden Computersimulationen erfolgreich eingesetzt. So nutzte Maierhofer (2001) Computersimulationen in der Oberstufe zur Förderung systemischen Denkens. Rieß und Mischo (2008) förderten Schülerinnen und Schüler der Klassenstufe 6 durch den Einsatz einer Kombination aus Unterricht und Computersimulation. Sie fanden allerdings heraus, dass Computersimulationen nur in Kombination mit „klassischem Unterricht" wirksam waren.

Weitere Untersuchungen im schulischen Kontext führten Schecker (1993), Leutner und Schrettenbrunner (1989) sowie Klieme und Maichle (1994) durch. Ein wichtiges Ergebnis in der Studie von Klieme und Maichle (1994, S. 62) mit Mittelstufenschülerinnen und -schülern war, dass „systemisches Denken kein isolierbarer und mit einem einzigen Wert zu kennzeichnender Kompetenzbereich ist, sondern viel eher als ein Fähigkeitsbündel" aufzufassen ist. Assaraf & Orion (2005), Assaraf et al. (2010), Bollmann-Zuberbühler (2010) und Bräutigam (2014) nutzten ökologische Kontexte um Mittelstufenschülerinnen und -schüler erfolgreich in systemischem Denken zu fördern. Sommer (2006) entwickelte schließlich für Grundschülerinnen und Grundschüler im ökologisch-biologischen Kontext eine Einheit zur Förderung systemischen Denkens und konnte zeigen, dass sich Systemkompetenz aus Wissen über die Systemorganisation und die Systemeigenschaften zusammensetzt.

Auf der Suche nach den Variablen, die einen positiven Einfluss auf das Erlernen von systemischem Denken haben, fanden Süß (1999) und Funke (2003) heraus, dass die Gedächtniskapazität, das inhaltliche Vorwissen, verschiedene motivationale Faktoren sowie in gewissen Anteilen auch die Intelligenz hierfür von Bedeutung sind.

Im Hinblick auf „hilfreiche Werkzeuge" zur Vermittlung systemischen Denkens konnte Bell 2004 bei Oberstufenschülerinnen und -schülern anhand einer „Lerneinheit zum Thema komplexe Systeme und Selbstregulation" nachweisen, dass graphische Repräsentationen, wie z. B. Wirkungsdiagramme, eine sehr bedeutende Rolle beim Erwerb systemischen Denkens spielen.

Ossimitz zeigte schon im Jahr 2000 für den Mathematikunterricht, dass Lehrkräfte eine maßgebliche Rolle bei der Förderung systemischen Denkens von Schülerinnen und Schüler besitzen. Dieser Befund deckt sich mit Metastudienuntersuchungen von Hattie (2009), die einen starken Zusammenhang zwischen der Lehrerexpertise und erfolgreichem Lernen von Schülerinnen und Schülern über alle Fachgebiete hinweg belegen. Die

Förderung der Lehrkräfte spielt also eine zentrale Rolle will man das systemische Denken von Schülerinnen und Schüler stärken.

11.4 Lehrerfortbildung zu systemischem Denken

Um systemisches Denken im schulischen Kontext fördern zu können ist es unabdingbar, dass die Lehrkräfte zunächst selbst in die Lage versetzt werden systemisch zu denken. Paralell dazu müssen sie aber auch befähigt werden diese Fähigkeit bei Schülerinnen und Schülern unterschiedlichen Alters wirksam zu fördern. Bisher finden sich jedoch weder in der Lehrerausbildung (an Universitäten und Pädagogischen Hochschulen), noch in der anschließenden Praxisausbildung (an Studienseminaren) entsprechende Ausbildungseinheiten. Ein entsprechendes Bild zeigt sich auch, wenn man die Fortbildungsmodule in der dritten Ausbildungsphase, die Phase der kontinuierlichen Fort- und Weiterbildung, betrachtet. Dies erscheint insofern erstaunlich, weil die KMK Bildungsstandards für den mittleren Bildungsabschluss (2004) systemisches Denken explizit als Kompetenz erwähnen. Um systemisches Denken zeitnah in den Schulen zu implementieren, ist es notwendig dies nicht nur in die Lehrerausbildung einzubringen, die auf die zukünftigen Schülergenerationen ausgerichtet ist. Die jetzigen Schülerinnen und Schüler können von ihren aktuellen Lehrkräften nur entsprechend gefördert werden, wenn sie entsprechend auf systemisches Denken zugeschnittene Lehrerfortbildungen erhalten würden.

Wie sollte nun eine effektive Lehrerfortbildung zur Förderung systemischen Denkens konzipiert sein? Hierzu lassen sich in der aktuellen Literatur bisher keine Hinweise finden. Somit erscheint es notwendig auf allgemeine Forderungen zu einer erfolgreichen Lehrerfortbildung zurückgreifen.

Lipowsky (2011, S. 389) nennt grundlegende Eigenschaften, die erwachsene Lerner von Kindern und Jugendlichen unterscheiden und in der Fortbildungskonzeption berücksichtig werden sollten, wie z. B. „ein breiteres Repertoire an Wissen, Fähigkeiten, Strategien und Erfahrungen". Des Weiteren lernen Erwachsene „primär freiwillig und stärker selbstorganisiert, haben ein ausgeprägteres Bedürfnis nach Eigenverantwortlichkeit, Interessens- und Erfahrungsbezug und koppeln ihre Motivation zum Lernen „[…] an die Relevanz der Lerninhalte und den erwarteten persönlichen Nutzen". In Anlehnung an Reusser (2005) sollen Lehrerfortbildungen möglichst komplex und authentisch sein, indem sie alltägliche Anwendungssituationen widerspiegeln. Wie Lernprozesse bei Lehrkräften funktionieren, welche Mechanismen Fortbildungen wirksam werden lassen, ist bisher noch weitestgehend ungeklärt (Lipowsky, 2011). Laut Stern (2009) zeichnet sich erfolgreiches Lehrerhandeln durch eine „adaptive Expertise" und kein „rezeptologisch, anwendbares Wissen" aus. Die adaptive Expertise wiederum setzt sich aus impliziten Könnensanteilen und expliziten Wissenskomponenten zusammen. „Die Forschung der letzten 20 Jahre konnte in diesem Zusammenhang zeigen, dass ‚fachliches' (CK: content knowledge), ‚fachdidaktisches' (PCK: pedagogical content knowledge) und pädagogisches Wissen' (PK: pedagogical knowledge) sowie die Subjektiven Theorien und Überzeugungen der Lehrer wichtige kognitive Voraussetzungen für eine vertiefte Reflexion über unterrichtliche Praxis darstellen und die Ausbildung von Handlungskompetenzen beeinflussen" (Lipowsky, 2011, S. 399). Dem PCK (siehe auch Shulman, 1986), also der Wissenskomponente, welche ein Alleinstellungsmerkmal des Lehrerberufs darstellt, kommt hier sicherlich eine besondere Bedeutung zu, da sie einen Brückenschlag, Shulman spricht in diesem Zusammenhang von „Amalgam", zwischen CK und PK herstellt. Hiermit sind die jeweils geeigneten didaktischen Methoden und Mittel zur Vermittlung eines bestimmten Fachwissens gemeint.

Lipowsky und Rzejak (2012) haben in Anlehnung an die zuvor geschilderten allgemeinen Überlegungen wesentliche Merkmale einer erfolgreichen Fortbildung benannt: Sie darf nicht zu kurz sein, sollte zu einer Vertiefung des fachdidaktischen Wissens und zu einer Verbesserung der diagnostischen Fähigkeiten führen. Der Erfolg kurzfristiger Fortbildungen wird in diesem Zusammenhang vielfach in Zweifel gezogen (Gräsel, Fussnagel & Parchmann, 2006; Smith & Gillespie, 2007). Untersuchungen von Yoon et al. (2007) weisen für Fortbildungen im Primarbereich darauf hin, dass sich für Fortbildungen von weniger als zwei Tagen keine Effektivität auf Schülerebene nachweisen lässt. Des Weiteren wird die „Verschränkung von Input-, Erprobungs- und Reflexionsphasen" von Lipowsky & Rzejak (2012, S.7) als Schlüssel für eine gelungene Fortbildung erachtet. Insbesondere die gemeinsame Reflexion unterrichtlichen Handelns wird in mehreren Studien als besonders wirksam beschrieben (Garet et al., 2008; Neumann & Cunningham, 2009).

Gräsel et. al (2004) schlagen vor, dass die Lehrkräfte durch die Bereitstellung von Ideen und Bausteinen und eben nicht fertiger Unterrichtskonzepte zur Eigenaktivität angeregt werden sollen. Dieser Vorschlag orientiert sich vor allem an der Selbstbestimmungstheorie von Deci und Ryan (2000), die eine höhere Motivation für selbstgesteuertes und selbstorganisiertes Lernen vorhersagt. Im Projekt „Chemie im Kontext" konnte diese Theorie durch Gräsel et al. (2008) empirisch bestätig werden.

11.5   Heuristisches Kompetenzmodell zum systemischen Denken

Als Grundlage die Lehrefortbildung und des eingesetzten Testinstruments wurde das Konstrukt des systemischen Denkens in einem heuristischen Kompetenzmodell (Rieß et al., 2015) differenziert beschrieben (vgl. Abb. 1). Den Ausgang hierfür bildete die Definition von Rieß und Mischo (2010), nach der systemisches Denken als kognitive Fähigkeit zum Lösen komplexer dynamischer Probleme mit Hilfe eines systemischen Ansatzes, d. h. unter Verwendung von Methoden der Systemwissenschaften, begriffen werden kann. Nach intensivem Studium einführender Literatur in die Systemwissenschaften (bspw. Matthies, 2010; Imboden & Koch, 2008), wiederholtem Austausch mit verschiedenen Systemwissenschaftlern aus dem Kontext der Natur- und Umweltwissenschaften und einer vergleichenden Analyse mit alternativen Kompetenzmodellen zum systemischen Denken (bspw. Frischknecht-Tobler et al., 2008; Rempfler & Uphues, 2011, Mehren et al., 2015) wurde in der Arbeitsgruppe um Rieß ein heuristisches Kompetenzstrukturmodell (Rieß & Mischo, 2010) entwickelt und einer ersten Überprüfung unterzogen (Bräutigam, 2014).

Kompetenz-dimensionen	Teilfähigkeit 1	Teilfähigkeit 2	Teilfähigkeit 3	Teilfähigkeit 4
Dimension 4: **Bewertung von Systemmodellen und Ergebnissen der Modellanwendung**	Die Strukturgültigkeit von Systemmodellen bestimmen können	Die Verhaltensgültigkeit von Systemmodellen bestimmen können	Die Anwendungsgültigkeit bestimmen können	Die Vorhersageunsicherheit bestimmen können
Dimension 3: **Fähigkeit zur Nutzung von Systemmodellen beim Lösen von komplexen dynamischen Problemen (systemische Problemlösefähigkeit)**	Einschätzen können, ob für die Bearbeitung vorliegender Probleme auf ein Systemmodell rekurriert werden kann bzw. muss.	Einschätzen können, welcher Systemmodelltyp (u. a. qualitativ versus quantitativ) für die Bearbeitung eines Problems adäquat ist	Mit Hilfe qualitativer Systemmodelle Erklärungen geben, Prognosen treffen und Technologien entwerfen können	Mit Hilfe quantitativer Systemmodelle Erklärungen geben, Prognosen treffen und Technologien entwerfen können
Dimension 2: **Systemmodellierungsfähigkeit**	Systemelemente und Wechselwirkungen identifizieren können; Typen von Systemelementen und von Wechselwirkungen sowie Subsysteme und Systemgrenzen bestimmen können	Systemisch modellierbare Wirklichkeitsbereiche mit Hilfe von Texten und Wortmodellen verstehen bzw. abbilden können	Qualitative Systemmodelle (u. a. Wirkungsgraph, Wirkungsmatrix) lesen, interpretieren und konstruieren können	Quantitative (kontinuierliche) Systemmodelle verwenden, interpretieren und konstruieren können
Dimension 1: **Deklaratives/konzeptuelles systemisches Wissen**	Systemtheoretisches Grundwissen (Systembegriff, Systemstruktur, Systemverhalten, Teilsysteme, ...)	Kenntnis von Wirklichkeitsbereichen, die als Systeme betrachtet werden können; Kenntnis von exemplarischen einfachen und komplexen Systemen	Kenntnis von Systemhierarchien	Kenntnis von Eigenschaften komplexer Systeme

Abb. 1: Heuristisches Kompetenzmodell (Quelle: Rieß et al., 2015)

Im Anschluss daran wurden festgestellte Unzulänglichkeiten bearbeitet und eine weitere Dimension (Bewertung von Systemmodellen und Ergebnissen der Modellanwendung) in das Modell aufgenommen. In der aktuellen Version werden demnach für das systemische Denken vier Dimensionen mit jeweils vier Teilfähigkeiten unterschieden (Rieß et al., 2015). In der ersten Dimension werden grundlegende kognitive Komponenten des systemischen Denkens genannt. Hier geht es unter anderem um die Kenntnisse des Systembegriffs, Grundsätze einer systemwissenschaftlichen Betrachtungsweise und Eigenschaften komplexer Systeme. In der zweiten Dimension werden Fähigkeiten in den Blick genommen, die sich auf die in den Systemwissenschaften verwendeten Methoden zur Erkenntnisgewinnung beziehen.

Im Mittelpunkt stehen hier die Fähigkeiten Systemmodelle unterschiedlichster Art verstehen und konstruieren zu können. Hierauf aufbauend werden dann in Dimension 3 solche Fähigkeiten benannt, die bei der Bearbeitung von komplexen dynamischen Problemen mit Hilfe von Systemmodellen benötigt werden. In den Systemwissenschaften gehört eine Beurteilung der Reichweite und Grenzen der auf der Basis der Modellierung gewonnenen Erkenntnisse zu den Pflichtaufgaben. Notwendige Fähigkeiten zur Erfüllung entsprechender Aufgaben werden in der Dimension 4 aufgeführt.

11.6   Fragestellung

Ziel der vorliegenden Studie war es, eine wirksame Lehrerfortbildung zu entwickeln. Durch eine Variation der Anteile an CK- und PCK-Inhalten sollte der Einfluss auf die Effektivität der Fortbildung zu systemischem Denken untersuchen werden. Somit ergeben sich zwei Forschungsfragen:

Ist es möglich, Lehrkräften durch eine Fortbildung Wissen und Handlungskompetenz zur Förderung systemischen Denkens von Schülerinnen und Schülern zu vermitteln?

Wie wirken sich unterschiedliche Anteile an fachwissenschaftlichem (CK) und fachdidaktischem (PCK) Wissen in einer Lehrerfortbildung auf das Wissen und die Handlungsmöglichkeiten der teilnehmenden Lehrkräfte zur Förderung systemisches Denken bei Schülerinnen und Schülern aus?

11.7   Stichprobe und Durchführung

Die Stichprobe (N = 14) setzte sich aus erfahrenen Biologielehrkräften (n = 7; 64 % weiblich) mit einer mittleren Berufserfahrung im Bereich von sechs bis zehn Jahren zusammen. Alle Lehrkräfte unterrichteten an Realschulen in Baden-Württemberg eine oder mehrere neunte Klassen im Fach Biologie. Detaillierte Informationen finden sich in Tab. 1.

Die Effekte der Intervention auf Ebene der Lehrerinnen und Lehrer wurden mittels eines Fragebogens erfasst, der vor und unmittelbar nach der Intervention (Quasiexperimentelles – Prä-/Posttestverfahren) zum Einsatz kam.

Tab. 1: Detaillierte Stichprobenbeschreibung

	Experimental-gruppe 1	Experimental-gruppe 2	Kontrollgruppe	Σ
Stichproben-größe	4	3	7	14
Geschlecht	Männlich: 1	Männlich: 1	Männlich: 3	Männlich: 5
	Weiblich: 3	Weiblich: 2	Weiblich: 4	Weiblich: 9
Berufs-erfahrung	Mittlere Band-breite 11-15 J.	Mittlere Band-breite 3-5 J.	Mittlere Band-breite 3-5 J.	Mittlere Band-breite 6-10 J.

11.8 Intervention

Die Intervention bestand für die teilnehmenden Lehrkräfte aus einer Fortbildung zu systemischem Denken im Umfang von insgesamt 28 Unterrichtsstunden, verteilt auf vier Unterrichtstage. Es wurden zwei Experimentalgruppen (Exp.-Gr. 1 und Exp.-Gr. 2) mit vier bzw. drei Lehrkräften gebildet. Exp.-Gr 1 erhielt 12 Stunden Fortbildung mit CK- und 16 mit PCK-Inhalten. 20 Stunden mit CK- und 8 Stunden mit PCK-Inhalten erhielt Exp.-Gr. 2. Die Kontrollgruppe (KG) bestand aus sieben Lehrkräften und erhielt keine Förderung. Die Lehrkräfte der Kontrollgruppe unterrichteten während dieser Zeit in ihren Klassen gemäß den Vorgaben des Bildungsplans.

Die in der Fortbildung an den Tagen 1 und 2 (siehe auch Abb. 2) geförderten Fähigkeiten systemischen Denkens entsprechen den an die Dimensionen 1 bis 3 angelehnten Teilfähigkeiten des heuristischen Kompetenzmodells (siehe auch Abb. 1). Die Einschränkung wurde notwendig, da das entwickelte heuristische Kompetenzmodell sicherlich eine Optimalvorstellung aller zu vermittelnden Fähigkeiten zur Förderung systemischen Denkens darstellt. Da unterrichtliches Handeln von Lehrkräften im Alltag vielen limitierenden Faktoren, wie z. B. einer beschränkten Unterrichtszeit oder der individuellen Leistungsfähigkeit einer Schülerin oder eines Schülers der neunten Klasse unterliegt, haben wir uns auf die ersten drei Dimensionen des Kompetenzmodells beschränkt. Am dritten Fortbildungstag (siehe auch Abb. 2) wurden PCK-Inhalte hinsichtlich der Grundlagen zur Förderung systemischen Denkens bei SchülerInnen und Schülern vermittelt. Die ersten drei Fortbildungstage (siehe auch Abb. 2) liefen für beide Experimentalgruppen gleich ab. Am vierten Fortbildungstag wurde nach dem Prinzip der maximalen Variation (Hussy et al., 2013) eine jeweils 8-stündige Einheit mit PCK-Inhalten (siehe auch nachfolgende Abschnitte) für Exp.-Gr. 1 gestaltet und im Gegensatz dazu eine rein nach CK-Inhalten (siehe auch nachfolgende Abschnitte) gestaltete Einheit für Exp.-Gr. 2.

An den ersten beiden Fortbildungstagen wurden jeweils CK-Inhalte zur Förderung systemischen Denkens vermittelt. Dazu wurden in Anlehnung an die Ausführungen von Matthies (2010) und Bossel (2004) am ersten Fortbildungstag in einer insgesamt vierstündigen Einheit die Grundlagen der Systemtheorie, wie sie sich im heuristischen Kompetenzmodell in der Dimension 1 finden, vermittelt. Am zweiten Fortbildungstag wurden ebenfalls in Anlehnung an Matthies (2010) und Bossel (2004) die Grundlagen der Analyse von Systemen, entsprechend der Dimensionen 2 und 3 des heuristischen Kompetenzmodells, in einer zweistündigen Einheit vermittelt. Ein zentrales Element bildete die Einführung von Wortmodellen und die daraus abgeleiteten Wirkungsdiagramme zur qualitativen Analyse von Systemen. Da das Ökosystem Wald als Anschauungsobjekt und zentrales Beispiel für ein biologisches System stand, wurde es in einer vierstündigen Einheit von einem Experten aus der Forstwissenschaft ausführlich eingeführt. Anhand weiterer biologischer Systeme wie des Ökosystems Victoriasee (in Anlehnung an Bollmann-Zuberbühler et al., 2010) oder des humanbiologischen Systems menschlicher Körper wurde die Vielfalt an biologischen Systemen aufgezeigt, die im Biologieunterricht eingesetzt werden können. Bei der Vorstellung dieser biologischen Systeme, wurde auf Einbeziehung der in den vorangegangen Einheiten eingeführten systemischen Betrachtungsweise besonderer Wert gelegt. In einer selbständigen Analyse des Ökosystems Victoriasee konnten die Teilnehmer die zuvor gelernten Inhalte selbständig überprüfen und festigen.

Während sich der erste und der zweite Fortbildungstag damit beschäftigte, die Lehrkräfte in ihrer Fähigkeit selbst systemisch zu denken zu fördern, standen am dritten Tag die Grundlagen zur Vermittlung (PCK-Inhalte) systemischen Denkens im Vordergrund. In einer vierstündigen Einheit wurde ein Überblick über den Forschungsstand zu systemischem Denken und seiner Förderung vermittelt. Hier wurde ausführlich darauf eingegangen, warum aus Forschungssicht eine besondere Notwendigkeit zur Förderung systemischen Denkens an Schulen besteht. Abgeleitet aus der bisherigen Forschungslage wurden wichtige Schülervorstellungen und der Umgang mit ihnen in einer zweistündigen Fortbildungseinheit erörtert. Zum Abschluss des dritten Fortbildungstages wurden konkrete Unterrichtsmethoden zur Förderung systemischen Denkens vorgestellt und von den teilnehmenden Lehrkräften exemplarisch durchgeführt. Die dabei eingesetzten Methoden orientierten sich unter anderem an dem von Bollmann-Zuberbühler et al. (2010) entwickelten Praxishandbuch „Systemdenken Fördern". Am letzten Fortbildungstag erhielt die Exp.-Gr. 1 in Anlehnung an Lipowsky und Rzejak (2012, S. 7) eine achtstündige an PCK-Inhalten orientierte Fördereinheit, in der eigenständig Unterrichtseinheiten zur Förderung systemischen Denkens geplant wurden und gemeinsam mit den Fortbildern entsprechende Reflexionen durchgeführt wurden. Wie von Gräsel et al. (2004) zur Steigerung der Eigenaktivität von Fortbildungsteilnehmern gefordert, wurden in diesen Einheiten keine fertigen Unterrichtskonzepte bereitgestellt, sondern es konnte nur auf die zuvor erworbenen Ideen und Bausteine zurückgegriffen werden. Im Gegensatz dazu besuchte die Exp.-Gr 2, entsprechend der Vorgabe CK-Inhalte vermittelt zu bekommen, eine Einrichtung, die sich mit der Erforschung des Ökosystems Wald befasst.

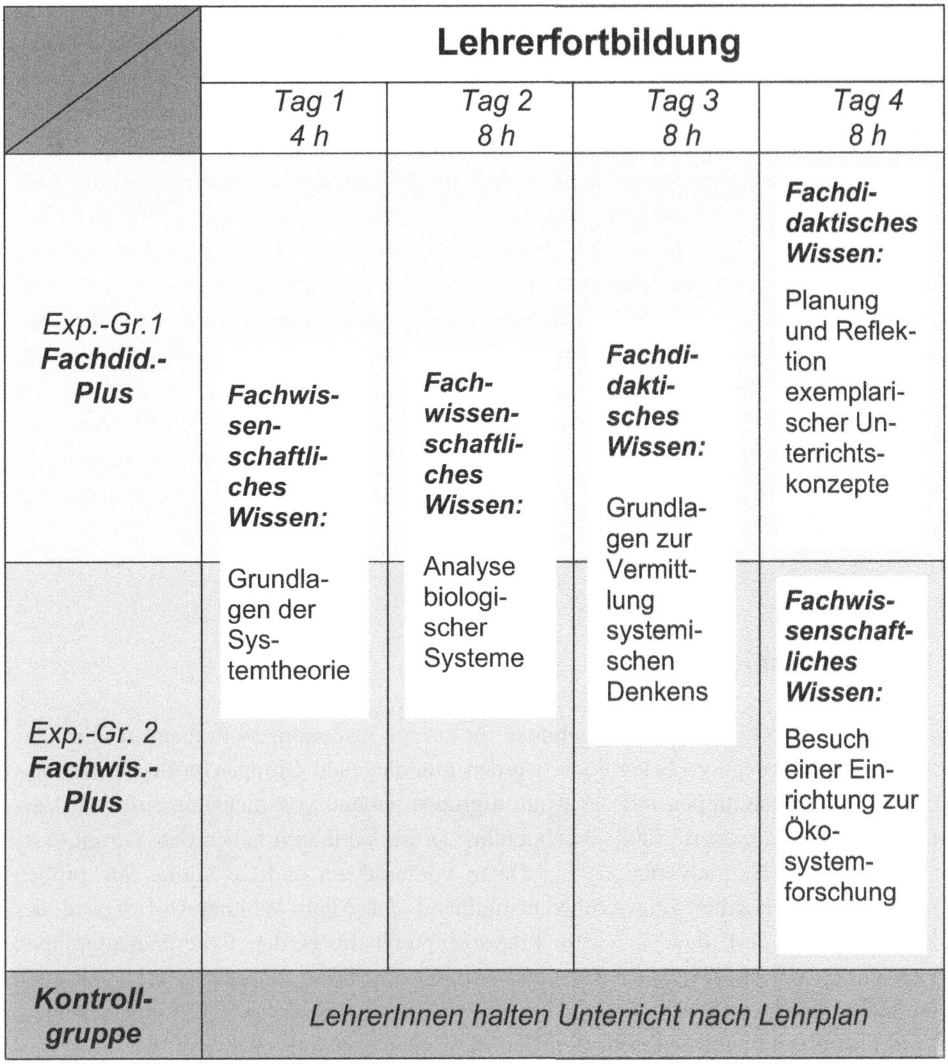

	Lehrerfortbildung			
	Tag 1 *4 h*	*Tag 2* *8 h*	*Tag 3* *8 h*	*Tag 4* *8 h*
Exp.-Gr.1 *Fachdid.-* *Plus*	*Fachwissenschaftliches Wissen:* Grundlagen der Systemtheorie	*Fachwissenschaftliches Wissen:* Analyse biologischer Systeme	*Fachdidaktisches Wissen:* Grundlagen zur Vermittlung systemischen Denkens	*Fachdidaktisches Wissen:* Planung und Reflektion exemplarischer Unterrichtskonzepte
Exp.-Gr. 2 *Fachwis.-* *Plus*				*Fachwissenschaftliches Wissen:* Besuch einer Einrichtung zur Ökosystemforschung
Kontrollgruppe	*LehrerInnen halten Unterricht nach Lehrplan*			

Abb. 2: Übersicht über die Lehrerfortbildung

11.9   Eingesetztes Messinstrument

Der Fragebogen enthielt verschiedene Aufgaben, in denen das PCK zur Förderung systemischen Denkens teils in einem offenen, teils in einem geschlossenen Antwortmodus erfasst wurde. Bei den insgesamt 8 eingesetzten Items handelte es sich um eine Auswahl des im Projekt SysThema an Biologie- und Geographiestudierenden erfolgreich eingesetzten Itempools (Kramer et al., 2013, Rosenkränzer et al, 2016). Die eingesetzten

Items lassen sich verschiedenen Facetten hinsichtlich der Förderung systemischen Denkens zuordnen und werden nachfolgend genauer erläutert. Jedes Item ergab einen Punkt, was zu einer maximal möglichen Punktzahl von 8 Punkten führt. Zur Betrachtung der einzelnen Facetten wurden aus den zugeordneten Items jeweils Summenwerte gebildet. Das Instrument wies in der vorliegenden Studie eine gute Reliabilität von $\alpha = .87$ auf.

Die eingesetzten acht Items lassen sich in die folgenden Facetten bezüglich der Förderung systemischen Denkens aufteilen: 1) „Kenntnis spezifischer Zielkriterien" [1 Item] und 2) „Kenntnis von den Verfahren zur Messung" [1 Item], 3) „Kenntnis von Instruktionsstrategien und Unterrichtsmethoden" [3 Items] und 4) „Kenntnis von Merkmalen komplexer dynamischer Probleme" [1 Item]. Abschließend wurde in 5) die „Anwendung von PCK bei der Fähigkeit zur Diagnose von Unterricht" [2 Items] überprüft. Hierzu mussten die Lehrerinnen und Lehrer eine Unterrichtssequenz im Hinblick auf ihre fachdidaktischen und fachwissenschaftlichen Stärken und Schwächen beurteilen. Dafür wurde in einem ca. 5-minütigen Video eine Unterrichtssequenz eingespielt, in welcher der Einstieg in das Thema Ökosystem See (Klassenstufe 6) mit dem Ziel der Förderung systemischen Denkens gezeigt wurde.

11.10 Ergebnisse

Um einen ersten Eindruck der Ergebnisse für die mit insgesamt 14 Probanden sehr kleine Gesamtstichprobe zu bekommen, wurden grundlegende Gruppenvergleiche der beiden Experimentalgruppen mit der Kontrollgruppe anhand von nonparametrischen Verfahren (Bortz & Lienert, 2008) durchgeführt. Diese Verfahren haben den Vorteil, dass sie z. B. keine Normalverteilung der Daten voraussetzen und für kleine Stichproben geeignet sind. Hierbei zeigen übereinstimmend der Mann-Whitney-U-Test und der Kruskal-Wallis-Test, dass sich zum Prätestzeitpunkt die beiden Experimentalgruppen Exp.-Gr. 1 (MW = 2,59; SD = 0,58) und Exp.-Gr. 2 (MW = 2,16; SD = 1,11), als auch die Kontrollgruppe (MW = 2,93; SD = 1,53) nicht signifikant (p > ,05) unterscheiden. Zum Posttestzeitpunkt unterscheiden sich die Experimentalgruppen Exp.-Gr. 1 (MW = 4,89; SD = 0,82) und Exp.-Gr. 2 (MW = 6,35; SD = 0,01) ebenfalls nicht signifikant. Jede Experimentalgruppe für sich einzeln genommen zeigt allerdings einen signifikanten Anstieg (p < ,05) gegenüber dem Wert der Kontrollgruppe (MW = 2,64, SD = 1,08) zum Posttestzeitpunkt. Fasst man jedoch beide Experimentalgruppen zu einer Versuchsgruppe zusammen und vergleicht sie mit der Kontrollgruppe, so zeigt sich für den Prätestzeitpunkt (MW = 2,21; SD = 0,82) kein signifikanter Unterschied für den Posttestzeitpunkt (MW = 5,38; SD = 0,90), aber ein signifikanter Unterschied (p < ,05) für beide Testverfahren (siehe auch Abb. 3).

Nach der erfolgreichen Bestimmung signifikanter Unterschiede der Versuchsgruppe zur Kontrollgruppe sollten auch die zugehörigen Effektstärken bestimmt werden. Da parametrische Verfahren in der Regel eine höhere statistische Teststärke aufweisen als nonparametische Verfahren (Bortz & Lienert, 2008), wurden in einem zweiten Schritt Kolmogorov-Smirnov-Anpassungstests durchgeführt. Mittels des Kolmogorov-Smirnov-Anpassungstests wurden sowohl die Prätest- als auch die Posttestwerte auf Gleichverteilung untersucht. In beiden Fällen liegen gleichverteilte Werte vor. Auf dieser Grundlage wurde eine Anova mit Messwiederholung gerechnet. Sie weist einen signifikanten Anstieg der zusammengefassten Experimentalgruppe Exp.-Gr. 1 und Exp.-Gr. 2 vom Prä- zum Posttestzeitpunkt mit einem hohen Effekt auf [$F(2,10) = 25,456$, $p = .000$, $\eta^2 = .836$] (siehe auch Bortz & Döring, 2006, S. 606). Die Kontrollgruppe zeigt hingegen keinen signifikanten Anstieg (siehe auch Abb. 3).

Die nonparametrischen als auch die parametrischen Verfahren zeigen übereinstimmend, dass sich die beiden Experimentalgruppen Exp.-Gr. 1 und Exp.-Gr. 2 gegenüber der Kontrollgruppe durch die Intervention signifikant verbessern konnten. Ein signifikanter Unterschied zwischen den beiden Experimentalgruppen Exp.-Gr. 1 und Exp.-Gr. 2 lässt sich aber mit keinem der eingesetzten Verfahren nachweisen.

Um einen vertieften Blick auf die 5 Facetten des PCK zur Förderung systemischen Denkens zu erhalten, wurden zunächst für jeden der fünf Einzelfacetten die Prä- als auch die Posttestwerte mittels des Kolmogorov-Smirnov-Anpassungstests auf Gleichverteilung untersucht. In allen Fällen konnte eine Gleichverteilung festgestellt werden. Anschließend wurden die Gruppenvergleiche wiederum mit einer Anova mittels Messwiederholung durchgeführt. Für den Prätest zeigen sich über alle fünf Einzelfacetten keine signifikanten Unterschiede zwischen den beiden Experimentalgruppen Exp.-Gr. 1 und Exp.-Gr. 2 sowie der Kontrollgruppe (siehe auch Abb. 4). Weiterhin gibt es in keiner der fünf Facetten innerhalb der Kontrollgruppe einen signifikanten Leistungszuwachs vom Prä- zum Posttest. Beim Vergleich der Zuwächse zwischen den beiden Experimentalgruppen, zeigt sich wie auch schon zuvor bei der Betrachtung der Gesamtergebnisse kein signifikanter Leistungsunterschied nach der Intervention. Für die Berechnung der weiteren Ergebnisse wurden deshalb beide Experimentalgruppen Exp.-Gr. 1 und Exp.-Gr. 2 zu einer Gruppe zusammengefasst.

In den folgenden vier Facetten zur Förderung systemischen Denkens 1) „Kenntnis spezifischer Zielkriterien" ($F(1,5) = 76,818$, $p = .000$, $\eta^2 = .939$), 2) „Kenntnis von den Verfahren zur Messung" ($F(1,5) = 20,862$, $p = .000$, $\eta^2 = .807$), 3) „Kenntnis von Instruktionsstrategien und Unterrichtsmethoden" ($F(1,5)= 27,000$, $p = .003$, $\eta^2 = .844$) und 5) „Anwendung von PCK bei der Fähigkeit zur Diagnose von Unterricht" ($F(1,5) = 12,273$, $p = .017$, $\eta^2 = .711$) konnten signifikante ($p \leq .05$) Effekte mit jeweils hohen Effektstärken ($\eta^2 \leq .25$) (siehe auch Bortz & Döring, 2006, S. 606) nachgewiesen werden (siehe auch Abb. 4).

Für die Facette 4) „Kenntnis von Merkmalen komplexer dynamischer Probleme" zur Förderung systemischen Denkens konnte hingegen keine signifikante Entwicklung nachgewiesen werden (siehe auch Abb. 4).

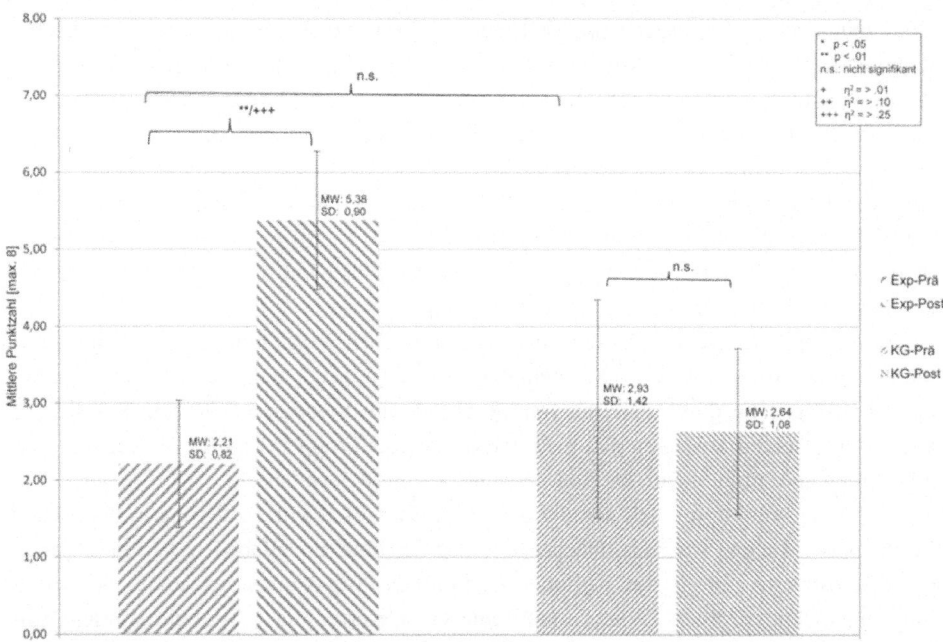

Abb. 3: Gesamtergebnisse der Lehrerfortbildung zur Förderung systemischen Denkens

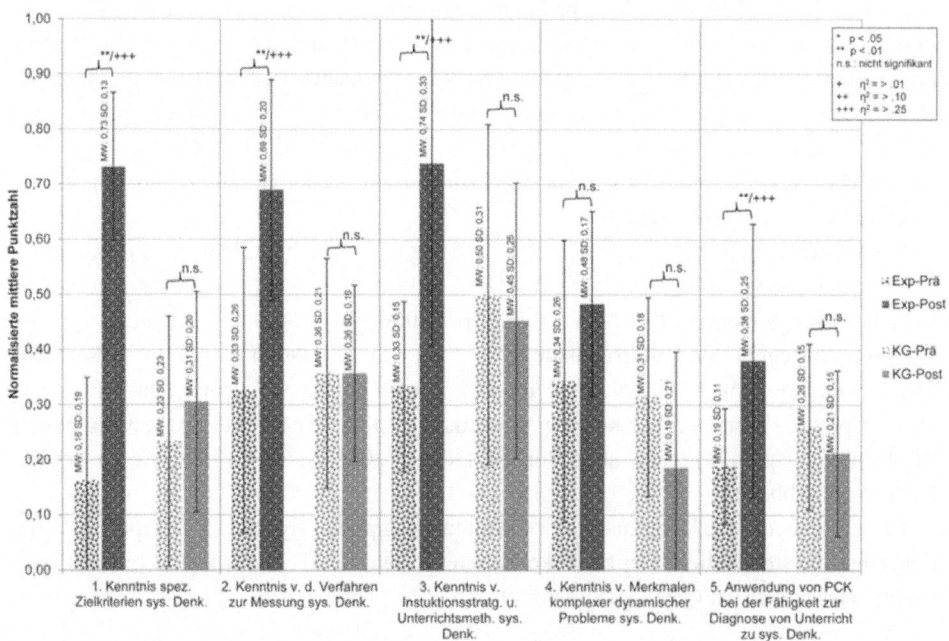

Abb. 4: Ergebnisse in den Einzelfacetten der Lehrerfortbildung zur Förderung systemischen Denkens

11.11 Diskussion

Die Untersuchungen zeigen, dass sich das PCK von Lehrkräften hinsichtlich der Förderung systemischen Denkens durch die Teilnahme an einer entsprechenden Lehrerfortbildung erfolgreich fördern lässt. Im Anschluss an diese Lehrerfortbildung waren die gleichen Lehrkräfte in der Lage Schülerinnen und Schüler erfolgreich in systemischem Denken zu fördern (siehe auch Streiling et al., 2014). Bei der Betrachtung der Gesamtergebnisse fällt auf, dass die beiden Experimentalgruppen entgegen den Erwartungen keine unterschiedlichen Ergebnisse hervorbrachten. Möglicherweise profitierten die teilnehmenden Lehrkräfte der Exp.-Gr 1 als auch Exp.-Gr. 2 von ihrer jeweiligen Interventionsvariante in vergleichbar starkem Maße. Denkbar wäre auch, dass der zeitliche Unterschied von nur einem Tag zwischen den beiden Experimentalgruppen „Fachdidaktik-Plus" (Exp.-Gr. 1) und „Fachwissenschaft-Plus" (Exp.-Gr. 2) zu gering war, um zwischen beiden Gruppen signifikant unterscheidbare Effekte erzielen zu können. Auf Grund des Fehlens vergleichbarer Studien lässt sich hierzu keine abschließende Bewertung treffen. Zukünftige Studien sollten diesen Punkt aufgreifen und längere unterschiedliche Phasen der Intervention für die einzelnen Experimentalgruppen ansetzen. Des Weiteren wäre es interessant durch eine größere Anzahl an Interventionsgruppen die PCK- und CK-Inhalte noch differenzierter zwischen den Gruppen vermitteln zu können, um dadurch ein detaillierteres Bild über die Wirksamkeit der unterschiedlichen Interventionsinhalte zu bekommen.

Beim Blick auf die unterschiedlichen Fähigkeiten der Lehrkräfte zur Förderung systemischen Denkens bei Schülerinnen und Schülern, welche durch insgesamt fünf Facetten in dieser Untersuchung abgebildet wurden, zeigen die Ergebnisse zu den vier Facetten 1) „Kenntnis spezifischer Zielkriterien", 2) „Kenntnis von den Verfahren zur Messung", 3) „Kenntnis von Instruktionsstrategien und Unterrichtsmethoden" und 5) „Anwendung von PCK bei der Fähigkeit zur Diagnose von Unterricht" das gleiche Ergebnismuster wie die Gesamtergebnisse. In allen vier Fällen lässt sich kein Unterschied im Leistungszuwachs zwischen den Experimentalgruppen feststellen, was zu einer Zusammenlegung der beiden Experimentalgruppen führte. Mögliche Gründe könnten sich in der unzureichenden Dauer (siehe auch Lipowsky, 2011; Lipowsky & Rzejak, 2012) in Kombination mit der zu geringen Differenzierung der Interventionsinhalte zwischen den unterschiedlichen Experimentalgruppen finden lassen. Unter den untersuchten Facetten sticht insofern keine hervor, als dass alle mit hohen Effekten aufwarten können. Dies spricht für eine sehr hohe Wirksamkeit der Fortbildung in diesen vier Bereichen. Einzig innerhalb der Facette 4) „Kenntnis von Merkmalen komplexer dynamischer Probleme" konnte keine signifikante Leistungssteigerung erreicht werden, eine positive Tendenz läst sich allerdings auch hier erkennen. Möglicherweise stellte dieser Bereich an die teilnehmenden Lehrkräfte sehr hohe kognitive und motivationale Anforderungen und wurde in der Fortbildung im Verhältnis eher zu kurz thematisiert. Wir vermuten daher, dass hier ebenfalls eine deutlich verlängerte Fortbildung, wie z. B. bei Yoon (2007), Lipowsky (2011) oder Lipowsky & Rzejak (2012) thematisiert, zu den erhofften Ergebnissen führen könnte.

11.12 Literatur

Assaraf, O. & Orion, N. (2005). Development of system thinking skills in the context of Earth system education. *Journal of Research in Science Teaching 42(5)*, 518-560.

Assaraf, O., Dodick, J. & Tripto, J. (2010). High School Students: Understanding of the Human Body System. *Research in Science Education 43(1)*, 33-56.

Bell, T. (2004). Komplexe Systeme und Strukturprinzipien der Selbstregulation im fächerübergrei-fenden Unterricht: eine Lernprozessstudie in der Sekundarstufe II. *Zeitschrift für Didaktik der Naturwissenschaften, 10*, 162-180.

Bertalanffy, L. von (1968). *General System Theory: Foundations, Development, Applications.* New York: Braziller.

BMU (Bundesministerium für Umwelt, Naturschutz und Reaktorsicherheit) . (1992). *Konferenz der Vereinten Nationen für Umwelt und Entwicklung im Juni 1992 in Rio de Janeiro: Doku-mente – Agenda 21.* Verfügbar unter http://www.bmu.de/files/pdfs/allgemein/application/pdf/agenda21.pdf [April, 2014].

Bollmann-Zuberbühler, B. (2010). *Lernwirksamkeitsstudie zum systemischen Denken an der Se-kundarstufe I: Eine Interventionsstudie.* Dissertation. Zürich: Zentralstelle der Studentenschaft der Universität Zürich.

Bollmann-Zuberbühler, B., Frischknecht-Tobler, U., Kunz, P., Nagel, U. & Wilhelm Hamiti, S. (2010). *Systemdenken fördern: Systemtraining und Unterrichtsreihen zum vernetzten Denken, 1. – 9. Schuljahr, Impulse zur Unterrichtsentwicklung.* Bern: Schulverl. Plus.

Bolscho, D. & Seybold, H. (1996). *Umweltbildung und ökologisches Lernen: Ein Studien- und Praxisbuch.* Berlin: Cornelsen Scriptor.

Bortz, J., & Döring Nicola. (2006). *Forschungsmethoden und Evaluation: für Human- und Sozi-alwissenschaftler* (4., überarbeitete Auflage). Heidelberg: Springer Medizin Verlag.

Bortz, J., & Lienert, G. A. (2008). *Kurzgefasste Statistik für die klinische Forschung* (3. Auflage). Berlin: Springer.

Bossel, H. (2004). *Systeme, Dynamik, Simulation: Modellbildung, Analyse und Simulation kom-plexer Systeme.* Norderstedt: Books on Demand GmbH.

Bräutigam, J., Nerb, J. & Rieß, W. (2011). Entwicklung und Validierung eines Fragebogens zur Evaluierung einer Unterrichtseinheit zur Förderung systemischen Denkens. In S. Holzheu (Hrsg.), *Internationale Tagung der Fachsektion der Didaktik der Biologie (FDdB) im Vbio, 2011* (S. 67-68). Bayreuth: Universität Bayreuth.

Bräutigam, J. (2014). *Systemisches Denken im Kontext einer Bildung für nachhaltige Entwicklung: Konstruktion und Validierung eines Messinstruments zur Evaluation einer Unterrichtseinheit.* Verfügbar unter: http://nbn-resolving.de/urn:nbn:de:bsz:[April, 2014]

Deci, E. L. & Ryan, R. M. (1985). *Intrinsic motivation and self determination in human behavior.* New York: Plenum Publishing Co.

Dörner, D. (1989). *Die Logik des Misslingens: Strategisches Denken in komplexen Situationen.* Hamburg: Rohwolt.

Dörner, D. (1992). *Über die Philosophie der Verwendung von Mikrowelten oder „Computerszena-rios" in der psychologischen Forschung.* In: Gundlach (1992): 53-87.

DUK (Deutsche UNESCO-Kommission) (2003). *Nachhaltigkeit lernen: Hamburger   Erklärung der Deutschen UNESCO-Kommission zur Dekade der Vereinten Nationen 'Bildung für nach-haltige Entwicklung' (2005-2014).* Verfügbar unter http://dekade.org/hintergrundmaterial/HamburgerErklaerung.pdf [April, 2014].

Frischknecht-Tobler, U., Nagel, U. & Seybold, H.J. (Hrsg.), (2008). *Systemdenken: Wie Kinder und Jugendliche komplexe Systeme verstehen lernen.* Zürich: Pestalozzianum.

Funke, J. (2003). *Problemlösendes Denken.* Stuttgart: Kohlhammer.

Garet, M. S., Cronen, S., Eaton, M., Kurki, A., Ludwig, M., Jones, W., Uekawa, K., Falk, A., Bloom, H., Doolittle, F., Zhu, P., Sztejnberg, L. & Silverberg, M. (2008). *The Impact of Two Professional Development Interventions on Early Reading Instruction and Achievement.* Verfügbar unter: http://ies.ed.gov/ncee/pdf/20084030.pdf [Juli, 2014].

Gräsel, C., Fußangel, K., & Pröbstel, C. (2006). Lehrkräfte zur Kooperation anregen: eine Aufgabe für Sisyphos? *Zeitschrift für Pädagogik 52(2)*, 205-219.

Gräsel, C., Fussangel, K., & Schellenbach-Zell, J. (2008). Transfer einer Unterrichtsinnovation: Das Beispiel Chemie im Kontext. In E.-M. Lankes (Hrsg.), *Pädagogische Professionalität als Gegenstand empirischer Forschung* (S. 207–218). Münster: Waxmann.

Gräsel, C., Parchmann, I.,Puhl, T., Baer, A., Fey, A. & Demuth, R. (2004). Lehrerfortbildung und ihre Wirkungen auf die Zusammenarbeit von Lehrkräften und die Unterrichtsqualität. In J. Doll & M. Prenzel (Hrsg.), *Bildungsqualität von Schule*. Münster: Waxmann, 136-137.

Groeben, N., Wahl, D., Schlee, J., Scheele, B. (1988). *Das Forschungsprogramm Subjektive Theorien.* Tübingen: Francke.

Hattie, H. (2009). *Visible learning: A synthesis of over 800 meta-analyses relating to achievement.* London.

Hussy, W., Schreier, G. & Echterhoff, G. (2013). *Forschungsmethoden in Psychologie und Sozialwissenschaften.* Berlin: Springer, 214.

Imboden, D. M. & Koch, S. (2008). *Systemanalyse: Einführung in die mathematische Modellierung natürlicher Systeme.* Berlin: Springer.

Klieme, E. & Maichle, U. (1994). *Modellbildung und Simulation im Unterricht der Sekundarstufe I. Auswertung von Unterrichtsversuchen mit dem Modellbildungssystem MODUS.* Bonn : IBF.

KMK (Ständige Konferenz der Kultusminister der Länder in der Bundesrepublik Deutschland) . (2004). *Beschlüsse der Kultusministerkonferenz: Bildungsstandards im Fach Biologie für den mittleren Bildungsabschluss.* Verfügbar unter: http://www.kmk.org/fileadmin/veroeffentlichungen_beschluesse/2004/2004_12_16-Bildungsstandards-Biologie.pdf [April2014]

KMK & DUK (Ständige Konferenz der Kultusminister der Länder in der Bundesrepublik Deutschland & Deutsche UNESCO-Kommission) (2007). *Bildung für nachhaltige Entwicklung in der Schule. Empfehlung der Ständigen Konferenz der Kultusminister der Länder in der Bundesrepublik Deutschland und der Deutschen UNESCO-Kommission.* Verfügbar unter http://nachhaltigkeit.bildung-rp.de/fileadmin/user_upload/nachhaltigkeit.bildung-rp.de/Downloads/070615_KMK-DUK-Empfehlung_BNE.pdf [Juli, 2014]

Kramer, T., Stahl, E., Rieß, W. & Rosenkränzer, F (2013). Die Förderung systemischer Kompetenz: Interaktionen zwischen epistemischen Überzeugung, systemischen Denken und PCK. In J. Mayer, M. Hammann, N. Wellnitz, J. Arnold & M. Werner (Hrsg.), *Internationale Tagung der Fachsektion Didaktik der Biologie (FDdB)im VBio, 2013* (S. 120-121). Kassel: kassel university press.

Leutner, D. & Schrettenbrunner, H. (1989). Entdeckendes Lernen in komplexen Realitätsbereichen: Evaluation des Computer-Simulationsspiels „Hunger in Nordafrika". *Unterrichtswissenschaft, 17,* 327-341.

Leutner, D. (1988). Computersimulierte dynamische Systeme: Wissenserwerb unter verschiedenen Lehrmethoden und Sozialformen des Unterrichts. *Zeitschrift für Entwicklungspsychologie und Pädagogische Psychologie, 20,* 338-355.

Lipowsky, F. (2011). Theoretische Perspektiven und empirische Befunde zur Wirksamkeit von Lehrerfort- und -weiterbildung. In E. Terhart, H. Bennewitz & M. Rothland (Hrsg.), *Handbuch der Forschung zum Lehrerberuf* (S. 398–417). Waxmann: Münster.

Lipowsky, F. & Rzejak, D. (2012). Lehrerinnen und Lehrer als Lerner: Wann gelingt der Rollentausch? Merkmale und Wirkungen wirksamer Lehrerfortbildungen. *Schulpädagogik heute, 5,* 3-9.

Maierhofer, M. (2001). *Förderung des systemischen Denkens durch computerunterstützten Biologieunterricht.* Herdecke: GCA-Verlag.

Mayer, J., Harms, U., Hammann, M., Bayrhuber, H. & Kattmann, U. (2004). Kerncurriculum Biologie der gymnasialen Oberstufe. *Mathematischer und naturwissenschaftlicher Unterricht, 57*(3), 166-173.

Matthies, M. (2010). *Einführung in die Systemwissenschaft.* Vorlesungsskript der Universität Osnabrück, Institut für Umweltsystemforschung.

Mehren, R., Rempfler, A., Ulrich-Riedhammer, E.M., Buchholz, J. & Hartig, J. (2015). Wie lässt sich Systemdenken messen? Darstellung eines empirisch validierten Kompetenzmodells zur Erfassung geographischer Systemkompetenz. *Geographie aktuell & Schule, 215*(37), 4-16.

Neumann, S.B. & Cunningham, L. (2009). The impact of professional development and coaching on early language and literacy instructional practices. *American Educational Research Journal, 46*(2), 532–566.

Ossimitz, G. (2000). *Entwicklung systemischen Denkens: Theoretische Konzepte und empirische Untersuchungen.* München: Profil-Verlag, 1210178.

Rempfler, A. & Uphues, R. (2011). Systemkompetenz und ihre Förderung im Geographieunterricht. *Geographie und Schule 189*(33), 22-33.

Reusser, K. (2005). Problemorientiertes Lernen: Tiefenstruktur, Gestaltungsformen, Wirkung. *Beiträge zur Lehrerbildung, 23*(2), 159–182.

Rieß, W. & Mischo, C. (2008). Förderung systemischen Denkens im Bereich von Ökologie und Nachhaltigkeit. *Unterrichtswissenschaft, 36,* 346–364.

Rieß, W. & Mischo, C. (2010). Promoting systems thinking through biology lessons. *International Journal of Science Education, 32*(6), 705-725

Rieß, W., Schuler, S. & Hörsch, H. (2015). Wie lässt sich systemisches Denken vermitteln und fördern? *Geographie aktuell & Schule, 215*(37), 16-29.

Rosenkränzer, F., Rieß, W., Stahl, E., Hörsch, C. & Schuler, S. (2016). Das Fachdidaktische Wissen von Lehramtsstudierenden zur Förderung von systemischem Denken: Konzeptualisierung, Operationalisierung und Erhebungsmethode. *Zeitschrift für Didaktik der Naturwissenschaften* (zur Veröffentlichung angenommen).

Rost, J., Lauströer, A. & Raack, N. (2003). Kompetenzmodelle einer Bildung für Nachhaltigkeit. *Praxis der Naturwissenschaften/Chemie in der Schule, 8*(52), 10–15.

Schecker, H. (1993). The didactic potential of computer aided modeling for physics education. In D.L. Ferguson (Hrsg.), *Advanced Technologies for Mathematics and Science* (S. 165-208). Berlin: Springer

Schaefer, M. (2003). *Wörterbuch der Ökologie.* Heidelberg: Spektrum Akademischer Verlag GmbH.

Shulman, Lee S. (1986). Those Who Understand: Knowledge Growth in Teaching. *Educational Researcher 15*(2), 4–14.

Smith, C. & Gillespie, M. (2007). Research on professional development and teacher change: Implications for Adult Basic Education. *Review of Adult Learning and Literacy, 7,* 205-244.

Sommer, C. (2006). *Untersuchung der Systemkompetenz von Grundschülern im Bereich Biologie.* Dissertation, Universität Kiel. Verfügbar unter: http://e-diss.uni-kiel.de/diss_1652/d1652.pdf.

Stern, E (2009). Implizite und explizite Lernprozesse bei Lehrerinnen und Lehrern. In O. Zlatkin-Troischanskaia, K. Beck, D. Sembill, R. Nickolaus & R. Mulder (Hrsg.): *Lehrerprofessionalität: Bedingungen, Genese, Wirkungen und ihre Messung* (S. 355-364). Weinheim: Beltz.

Streiling, S., Rieß, W. & Hörsch, H. (2014). Promoting systems thinking in the biology class: effectiveness of teacher training. In T. Tal, A. Yarden, K. Mintz (Hrsg.), *10th Conference of European Researchers in Didactics of Biology (ERIDOB), 2014* (S. 75). Haifa: Technion Israel Institute of Technology.

Süß, H.-M. (1999). Intelligenz und komplexes Problemlösen: Perspektiven für eine Kooperation zwischen differenziell-psychometrischer und kognitionspsychologischer Forschung. *Psychologische Rundschau 50*, 220-228.

WWF (2012). Living Planet Report 2012: Biodiversity, biocapacity and better choices. Verfügbar unter http://www.wwf.de/fileadmin/fm-wwf/Publikationen-PDF/WWF_LPR_2012.pdf [April, 2014].

Yoon, K.S., Duncan, T., Lee, S.W., Scarloss, B., & Shapley, K.L. (2007). *Reviewing the evidence on how teacher professional development affects student achievement: Issues & Answers Report, REL 2007-No. 033.* Washington, DC: US Department of Education, Institute of Education Sciences, National Center for Education Evaluation and Regional Assistance, Regional Educational Laboratory Southwest.

Strukturierte Förderung forschungsmethodischer Kompetenzen von Nachwuchswissenschaftlern im Rahmen des Promotionskollegs Pro | Mat | Nat

Janina Strohmer, Pädagogische Hochschule Freiburg
Markus Wirtz, Pädagogische Hochschule Freiburg

Zusammenfassung

Neben der systematischen Forschung zur Professionalisierung pädagogischen Handelns war die gezielte Entwicklung der bildungswissenschaftlichen und forschungsmethodischen Qualifikation ein Kernziel des Nachwuchskollegs. Die inhaltliche Schwerpunktsetzung des Promotionskollegs (die Professionalisierung und Professionalität des pädagogischen Personals in Schulen und Kindertageseinrichtungen als zentrale Determinante für die Qualität von Bildungsprozessen und Bildungsergebnissen) gilt weitgehend analog für die Ausbildungssituation der am Kolleg beteiligten NachwuchswissenschaftlerInnen. Professionalität wird im Kontext der aktuellen Bildungsdebatten und des Kollegs als komplexes Zusammenspiel unterschiedlicher Kompetenzfacetten verstanden, die es zu analysieren und zu optimieren gilt. Für die Professionalität des pädagogischen Personals in Schulen und Kindertageseinrichtungen bedeutet dies, dass sowohl allgemeine pädagogische Kompetenzen (z. B. Wissen über allgemeine und fachunspezifische Prinzipien des Lernens, über relevante Kontextfaktoren oder Personenmerkmale) als auch fachliche Kompetenzen (vertieftes Hintergrundwissen zu bestimmten Inhaltsbereichen) sowie spezifische Kompetenzfacetten zur Gestaltung fachlicher Lernprozesse (z. B. sinnvolle Herleitungen oder Analogien, aber auch die Repräsentation typischer Probleme von Lernenden) zentral und unabdingbar sind (vgl. Shulman, 1986; Borko & Putnam, 1995). Auf die NachwuchswissenschaftlerInnen des Kollegs kann man den Begriff der Professionalität in ähnlicher Weise anwenden: Die Beteiligten sollten über fundierte inhaltliche Kenntnisse bezüglich (1) allgemeiner Lehr- und Lernprozesse (z. B. im Kontext der frühen Bildung, der Schule und des Unterrichts oder der Erwachsenenbildung), (2) der Struk-

© Springer Fachmedien Wiesbaden GmbH, ein Teil von Springer Nature 2019
T. Leuders et al. (Hrsg.), *Pädagogische Professionalität in Mathematik und Naturwissenschaften*, https://doi.org/10.1007/978-3-658-08644-2_12

tur und Ökonomie des Bildungssystems, (3) einer oder mehrerer Fachdisziplin(en) sowie (4) einer oder mehrerer Fachdidaktiken verfügen. Zusätzlich sollten sie (5) über Kenntnisse bezüglich Methoden der empirischen Sozialforschung (z. B. experimentelle Forschung, fachbezogenen Lehr-Lernforschung, Kompetenzmodellierung) verfügen, um fundierte und belastbare empirische Beiträge zur Diskussion um die Qualität des Personals in Bildungsinstitutionen beisteuern zu können, die den aktuellen Standards der empirischen Bildungs- und Unterrichtsforschung (BMBF, 2007) entsprechen. Der Erwerb und Ausbau dieser Kompetenzen im Rahmen eines umfassenden Professionalisierungsprozesses erforderte dabei die Installation eines systematischen Ausbildungskonzepts und von Qualitätssicherungsmaßnahmen. Auf prozessualer Ebene wurde die Qualifikation der NachwuchswissenschaftlerInnen durch eine starke interdisziplinäre Ausrichtung, das pädagogische Doppeldecker-Prinzip (Erwerb einer theoretischen Metaperspektive durch Reflexion des eigenen pädagogisches Handeln im Sinne des Forschungsgegenstandes; Reflexion des eigenen Wissenschaftsverständnisses), eine individuumszentrierte Förderung von Karriereplanung und Kompetenzentwicklung, die Förderung früher Selbstständigkeit sowie durch Maßnahmen zur Förderung der Gruppenkohäsion unterstützt. Auf inhaltlicher Ebene wurden Wissen und Kompetenzen im Bereich der Fachwissenschaften und Fachdidaktiken sowie in Standards wissenschaftlichen Arbeitens weiter gefördert. Im Folgenden werden die Grundzüge der Aus- und Weiterbildung im Bereich wissenschaftlicher Forschungsmethoden zusammengefasst, die sich Verlaufe des Kollegs als zentral und wichtig erwiesen haben. Hierfür werden zunächst zentrale Komponenten forschungsmethodischer Kompetenz identifiziert und umrissen. In einem zweiten Schritt werden anhand der inhaltlichen Kernfragen des Kollegs die wesentlichen Ziele forschungsmethodischer Qualifizierung abgeleitet. In einem dritten Schritt wird schließlich die konkrete Umsetzung der Qualifizierungsmaßnahmen dargestellt.

12.1 Zentrale Komponenten forschungsmethodischer Kompetenz

Empirische Forschung dient der Entwicklung, Verbesserung oder Prüfung von Theorien oder Modellen, welche die Beschaffenheit, Ausprägung sowie die Beziehungen zwischen zentralen Merkmalen bzw. die Wirkprozesse eines Inhaltsbereichs formal beschreiben. Dabei umfasst sie verschiedene Schritte, die sich wie folgt zusammenfassen lassen: Kritische Rezeption empirischer Forschungsbefunde, theoretische Verortung und Ableitung einer zielgerichteten Forschungsfrage, Auswahl und Anwendung angemessener Erhebungsinstrumente und forschungsmethodischer Ansätze, Strategien und Analyseverfahren sowie Integration und Präsentation der Forschungsbefunde (Aeppli, Gasser, Gutzwiller, Tettenborn, 2011, Döring & Bortz, 2014). Als zentrale Aspekte forschungsmethodischer Kompetenz können somit die folgenden abgeleitet werden (Wirtz & Schulz, 2012a):

Empirische Forschungsbefunde kritisch rezipieren können: Diskussionen im Bereich der Schul- und Unterrichtsforschung, die darauf abzielen, die Ausbildungs- und Systemqualität zu verbessern, gründen sich in vielen Fällen auf Befunde empirischer Studien zu Schülerkompetenzen und Ausbildungsstrukturen. Diese Befunde sowie die zum Teil kontroversen Interpretationen dazu erfordern eine fundierte Grundlage zur Beurteilung der Aussagekraft empirischer Studien (Bos & Voss, 2008), wobei insbesondere Fragen des Assessments, des Studiendesigns und der Ergebnisstruktur berücksichtigt werden müssen (Rost, 2013). Im Kontext vielfältiger Informationen müssen relevante Informationen als solche erkannt, zielgerichtet gesucht, die Ergebnisse verstanden sowie angemessen eingeordnet werden. Forschungsmethodisches Wissen ist hierbei zentral, um die Relevanz von Studien (z. B. empirische Evidenz; Biesta, 2007; Meyer-Hesemann, 2007) und deren Stärken und Schwächen identifizieren zu können.

Die eigenen Studie im Kontext aktueller Forschungsbefunde und -diskurse verorten und eine zielgerichteten Forschungsfrage ableiten können: Um relevante Forschungsfragestellungen identifizieren und begründen sowie die eigene Arbeit adäquat in die Forschungslandschaft einordnen zu können, ist eine umfassende Kenntnis relevanter Bezugsarbeiten und methodischer Qualitätskriterien notwendig (Creswell, 2002; Döring & Bortz, 2014). Zentral sind dabei u. a. Fragen nach dem zentralen Erkenntnisinteresse, dem genauen Untersuchungsfokus, dem bisherigen Stand der Forschung sowie den zugrundeliegenden Vorannahmen und Grundlagen. Im Rahmen des Kollegs musste zudem in besonderer Weise die vernetzte und integrierte Arbeit an der Thematik des Forschungskollegs berücksichtigt werden.

Angemessene forschungsmethodische Ansätze, Strategien und Analyseverfahren begründet auswählen und selbstständig anwenden können: In der empirischen Bildungs- und Unterrichtsforschung müssen bei der Planung und Konzeption einer Studie Überlegungen zur Art des zu verwendenden Forschungsparadigmas (z. B. quantitativer versus qualitativer Ansatz) und Forschungsdesigns (z. B. Querschnitts-, Interventionsstudie), zur Stichprobenziehung und -größe, zu geeigneter Datenbeschaffenheit, zu adäquaten Erhebungsmethoden und -instrumenten (Moosbrugger & Kelava, 2011), praktischen Rahmen- und Kontrollbedingungen sowie zur Auswahl und Umsetzung einer in Bezug auf Fragestellung und Datenbeschaffenheit geeigneten Analysemethode angestellt werden (Creswell, 2002; Döring & Bortz, 2014). Die Grundlage für diese wichtigen Entscheidungen bildet ebenfalls ein möglichst umfassendes forschungsmethodisches Wissen. Die Fähigkeit zur selbstständigen Analyse der erhobenen Daten zur umfassenden Beantwortung der Projektfragestellungen setzt in der Regel einen umfassenden Lern- und auch Übungsprozess voraus. Diese sind notwendig, um die Qualität empirischer Bildungs- und Unterrichtsforschung und die Anschlussfähigkeit an aktuelle forschungsmethodische Standards sicherzustellen (Reinders, Ditton, Gräsel & Gniewosz, 2011).

Eigene Forschungsbefunde sinnvoll integrieren und präsentieren können: Auch die Integration der Ergebnisse, eine kritische Reflexion in Bezug auf Theorie und Methodik sowie eine treffende und aussagekräftige Darstellung eigener Forschungsbefunde (z. B. im Rahmen einer Publikation oder einer Präsentation auf Fachtagungen) erfordern spezielle forschungsmethodische Kompetenzen, welche v. a. die argumentative Verwertung und die reflektierte Diskussion der empirischen Datenlage betreffen (Bem, 2002, Rost 2013). Diese müssen im Verlauf der Qualifikation (im Zuge erster eigener Ergebnisse) erworben sowie kontinuierlich angewendet und mittels Feedback verbessert werden.

12.2 Inhaltliche Ausrichtung des Kollegs und konkrete Ziele der forschungsmethodischen Qualifizierung

Von besonderer Bedeutung zur Erreichung o.g. Kompetenzen waren – neben individuellen inhaltlichen Fragestellungen einzelner Projekte – v. a. diejenigen Inhalte, die sich auf übergeordnete Fragestellungen des Kollegs beziehen und somit für viele der im Kolleg realisierten Projekte relevant sind. Als übergeordnete Themen des Promotionskollegs Pro|Mat|Nat können dabei die folgenden Aspekte genannt werden:

1. Struktur von Professionswissen: Wie ist das Professionswissen von Lehrkräften strukturiert? Welche Komponenten greifen auf welche Weise ineinander? Welche gruppenspezifischen Ausprägungen gibt es?
2. Bedingungen und Genese von Professionswissen: Welche Formen der Aus- und Weiterbildung haben auf welche Weise Einfluss auf das Professionswissen?
3. Wirkungen von Professionswissen: Welche Wirkungen haben verschiedene Komponenten pädagogischer Professionalität auf die Gestaltung von Lern- und Bildungsprozessen, auf deren Lernergebnisse sowie auf die Ausbildungs- und Beschäftigungsfähigkeit der Schüler am Arbeitsmarkt?

Somit bilden sowohl forschungsmethodische Grundlagen im Kontext strukturbezogener Fragestellungen, als auch forschungsmethodische Grundlagen im Kontext wirkungsbezogener Fragestellungen die wesentlichen Schwerpunkte der methodischen Qualifizierung.

Forschungsmethodische Grundlagen im Kontext strukturbezogener Fragestellungen

Bezüglich der Frage nach der Struktur von Professionswissen kann – je nach Forschungsstand – zwischen explorativen/struktursuchenden Ansätzen sowie strukturprüfenden Ansätzen unterschieden werden. Gilt es in einem bislang wenig erforschten Bereich zunächst erste Erkenntnisse zu gewinnen und erste Strukturen zu ermitteln, so werden vorwiegend induktiv orientierte, Theorie generierende Forschungsansätze eingesetzt um einen Überblick über beteiligte Variablen, relevante Zusammenhänge sowie den Gültigkeitsbereich zu erhalten. Ausgehend von offenen Fragestellungen werden Methoden identifiziert, die einen möglichst umfassenden Erkenntnisgewinn vermuten lassen. Ausgehend von den gewonnenen Erkenntnissen werden Forschungsfragen schließlich weiter spezifiziert oder differenziert und empirische Erkenntnisse ermittelt. Dieser Kreislauf von Forschungsfrage, Datenerhebung und theorieorientierter Dateninterpretation wird durchlaufen, bis ein in sich konsistentes, widerspruchsfreies und gehaltvolles Theoriemodell identifiziert wurde, das in Einklang mit allen verfügbaren empirischen Befunden steht (Cresswell, 2002; Döring & Bortz, 2014). Vorwiegend deduktiv orientierte, strukturprüfende Forschungsansätze stehen hingegen im Mittelpunkt, wenn die Gültigkeit einer hinreichend weit entwickelten Theorie auf Basis kritischer Hypothesen geprüft werden soll. Stützen die Ergebnisse die Theorie, so kann daraus die Nützlichkeit und vorläufige Bewährung der Theorie abgeleitet werden. Können die Hypothesen nicht bestätigt werden, so bedarf es einer Modifikation der Theorie und entsprechender induktiver, theoriebildender Forschungsschritte (Forschungsprozess, 2014; Wirtz & Schulz, 2012a).

Im Kontext explorierender Untersuchungen werden dabei häufig Interview- und Beobachtungsstudien sowie explorative deskriptivstatistische Verfahren eingesetzt (Cresswell, 2002; Döring & Bortz, 2014): Interviews sind insofern besonders geeignet, da sie die subjektive Sichtweise und interne Verarbeitungsprozesse von Individuen erfassen können. Insbesondere wenig standardisierte, offene Interviews sind in diesem Kontext zielführend, da der Befragte individuelle Aspekte und Vertiefungen einbringen kann. Aber auch die strukturierte Sammlung und Zusammenfassung von Expertenmeinungen im Rahmen einer Delphi-Befragung stellt einen geeigneten Zugang zur Strukturexploration dar. Beobachtungs- und Beurteilungsstudien (insbesondere Videostudien; Reusser, Pauli & Waldis, 2010) ermöglichen einen weiteren validen Zugang, um Unterrichtsprozesse explorativ zu analysieren, um Merkmale und Determinanten von Unterrichtsqualität zu bestimmen sowie um komplexe Prozesse abzubilden und die Perspektiven unterschiedlicher Beteiligter oder unabhängiger Beobachter in Bezug auf dasselbe Analysematerial zu kombinieren (Clausen, 2002). Aus dem Bereich deskriptivstatistischer Verfahren kann zudem die exploratorische Faktorenanalyse genannt werden, bei der die auf Basis von Zusammenhangsstrukturen gewonnenen Merkmalsdimensionen einen ersten strukturbezogenen Überblick geben sowie ggf. eine Einordnung des Gegenstandsbereichs in ein bestehendes theoretisches Gefüge ermöglicht (Moosbrugger & Kelava, 2012). Für die forschungsmethodische Qualifizierung bedeutet dies, dass die NachwuchswissenschaftlerInnen aktuelle Standards in Bezug auf Interviewstudien (Gegenstandsorientierung, Offenheit, regelgeleiteter interpretativer Umgang mit den Daten, Entwicklung von zielführenden Interviewleitfäden und qualifizierten Interviewerschulungen, Identifikation verlässlicher und theoriebezogener Kategorien und Konstrukte, Sicherstellung und Dokumentation von Daten- und Prozessgütekriterien; Reinders, 2005; Steinke, 2000), in Bezug auf Beobachtungs- und Beurteilungsstudien (strukturiertes Vorgehen und strukturierte Dokumentation, Definition der Beurteilungskategorien, systematische Beurteilerschulung, Sicherstellung der Beurteilerübereinstimmung; Wirtz & Caspar, 2002) sowie in Bezug auf explorative deskriptivstatistische Vorgehensweisen (Beschreibung von uni- und multivariaten Datenverteilungen, z. B. im Kontext einer

Faktorenanalyse) kennen sollten und dazu in der Lage sein sollten, diesen im Rahmen ihrer eigenen Forschung gerecht zu werden.

Im Kontext strukturprüfender Untersuchungen werden vermutete Strukturen auf der Basis von Testmodellen mit latenten Variablen (insbesondere anhand von IRT-Modellen sowie Strukturgleichungsmodellen) mithilfe inferenzstatistische Schlüsse überprüft (Moosbrugger & Kelava, 2012). Dabei wird eine explizite Beziehung (Zuordnung, Trennschärfe etc.) zwischen manifesten Indikatoren und zuvor genau definierten, latenten Merkmalen modelliert und es wird die Passung zwischen dem vermuteten Modell und den tatsächlichen Daten überprüft. Ein strukturprüfendes Vorgehen zielt schließlich – wie auch struktursuchende Ansätze – auf eine möglichst reliable und valide Erfassung von Merkmalen, die häufig die empirische Grundlage der Diskussion in Bildungs- und Unterrichtskontexten darstellen. Denn Fragen nach Kompetenzniveaus, Kompetenzentwicklung oder Gruppenunterschieden setzen zunächst eine aussagekräftige, psychometrisch fundiert Messung dieser Kompetenz voraus (Klieme & Hartig, 2007) und lediglich mittels einer derart entwickelten und geprüften Kompetenzskala können begründete Aussagen gemacht werden (Hartig, 2007). Für die Qualifizierung der Kollegiaten bedeutet dies, dass sie über fundierte testtheoretische Kenntnisse (Klassische Testtheorie, Item-Response-Theorie), der Strukturprüfung/Skalierung (konfirmatorische Faktorenanalyse, Analyse von Kompetenzskalen mittles Modellen der Item-Response-Theorie) sowie der weiteren Validierung von Skalen verfügen und diese ggf. umsetzen sollten.

Forschungsmethodische Grundlagen im Kontext wirkungsbezogener Fragestellungen

Im Kontext empirischer Bildungs- und Unterrichtsforschung werden in vielen Fällen kausale Zusammenhänge bzw. Wirkbeziehungen theoriebasiert getestet, um schließlich relevante Zielmerkmale gezielt beeinflussen zu können. So stellt sich beispielsweise die Frage, wodurch Professionswissen gefördert werden kann sowie, welche Wirkungen ein hohes Professionswissen z. B. auf Ebene der Schüler hervorruft (z. B. in Form von Leistungszuwächsen oder motivationalen Zielgrößen). Diese Untersuchung solcher Wirkbeziehungen sollten eine möglichst hohe interne Validität aufweisen, was bedeutet, dass die Ausprägung des interessierenden Merkmals durch die Ausprägung eines ganz bestimmten anderen Merkmals bedingt sein sollte und nicht durch weitere Einflussgrößen (konfundierte Merkmale). Des Weiteren sollten ermittelte Wirkbeziehungen in ausreichendem Maße auf andere Personen, Objekte, Situationen oder Zeitpunkte generalisiert werden können und somit auch der Verschiedenartigkeit von Personen, Situationen und Operationalisierungen gerecht werden (Gadenne, 2014). Damit kausale Ableitungen zulässig sind, muss zunächst das Studiendesign eine kausale Interpretation der Zusammenhangsstrukturen erlauben, was v. a. durch die Wahl eines experimentellen Designs (Rossi, Lipsey & Freemann, 2004) erreicht werden kann. Im Rahmen experimenteller Interventionsstudien werden Merkmale, die gemäß Theorie entscheidende Ursachen für die zu beeinflussenden Zielkriterien darstellen, systematisch nach a priori festgelegten

Kriterien verändert. Dabei wird der angenommener Ursachenfaktor in mindestens zwei Ausprägungen (Treatmentgruppe(n) versus Kontrollgruppe(n)) realisiert und es werden Unterschiede in einer Zielgröße bzw. Unterschiede in der Veränderung über die Zeit festgestellt (Westermann, 2014). Der Effekt des Treatments entspricht schließlich der Veränderung in der Treatmentgruppe, die über die Veränderung in der Kontrollgruppe hinausgeht. Dabei ist wichtig, dass die Versuchsteilnehmer den verschiedenen Untersuchungsbedingungen zufällig zugeordnet werden, sodass im Idealfall alle personengebundenen Störvariablen in den verschiedenen Bedingungen keine systematisch verschiedenen Verteilungen aufweisen und das Ergebnis somit nicht systematisch verzerren können (Eid et al., 2011). Durch dieses Vorgehen soll ausgeschlossen werden, dass ein isoliert in der Experimentalgruppe identifizierter ermittelter Effekt durch etwas anderes als das Treatment zustande kommt. Bei Vorliegen nicht-experimenteller Designs muss eine adäquate Kontrolle potentieller Störfaktoren vorgenommen werden. Diese kann z. B. mittels regressionsanalytischer Ansätze (Eid, Gollwitzer & Schmitt, 2011) oder mittels verschiedener Matching-Prozeduren (Peikes, Moreno & Orzol, 2008) umgesetzt werden. Dies soll dazu beitragen, bestehende Unterschiede zwischen den Vergleichsgruppen in den kontrollierten Drittvariablen rechnerisch zu eliminieren, es wird jedoch in der Regel dennoch nur ein Grad an interner Validität erreicht, der experimentellen Ansätzen unterlegen ist. Für die Qualifikation der Kollegiaten bedeuten dies, dass sie in der Lage sein sollten, ein angemessenes Design zu wählen, dass sie die Vor- und Nachteile verschiedener Vorgehensweisen kennen sollten, verzerrender Effekte und Störvariablen wie z. B. Reifungsprozesse, Regressions-, Übungseffekte, Selektionseffekte, aber auch motivationale Effekte wie z. B. Demoralisierung der Vergleichsgruppe angemessen berücksichtigen sollten (vgl. auch McMillan & Schumacher, 2006) sowie eine möglichst gute Absicherung der internen Validität (z. B. durch den Einsatz experimenteller Versuchspläne oder zumindest durch die Identifikation und (statistische) Kontrolle potentieller Störvariablen und Varianzquellen) sowie der externen Validität (z. B. durch eine angemessene Stichprobenauswahl, vorgenommene Operationalisierungen und die Validität der eingesetzten Instrumente oder die Vermeidung von experimenteller Reaktivität) gewährleisten können sollten.

Weitere im Kontext der empirischen Bildungs- und Unterrichtsforschung relevante forschungsmethodische Grundlagen

Über die beiden bereits genannten Aspekte hinaus können verschiedene weitere relevante Inhalte aus dem Bereich der Forschungsmethoden angeführt werden (Wirtz & Schulz, 2012b). Hierbei kann zunächst der Umgang mit fehlenden Werten und der systematischer Einsatz unvollständiger Erhebungsdesigns genannt werden. Fehlende Werte kommen dadurch zustande, dass sie entweder gezielt nicht erhoben wurden („missing by design" – den Befragten wird aud Gründen der Ökonomie und Anwenderfreundlichkeit jeweils nur ein Teil der Aufgaben vorgelegt) oder unerwartet nicht vorliegen („unexpected missing", z. B. durch Zeit- oder Textverständnisprobleme; Wirtz, 2004). Liegen fehlende Werte vor, so sollten eine detaillierte Analyse der zugrunde liegenden Ursachen für den Datenausfall (Wuttke, 2008) sowie sorgfältig ausgewählte Techniken zum Umgang mit fehlenden Werten (z. B. Imputation, Sensitivitätsanalysen) durchgeführt werden. Die NachwuchswissenschaftlerInnen sollten somit in der Lage sein, das Vorliegen fehlender Werte angemessen zu erkennen, zu analysieren sowie einen den Analysen entsprechenden Umgang vorzunehmen.

Als weiterer wichtiger Aspekt kann die Verknüpfung unterschiedlicher Forschungsmethoden genannt werden, da die komplexen und vielschichtigen Kontexte der empirischen Bildungs- und Unterrichtsforschung verschiedenartiger Methoden zur Datenerhebung und -auswertung (mit unterschiedlichen Vor- und Nachteilen) bedürfen. Je nach Komplexität des Forschungsgegenstandes und entsprechend der Elaboriertheit des theoretischen Hintergrundes, lassen sich oftmals für eine Optimierung des jeweiligen Forschungsdesigns spezifische Stärken und Schwächen der unterschiedlichen Forschungsmethoden (Wirtz & Schulz, 2012b) sowie unterschiedliche Perspektiven auf den Forschungsgegenstand miteinander kombinieren (z. B. Triangulation). Die Kollegiaten sollten somit begründet zwischen verschiedenen Methoden auswählen und verschiedene Ansätze und Perspektiven miteinander koordinieren können.

Als dritter Aspekt kann die Notwendigkeit der Berücksichtigung und Modellierung typischer Datenstrukturen in der Bildungs- und Unterrichtsforschung genannt werden, die gezielte Datenerhebungsdesigns und komplexe Auswertungsmethoden erfordern (Rakoczy, Klieme, Lipowsky, & Drollinger-Vetter, 2010). So zeichnen sich Bildungssettings in der Regel durch hierarchisch strukturierte Beziehungsgefüge aus. Dies bedeutet, dass die Individuen einer vorliegenden Stichprobe natürlichen Gruppen (sogenannte Clustern) angehören (z. B. Schüler in Schulklassen, Patienten bestimmter Stationen etc.). Dabei muss davon ausgegangen werden, dass die Gruppenzugehörigkeit (das Cluster) einen Einfluss auf die individuellen Merkmalsausprägungen hat und dass Individuen innerhalb einer Gruppe eine höhere Homogenität (geringere Varianz) und Individuen verschiedener Gruppen eine höhere Heterogenität (höhere Varianz) aufweisen, als dies bei reinen Zufallsstichproben der Fall wäre. Verfahren der klassischen Statistik (z. B. Regressionsanalyse, Varianzanalyse) beruhen jedoch auf der Annahme einer echten Zufallsstichprobe, die die Unabhängigkeit der Stichprobenmitglieder erfordert und behandelt man hierarchische Daten wie echte Zufallsstichproben, so läuft man Gefahr einer Unterschätzung der Standardfehler (Ergebnisse werden zu schnell signifikant) sowie von Gruppenfehlschlüssen (die Beziehungen in einzelnen Gruppen werden durch die Berechnungen in der Gesamtstichprobe nicht adäquat abgebildet). Analysen müssen daher ein statistisches Modell zugrunde legen, das valide Annahmen bezüglich der Datenstruktur und -verteilung macht. Dies kann durch den Einsatz von Mehrebenenanalysen (Multilevel-Models; Hox, 2010) gewährleistet werden: Diese erlauben die korrekte Bestimmung von Verteilungsmerkmalen, eine ebenenspezifische Varianzzerlegung und Parameterspezifizierung, eine valide Signifikanztestung und die Prüfung von Interaktionshypothesen zwischen Parametern verschiedener Analyseebenen. Die Kollegiaten sollten

daher besondere Datenstrukturen erkennen, angemessene Auswertungsmethoden auswählen und diese umsetzen können.

12.3   Förderung forschungsmethodischer Kompetenzen im Kolleg und Qualitätssicherung

Konkret umgesetzt wurde die forschungsmethodische Qualifizierung durch die Sicherstellung methodischer Eingangsqualifikationen, initiale Workshops zu verschiedenen
forschungsmethodischen Themen sowie regelmäßige im Verlauf des Kollegs stattfindende Ausbildungstreffen, Workshops und Lehrangebote.

*Sicherstellung methodischer Eingangsqualifikationen durch adaptive Qualifizie-
rungsangebote*: Es wurde vorausgesetzt, dass die BewerberInnen über grundlegende
methodische Voraussetzungen verfügen, die eine erfolgreiche Promotion im Rahmen des
Kollegs ermöglichen, um eine möglichst große Anschlussfähigkeit zu den geplanten
Forschungsvorhaben und das zum weiteren Kompetenzaufbau vorgesehene strukturierte
Studienprogramm zu gewährleisten. Im Falle von Bewerbungen, bei denen die Bewerber-
Innen geeignet erschienen, aber noch spezifische forschungsmethodische Grundlagen
erwerben mussten, wurde ein individueller Qualifizierungsplan vereinbart zu dessen
Realisierung Angebote aus dem Qualifkantenprogramm individuell passend gewählt
werden konnten.

Initiale Workshops zu verschiedenen forschungsmethodischen Themen: Zu Beginn
des Kollegs wurden verschiedene Elemente für alle beteiligten Nachwuchswissenschaft-
ler realisiert, um deren methodischen Kompetenzen anzugleichen und ggf. spezifischen
Weiterbildungsbedarf zu identifizieren. Dieses Angebot zielte u. a. darauf ab, eine abge-
stimmte und gemeinsame Basis für das zukünftige wissenschaftliche Arbeiten zu schaffen. Diese Workshops dienten ferner dazu, Transparenz von forschungsbezogenen Interessen und Kompetenzen innerhalb des Kollegs zu schaffen und den Austausch und die
Kooperation zwischen den Projekten zu fördern.

*Im Verlauf des Kollegs stattfindende Ausbildungstreffen, Workshops und Lehrangebo-
te*: Um eine möglichst große Kontinuität bei der Entwicklung von Kompetenzen zum
wissenschaftlichen Arbeiten zu gewährleisten, wurden regelmäßig stattfindende verbind-
liche Ausbildungstreffen sowie ganz- oder mehrtägige Workshops angeboten. Durch
diese Treffen, bei denen die NachwuchswissenschaftlerInnen ihre bisherigen Konzeptionen oder Befunde vorstellten, Fragen diskutierten sowie Erkenntnisse austauschen und
den weitere Forschungsprozess koordinieren konnten, wurde weiterhin eine maximale
methodenbezogene Vernetzung und der strukturierte Austausch der Projekte angestrebt.
Weiterhin wurden verschiedene optionale Lehrangebote für die Kollegiaten realisiert.
Hierbei bildeten zunächst verschiedene Veranstaltungen zur Erlangung des Hochschul-
zertifikats ‚Forschungsmethoden der empirischen Bildungs- und Sozialwissenschaften‘
(www.ph-freiburg.de/

psychologie/abteilungen/forschungsmethoden/hochschulzertifikat.html) an der Pädagogischen Hochschule Freiburg eine wesentliche Grundlage, welche den Erwerb forschungsmethodischer Kompetenzen in verschiedenen Bereichen sowie auf mehreren
Ebenen unterstützt. Ziel des Zertifikats ist, Studierende und Promovierende dazu zu
befähigen, eine empirische Forschungsstudie selbstständig planen, durchführen und
auswerten zu können. Hierfür erhalten sie im Rahmen des Zertifikats einen umfassenden
Überblick über in der empirischen Bildungsforschung typischerweise eingesetzt Methoden und gewinnen besondere Kenntnisse in der Entwicklung und Organisation wissenschaftlicher Forschungsaktivitäten durch den Kontakt mit unterschiedlichen Arbeitsgruppen. Das Curriculum umfasst insbesondere Vorlesungen aus dem Bereich allgemeiner empirische Forschungsmethoden, Seminare zur Vertiefung qualitativer und quantitativer Datenerhebungs- und -analysemethoden sowie zur Planung, Durchführung und
Evaluation empirischer Forschungsprojekte. Begleitend zu diesem Curriculum wurden
peer-betreute Gruppen organisiert, die sich regelmäßig zur Diskussion eigener Forschungsfragen und Literatur aus dem Bereich der empirischen Bildungsforschung trafen.
Abgerundet wird das Zertifikat durch die Durchführung bzw. Begleitung einer eigenen
empirischen Studie sowie durch ein Abschlusskolloquium. Ein weiteres optionales Angebot bildeten die jeweils einmal im Jahr stattfindenden Winter- und Sommerakademien,
Veranstaltungen der Pädagogischen Hochschulen Baden-Württembergs mit Fokus auf
der wissenschaftlichen Nachwuchsförderung im Bereich der Bildungsforschung. Im
Rahmen dieser Akademien wird eine umfassende Einführung in verschiedene Aspekte
des wissenschaftlichen Arbeitens gegeben. Zentrale Themen beziehen sich hierbei auf
alle wesentlichen Schritte eines empirischen Forschungsprozesses – angefangen von der
Ideensuche und Themenfindung, über die Ableitung einer geeigneten Fragestellung, die
Wahl eines geeigneten Forschungsparadigmas und einer geeigneten Auswertungsmetho-
de bis hin zur konkreten Umsetzung verschiedener Auswertungsmethoden, wissenschaft-
lichem Schreiben, die Publikation und Präsentation vorhandener Ergebnisse.

Auch die Sicherstellung der Qualität der methodischen Ausbildung und Arbeit wurde
umfassend berücksichtigt. Hierzu wurden systematische Maßnahmen zur Sicherstellung
und Entwicklung der Qualität der Forschung auf unterschiedlichen Qualitätsebenen
(Struktur-, Prozess- und Ergebnisqualität) implementiert (Wirtz & Schulz, 2012b). Wesentliche Aspekte der Strukturqualität betreffen hierbei forschungsmethodische Kompetenzen und Know-how der VerbundteilnehmerInnen, das Angebot von Informationen zu
Standards in der Methodik und im Assessment (Moosbrugger & Kelava, 2011), die Bereitstellung von Analysesoftware, die Dokumentation und Kommunikation vorhandener
Kompetenzen sowie die Ermittlung und u. U. Bereitstellung von Förder- und Koopera-
tionsmöglichkeiten. Die Prozessqualität im Verlauf der Studiendurchführung wurde
durch ein umfassendes methodenbezogenes Monitoring, die aktive Unterstützung und
Begleitung von Arbeitsprozessen (z. B. durch Kolloquien und individuelle Unterstüt-
zungsangebote), die Erarbeitung von Lösungsstrategien bei verschiedenen methodischen
Problemen sowie durch die Organisation von regelmäßigen Arbeitsgruppen realisiert.
Die Ergebnisqualität wurde durch verschiedene bereits angesprochene Maßnahmen zur

Verbesserung der Datenqualität, zur Unterstützung bei der Datenauswertung und Publikation von Ergebnissen sowie die projektübergreifende Integration von Befunden gefördert. Als Orientierung bei der Beratung wurde dabei das so genannte CONSORT-Statement (Campbell, M. K., Elbourne, D. R., Altmann, D. G. & Consort Group, 2004), das Standards für die optimale Durchführung und Dokumentation experimenteller und cluster-randomisierter Studien definiert und Empfehlungen zur Gestaltung komplexer Forschungsprozesse verwendet. Regelmäßige strukturierte Zwischenberichte und Evaluationen ermöglichten zudem eine kontinuierliche und prozessorientierte Modifikation und Verbesserung des forschungsmethodischen Aus- und Weiterbildungsangebots. Eine Checkliste zur optimalen Gestaltung forschungsmethodischer Begleitung in der Kollegarbeit findet sich bei Wirtz & Schulz (2012b).

In der praktischen Durchführung des Kollegs profitierte das forschungsmethodische Rahmenprogramm – genau wie die theorie- und praxisorientierte inhaltliche und konzeptuelle Weiterentwicklung – von der multiprofessionellen und interdisziplinären Zusammenarbeit im Kolleg. Durch die Diskussionen zur Auswahl oder Kombination verschiedener Forschungsstandards konnten das Wissen und die Kompetenzen zur wissenschaftlichen Arbeit wesentlich befördert werden. Der kontinuierliche Austausch aller im Kolleg Beteiligter, die mit unterschiedlichen oft disziplinär geprägten fachwissenschaftlich und -didaktisch sowie forschungsmethodischen Eingangsvoraussetzungen starteten, konnte so eine besondere Methodenvielfalt rezipiert oder aktiv realisiert werden: Der Facettenreichtum und die Vielfalt von Forschungsgegenständen und -methoden, die für eine angemessene empirische Erforschung von Bildungs- und Unterrichtsstrukturen, -prozessen und -outcomes erforderlich sind, bildete sich somit auch in der Kollegstruktur ab. Dies schuf nach der Erfahrung in der Kollegarbeit eine besonders günstige Voraussetzung für die Entwicklung valider und nützlicher Kompetenzstrukturen der einzelnen KollegiatInnen.

12.4   Literatur

Aeppli, J., Gasser, L, Gutzwiller, E., Tettenborn, A. (2011). *Empirisches wissenschaftliches Arbeiten. Ein Studienbuch für die Bildungswissenschaften.* Bad Heilbrunn: Klinkhardt.

Bem, D. J. (2002). Writing the empirical journal article. In J. M. Darley, M. P. Zanna & H. L. Roediger III (Eds.), *The compleat academic: A career guide.* Washington, DC: American Psychological Association.

Biesta, G. (2007). Why „What Works" Won't Work: Evidence-Based Practice and the Democratic Deficit in Educational Research. *Educational Theory, 57,*1-22.

BMBF (2007). *Rahmenprogramm zur Förderung der empirischen Bildungsforschung.* Bonn: BMBF.

Borko, H., & Putnam, R. (1995). Expanding a teacher's knowledge base. In T. R. Gusky & M. Huberman (Eds.), *Professional development in education* (S. 35-65). New York: Teachers College Press.

Bos, W. & Voss, A. (2008). Empirische Schulentwicklung auf Grundlage von Lernstandserhebung. Ein Plädoyer für einen reflektierten Umgang mit Ergebnissen aus Leistungstests. *Die Deutsche Schule, 100*, 449-458.

Creswell, J. W. (2002). *Educational research: Planning, conducting, and evaluating quantitative and qualitative research*. Upper Saddle River, NJ: Pearson Education.

Campbell, M. K., Elbourne, D. R., Altmann, D. G. & Consort Group (2004). CONSORT statement: Extension to cluster randomised trials. *British Medical Journal, 328*, 702–708.

Clausen, M. (2002). Unterrichtsqualität: Eine Frage der Perspektive? Empirische Analysen zur Übereinstimmung, Konstrukt- und Kriteriumsvalidität. Münster: Waxmann.

Döring, N. & Bortz, J. (2014). *Forschungsmethoden und Evaluation* (5. Aufl.). Heidelberg: Springer.

Eid, M., Gollwitzer, M. & Schmitt, M. (2013). *Statistik und Forschungsmethoden*. Weinheim: Beltz.

Forschungsprozess (2014). In M. A. Wirtz (Hrsg.), *Dorsch – Lexikon der Psychologie* (16. Aufl., S. 565). Bern: Verlag Hans Huber.

Gadenne, V. (2014). Validität, externe. In M. A. Wirtz (Hrsg.), *Dorsch – Lexikon der Psychologie* (16. Aufl., S. 1611). Bern: Verlag Hans Huber.

Hartig, J. (2007). Skalierung und Definition von Kompetenzniveaus. In B. Beck & E. Klieme (Hrsg.), *Sprachliche Kompetenzen. Konzepte und Messung* (S. 83-99). Weinheim: Beltz.

Hox, J. (2010). Multilevel analysis. Techniques and applications. Mahwah, NJ: Lawrence Erlbaum Associates.

Klieme, E. & Hartig, J. (2007). Kompetenzkonzepte in den Sozialwissenschaften und im erziehungswissenschaftlichen Diskurs. *Zeitschrift für Erziehungswissenschaft 10*(8), 11-29.

McMillan, J. H. & Schumacher, S. (2006). *Research in education: Evidence-based inquiry*. New Jersey: Pearson.

Meyer-Hesemann, W. (2007).: Wissen für Handeln – Forschungsstrategien für eine evidenzbasierte Bildungspolitik. In BMBF/DIPF (Hrsg.), *Knowledge for Action. Research Strategies for an Evidence-based education Policy* (S. 10-14). Bonn: BMBF.

Moosbrugger, H. & Kelava, A. (2011). *Testtheorie und Fragebogenkonstruktion*. Berlin: Springer.

Peikes, D. N., Moreno, L. & Orzol, S. M. (2008). Propensity score matching: A note of caution for evaluators of social programs. *The American Statistician 62*(3): 222—231.

Rakoczy, K., Klieme, E., Lipowsky, F. & Drollinger-Vetter, B. (2010). Strukturierung, kognitive Aktivität und Leistungsentwicklung im Mathematikunterricht. *Unterrichtswissenschaft, 38*, 229-246.

Reinders, H. (2005). Qualitative Interviews mit Jugendlichen führen. Ein Leitfaden. München: Oldenbourg.

Reinders, H., Ditton, H., Gräsel, C. & Gniewosz, B. (2011). Empirische Bildungsforschung. Strukturen und Methoden. Wiesbaden: VS.

Reusser, K., Pauli, C. & Waldis, M. (Hrsg.) (2010). Unterrichtsgestaltung und Unterrichtsqualität. Ergebnisse einer internationalen und schweizerischen Videostudie zum Mathematikunterricht. Münster: Waxmann.

Rossi, P. H., Lipsey, M. W., & Freeman, H. E. (2004). *Evaluation: A systematic approach*. Thousand Oaks, CA: Sage.

Rost, D. (2013). *Interpretation und Bewertung pädagogisch-psychologischer Studien: Eine Einführung*. Weinheim: Beltz.

Shulman, L. S. (1986). Those who understand: Knowledge growth in teaching. *Educational Researcher, 15*(2), 4–14.

Steinke, I. (2000). Gütekriterien qualitativer Forschung. In U. Flick, E. von Kardorff & I. Steinke (Hrsg.), *Qualitative Forschung. Ein Handbuch* (S. 319-331). Reinbek: Rowohlt.

Westermann, R. (2014). Experiment. In M. A. Wirtz (Hrsg.), *Dorsch – Lexikon der Psychologie* (16. Aufl., S. 511). Bern: Verlag Hans Huber.

Wirtz, M. (2004). Über das Problem fehlender Werte: Wie der Einfluss fehlender Informationen auf Analyseergebnisse entdeckt und reduziert werden kann. *Die Rehabilitation 43*(2), 109-115.

Wirtz, M. & Caspar, F. (2002). *Beurteilerübereinstimmung und Beurteilerreliabilität. Methoden zur Bestimmung und Verbesserung der Zuverlässigkeit von Einschätzungen mittels Kategorien systemen und Ratingskalen.* Göttingen: Hogrefe.

Wuttke, J. (2008). Erhöhter Dokumentationsbedarf bei Imputation fehlender Daten. *Psychologische Rundschau 59*(3), 178-179.

Wirtz, M. & Schulz, A. (2012a). Modellbasierter Einsatz von Experimenten. In W. Rieß, M. Wirtz, A. Schulz & B. Barzel (Hrsg.), *Experimentieren im mathematisch-naturwissenschaftlichen Unterricht* (S. 71–89). Münster: Waxmann.

Wirtz, M. & Schulz, A. (2012b). Sicherstellung forschungsmethodischer Qualität im Promotionskolleg e^{x}MNU. In W. Rieß, M. Wirtz, A. Schulz & B. Barzel (Hrsg.), *Experimentieren im mathematisch-naturwissenschaftlichen Unterricht* (S. 365-376). Münster: Waxmann.

The manufacturer's authorised representative in the EU is Springer
Nature Customer Service Centre GmbH, Europaplatz 3, 69115 Heidelberg,
Germany. If you have any concerns regarding our products, please
contact ProductSafety@springernature.com

Printed and bound by CPI Group (UK) Ltd, Croydon, CR0 4YY
27/04/2026
02097635-0008